KB079469

서원의 향기, 군자의 품격

한중 서원의 원류와 교육

퇴계학연구소 서원총서 1

서원의 향기, 군자의 품격 ― 한중 서원의 원류와 교육

지은이 안동대학교 부설 퇴계학연구소
펴낸이   오정혜
펴낸곳   예문서원

편집   유미희
인쇄 및 제본   주) 상지사 P&B

초판 1쇄   2019년 11월 29일

출판등록   1993년 1월 7일(제307-2010-51호)
주소   서울시 성북구 안암로 9길 13, 4층
전화   925-5914 | 팩스   929-2285
전자우편   yemoonsw@empas.com

ISBN 978-89-7646-404-0   93150
ⓒ 退溪學研究所 2019 Printed in Seoul, Korea

YEMOONSEOWON #4, 13, Anam-ro 9-gil, Seongbuk-Gu, Seoul, KOREA 02857
Tel) 02-925-5914 Fax) 02-929-2285

값 45,000원

이 책은 안동시의 지원으로 저술되었습니다.

퇴계학연구소 서원총서 1

서원의 향기, 군자의 품격

한중 서원의 원류와 교육

안동대학교 부설 퇴계학연구소 지음

예문서원

머리말

올해 처음으로 개최한 〈제1회 한중 서원·유교 문화 포럼〉은 지난 7월 한국의 서원 9곳이 세계유산으로 등재된 것을 축하하고, 한중 서원 유교 문화 교류를 지속적으로 발전시키기 위해 기획된 것입니다. 경상북도 안동에는 한국의 서원을 대표하는 도산서원과 병산서원이 있습니다. 한국 유교 문화의 거장인 퇴계 이황 선생과 서애 류성룡 선생을 모신 곳이기도 합니다.

경상북도는 유교사상에 기반을 둔 다양한 전통문화를 보존하고 있고, 특히 안동은 한국의 정신문화 수도로서의 자부심을 가지고 있는 곳입니다. 유교의 정신과 가치는 배려와 소통을 통해 화합과 상생의 길을 모색하는 데에 있다고 할 수 있습니다. 그 역할에 저희 국립안동대학교 퇴계학연구소도 힘을 보태기 위해 다양한 연구와 사업을 통해 최선의 노력을 다하고 있습니다. 또한 유교문화의 원류인 중국과 구체적이고 실제적인 교류방안을 찾기 위해 다양한 방법을 강구하고 있습니다.

지난 〈제1회 한중 서원·유교 문화 포럼〉은 한중 국제교류를 통해 유교 문화를 공유하고 상호 협력하기 위한 첫 발걸음으로, "서원의 향기, 군자의 품격"이라는 대주제로 다양한 행사를 개최하였습니다. 그 가운데 하나가 바로 한중 인문학자들을 초청하여 "한중 서원의 원류와 교육"이라는 주제 아래에 "한중 서원의 원류와 전승", "한중 서원의 원규와 교육"이라는 소주제를 가지고 학술대회를 진행한 것입니다. 이 외에도 도산서원과 병산서원 등 안동의 다양한 유교문화지역을 답사하고, 현장에서 진행되는 좌담회를 통해 한중의 서원과 유교 가치에 대해 논의하였습니다.

여기에는 "서원의 향기, 군자의 품격"이라는 〈한중 서원·유교 문화 포럼〉의 당해 주제인 "한중 서원의 원류와 교육"에 대한 학술회의 발표자들의 원고를 주제별로 정리하였습니다. 또한 중국 측 학자들의 원고를 번역하여 실었습니다. 번역에 도움을 준 조희정 선생님께 고마운 마음을 전합니다. 한국과 중국의 서원을 구체적으로 이해하는 데에 도움이 될 것입니다.

이 책의 출판을 위해 지원해 주신 경상북도와 안동시 관계자 여러분들의 노고와 편집을 도와주신 출판사분들께도 감사의 인사를 지면을 통해서나마 전합니다.

퇴계학연구소장 윤천근

차례

조선시대 서원의 성립과 발전*

이수환**

1. 설립배경

　서원書院 설립의 주체는 16세기 이후 조선왕조의 정치사를 주도하였
던 사림士林세력이라 할 수 있다. 원래 사림은 고려 후기 사대부士大夫에
서 조선왕조 개창을 둘러싸고 재야세력으로 밀려난 계열의 후예들로서
경제적으로는 중소지주中小地主 계층을 가리킨다.[1] 이들은 대체로 향촌鄕
村에 내려가 교육과 향촌건설에 주력하였다. 성리학의 정통적 계승자로
자부하던 사림세력은 성종조부터 본격적으로 중앙정계에 진출하면서 훈
구파의 부국강병책과 사장詞章 중심의 학풍을 비판하고, 향촌문제에 있
어서는 유향소留鄕所를 비롯한 향촌자치제의 실시를 강력히 주장하였다.
이들은 대부분 향촌사회에 근거를 두고 있었기 때문에 정계진출 이전부
터 향촌사회 문제에 대해 그들 나름의 방식을 제시하여 관권 우위의 중
앙정부의 일방적인 향촌정책에 비판적인 자세를 보이고 있었다. 사림의

---

* 이 글은 필자가 새롭게 연구한 것이 아니고, 이 주제와 관련된 필자의 『조선후기 서원
　연구』(2001, 일조각)의 제1장 서원의 건립활동을 참고하여 재정리한 것이다.
** 영남대학교.
1) 李泰鎭, 「士林과 書院」, 『한국사』 12(1977); 『朝鮮儒敎社會史論』(지식산업사, 1989); 李
　秉烋, 『朝鮮前期 畿湖士林派硏究』(일조각, 1984), pp.5~10; 李樹健, 『嶺南士林派의 形成』
　(영남대 출판부, 1979).

향촌문제에 대한 관심은 왕조 초기의 유향소 설치, 세종대의 사창제社倉制 실시 건의 등으로 나타났다. 사창제 실시는 세조의 집권으로 실패로 돌아갔지만 이후 사림이 중앙정계에 본격적으로 진출하는 성종대에 오면 이들은 향촌문제를 재추진하면서 세조 때 혁파된 유향소의 복립운동復立運動을 전개하였다.2) 이는 이 기구를 통해 『주자가례朱子家禮』·『소학小學』, 향사례鄕射禮·향음주례鄕飮酒禮 등 성리학적 실천윤리를 보급하여, 종래의 불교적佛敎的이고 음사적淫祀的인 이족吏族 중심의 향촌사회를 사족士族 중심의 유교적인 향촌질서체제로 재편하는 데 목적이 있었다.

그러나 15세기 사림들이 지향하는 유교적인 향촌질서 확립을 위한 유향소 복립운동은, 이것이 사림세력의 기반이 될 것임을 간파한 훈구척신계勳舊戚臣系의 집요한 반대와 경재소京在所를 통한 방해공작으로 성공할 수 없었다. 이후 사림계열은 무오·갑자사화를 거치면서 일대 타격을 받았다. 그러나 사림파의 성장이라는 시대적인 대세는 어쩔 수 없었다. 중종반정 이후 조광조趙光祖 등 신진사류가 중앙정계에 등장하면서 소위 도학정치道學政治의 실현을 위한 정치활동이 활발해지고 한편으로 향촌문제에 관하여서는 종래의 향사·향음주례에서 한 단계 더 나아가 향촌사회의 여러 문제를 보다 더 포괄할 수 있는 향약鄕約의 보급운동을 추진하였다. 이 향약보급운동은 부분적인 성과를 보이기도 하였지만 기묘사화로 조광조 등 사림계 신진관료가 숙청·제거됨으로써 다시 실패로 돌아갔다. 기묘사화 이후 사림파는 중앙정계에서는 훈구파에 밀리고 있었으나 향촌사회에서는 착실한 재지적 기반을 다져갔다. 그

---

2) 李泰鎭, 「士林派의 留鄕所 復立運動―朝鮮初期 性理學 定着의 社會的 背景―(下)」, 『震檀學報』 35(1973); 『韓國社會史硏究』(지식산업사, 1986).

과정에서 마침내 경상도 풍기군豊基郡에서 최초의 서원이 출현하였다.

서원성립 이전의 사창제, 향사·향음주례, 향약보급 등 사림세력들의 향촌질서 확립운동은 향촌에서의 그들의 사회적 역할을 제도적으로 구체화시키려는 것이어서 중앙집권정책과 이에 기초한 관료세력과는 계속 마찰을 일으켰다. 서원은 이러한 마찰을 여러 차례 겪은 끝에 여기에 대한 대안으로 도입되었던 제도이다. 이와 같이 사림세력이 향촌 사회의 구심점을 서원으로 바꾼 것은 송대宋代 서원제도의 일정한 영향 등 여러 가지 이유가 있겠으나, 일단은 서원자체가 교육기관으로서 교육과 교화敎化를 표방함으로써 정치적 반대세력으로부터의 견제를 그만큼 덜 받을 수 있는 기구였기 때문이기도 하다. 사림을 결집하고 향촌 활동을 합리화해 줄 수 있는 중심체로서 서원제도가 을사사화 이후 사림세력이 실세하였을 때에도 계속적인 발전을 볼 수 있었던 것은 결코 우연한 일이 아니었다. 이렇게 볼 때 이 시기 서원의 성립은 사림세력들의 향촌지배체제 확립을 위한 노력의 일단으로서 사림세력 성장의 결과로 나타난 것이다. 이후 교육기관으로서의 서원제도는 본격적인 발전을 보게 되면서 재지 중소지주층의 지식인화를 더욱 촉진시키는 계기가 되었다.[3]

---

3) 조선시대 서원제도의 성립과 그 배경에 대해서는 柳洪烈의 선구적 업적 이래 많은 연구가 있어 왔다. 유홍렬은 일련의 논고를 통해 서원의 성립을 고려조 이래 발전해 온 祠廟와 연산군 이래 관학의 쇠퇴로 인한 私學의 발달에서 찾고, 또한 이 당시 중국 서원제도의 영향, 朱子숭배사상의 고조, 잇따른 사화로 인한 사림들의 은둔사상, 先賢들에의 私淑 등 사회적인 제 요인에 의해 서원이 성립되었다고 하였다. 이러한 그의 견해는 이후 대체로 받아들여지면서 정치·사회·교육적인 측면에서 상당한 진전이 있었다.
柳洪烈, 「麗末鮮初의 私學」, 『靑丘學叢』 24(1936); 「朝鮮 祠廟發生에 對한 一考察」, 『震檀學報』 5(1936); 「朝鮮に於ける 書院の 成立」, 『靑丘學叢』 29·30(1939).

2. 서원의 건립과 사회

우리나라 최초의 서원은 중종 38년(1543) 주세붕周世鵬에 의해 건립된 백운동서원白雲洞書院이다. 주세붕은 풍기군수로 부임하면서 곧바로 서원건립에 착수하였다. 당시 공신계열에 가까웠던 주세붕이 후일 사림의 향촌기구로 정착되는 서원의 건립에 착수한 것은 기본적으로는 이 시기 사림세력의 성장과 무관하지 않다. 그는 서원건립의 동기로 교화를 내세웠으며 교화는 반드시 존현尊賢으로부터 시작되어야 한다고 하고, 이에 풍기의 교화를 위해서 이 지역 출신인 안향安珦을 존봉하는 사묘祠廟와 유생장수儒生藏修를 위한 서원을 세우지 않을 수 없다고 하였다. 요컨대 그는 이 시기 가장 시급한 과제는 교화라고 인식하여 이것이 사묘·서원을 세우게 된 기본적인 동기라고 한 것이다.[4]

조선에 있어서 서원제도는 주세붕에 의한 백운동서원의 설립으로 출현되었지만 이후 서원을 조선사회에 보급·정착시키고 그 성격을 규정하여 발전의 토대를 마련한 것은 퇴계 이황이었다. 당시 퇴계는 조광조의 도학정치론에 공감하고 있었으며 또 이를 위해서는 교화가 선행되어야 한다는 주장에도 동조하고 그 자신이 이를 열렬히 강조하고 있었다. 그러나 퇴계의 경우는 조광조 등의 선배사류들과는 다르게 군주보다는 재지사림에 보다 치중하는 경향을 보였다. 그는 향촌의 사자士子에게 주자학적 정치이념과 학문체제를 훈도하고 수련시킴으로써 장차의 향촌사회를 주도하게끔 할 보다 적극적인 교학체제의 확립에 노력

---

4) 鄭萬祚, 「朝鮮 書院의 成立過程」, 『韓國史論』 8(1980); 『朝鮮時代 書院研究』(집문당, 1997).

을 경주하였다. 따라서 그는 송대 주자에 의해서 창안된 지방사학으로서의 서원의 중요성을 강조하였다.

그는 풍기군수 시절 백운동서원의 사액을 청하여 사림의 향촌에서의 기반확보에 대한 국가의 공식적 승인(사액)을 받았고 이후 그의 문인들과 함께 서원보급운동을 전개하였다. 퇴계는 서원이라는 새로운 학제를 통하여 종래의 과거와 관련한 출세주의·공리주의가 아닌 참다운 성리학의 토착화를 기대하였으며, 이를 통하여 이 시기 가장 시급한 과제인 사림의 사습士習과 사풍士風을 바로잡고자 하였다. 퇴계의 서원창설운동은 당시 사림들의 참다운 공부를 위한 환경조성운동이었다. 조선의 서원은 퇴계에 의해서 사림의 학적學的 기반으로 정착되고 이후 보급·확산될 수 있는 토대가 마련되었던 것이다.5)

중종 이후 명종대까지 세워진 퇴계 주도하의 초창기 서원은 집권 훈구파의 견제 속에서도 어디까지나 교육기관임을 강조하면서 계속적인 발전을 해 나갔다. 훈구파의 입장에서도 이 시기 피폐된 향교에 대신하는 새로운 교육기관의 설치를 외면할 수는 없었던 것이다. 따라서 이 시기 서원의 피봉사자는 사림세력의 기준으로 볼 때 성리학의 발전에 크게 기여한 인물을 대상으로 삼았으나, 대상인물이 없을 경우는 이산伊山·연경서원硏經書院 등과 같이 사묘없이 출발한 경우도 있었다. 이는 이 시기 서원의 설립이 존현보다는 강학에 일차적 목적이 있었음을 보여 주는 것이다.

이후 사림이 완전히 정권을 장악하게 되는 선조대에 오면 서원은

---

5) 鄭萬祚, 위의 논문, pp.42~43.

〈표 1〉 명종~숙종 연간의 연대별·지역별 원院·사祠의 건립 및 사액동향

	경상		충청		전라		경기		황해		함경		강원		평안		합계	
	建	賜	建	賜	建	賜	建	賜	建	賜	建	賜	建	賜	建	賜	建	賜
명종 원사	9	3	1		1		1		1	1	2		1		1		17	4
선조 원사	27	7	6		14	5	6	2	6		1	1			3		63	15
	2		2	1	6	2			1		2				3		16	3
광해 원사	14	5	7	3	6	1	1	2	1	1	1	1	2			1	32	14
	3		1		2						1						7	3
인조 원사	12	2	6		7		2	1			1		2	1	1		31	5
	7				6				1		1		2		2		19	
효종 원사	11	1	1		5	2	5	3	3				2		1		28	6
	2		1		3	1		1			1		3	1			10	3
현종 원사	19	8	8	7	9	7	5	4	2	1	5			2	4	4	52	33
	3	5	3		3	1	2	1			3		3	2	1	1	18	10
숙종 원사	72	25	33	15	26	14	18	22	10		3	5	5		9	10	176	104
	46	3	16	2	33	6	5	3	4	3	6		5	1	10	5	125	24
합계 원사	164	51	62	26	68	29	38	34	23	15	13	7	12	4	19	15	399	181
	63	8	23	4	53	12	7	5	3	3	14	1	13	4	16	6	195	43

* 薛錫圭,「肅宗朝 院宇動向과 朋黨의 社會的 基盤」(『국사관논총』 34, 1992) p.175, 이 통계는 『文獻備考』, 『俎豆錄』의 기록을 토대로 한 것으로 당시 국가에 의해 파악된 수에 불과하다. 그러나 실제로는 邑誌 등에 이보다 훨씬 많은 院祠가 기재되어 있다. 연대별 원사의 건립, 사액수에 관한 통계는 이 밖에 정만조, 「17~18세기 書院·祠宇에 대한 試論」(『한국사론』 2, 1975) p.265 및 全用宇, 「朝鮮朝 書院·祠宇에 대한 一考察」(『湖西史學』 13, 1985) pp.5~6 등이 있는데 대체로 비슷한 수치이다.

명종대에서의 일정한 제약에서 벗어나 사림의 활동기반으로서 본격적인 발전을 보게 된다. 명종 연간 이후의 서원·사우6)의 건립상황을 지역별로 통계해 보면 〈표 1〉과 같다.

선조대에 오면 서원은 이미 수적으로 60여 개를 넘으면서 피봉사자도 김굉필·정여창·조광조·이언적 등 사화기에 피화된 인물이 집중적

---

6) 書院·祠宇의 개념은 정만조의 「17~18세기의 書院·祠宇에 대한 試論」(『韓國史論』 2, 서울대 국사학과, 1975; 『조선시대 서원연구』, 집문당, 1997)에서 구체적으로 검토되었다. 여기에 의하면 양자는 여러 가지 면에서 원래는 엄격히 구분되었지만, 17·18세기 서원남설로 양자 모두 祀賢 위주로 전환되면서 서로 혼칭되고 구분이 모호해졌다고 한다.

으로 나타난다. 또한 그 범위가 이황·이이·조식 등 이 시기 사림 사이에 형성된 학파의 영수 및 성리학 발전에 크게 기여한 인물로까지 확대되었다. 이와 같이 사림은 서원의 제향인물을 통해서 그들의 도학적 정통을 천명함으로써 자신들의 정치적 입장을 일정하게 강화하였던 것이다. 한편 이러한 서원의 발전은 이 시기 사림의 집권과 함께 시작된 붕당정치와 밀접한 관계를 갖고 있었다. 붕당은 대체로 학연으로 맺어지는 것이 특징이며 각지의 서원을 중심으로 여론이 결집되고 이것이 중앙에 진출한 자파의 관료를 통해서 반영되고 있었다.

초창기 서원건립 및 그 운영은 대체로 초기 서원보급운동에 결정적 역할을 하였던 퇴계의 서원론에 기초하고 있었다. 퇴계 서원론의 핵심은 향촌자치제라 할 수 있다. 이 시기 서원은 특별한 경우를 제외하고는 대체로 일향 또는 일도一道사림의 공론에 의해 피봉사자의 문인·향인鄕人·후손 등의 합력에 의해 건립되는 것이 일반적이다. 그 과정에서는 지역적 범위나 정도의 차이는 있었으나 본현 내지 인근 지방관의 적극적인 협조가 있었다. 따라서 초창기 서원에는 그 건립과 사액 등에 중앙권력이 직접 개입하는 사례는 없었고, 기준에 따라 비교적 공정하게 대처하였다. 이러한 분위기는 광해군대에 와서도 계속되었으나 몇몇 서원의 건립이 당시 타 학파에 비해 학문적 기반이 약했던 집권 북인세력에 의해 정치적으로 이용되는 선례가 나타나기도 하였다. 이러한 현상은 인조반정 이후 서인이 집권하면서 더욱 확대되었다.

인조반정 이후 효종·현종 연간을 거치면서 서·남인 간의 정치적 대립이 점차 가열되자 서원의 설립과 사액에 정치적 이해관계에 따른 중앙권력의 적극적인 개입이 현저해지면서 서인 편향적인 경향이 뚜렷하였다. 당시 서인정권의 자파서원 건립은 붕당정치하에서 퇴계로 대표되는 남인에 대한 도학적 정통성의 확립과 자파세력 확대 및 집권의 명분 확립과도 관련되는 중요한 문제였다. 따라서 서인정권은 이러한 문제를 빠른 시일 안에 해결하기 위해 그들 서원의 설립에 자파 중앙관료들을 적극적으로 개입시키는 예가 많았다.[7]

서·남인계 서원 간에는 창건과정뿐만 아니라 서원운영을 위한 원임院任의 구성에 있어서도 그 차이점이 확연하게 나타난다. 이는 영남남인계 서원의 '원장院長·유사有司' 체제와 서인계 서원의 '원장院長·장의掌議·유사有司' 체제로 구분할 수 있다. 이 양자 간에는 원임의 자격·임기·직임 등에 있어서도 현격한 차이가 있었다. 영남남인계 서원의 경우 원장은 실질적인 서원운영의 책임자로, 대부분 향내의 사림으로 임명되며 현직관료는 제외되고 있었다. 이에 반해 서인계 서원의 원장은 중앙정계의 고위관료로 추대되었는데 이는 서원 측의 이해관계와 중앙관료의 자파세력 확대라는 상호관계가 결부되면서 나타난 현상이었다. 따라서 원장은 일종의 명예직의 성격을 띠고 있었으며 실질적인 서원운영은 장의가 담당하였다고 보인다. 장의는 대체로 서원 소재지 내지 인근의 지방관으로 임명되는 경우가 많았다. 그러므로 서인계 서원은 지방관으로 대표되는 관권과의 관계를 효과적으로 유지할 수 있었다고 보인다. 이러한 당시 서인계 서원의 권력지향적인 성격은 자파 현직관료로 임명되는 경장의京掌議·경유사京有司 제도에서도 확연히 드러난다. 이 제도는 중앙과의 긴밀한 유대관계를 모색하기 위한 한 수단으로 제

---

7) 이수환, 『조선후기 서원연구』(일조각, 2001), 104~130쪽 참조.

시된 것이었다.

　이와 같은 양자 간의 서원조직 및 운영상의 차이점은 당시의 정치상
황과 무관하지 않겠지만, 전자는 서원의 성격을 향촌자치제로 규정하였
던 퇴계의 서원론에 기초하고 있었고, 후자는 17세기 초까지 서원을 통
한 향촌사회 운영원리나 도학적 정통성, 사림수에 있어서의 영남남인계
에 대한 열세를 만회하기 위해 서원설립과 운영에 중앙관료가 적극적으
로 개입함으로써 정치적 색채를 강하게 띠고 있었기 때문으로 파악된
다. 이러한 성향이 서원의 원임 구성에 일정하게 반영되었다고 보인다.

　한편 18세기 이후 동성촌同姓村의 발달과 함께 사림 사이에 가문의식
이 현저해 지면서 서원은 폭발적으로 남설되고, 이와 관련하여 봉사 대
상인물의 선정도 원칙에 크게 어긋나는 경우가 많았다. 원래 서원의 제
향인은 학문이 깊고 사문斯文에 유공有功한 자만을 원칙으로 하였으나,
이 시기에 오면 학문이 깊다고 보기 어려운 인물, 유화儒化를 남긴 수령,
행의行誼가 있는 사자士子까지로 그 범위가 확대되어 갔다. 가묘家廟적 성
격이 강한 사우의 건립이 이 시기에 더 많아진 것도 이와 무관하지 않
다. 이는 사림의 동족·가문의식의 단적인 표출이었으며 이 시기 원·
사가 서로 혼칭되는 요인이 되기도 하였다. 이들 원사는 17세기 중반까
지의 원사가 일향사림의 공론에 의해 건립되었던 것과는 다르게 대체
로 제향인의 후손이 주동이 되는 것이 일반적이었다.

　이러한 당파 간의 극한적인 대립으로 나타난 원사의 폭발적 남설은
필연적으로 정치·사회적 폐단을 심화시켰으며 따라서 영조대 이후 서원
은 왕권강화책의 일환으로 국가적 차원의 강력한 제재를 받게 되었다.

3. 사액서원의 추세

백운동서원이 설립된 지 6년 후 퇴계의 청액請額에 의해 소수서원紹修書院이란 편액을 하사받은 것이 사액서원賜額書院의 시초이다. 퇴계는 명종 4년(1549) 12월 당시 경상도관찰사 심통원沈通源에게 계문啓聞하여 백운동서원을 사액서원으로 발전시켜 줄 것을 청원하였다. 여기에서 퇴계는 중국의 예를 들어 사액과 동시에 국가적 차원의 경제적인 후원 및 감사·수령 등 지방관의 지원을 요청하였다. 그러나 지방관의 지원은 경제적인 것에만 한정시키고, 이 외의 서원 운영은 사림이 자치적으로 운영할 수 있도록 할 것을 강조하였다.[8]

이에 대해 중앙에서는 서원이 당시의 관학의 부진을 대신할 수 있는 교육기관이라는 점을 일단 인정하고, 유생을 고무·진작시키기 위해 서적 등과 함께 소수서원이라는 편액을 내리도록 하였는데 이후 이것이 서원 사액의 하나의 기준이 되었다. 백운동서원에 뒤이어 설립되는 남계灠溪·임고서원臨皐書院 등에 대한 사액은 소수서원의 예에 따라 시행되었다.

서원 사액은 교육기관으로서 관학인 향교와 동등한 위치를 국가로부터 공인받는 것일 뿐 아니라, 법전에 규정된 바 없었던 초기에도 서원에 소속된 토지와 원속院屬은 해당 지방관의 영令으로 면세·면역되는 것이 관례화 되어 있었고, 또한 제수祭需가 관급되는 등 경제적으로 이점이 있었다. 실제로 후에 면세전免稅田이나 모입원생募入院生의 규모를

---

8) 尹熙勉,「白雲洞書院의 設立과 豊基士林」,『震檀學報』 49(1980), pp.66~73. 鄭萬祚, 앞의 논문(1980) 참조.

제정할 때도 사액서원과 미사액서원은 그 규모에 있어서 차이가 있었다. 따라서 서원은 창건되자마자 곧바로 청액운동을 하는 것이 일반적이었다.

초기 서원의 청액과정은 서원유생이나 서원 소재지 지방관의 요청에 의해 감사가 청액하는 것이 일반적이었으며, 그 사액기준도 비교적 엄격하게 적용되었다고 보인다. 이후 서원이 유향소·향교를 대신해 향촌사회에서 점차 중요한 역할을 하면서 각 지역마다 급격히 설립되자 사액의 기준도 일단 완화된 것으로 보인다.

그러나 16세기 말 선조 연간까지만 하더라도 사액문제가 각 정파 간의 정치적 목적에 의해 좌우되지는 않았다. 선조 연간까지 사액된 서원을 제시하면 다음과 같다.

〈표 2〉 명종~선조대의 사액서원

도별	지명	서원명	건립연도	사액연도	봉사인물
경상	豊基	紹修	중종 38년	명종 5년	安珦 등
황해	海州	文憲	명종 4년	명종 5년	崔沖·崔惟吉
경상	咸陽	灆溪	7년	21년	鄭汝昌
경상	永川	臨皐	10년	10년	鄭夢周
경상	義城	氷溪	11년	선조 9년	金安國
함경	咸興	文會	18년	9년	孔子
전라	順天	玉川	19년	선조 원년	金宏弼
경상	善山	金烏	선조 3년	8년	吉再
전라	綾州	竹樹	3년	3년	趙光祖
경상	慶州	玉山	6년	7년	李彦迪
경기	開城	崧陽	6년	8년	鄭夢周
경기	楊州	道峰	6년	6년	趙光祖
경상	禮安	陶山	7년	8년	李滉
전라	南原	滄州	12년	33년	盧禛
경상	玄風	道東	38년	40년	金宏弼

여기에서 보면 사림계열이 아직도 실세기였던 명종대(20년: 문정왕후死)에는 소수서원, 해주의 문헌서원, 영천의 임고서원 등이 사액을 받았다. 척신세력인 소윤小尹이 주도권을 가진 명종대에 사림계의 교육기관인 서원에 대한 이러한 공인조치가 나올 수 있었던 것은, 그들의 세력이 이제는 척신계열로서도 전혀 무시만 할 수 없을 정도로 크게 확대되었기 때문이지만, 또한 사액을 받은 세 서원의 피봉사자가 안향·최충·최유길·정몽주 등 모두 고려조의 인물이었던 것도 한 까닭이 될 듯하다.[9]

이후 사림계열이 주도권을 잡게 되는 선조대에 들어오면서 사액서원의 피봉사자도 고려조의 인물에 한정되었던 제약에서 벗어나, 사화기의 인물을 포함하여 사림계열이 성리학의 정통으로 내세웠던 김굉필·조광조·이언적·이황 등으로 확대되어 갔다. 그러나 이때까지만 하더라도 피봉사자의 범위는 약간 확대되었으나 사액에 있어서만은 성리학에 크게 기여한 인물로 한정되고 있었다.

이후 광해군의 등극으로 인한 북인정권의 등장은 서원의 설립과 사액이 정치적 목적에 의해 좌우되는 한 계기가 되었다. 북인정권은 당시 퇴계·율곡학파에 비해 상대적 열세인 학문적 기반과 자파세력 확보 및 재강화를 위해 서원·향교·향소 등 향촌자치 기구에 관심을 두면서[10], 이 시기 서원의 설립 및 사액에 정치적 영향력을 행사하는 경우가 많았다.

---

9) 이태진, 앞의 논문(1977), p.182.
10) 鄭仁弘과 그 문인집단은 당시 경상우도 지역의 서원·향교·鄕所 등 3곳을 중심으로 향권을 완전히 장악함으로써, 이에 기초하여 자파세력 상호 간의 통문을 통하여 반대세력에 대한 毁家黜鄕, 損徒, 儒生停擧 등의 鄕罰을 가하기도 하였다.(『광해군일기』, 권26, 광해군 2년 3월 정유 및 鄭慶雲, 『孤臺日錄』 참조)

실제로 대북의 영수인 정인홍鄭仁弘은 자기 스승인 조식의 추존사업에 적극 나서면서 광해군 원년(1609)에 경상우도의 조식 배향처인 진주晉州의 덕천德川, 삼가三嘉의 용암龍巖, 김해金海의 신산서원新山書院을 사액받고, 7년에는 경성에서 불과 30리 밖에 있는 양주楊州 서면西面(三角山 白雲峰下)에 조식을 배향하는 서원을 건립하여 그 이듬해에 백운서원白雲書院이란 사액을 받았다. 특히 이 서원 건립은 통문이 중앙관료들 사이에 널리 발해지는 등 거당적 차원에서 이루어졌다. 이 서원은 인조반정 이후 서인정권에 의해 곧바로 훼철되었는데[11] 이는 이 서원의 건립과 사액이 북인정권의 정치적 목적과 결부되어 있었음을 보여 주는 것이라 하겠다.

한편 북인정권은 서원을 이용하여 당시 남인집거지인 예안에까지 자파세력을 부식시키고 있었다. 북인정권은 김성일·유성룡 사후 한때 남인세력의 공백기를 틈타서 유성룡과 동문이면서도 불편한 관계에 있었고 북인계 이산해李山海와 친근한 사이였던 조목을 매개로 하여 세력을 확보하였던 것이다. 조목은 사후 북인세력에 의해 도산서원에 종향從享되었고, 예안유림은 북인정권에 의해 발탁되어 이 지역에서는 한때 남·북인세력이 공존하게 되어 갈등이 심각하였다.

이러한 서원설립 및 사액문제에 있어서 정치적 이해관계의 개입은 인조반정 이후에도 서·남인 간에 어느 정도 정치적 조정이 이루어져 심각한 양상을 띠지는 않았으나, 서인 우세 하에서 서인 쪽에 편향성을 띠기는 마찬가지였다. 이 시기 김집金集·송시열宋時烈·송준길宋浚吉로

---

11) 裵大維, 『慕亭集』, 권2, 「白雲書院賜祭文」, "癸亥(인조 원년; 1623)後毀撤."

대표되는 산림세력이 등장하면서 이들은 집권의 명분과 도학적 정통성의 확립이라는 측면에서 그들의 학적연원인 조광조·이이·성혼成渾·김장생金長生 등의 서원을 계속적으로 설립하고 사액을 받았다.12) 이들 서인계 서원은 대부분 지역적으로 근기 또는 충청도에 집중되었으며, 또한 서원의 설립에 자파 중앙관료들이 적극적으로 개입함으로써 남인계열보다 정치적 색채를 강하게 띠고 있었다. 그 결과 효종 10년(1659) 윤3월에는 무려 8개소의 서원이 한꺼번에 사액을 받기도 하였으며,13) 그 영향으로 현종대에 들어와서는 향촌사림의 청액운동을 촉발시켜 청액소가 폭주하였다. 현종 연간에는 사액의 남설을 우려하여 사액에 관한 한 일률적으로 물시勿施하라는 통제책이 취해졌으나 앞 〈표 1〉에서 보듯이 사액은 전대에 비해 엄청난 증가추세를 보이고 있다. 여기에는 중앙관료들의 적극적인 개입이 있었다. 이 시기 사액을 받은 서원을 당색별로 구분하면 서인계 서원이 남인계에 비해 압도적 다수로 나타난다. 이는 사액과정에서 정치적 이해관계에 따른 중앙권력의 적극적인 개입이 현저하였음을 의미한다. 당시 서인계 서원은 첩설처라 하여 일단 사액이 거부된 서원도 서인관료의 특청特請에 의하여 대부분 특례로 사액되는 경우가 많았다.14) 사액과정에서의 이러한 당파적 편향성은 이후 서원문제가 집권세력의 이해관계에 크게 좌우되고, 또한 이것이 정치적인 차원의 문제로 확대되는 결과를 낳았다.15) 이후 숙종대의 서

---

12) 『書院謄錄』 1책, 효종 원년 5월 30일.
13) 『孝宗實錄』, 권21, 효종 10년 윤3월 무자.
14) 예를 들면 현종 9년 12월에는 첩설처라 하여 防啓되었던 金尙憲·趙憲·金長生 祭享의 3개소 서원이 대사헌 宋浚吉의 經筵에서의 特請에 의하여 王이 사액을 내렸다.(『서원등록』 1책, 현종 9년 12월 11일)

〈표 3〉 숙종 연간의 정권변동과 사액 추세

구분 / 지역	1-6년(남인)					7-15년(서인)					16-20년(남인)					20년 이후(서인)				
	남	서	노	소	무	남	서	노	소	무	남	서	노	소	무	남	서	노	소	무
경상	7	1			3				1		6				1	1(2)		2		2(1)
전라						1	3(1)			1(3)						2	1	2	2	2(2)
충청	2						2			1					1		1	5		2(2)
경기					2		1		1		2		(1)		3		3	6	3(1)	1(1)
강원											1							(1)		
평안	1				(1)		1			1(1)					2		(1)	2		1(2)
함경							2										1	1		1(1)
황해	1				1		1			2							3(1)		3	1(2)
합계	11	1			6(1)	1	10(1)		2	5(4)	10		(1)		8	3(2)	9(2)	18(1)	8(1)	12(11)

※ 설석규, 앞의 논문, pp.175~178의 표 「숙종조 院宇의 건립 및 사액동향」을 재편집.
( )는 사우의 수임.

원사액에 대한 극단적인 당파적 편향성은 이에 연유하였다.

숙종 연간의 정치변동과 각 정파의 원·사에 대한 사액 추세를 제시하면 〈표 3〉과 같다.

〈표 3〉에서 보면 특별히 예외적인 경우가 있긴 하지만 대체로 남인 집권시기에는 남인계 인물을, 서인 집권기에는 서인계 인물을 배향하는 원·사에 사액이 이루어지고 있음을 확인할 수 있다.[16] 이러한 현상은 무엇보다도 이 시기 경신·기사환국 다시 갑술환국으로 이어지는 잦은 정변 속에 각 정파마다 자파서원을 통해 집권의 명분이 되는 도학적 정통과 명분론을 확보하고, 동시에 자파세력을 확대·부식하고자 한 데

---

15) 鄭萬祚, 앞의 논문(1985), pp.252~255.
16) 鄭萬祚, 앞의 논문(1975). 이하 서술은 이 논문을 주로 참고하였다. 숙종조 정국변동과 관련하여 원우건립 및 사액동향을 구체적으로 검토한 논고로는 설석규의 앞의 논문이 있다.

서 연유한 것이다. 따라서 당시 집권세력은 자파서원 건립에 물질적·행정적 지원을 하였는데 사액은 그 중 가장 대표적인 형태였다. 사액은 지방에서 자파의 사회적 기반을 합법적으로 확립할 수 있는 길이었기 때문에 이 시기 여러 정치세력 간에 중요한 관심사가 될 수밖에 없었다.[17]

한편 현종 연간에 이어 숙종 연간은 서원이 너무 과다하게 설립되어 그 폐단이 심각하게 노출되면서, 서원 신설과 일체의 사액은 불허한다는 국가적 차원의 통제책이 강화되고 있었던 시기였다. 그러나 이러한 통제책은 집권당파에 의해서 제대로 지켜지지 못하고 다만 반대당파를 억압하는 데만 유효하였다. 예컨대 기사환국 후 피화된 노론의 영수인 송시열을 배향하는 서원은 갑술환국 후 숙종 말년까지 26년간에 걸쳐 무려 20개소가 건립되고 또한 14개소에 추배되었으며 이들 원사는 다수가 첩설에 관계없이 특별히 사액되고 있었다.

또한 이 시기에 오면 '첩설처 사액불허'라는 금령에 저촉되지 않으면서 자파의 집권의 명분 및 사회적 기반을 확대시키기 위해, 거듭되는 환국의 피화인 등으로 사액서원의 제향자의 범위를 확대시켜 결과적으로 도학자여야 한다는 제향기준을 무너뜨렸다. 이것은 후일 서원의 질

---

17) 사액이 당파적 이해관계와 결부되었던 한 예로 安東의 屛山書院을 들 수 있다. 이 서원의 제향인인 西厓 柳成龍은 퇴계의 高弟로 선조대 중앙정계의 퇴계학파의 영수로 존재하였고, 동서·남북分黨時에는 서인·북인으로부터 붕당 발생의 장본인 또는 남인의 영수로 인식되고 있었다. 당시 집권세력인 북인 내지 서인의 그에 대한 이러한 인식태도는 그를 주향으로 하는 병산서원에도 일정한 영향을 미쳤다. 따라서 이 서원은 광해군대에 설립되어 안동을 대표하는 서원으로 인식되었으나 여타 서원과는 다르게 몇 차에 걸친 청액에도 불구하고 사액되지 못하다가 250년 후인 철종 연간에 그 후손들이 집권세력과 연결되면서 사액되었고, 뒤이어 대원군 서원훼철시에는 남인의 대표적인 서원으로 남게 되었다.

적 저하를 유발하고 사우와의 구별을 모호하게 만드는 요인으로 작용하였다. 이 시기 서원정책은 한마디로 말한다면 정권 내지 당파적 차원을 넘지 못하였고 따라서 그 건립과 사액을 격증시켜 폐단만 격화시켰다. 그런 가운데서도 이러한 서원정책을 통해서 노론정권은 타 당파에 비해 자파의 사회적 기반을 확대하는 데 성공하였다. 숙종 연간에 사액된 서원은 남인계의 21%에 비해 서인계는 41%였다. 실제로 당시 대부분의 서원사액은 중앙관료의 협력 없이는 불가능하였다. 특히 권력에서 밀려나 있었던 계열의 서원은 더욱 그러하였다. 따라서 남인계열이 중앙정계에서 완전히 실각하는 갑술환국 이후부터 영남남인계 서원의 사액은 거의 불가능하게 되었다. 사액서원 수의 지역적 차이도 이에 연유한 것이다.

그러함에도 불구하고 당시 서원들이 막대한 자금을 소비하면서까지 청액운동을 전개할 수밖에 없었던 것은 사액이 곧바로 재지사족들의 향촌 내 생존권 확보와 직결된다고 보았기 때문이다. 17세기 중반 이후 서원이 급격히 남설되면서 그 폐단이 노출되자 설립과 사액에 대한 국가적 통제책이 수립되고, 서원에 대한 권한은 지방관에 귀속되었다. 서원유림들이 지방관으로 대표되는 관권에 대해 일정하게나마 그들의 자유로운 향촌 내 활동을 담보할 수 있는 유일한 길이 국가의 공적 승인이라 할 수 있는 사액을 받는 것뿐이었다.

4. 초창기 서원의 성격

중종대 주세붕에 의해 창건된 서원은 초기에는 사묘에 부수된 유생들의 독서처로 건립되었다. 따라서 사림의 주목을 받지 못하고 다만 관학의 보조적 기능을 수행하는 정도의 기구로 인식되었다. 이후 퇴계에 의하여 서원은 사림의 강학·장수처로서 그 성격이 분명하게 되면서 사림세력의 향촌활동에서의 중요한 기반으로 자리 잡게 되고 이후 급속도로 확산되었다. 이러한 사림의 학적기반으로서의 서원제도의 보급은 앞에서 언급했듯이 선초부터 계속되어온 사림세력의 유교적 향촌지배체제 확립을 위한 노력의 결과였다. 그러나 서원은 훈척계가 정권을 장악하고 있었던 명종 때까지는 사림의 정치·사회적 활동의 중요한 기반이 될 수 없었으며, 다만 이 시기 피폐된 관학인 향교에 대신하는 사림들의 새로운 교육기관으로서 주목되고 있었다. 실제로 이 시기에는 봉사대상 인물이 없는 경우에도 퇴계에 의하여 서재·정사라 하지 않고 서원으로 명명되고 있었다. 이후 사림파가 정치의 전면에 나서게 되는 선조대부터 그들에 의해 전개되는 붕당정치와 관련되면서 서원은 점차 그 역할을 증대시켜 나갔다.

그러나 선조·광해군·인조대까지만 하여도 사림에 의해 수행되는 붕당정치가 명분과 시비분별 위주로 전개되지 못하고, 향촌에서도 사족의 활동기반으로서 유향소 그리고 향안·향약 등이 제 기능을 발휘하고 있어 서원의 역할은 상대적으로 그리 클 수는 없었다. 광해군대나 인조때 서원이 정치적으로 이용되었던 경우가 전혀 없었던 것은 아니나 대체적으로 이 기간 동안 서원은 집권세력의 도학적 정통성 부여를 위한 자파계 인물의 제향처나 사림의 확보를 위한 인재양성소로서의 정치적 역할을, 그리고 향안 등과 마찬가지로 사림 간의 상호결속을 위한 취회소로서의 사회적 역할을 수행하였다. 이 시기는 동서東西 간, 남북南北

간 정쟁은 치열하였지만 아직 서원을 중심한 향촌사림이 본격적으로 중앙정치에 참여할 정도는 아니었던 것이다.

서원이 정치·사회적으로 주목되며 그 역할이 커지는 것은 이른바 산림세력이 본격적으로 진출하는 17세기 중반 이후부터이다. 이 시기는 붕당정치가 성리학적 이념과 밀접하게 연관되는 명분과 의리 중심으로 전환되어 향촌사림의 여론이 정치의 향방에 큰 영향을 미치게 되었다. 당시 향촌사림은 이러한 붕당정치의 전개과정 속에서 중앙정치세력과 연계하여 향촌에서의 자신들의 지위를 공고히 하려고 하였으며, 중앙관료들은 지방의 서원조직을 통해 자파의 정치적 입장을 강화하려 하였다. 따라서 당시 향촌사림의 여론을 수렴하는 일차적 거점이었던 서원의 역할은 더욱 중대될 수밖에 없었다. 예컨대 17세기 중반 이후 붕당정치 전개과정에서 중요한 역할을 하였던 유림의 집단상소인 유소는 대체로 향교·서원조직을 통해서 이루어지고 있었다.

이 시기의 붕당정치는 서원 등을 통해 수렴된 사림의 공론이 자파계 관료나 유소 봉헌奉獻을 통하여 정치에 반영되는 양상으로 나타나고 있다. 이렇게 볼 때 서원은 사림공론에 의한 붕당정치 실현의 기반이었던 셈이다. 현종·숙종대의 명분론 중심의 붕당정치의 전개는 바로 이 서원에 토대하였던 것이며 따라서 서원의 건립도 이 시기에 가장 활발하였던 것이다. 그러나 이 시기 이후 서원은 표면적으로는 사림공론의 수렴처를 표방하였으나 실제로는 당론의 연수라는 한계를 벗어나지 못하였다.

한편 동성촌의 발달과 함께 동성집단 내부의 상호결속과 사회적 지위 유지의 필요성이 제기되면서 서원은 족적 기반의 중심기구로 그 사회적 역할을 증대시켜 나갔다. 이는 향촌사회에서 기존의 사족지배가 점차 위기에 봉착하고 있는 것과 맥을 같이 한다. 특히 이 시기 향안·향약 등 사족간의 결속을 보장하던 자치조직이 쇠퇴하던 현상은 사족들로 하여금 문중적 보장의 필요성을 절감케 하였다. 이러한 가문의식의 현저한 발휘 속에 서원의 역할도 문중 내 명조名祖·현조顯祖의 제향을 통한 향중의 벌족으로서의 사회적 지위 유지, 문중자제의 교육과 교화를 통한 문중 내 윤리질서의 유지 등을 도모할 수 있었던 것이다. 따라서 이 시기에 오면 서원의 각 가문별 분립현상이 뚜렷해졌다. 17세기 전반까지만 하더라도 이러한 원사의 건립은 향중 공동의 관심사에서 출발하였으나, 17세기 중반 이후부터는 자기중심적 이해관계에서 지역·씨족별로 개별화 추세를 보이면서 점차 문중의 파별로 더욱 세분화되어 가고 있었다. 이러한 현상은 원장·유사 등 당시 서원운영을 실질적으로 책임지고 있었던 원임의 구성에서도 나타나 시기가 내려오면서 점차 제향자의 후손의 비중이 커지고 있었다. 이렇게 볼 때 이 시기 서원은 이전까지의 향촌공동체적 성격에서 벗어나 점차 가문중심적으로 전환되고 있었다고 하겠다. 그러나 이러한 변화의 양상이나 그 시점은 각 서원의 형편이나 성격에 따라 다소 달랐다.

따라서 원사는 종래의 교육기관으로서의 의미가 크게 축소되었고, 사현祀賢의 기능만이 강조되면서 오히려 향촌에서의 문중의 우위권 경쟁을 위한 도구로 이용되고 한편으로는 그들 문중의 사회·경제적 이해를 대변하는 도구로 전락되어 갔다. 즉 17세기 중반 이후 서원의 급격한 남설 및 각 가문 선조 간의 우열을 둘러싼 각종 시비, 서원의 추배문제 등 서원을 중심으로 한 향전 등은 이러한 서원의 성격변화에 기인한 바가 크다. 특히 교육적 기능의 상실은 이 시기 서원의 남설 및 이에 따른 국가적 통제책으로 야기된 경제적 기반 약화가 크게 작용하였다. 그러나 소수이긴 하지만 몇몇 서원은 이때까지 부정기적으로 설강設講을 하여 교육적 기능을 명맥상 유지하기도 하였으나 제향자의 후손이 그 중심이 될 수밖에 없었다.

끝으로 한 가지 언급할 것은 서원이 가지는 의미가 당파별로 약간의 차이가 있었다는 점이다. 초창기 서원이 집중되어 있었던 영남의 남인은 퇴계의 영향을 받아 처음부터 서원을 사림의 자치조직체로 인식하였고, 인조반정·갑술환국을 거치면서 중앙정계에서 완전히 배제된 이후에는 자기존립을 위해 향촌에서의 재지적 기반 확보와 유지에 주력하였다. 따라서 서원의 문제는 생존의 차원에서 중요시할 수밖에 없었다. 이에 비해 서인 내지 노론은 집권세력이었으며 또한 성균관이 자기세력 하에 있었다는 데서 서원에 대한 관심은 남인에 비하면 부차적인 것이었다. 다시 말하면 집권명분의 강화와 자파세력 확대라는 측면에서 서원의 필요성이 제기되었지 생존 차원의 문제는 아니었던 것이다. 입원생入院生의 문제에 있어서 영남남인계 서원이 '중인서얼中人庶孼 수대소과雖大小科 물허남서勿許濫書'라 하여 배타적·보수적 입장을 뚜렷이 한 데 반해 서인계 서원이 비교적 유연한 입장을 견지한 것도 이에 연유한 것이었다.

5. 서원의 사회적 기능─지방문화의 본산

1) 교육과 교화의 중심, 서원

서원은 조선 시대 지방 교육과 교화의 중심지였다. 조선 초기에는 지방에 식자층인 사림士林이 거의 없었다. 조선 중기 이후부터 지방에 사림세력이 급속히 확산되어 그 저변이 확대되어 나갔는데 이는 바로 이 시기 지방사학인 서원이 있었기 때문이다. 서원은 많은 서책을 소장하여 지방 사림들의 학문 연마를 위한 도서관적 기능을 맡고 있었다. 나아가 지식의 전파에 중요한 출판기능까지 수행함으로써, 지방문화 창달과 지방 사림들의 지식인화에 크게 기여하였다. 이러한 서원을 통한 사림세력의 확산은 조선 후기 농촌문제에 관심이 있는 재야지식인을 낳게 하는 원동력이 되었다. 서원은 교육뿐만 아니라 향촌 교화에도 일정한 역할을 했다. 향촌 교화의 실천방안인 향약의 규약을 정할 때 서원에서 의식과 절차를 행하기도 하였다.

2) 교육문고, 출판문화의 중심

서원은 이러한 향촌 내 교육기관으로서뿐 아니라 교육문고 내지 출판문화의 중심지로 역할하여 지방문화의 창달에 크게 기여하였다.[18] 소수서원에서부터 일반적으로 서원은 사액과 동시에 국가로부터 전답·노비와 함께 서적을 하사받았으며 또한 자비로 서적을 구입하기도

---

18) 姜周鎭,「書院과 그 社會的 機能」,『韓國史論』8(1980), 72~76쪽.

하였다. 이후에도 국가에서는 원생들의 학문의 분발을 촉구한다는 의미에서 서적을 인출印出할 때마다 서원에 반사頒賜를 거듭하였다. 또한 각 가문에서 인간印刊된 문집 등이 반질되어 옴으로써 서원은 향촌사회의 양반유생들을 위한 도서관적 기능을 충실히 수행하였다. 백운동서원이 창건된 지 2년 후에 편찬된『죽계지』에 의하면 소수서원에는 이미 42종 500여 권이 소장되어 있었다. 이춘희李春熙의『서원장서목록』에 의하면 영남의 대표적인 서원인 경주의 옥산서원에는 866종 4,115책, 예안의 도산서원에는 1,271종 4,917책이 보관되고 있다. 서원은 이러한 지방의 도서관적 역할뿐만 아니라 서적을 직접 출판하기도 하여 지방출판문화의 중심지로서 문화창달과 지식보급에 큰 역할을 하였다.

3) 공론의 수렴처, 서원

서원은 지방 사림들의 공론公論을 수렴하는 창구 기능을 수행하였다. 사림들은 서원을 중심으로 여론을 결집하여 그것을 중앙에 진출한 관료를 통해 반영시키는 형태로 정치를 이끌었다. 사림의 여론은 조선 중기 이후 정치사의 전개과정에서 절대적 영향을 미쳤다. 중앙과 지방이 긴밀하게 연결되어 중앙정계에 중요한 정치적 사안이 있을 때마다, 지방 사림들의 정치적 입장을 나타낸 연명상소(儒疏)가 계속되었다.

효종의 승하 후 상례에 대한 논쟁이 벌어졌다. 이에 안동을 중심으로 영남 지역의 유생 천여 명이 연명한 상소를 올리기 위해 백여 명이 상경하였다. 이 상소는 서원에서 처음 논의가 이루어졌고 의견을 수렴하기 위한 통문通文이 오고 가는 거점도 바로 서원이었다. 이렇게 볼 때

서원은 바로 향촌 여론의 발의와 수렴의 일차거점이었던 것이다. 조선 후기 중앙권력에서 배제된 대부분의 지방 사림들이 정치에 참여하는 길은 곧 연명상소였다. 이것이 극대화된 것이 만 명이 연명한 만인소萬人疏이다. 정조가 억울하게 죽은 아버지 사도세자를 기리는 여러 사업에 자신감을 갖게 해 준 것도 영남지역 사림의 만인소가 큰 몫을 했다. 여기서 서원이 갖는 정치적 역할의 일 단면을 볼 수 있다.

특히 조선의 군주들은 여론을 중시하여, 상소를 올린 사림들에 대해 대체로 처벌보다는 관용을 베풀었다. 이러한 사회적 분위기가 지방 사림들의 집단 상소를 활성화하였으며 그 중심에 서원이 있었다.

4) 지역 네트워크로서의 서원

서원은 중앙관료와 지방 사림, 각 지역 사림들 사이를 연결하는 지역 네트워크로 기능하였다. 각 서원에는 방문자들을 기록한 명부인 심원록尋院錄이 있다. 경주지역의 대표적인 서원인 옥산서원에는 100여 책의 심원록이 있는데 여기에 보면 서원과 이해관계를 같이하는 중앙의 고위관료들뿐만 아니라 도내道內의 대표적인 사림들의 방문이 끊이지 않았다. 또한, 서원 소재지 지방관은 말할 것도 없고 인근 지방관들의 방문도 끊이지 않고 있다. 이는 당시 지방관들은 서원 사림들의 도움이 없이는 효과적인 지방통치가 어렵다는 것을 말해주고 있다.

향촌 사림들은 정치·사회적인 현안이 생길 때마다 각 서원을 중심으로 이견을 조율하여 사림의 공론을 이끌어내는 역할을 하였다. 특히 국가가 위기에 봉착했을 때에는 서원유생들은 여론을 규합하여 분연히 일어나기도 하였다. 예컨대 임진왜란 때에 서원 유생들은 활발한 의병 활동을 전개하기도 하였다. 당시 활발한 의병활동을 전개하였던 경상남도 함양지역의 의병은 대부분 이 지역의 남계서원藍溪書院에서 활동하고 있었던 이들이었다. 서원 유생들은 서원에서 학문 연마뿐만 아니라 국가 위기 상황에서는 분연히 나섰던 것이다.

도통, 학통과 교통
―중국유가서원의 기본정신과 사회기능

韓星*

1. 도통을 재건하여서 중국문화의 기본정신을 계승한다

중국전통문화의 핵심가치관은 대부분 도道라는 개념에 담겨 있는데, 도의 본래 의미는 땅 위에 사람이 걸어가는 길을 지칭한다. 고대사상가들은 도의 본의를 확대하여 자연계와 사회영역중의 가장 일반적인 법칙으로 추상화하여 '천도天道', '인도人道', '지도地道'로 구분하였다. 도는 중국문화에서 가장 높은 하나의 관념으로, 철학적 측면에서 본다면 근원의 기초, 본체의 최고 실재 등등의 되고, 종교학적 측면에서 본다면 도는 또한 하느님, 상제의 의미를 갖는다. 도의 관념은 다만 도가의 영역에 속하는 것이 아니라, 선진시대에 모든 학파가 도를 탐구하여 각기 다른 이해를 하였다. 도가의 담론이 가장 완비하여 사람들은 도는 도가의 것이라고 생각하였는데, 사실 유가의 도에 대한 담론도 역시 매우 많다. 또한 유가는 도를 중시하였는데 그 정도는 도가와 버금간다. 『한서』「예문지」에도 "儒家於道最爲高"라고 기록되어 있다.

유가의 도통은 이론체계에서 비교적 늦게 형성되었지만 사상은 일

---

* 중국인민대학 국학원 교수, 박사생 지도교수. 주요 연구로 중국사상문화사, 유학, 유교 등이 있다.

찍부터 존재하였는데, 다만 전문적으로 언급되지 않았을 뿐이다. 당대의 한유에 이르러서야 유가의 도통, 즉 요순문무주공공맹 이후의 유가 최고 가치와 기본 개념, 이상적 전승체계는 명확하게 제기되었다. 이러한 체계는 근거가 없이 꾸며진 것이 아니라, 중국고대문명발전의 역사 속에서 유가학자의 총론을 통해서 밝혀 제시된 것으로 도통은 중국역사에서 사상의 지도적 지침이 되는 작용을 했다. 도통은 중국의 역사에 흥하고 쇄하거나 끊어지고 이어지는 일이 있었지만 시종일관으로 우리 민족의 생명력에 내재된 원전이자 기본 동력이었다. 만약 도통체계를 상실한다면, 아마도 잘못된 방향으로 가거나 심지어 잘못된 길로 들어갈 수도 있다.

근대 이후, 서양의 학문의 유입은 우리 전통문화에 큰 충격을 주었다. 국민들은 유가 위주의 중국전통문화를 격렬하게 비판했고, 중국문화는 역사상 가장 심각하고 광범위한 전방위적 위기를 겪었다. 주체성의 상실, 도통 소실, 정통성의 단절, 특히 5·4신문화운동의 격렬한 반전통주의는 수천 년의 역사문화전통을 단절시켰고, 삼강오륜이 무너지고, 예악이 붕괴되었으며, 학문이 끊어져 도를 상실된 상태로 서양문화의 길로 들어갔다. 중국의 학자 전목錢穆은 "신해혁명으로 중화민국이 창건되어 정통政統은 위에서부터 변화되고, 도통道統은 아래에서부터 변화를 했는데, 민국 초기에 신문화운동은 공자를 비판하고 반대하면서 '타도공가점打倒孔家店'을 구호로 외쳐졌다. 공자점의 부하들은 이른바 사회하층의 선비들이다. 이로부터 사회에는 민民은 있고 선비는 없었다. 위로는 임금이 없고 아래에는 선비가 없었는데, 이때가 바로 모든 사람이 말하는 전반서화全盤西化(전통을 버리고 모든 것을 서구화하는 것)이다"[1]라고 하였다. 중국문화의 생생불식生生不息의 도道와 멀어지면서 민족의 위기가 초래되었고, 국가는 위태로워졌으며, 사회는 방향을 잃었는데, 사람들은 여러 문화사상의 영향을 받아서 다양한 문화관점을 형성했고, 중체서용中體西用, 전반서화, 마르크스주의 및 종합적인 혁신도 그 장기간의 논쟁이 계속되어 결국에는 나아갈 방향을 잡지 못하고 있다. 불확실한 감각에 의존해서 갈 수밖에 없는데, 나아가다가 실패를 하면 다시 일어서지만, 잘못하면 값비싼 수업료를 내야 한다. 왜 이러한 혼란한 상태가 되었는가?

공자의 말을 빌려서 말하자면 "大道旣隱"이라고 할 수 있다. 대도가 사라지면, 핵심가치도 없어지고, 일반화된 표준도 없어지는데, 동중서는 "天不變, 道亦不變"이라고 하였다. 도라는 것은 있어도 그만 없어도 그만인 것이 아니라, 잠시라도 떠날 수 없는 대본대원大本大源이고 전체대용全體大用이다. 근대 이후로 우리는 "위도루천爲道屢遷"(도는 수시로 변한다)하고 "유변소적唯變所適"(오로지 변화를 따른 것)하여 상도常道와 항도恒道가 없다.

20세기 형성된 현대신유가는 중서문화中西文化의 시각으로 전통 도통론을 새롭게 발휘하고 발전시켜서 도통의 재건을 시도했다. 그러나 신유가의 전통관은 일치되지 않았다. 여영시餘英時는 총괄하여 현대신유가의 도통관은 세 가지라고 말했다. 첫째는 진목이 비판한 것으로, 한유가 최초로 제시한 것과 송명유학이 선도한 '주관적'인 것, '일선단전一線單傳'의 도통관, 즉 이것들은 어떠한 구체적인 도를 전하는 계보를 표현했다.

---

1) 錢穆, 『國史新論』(三聯書店, 2012), 第174~175頁.

둘째는 진목이 주장한 것으로, 역사문화 대전통大傳統에서 말하는 "모든 문화의 대전통이 바로 도통이다"(此一整個文化大傳統卽是道統)라는 것으로, 사상가와 역사가의 도통관이다. 셋째는 웅십력熊十力, 당군의唐君毅, 모종삼牟宗三의 사상에서 표현된 것으로 '심성'에 대한 이해와 체증體證을 표준으로 하는 "철학가의 도통관"이다.[2] '철학가의 도통관'은 당군의, 모종삼, 서복관, 장군려의 〈위중국문화경고세계인사선언爲中國文化敬告世界人士宣言〉에서 "중국역사문화에서 도통을 말하면……즉 중국문화에서 근원하는 일본성一本性"[3]이라고 말한 것이다. 여기서 '일본성'은 '以心性之學爲其本源'을 지칭하는 것으로, 심성학설心性學說로 유가도통의 근원으로 삼는 것이다. 여영시는 "웅십력부터 시작해서 모든 신유가들은 뚜렷한 도통의식을 가지고 있었는데, 그러나 그들의 도통을 중건하는 방식은 이미 송명 이후의 일반적 도통의식과는 달랐다. 그들은 도통세계를 중시하지 않았고, '전심傳心'도 말하지 않았는데, '심성'에 대한 이해와 체증으로 역사상의 유학자들이 '도체道體'를 보았는지를 판단했다"라고 했다. "이들의 관점에서 보면, 중국문화사의 일부분의 정신은 유가의 극소수 성현에게서만 비교적 완전한 실현과 발전이 이루어졌다.…… 도통은 정신의 역사를 대표하는 것으로 유일하게 의의가 있는 역사이다. 신유가에서 말하는 도체道體, 심체心體, 성체性體는 모두 정신의 핵심을 의미하는데, 그러나 이는 각각의 관점에 따라서 명칭만 서로 다를 뿐이다. 이러한 정신의 핵심은 중국 고대부터 전해져 온 특유의 것으로, 고대 그리스, 이스라엘, 인도의 철학과 종교에서는 찾아볼 수 없는 것이다.

---

2) 餘英時, 「錢穆與新儒家」, 『錢穆與中國文化』(遠東出版社, 1994), 第53・75頁.
3) 唐君毅, 「中國文化與世界」, 香港『民主與評論』 1958年 第1期.

그래서 신유가에서 '심성학에는 중국문화의 정수가 담겨져 있다'고 하였다. 이러한 중국의 도道는 '풀어놓으면 육합六合에 가득하고, 말아 놓으면 물어나 은밀한 곳에 감추어진다'(放之則彌六合, 卷之則退藏於密)의 특성을 가지고 있다. 신유가의 역사적 임무는 현대의 철학언어로 '퇴장어밀退藏於密'의 도를 분명하게 표현하고 그런 뒤에 다시 '방지즉미육합放之則彌六合'을 구하여, 이를 통해서 하나의 현대 중국문화계통을 전면적으로 재건하는 것이다."[4] 신유가의 도통관은 자체적인 통일을 이루지 못했을 뿐만 아니라 광범위한 사회적 동의도 얻지 못하고 중국사회발전의 지도적인 사상이 되지 못했다.

정치혁명가 손중산孫中山은 스스로 유학도통을 계승했다고 자처하고 혁명투쟁에서 이를 제창하고 발양했다. 1921년 12월, 국제공산당의 대표 마임중馬林曾은 손중산에게 "선생님의 혁명사상의 기반은 무엇입니까?"라고 물었다. 손중산은 "중국에는 있는 도통은 요堯, 순舜, 우禹, 탕湯, 문文, 무武, 주공周公, 공자孔子에게 끊어지지 않고 이어져 왔다. 나의 사상적 기반은 바로 이러한 도통에 있는데, 나의 혁명은 이 정통사상을 계승하여 성대하게 발전시키는 것이다"라고 명확하게 대답했다.[5] 손중산은 도통이 중화민족이 나라를 세우는 근본으로, 군주제는 폐지할 수 있지만 도통은 폐지할 수 없다는 것을 잘 알고 있었고, 또한 2천 년 이상의 유지되어 온 제왕정통帝王政統을 민국정통民國政統으로 대체하는 것에 복병이 있을 수 있다는 것도 잘 알고 있었다. 그래서 그는 국민혁명의 목표는 광대한 정통사상을 계승하는 것이라고 정확하게 선언했다. 손중

---

4) 餘英時, 「錢穆與新儒家」, 『錢穆與中國文化』(遠東出版社, 1994), 第66·74~75頁.
5) 蔡尙思 主編, 『中國現代思想史資料簡編』第二卷(浙工人民出版社, 1982), 第602~603頁.

산의 중국도통에 대한 인식이 새로울 것도 완벽하거나 심오한 것도 없었지만, 당시의 치열한 전통의 논쟁에서 볼 때 이러한 인식은 대단한 것이다. 민국이 수립된 이후 도통은 봉건의식의 형태로 취급되어 타도되었고, 정통의 방향은 불명확해졌는데, 특히 정통이 도통에 의거하여 만들어졌는지 불분명해졌다. 손중산이 서거한 뒤 중국의 정치는 대분열이 일어났는데, 전통적인 도통은 단절되고, 국가정치는 분열되어 지금까지도 하나로 통일되지 못하고 있으며, 도통과 정통의 중건도 아직 완성되지 못하고 있다. 비교적으로 손중산 이후에 민국당에서는 사유팔덕四維八德, 존공독경尊孔讀經, 신생활운동新生活運動이 발휘되면서 도통이 가진 핵심가치관의 기본은 보존되어 왔다.

근대 이후에 이러한 도통의 전승과 중건의식은 일부의 민간과 종교적인 조직에서 나타났는데, 일관도一貫道, 도덕학사道德學社 등이 그 예이다. 도통의 중건 문제는 여전히 오늘날 중국이 해결해야 할 절박하고 중요한 문제이다.

중국의 고대에 서원은 대유大儒가 도통을 전수하는 중요한 장소였다. 일반적으로 서원은 당나라부터 시작되어 송나라에 이르러 크게 부흥하였는데, 과거시험이 출세의 문이 되면서 서원으로 선비들이 모여들었다. 이러한 현상에 대해 불만을 가진 일부 뛰어난 선비들은 산수의 명승지로 들어가서 서사書捨를 짓고 제자들을 교육하면서 마음을 바로하고 도학을 밝히는 것을 강조했는데, 이러한 서원은 더욱 흥성하였다. 주희는 서원창건의 적극적인 추진자이자 실천가로, 서원건립의 목적은 강학과 도를 전하는 것에 있으며 과거시험을 위한 것은 아니라고 하면서 "前人建書院, 本以待四方友士, 相與講學, 非止爲科擧計"6)라고 분명하게 말했다. 주희는 〈백록동서원게시白鹿洞書院揭示〉를 학칙으로 제정했는데, 여기서 "부자유친父子有親, 군신유의君臣有義, 부부유별夫婦有別, 장유유서長幼有序, 붕우유신朋友有信"의 다섯 가지 가르침의 절목과 "박학지博學之, 심문지審問之, 신사지愼思之, 명변지明辨之, 독행지篤行之"의 학문을 하는 순서와 "언충신言忠信, 행독경行篤敬, 징분질욕懲忿窒欲, 천선개과遷善改過"의 수신하는 요점과, "그 의를 바르게 하되 이익을 꾀하지 않고 도를 밝히되 그 공을 계산하지 않는다"(正其義不謀其利 明其道不計其功)의 일을 처리하는 요체와 "자신이 원하지 않는 것을 남에게 베풀지 말라(己所不欲勿施於人), 행하여 얻지 못하면 자신의 몸을 돌이켜 그 이유를 찾는다(行有不得 反求諸己)"의 남을 대하는 요체를 제시했다. 그리고 주희는 위의 내용을 아래와 같이 다시 설명했다.

> 熹竊觀古昔聖賢所以敎人爲學之意, 莫非使之講明義理以修其身, 然後推己及人; 非徒欲其務記覽爲詞章, 以釣聲名取利祿而已. 今人之爲學者, 則旣反是矣. 然聖賢所以敎人之法, 其存於經, 有志之士, 固當熟讀深思而問辨之. 苟知其理之當然, 而責其身以必然, 則夫規矩禁防之具, 豈俟他人設之而後有所持循哉! 近世於學有規, 其待學者爲已淺矣; 而其爲法, 又未必古人之意也. 故今不復以施於此堂, 而特取凡聖賢所以敎人爲學之大端, 條例如左, 而揭之相間, 諸君相與講明遵守, 而責之於身焉. 則夫思慮雲爲之際, 其所以戒謹恐懼者, 必有嚴於彼者矣. 其有不然, 而或出於此言之所棄, 則彼所謂規者必將取之, 固不得而略也. 諸君其亦念之哉!

이러한 설명을 통해서 주희가 주장하는 서원의 교인위학敎人爲學의

---

6) 『朱子語類』, 卷一零六.

목적은 난잡한 지식을 배우고, 화려한 문장을 쓰고, 명예를 얻고, 이익과 관직을 얻는 것이 아니라, 유가경전을 익히고, 독서와 궁리를 하고, 수기치인을 하고, 성현을 본받고, 사회의 유용한 인재를 만드는 것에 있다는 것을 알 수 있다. 그는 서원교육의 핵심은 도덕을 밝히는 것이라고 규정했다. 이는 서원교육의 내용이자 서원교육의 목적이기도 했다. 이러한 핵심은 서원을 세속의 공리와 강호로부터 벗어나 멀어지게 하였고, 천지자연과 서로 친근하게 했고 명예와 이익을 따지지 않아서 공자가 말한 "謀道不謀食"과 "不義而富且貴 於我如浮雲"의 우수한 전통을 체현하게 하였다. 이러한 이유로 볼 때, 도통의 전승이 끊어짐 없이 이어져 온 것은 중국전통서원의 공이 매우 크다. 서원이 도통을 전승하는 기능을 담당할 수 있었던 것은 서원의 대유가 도통의식을 자각하고 있었기 때문인데, 그들은 천하를 근심하면서 "천지를 위해 마음을 세우고, 민생을 위해 명을 세우고, 앞선 성인들의 끊어진 학문을 잇고, 세상을 위해 태평을 연다"(爲天地立心 爲生民立命 爲往聖繼絶學 爲萬世開太平)라는 책임 정신을 가지고 있었다.

장경蔣慶은 "서원의 규모는 크지 않았지만 중국문화의 정신가치를 체현하였다"7)라고 하였다. 그렇다면 어떻게 중국문화의 정신가치를 체현할 수 있었는가? 그는 서원이 지식을 전수하는 것이 아니라 주요한 기능은 전도傳道, 홍도弘道, 강도講道라고 생각했다. 이러한 관점에 필자는 매우 동의한다. 하지만 나는 거기에 "명도明道와 수도修道"를 덧붙이고 싶다. 전도, 홍도, 강도, 명도, 수도는 현대서원이 전승해야 할 중국

---

7) 「蔣慶先生談書院建設及儒學傳承」, http://www.rujiazg.com/article/id/724/

문화의 기본 정신이다.

2. 학이재덕學以載道으로 성인의 끊어진 학문을 잇는다

도통을 담당하였던 모든 선비들의 특징은 '학문'(學)이다. 고대의 선비들의 학문은 현재의 일반적 문화지식으로서 학문과 다른데, 매우 넓고 깊은 함의를 내포하고 있다. 즉, 일반문화지식에서 인간관계와 만사만물에 대한 도리까지 모두를 포함한다. 유가의 학문은 경학經學인데 공자로부터 창설된 것으로 서로 연관된 여섯 부분으로 나눌 수 있다. 이는 『시』, 『서』, 『예』, 『악』, 『역』, 『춘추』로 현대적 언어로 표현하면 "시, 정치, 사회, 역사, 형이상학"8)이다. 이러한 '학문'은 현대적 의미의 학술적 전승이 아니라, 개인과 사회에서 광범위하게 전개되었다. 유가에서 추구한 이상적 '학문'은 "위기지학爲己之學"으로 자신을 지향하는 것을 기초로 올바른 인간이 되는 것에 중점을 두었다. 즉, 자기완성과 이상적 인격을 완성하고, 이상적 인생의 경지에 도달하는 것이 바로 유가의 기본적 가치 방향이다.

공자는 당시에 볼 수 있었던 고대서적들을 정리해서 『시』, 『서』, 『예』, 『악』, 『역』, 『춘추』의 '육경六經' 체계를 구성했다. 공자의 학술적 방향은 '술이부작述而不作'으로 고전문헌을 정리만 할 뿐 새로운 것을 만들지 않는 것이었다. 그러나 실제로는 정리의 과정에서 자신의 사상관점을 표현하였는데, '유술유작有述有作'과 '유중유작述中有作'의 유가경학전통이 창

---

8) 杜維明, 『道學政—論儒家知識份子』, 錢文忠 譯(上海人民出版社, 2000), 第5頁.

설되면서 일가지학一家之學을 이루고 유가학파를 형성했다. '술이부작'은 중국의 경전을 해석하는 것에 대한 기본적인 형식적 특징이 되었다.

공자로부터 창시된 '학통'의식은 한·당의 시기의 「유림전儒林傳」, 「예문지藝文志」, 「경적지經籍志」에 이미 보이는데, '육경'을 근원으로 하고, 유가를 종주로 하며, 자학子學을 큰 물줄기로 하는 체계가 형성되었다. 송명 이후에는 남송 주희의 『이락연원록伊洛淵源錄』과 진량陳亮의 『이락정원서伊洛正源書』로 계승되었고, 원대에는 『송사宋史』 「도학전道學傳」과 오징吳澄의 「도통도道統圖」가 있었다. 명대에는 여온黎溫의 『역대도학통종연원문대歷代道學統宗淵源問對』와 양렴楊廉의 『황명리학명신언행록皇明理學名臣言行錄』, 사탁謝鐸의 『이락연원속록伊洛淵源續錄』, 양응조楊應詔의 『민학원류閩學源流』가 있었고, 명 말기에서 청대에서는 손기봉孫奇逢의 『리학종전理學宗傳』과 탕빈湯斌의 『낙학편洛學編』, 풍종오馮從吾의 『원유고략元儒考略』과 『관학편關學編』, 주여등周汝登의 『성학종전聖學宗傳』, 황종의黃宗義의 『명유학안明儒學案』, 황종희와 전조망全祖望 등의 『송원학안宋元學案』, 만사동萬斯同의 『유림종파儒林宗派』, 이청복李清馥의 『민중리학연원고閩中理學淵源考』, 당감唐鑒의 『청학안소식清學案小識』, 강번江藩의 『국조한학사승기國朝漢學師承記』와 『국조송학연원기國朝宋學淵源記』가 있다. 민국 초기에 편찬된 것으로는 『청유학안清儒學案』이 있는데, 『송원학안宋元學案』, 『명유학안明儒學案』, 『청유학안』을 합쳐서 『사조학안四朝學案』이라고 불린다. 이러한 사상 학술사 저작들은 모두 뚜렷한 학술관념을 표현했는데, 많은 저작들은 유학자의 사회위기감, 학술위기감과 역사반성의식에 비롯되었다. 특히 강희康熙 시기에 웅사리熊賜履가 쓴 『학통學統』은 학통의 개념을 명확하게 제시하고, 정통正統, 익통翼統, 부통附統, 잡통雜統, 이통異統으로 구분했는데, 이러한 구분은 정주리학程朱理學의 도통관점에 입각해서 주장했음을 알 수 있다. 그러므로 요종회饒宗頤는 "학통은 정통관념正統觀念을 학술사에 주입한 것이다"9)라고 하였다.

근대 이후 우리 전통의 학통은 단절되었고, 우리는 서양의 철학사와 사상사의 연구개념, 범주, 방법을 가져와서 썼는데 이는 다시 많은 문제들을 만들어냈고, 지금까지도 학통은 이어지지 않고 있다.

공자가 주창한 '학통'은 주로 경학經學의 전통으로, 공자가 '육경'을 정리하고 설명한 취지는 명도明道와 전도傳道이다. 『백호통白虎通』 「오경五經」에서는 "공자가 오경을 정한 것은 어찌해서인가? 공자는 주나라 말기에 살았는데, 당시에 왕도는 쇠퇴하고 예악은 무너져서 강자가 약자를 능욕하고 다수가 소수를 괴롭혀도 천자와 방백方伯은 그들을 처벌하지 않았다. 도덕이 행해지지 않음을 걱정해서 공자는 천하를 주유하고 적극적으로 나서서 그 도덕이 행해지기를 바랐다. 그러나 위나라에서 노나라로 되돌아오면서 사용되지 못함을 스스로 깨닫고 이에 오경을 지정하여 그 도가 행해지기를 바랐다"라고 하였다. 공자는 위나라에서 노나라로 돌아온 후에 왕도가 실행되지 못함을 자각하고, 사유·전습師儒傳習의 방법을 통하여 명도明道, 존도存道, 수도守道를 이루고자 했다.

후세의 유학자들이 공자가 육경을 정리한 의미를 깊게 새기고, 경전을 풀이하는 것으로 상도常道로 삼고, 경전을 도道를 담고 있는 책으로 생각하고, 경전으로 도를 전하는 것을 강조하고, 경전을 통해서 도를 구현하고, 경전을 연구하고 설명한 것들은 모두 구도求道, 명도明道, 득도

---

9) 饒宗頤, 『中國歷史上的正統論』(上海: 遠東出版社, 1996), 第59頁.

得道, 행도行道인데, 경전의 해석 통해서 유가의 도를 구현하고 도통을 재건하고자 했다. 이렇게 해서 도통과 학통은 서로 보완하고 완성하는 밀접한 관계를 형성하였다. 경전의 연구는 학술방면으로 학통을 형성했는데, 더 중요한 것은 경전의 원문 뒤에 표현된 우주, 사회, 인생의 도이다. 역대 유학자들은 경전 속에 있는 우주, 사회, 인생의 도를 밝히는 것을 통해서 도통을 형성하고, 중화민족의 핵심적 가치관을 세우는 중임을 담당하기 시작했는데, 때로는 체현되고 때론 드러나지 않았고, 때로는 단절되고 때로는 이어졌지만 결론적으로는 서로 전하여 끊어지지 않았다.

고대 유가 서원의 주요 기능은 지식의 전수가 아니라 전도傳道, 홍도弘道, 강도講道, 명도明道, 수도修道였는데, 물론 "서원은 유가문화지식을 전수하는 기능이 있었지만 주요한 기능은 유가의 도통을 전승하는 것이었다." "서원의 기능 중에 강학講學 또한 도道를 강講하는 의미로서의 학문, 즉 경학, 도학, 심학 등을 말한 것으로, 현대 학술적 의미로서의 학문들 즉, 순수 지식으로서의 학문을 말하는 것이 아니다."[10]

송, 원, 명, 청 시대에 서원은 크게 흥성하였는데, 유가의 학통과 도통이 전수되면서 각 시기의 학술 요충지가 형성되고 각자의 학파를 형성됐다.

서원학통이 형성되는 과정은 도통의 전수와 상호 보완적 관계를 가졌는데, 서원의 학술지위를 높이기 위해서 장문과 산장, 대유는 종종 학문으로 도를 닦고, 학문으로 도를 전하는 것을 중시했고, 학통을 통해

---

10) 「蔣慶先生談書院建設及儒學傳承」. http://www.rujiazg.com/article/id/724/

서 도통을 명확하게 해서, 천지를 위해 마음을 세우고, 민생을 위해 명을 세우고, 앞선 성인들의 끊어진 학문을 잇고, 세상을 위해 태평을 여는 것에 포부와 책임을 가졌다. 그 예로 장재張載가 설립한 횡거서원橫渠書院이 바로 관학關學의 탄생지이다. 횡거서원의 전신은 숭수원崇壽院으로 장재가 어린 시절에 여시에서 독서를 했고, 만년에는 여기에 은거하면서 집을 짓고 교육을 했다. 그가 죽은 뒤에 사람들은 그를 기념하기 위해서 숭수원을 횡거서원으로 개명했다. 그의 사상과 학설은 '횡거학'으로 불렸는데 이것이 바로 관학으로 장재는 관학의 창시자가 되었다. 장재는 유가가 공맹으로부터 양한兩漢을 거치면서 흥성했지만 이후 점점 쇠락했다고 생각했다. 북송시기에 이르러 '유가의 문은 시들해져서 수습이 불가했는데'(儒門淡泊, 收拾不住), 송나라 초기에 유학자들이 잇달아 유학의 무너진 학통을 부흥하여 도통을 전승하기를 주장하면서 유문담박儒門淡泊의 문제가 해결되었다. 장재는 유문담박의 문제를 해결하려 한 것은 학통에 속하지만 유가에 대해서 학통은 도통을 지지하는 것으로 반드시 도통과 함께 묶어 있어야 한다고 생각했다. 그는 학술적 도통을 맡을 수 있는 사람이 7명이라고 생각했고, "복희伏羲, 신농神農, 황제黃帝, 요堯, 순舜, 우禹, 탕湯 법도를 제정하고 왕도를 진흥시키는 것은 다른 사람에게서 이어받는 것이 아니다"(『正蒙』「作者篇」)라고 하였다. 이는 공맹 이후 보편적으로 인식되던 요, 순, 우, 탕, 문, 무, 주공, 공자, 맹자의 도통체계와는 다른데, 상고시대의 복희, 신농, 황제로 더욱 확대되었다. 그래서 어떤 학자는 "장재가 본 도통은 유가문화를 포함하고 있을 뿐만 아니라, 모든 화하문화華夏文化의 우수한 전통을 포괄하였다. 이는 당시의 선비들의 문화적 자신감과 자존감을 구현하고, 리학자의 문화자각의식을 표현한 것이었다. 장재가 계승하고자 한 끊어진 학문은 유가의 학문뿐만 아니라 모든 중화문화학술발전에서 주류의 전통이라고 볼 수 있다. 장재의 일생에서 가장 많이 공을 들였고 가장 높은 성과를 거두고 후대에 영향이 가장 큰 것은 바로 앞의 성현의 끊어진 학문을 계승한 공헌인데, 이러한 이상적 목표는 장재에게서 실현되었다고 할 수 있다"[11]라고 말했다. 장재가 주창한 '사위四爲'는 후세의 많은 지식인들의 좌우명이 되었다. 그 중에 '爲往聖繼絶學'의 '왕성往聖'은 역사상의 성인을 지칭하고, '절학絶學'은 유가의 단절된 학문으로 도를 담고 있는 전통을 말한다. 리학자들은 보편적으로 유가도통과 학통은 맹자 이후에 끊어졌다고 생각했다. 장재 이전에 한유가 이미 이러한 문제를 인식했고, "주나라 시기에 도가 쇠락했고, 공자가 세상을 떠났고, 진나라에서 분서갱유가 일어났고, 한대에 황노학이 유행했고, 진晋·위魏·양梁·수隋의 시기에 불가의 사상이 유행했는데, 그 도덕인의를 말하는 자는 양주의 학도가 아니면 묵가의 학도였고, 도가의 학도가 아니면 불가의 제자들이었다"(「原道」)라고 말했다. 확실하게 역사적으로 봤을 때, 맹자가 죽은 뒤에 특히 한나라 이후로 불가와 도가의 영향을 받아서 위진남북조魏晋南北朝부터 당나라에 이르기까지 유학은 쇠약했다. 이는 사회적인 영향이 적었음을 말할 뿐만 아니라 정치적 입지의 하락과 더욱이 천여 년의 기간에 대도는 불분명하고 유가학술의 불황을 표현한 것이다. 장재는 학통의 전승을 통해서 도통의 진흥을 시도했다. 장재의 사상에 대해서, 『송사宋史』에서는 "『역』을 종주로 삼고, 『중용』을 본체로 삼았고, 공맹을

---

11) 林樂昌, 「"爲天地立心"—張載"四爲句"新釋」, 『哲學硏究』 2009年 第5期.

법으로 삼고, 괴상하고 거짓된 것을 물리치고, 귀신을 변별하였다"라고 칭했다. 장재는 '민포물여民胞物與'의 인애정신과 '경덕애민敬德愛民'의 도덕적 풍채와 '정사역천精思力踐'의 학풍과 '대심체물大心體物'의 기개와 '태허즉기太虛卽氣'의 우주관 그리고 '일물양체一物兩體'의 변증사상은 모두 관학사상의 학술체계로 설립됐고 이를 통해서 유학을 발전시켜서 하나의 새로운 단계로 끌어올렸다. 왕부지王夫之는 『장자정몽주張子正蒙注』 「서론序論」에서 "장자의 학문은 『역』이 아닌 게 없고, 『시』의 뜻이 아닌 게 없으며, 『서』의 일들과 『예』의 절목과 『악』의 조화 그리고 『춘추』의 큰 법으로 하였고, 『논어』와 『서』로 돌아가고자 했다"라고 평가했다. 이는 장재가 『육경』에 대해 전반적 이해와 파악이 있었고, 공맹의 사상에 대해서 통합을 진행했다고 말한 것이다. 그리고 다시 "장재의 학문은 위로는 공맹의 뜻을 계승하고 아래로는 후대에서 잃어버린 것을 구했으니, 이는 마치 밝은 해가 하늘에 떠있어서 밝지 않은 곳이 없는 것과 같아서 성인이 다시 오더라도 이렇게 할 수 있는 자가 없을 것이다"라고 말했다. 여기서는 이전의 성인의 끊어진 학문을 계승한 자와 도통의 정통을 계승한 자가 바로 장재라고 말하고 있다. 즉 장재의 '계절학繼絶學'은 유가의 학문적 학통을 계승하고 더욱이 학통의 기초에서 유가적인 도道로서 도통을 계승했다고 이해할 수 있다.

3. 수도지위교로 민생을 위해 입명한다

『중용』의 "修道謂之敎"에 대해서 다양한 해석이 있지만 대체로 '수도修道'는 성인의 도를 수학하는 것을 지칭하고 성인의 도는 인륜을 주체로 하는 인도人道이다. '교教'는 일종의 교화과정으로 타인을 대상으로 하면 교화, 교육을 의미하고, 자신을 대상으로 하면 자수自修와 자중自證을 말한다. 『중용』은 사람들이 성인의 도에 대해서 수학하는 것을 '교教'라고 했는데, 이때의 '교'는 사람들의 도덕 실천적 활동과 일치한다. 이러한 '교'는 종교의 '교'와는 다르지만 종교적 함의蘊涵는 가지고 있는데, 이는 유교의 '교'가 가진 기본적 의미이다. 유가에서 말하는 수도의 교는 불가와 도가에서 말하는 세상을 떠나고 혼자서하는 생명수양이 아니라, 유가의 자아수양(修己)을 기반으로 안인安人과 수기안백성修己安百姓 그리고 정기정인正己正人의 내성외왕內聖外王의 도를 '교통敎統'에서 실현하는 것이다.

유가 교통의 연원은 매우 오래된 것으로, 적어도 요순시대에 이미 오륜의 가르침이 있었다. 『맹자』「등문공상」에서는 "설契을 사도로 임명하고 인륜으로서 가르치게 했는데, 그 내용은 부자유친, 군신유의, 부부유별, 장유유서, 붕우유신이다"라고 하였는데, 이는 이미 서주西周 시기에 보편화되어 있었다. 이는 『주례周禮』의 대사도大司徒의 직책 중에 언급한 '12교十二敎'에서 찾아볼 수 있다. 백성을 가르치는 내용은 구체적이고 광범위하며 민생의 여러 측면을 두루 포함하고 있는데 그 내용은 아래와 같다.

因此五物者民之常, 而施十有二敎焉. 一曰以祀禮敎敬, 則民不苟; 二曰以陽禮敎讓, 則民不爭; 三曰以陰禮敎親, 則民不怨; 四曰以樂禮敎和, 則民不乖. 五曰以儀辨等, 則民不越; 六曰以俗敎安, 則民不偷; 七曰以刑敎中, 則民不虣; 八曰以誓敎恤, 則民不怠; 九曰以度敎節, 則民知足; 十曰以世事敎能, 則民不失職;

十有一曰以賢制爵, 則民愼德; 十有二曰以庸制祿, 則民興功.

춘추시대의 공자는 "존망계절存亡繼絶"의 역사적 사명감을 가지고 상실의 위기에 처한 상고문화의 서적들을 구하고 정리하였다. 동시에 이를 교육의 근본으로 삼고, 사학私學을 설립하여 "유교무류有敎無類"의 교육방침을 실행하였는데, 이를 통해서 교육이 관학에서만 이루어졌던 당시의 상황을 타파하고 학교교육과 사회교화를 융합을 이루었다. 공자가 창시한 유학교육의 내용은 이성의 '인의도덕'에 가치를 두고, 시서예악詩書禮樂을 수당으로 하였다. 유가의 '교'는 선강宣講, 표창表彰, 학교교육 및 각종 제사의식 등의 방법을 통해서 사람들에게 유가의 가치관념 전파하고, 스스로 도덕을 수양하게 하여 사회질서를 지키도록 하는 것이다. 유가에서는 예악문화 중에 제사전통을 매우 중시했는데, 이는 "신도설교神道設敎"의 종교적인 전통을 형성했다. 요약하자면, 교통은 옛 성인들이 도道를 가지고 사람들과 세상을 교화하는 '교화, 교육, 종교의 전통'으로, 이는 역사적으로 분리될 수 없는데, 서양적 사고와 습관을 형성하고 그 체계에서 살아가는 현재의 우리들에게도 아직 남아 있다.

전통상으로 '교통'은 공자가 창시한 예교禮敎, 악교樂敎, 시교詩敎, 서교書敎, 역교易敎, 춘추교春秋敎의 "육예지교六藝之敎"를 통해서 전개되었다. 『예기』「경해經解」에는 공자의 말을 인용해서 "入其國, 其敎可知也. 其爲人也, 溫柔敦厚, 『詩』敎也; 疏通知遠, 『書』敎也; 廣博易良, 『樂』敎也; 潔靜精微, 『易』敎也; 恭儉莊敬, 『禮』敎也; 屬辭比事, 『春秋』敎也"라고 하였고, 『예기』「왕제王制」에서는 "樂正崇四術, 立四敎, 順先王詩書禮樂以造士, 春秋敎以禮樂, 冬夏敎以詩書"라고 하였다. 마일부馬一浮는 중국의 모든 학술을 근거로 시교, 서

교, 예교, 악교, 역교, 춘추교의 여섯 종류의 학술(六藝之敎)로 분별하고, 이어서 "六藝之敎, 通天地, 亘古今, 而莫能外也. 六藝之人, 無聖凡, 無賢否, 而莫能出也. 散爲萬事, 合爲一理. 此判敎之大略也"[12]라고 하였다. 육예의 가르침은 천지고금의 모든 학술분야를 남김없이 포괄하고 있는데 이는 '교통'의 전면적 전개라고 할 수 있다.

유가도통과 교통의 관계는 유학발전의 역사과정에서 점차 형성되었는데, 도통은 교통이 가진 가치의 근원이자 지도사상이고, 교통은 도통이 실행되는 기본 경로이다.

교통은 주로 서원의 강학을 통한 사회교화가 진행되면서 실현되었다. 송명 이후에 도시와 상업, 교통 그리고 인쇄기술과 제지술이 발달되면서 지식전달은 더욱 쉬워졌고 아울러 관방의식官方意識의 경계를 뛰어넘었고 또한 지방의 선비들과 시민들이 가지고 있는 재화와 자원은 사상표현과 지식전파의 통로를 확장시켰다. 이때의 상대적인 자유의 배경에서 많은 선비들은 체제의 밖에서 강학을 하는 새로운 분위기를 형성했다.[13] 이러한 강학도 '강도講道'의 의의를 내포하고 있다. 유학자가 서원에서 강학을 하는 것은 스스로 수기修己를 하여 안신입명安身立命을 해결하는 동시에 민생을 위해 입명立命하여 백성들의 안신입명의 문제도 해결하고자 했다.

장재의 '爲生民立命'에서 '생민生民'은 민중을 지칭하고, '명命'은 민중의 운명을 지칭한다. '명'은 또한 "천명天命"인데, 이는 인위적인 것과 상대하는 것으로 사람이 좌우할 수 없고 개인의 생활에서 생산되는 결정

---

12) 馬一浮, 『複性書院講錄』(濟南: 山東人民出版社, 1998), 第51頁.
13) 葛兆光, 『中國思想史』 第二卷(上海: 復旦大學出版社, 2001), 第300頁.

되어 있는 영향이며, 일종의 필연적인 외부요인이다. 중국 역사사상가들은 명을 항상 중시하였다. 명에 관한 이론과 학설은 매우 많다. 공자는 "지명知命", "외명畏命"이라고 하였고, 맹자는 "입명立命", "정명正命"이라고 하였으며, 장자는 "순명順命" 그리고 순자는 "제천명制天命", 묵자는 "비명非命"이라고 했다. 유가의 "명운관命運觀"과 "안신입명安身立命"의 문제는 서로 연관되어 있다. 유가에서는 천명을 알고 천시天時를 따르는 것을 기본으로 하는데, 그러나 오로지 천시를 따라서 인사人事를 무시하고 모든 일들을 천명이 해 주는 것으로 생각하는 소극적이고 피동적인 것을 말하는 것은 아니다. 사람이 그 주체성과 능동성을 발휘하여 인간과 하늘의 합치하는 것인데, 사람의 힘으로 사람의 일을 완성하고, 사람의 일로서 하늘의 공을 보태는 것이다. 이는 곧 장재가 말한 "희론명喜論命"으로 장재의 "입명立命"사상은 맹자의 "입명"에서 비롯되었다. 『맹자』「진심상」에서 "盡其心者, 知其性也. 知其性, 則知天矣. 存其心, 養其性, 所以事天也. 夭壽不二, 修身以俟之, 所以立命也"라고 했는데, 여기서 "진심盡心"은 바로 양심良心의 본체인 "인仁"이 충분히 발휘되도록 하는 것이고, "지성知性"은 심성心性의 의리義理를 밝게 아는 것인데, 이는 심성의 의리를 밝히는 동시에 천명을 아는 것이다. 인간의 심성은 하늘에게 받은 것으로, 존심양성存心養性은 하늘을 섬기는 것이다. 천명에 대해서 의심하지 않는 것은 천명이 사람이 거역하기 어려운 역량을 갖추고 있기 때문인데, 수신을 통하여 그것에 적응하는 것이 바로 "입명立命"이다. "立命卽肯定自己的命運"[14]은 자신의 도덕적 노력을 통해서 '진심盡心, 지성知性, 지천知

---

14) 張岱年, 『中國哲學史大綱』(北京: 中國社會科學出版社, 1982), 第400頁.

天'에 도달했을 때, 인간은 정신적 가치로 자신의 운명을 파악하고 생명의 의미를 부여받는다. 장재의 "爲生民立命"은 "민오동포民吾同胞"에서의 "입명立命"으로, 수많은 생령生靈을 위해서 정신적 고향을 정립하고, 영혼의 안식처를 정립하는 것이다. 채인후蔡仁厚는 『장자의 '사언'에 대한 진보적 이해』(爲張子'四言'進一解)에서 "儒家聖賢開顯的'安身立命'之道, 正是爲了生民. 有了這個道, '百姓日用而不知', 却能潛移默化, 加上倫常政敎的設施, 使生民的生活有了依循, 而得以護持生命, 貞定活路, 這就是'爲生民立命'了"라고 하였다.

강학은 유학자들이 사회에 참여하는 하나의 주요 경로로, 명대 중기에 양명학이 발생한 이후에 주목할 만한 발전을 이루었다. 송명 리학의 모든 발전사에서 명대의 강학활동은 이전시대의 활동들에 비해서 더욱 활발해져서 하나의 시대풍조가 되었다고 할 수 있다. 심지어 양명학의 발전과정에서 자체적인 일부의 강학운동사講學運動史가 있었다 하고 말해도 과언이 아니다. 『명사明史』에는 "正, 嘉之際, 王守仁聚徒於軍旅之中, 徐階講學於端揆之日, 流風所被, 傾動朝野. 於是搢紳之士, 遺佚之老, 聯講會, 立書院, 相望於遠近"15)이라고 기록되어 있다. 양명의 강학은 학리學理를 기초로 하였는데, 이는 순수한 학리연구 혹은 학설의 전수가 아니다. 이러한 부분은 양명이 스스로 말했던 이른바 강학의 특정한 내포에 대한 강조에서 분명히 드러난다. 홍치弘治 18년(1505)에 양명은 경사京師에서 병부兵部 무선청리사武選淸吏司의 주사主事로 지내면서 당시의 "學者溺於詞章記誦不復知有身心之學"의 풍조에 대해서 "首倡言之 使人先立必爲聖人之志"라고 하고 "專志授徒講學"16)을 시작했다. "신심지학身心之學"을 중시한 것은 왕

---

15) 『明史』, 卷二三一.
16) 吳光 等 編, 『王陽明全集』(上海: 上海古籍出版社, 1992), 第1226頁.

양명 강학의 출발점이라고 할 수 있다. 그는 "大抵此學之不明, 皆由吾人入耳出口, 未嘗誠諸其身. 譬之談飮說食, 何由得見醉飽之實乎? 僕自近年來始實見得此學, 眞有百世以俟聖人而不惑者"[17]라고 했다. 정덕正德 15년 경신庚辰(1520)에 양명은 「답나정암소재서答羅整庵少宰書」에서 "世之講學者有二: 有講之以身心者, 有講之以口耳者. 講之以口耳, 揣摸測度, 求之影響者也; 講之以身心, 行著習察, 實有諸己者也, 知此則知孔門之學矣"[18]라고 하였다. 이를 통해서 볼 때, 양명이 선도한 강학은 학리적 연구를 포함하고 있지만, 그는 자신의 수신과 도덕실천을 가장 우선적으로 강조했다. 양명은 이어서 "君子之事, 敬德修業而已. 雖位天地, 育萬物, 皆己進德之事, 故德業之外無他事功矣. 乃若不由天德, 而求騁於功名事業之場, 則亦希高慕外"[19]라고 말했다. 양명의 강학은 "경덕수업敬德修業" 즉 도덕적 인격수양과 사회적 성취를 함께 겸비할 것을 강조했는데, 이를 통해서 유가에서 주창한 내성외왕의 도가 명대의 내부에서 전개되었다. 유학의 일반화와 사회화는 양명학의 중요한 특징으로 당시의 문화와 교육에 지대한 영향을 주었다.

　양명후학 중에 왕간王艮으로 대표되는 태주학파泰州學派는 '도道'와 '학學'을 논하면서 '백성일용百姓日用'으로 최후의 귀착점으로 삼고, 복초서원復初書院, 안정서원安定書院, 남경의 신천서원新泉書院, 가향家鄕의 동도정사東淘精捨 등에서 강학을 하였다. 왕간의 독창적인 관점은 바로 "百姓日用卽道"이다. 그는 "卽事是學, 卽事是道. 人有困於貧而凍餒其身者, 則亦失其本而非學也"[20]라고 하였다. 이러한 '사事'는 현재 존재하고 발생한 어떤 일을

---

17) 吳光 等 編, 『王陽明全集』(上海: 上海古籍出版社, 1992), 第180~181頁.
18) 吳光 等 編, 『王陽明全集』(上海: 上海古籍出版社, 1992), 第75頁.
19) 吳光 等 編, 『王陽明全集』(上海: 上海古籍出版社, 1992), 第960頁.
20) 『明儒學案』, 卷三十二, 「泰州學案」.

[이끄는 말 2] 도통, 학통과 교통 | 韓星　59

지칭하고, '도道'는 유가의 성인지도聖人之道를 지칭한다. 왕간은 "百姓日用 條理處, 卽是聖人之條理處. 聖人知, 便不失; 百姓不知, 便會失"[21]이라고 생각하 고 자신의 저서인 『연보年譜』에서 "先生言百姓日用是道. 初聞多不信. 先生指 僮僕之往來, 視聽, 持行, 泛應動作處, 不假安排, 俱是順帝之則, 至無而有, 至近而 神"이라고 했다. 그가 말하는 '도'는 생각과 계획이 필요 없고 자연스럽 고 간단하고 직접적인 것으로, 이러한 도는 백성의 생활 중에 체현되고 일상생활에서 규범적 기능을 하는데, 이는 명백하게 형이하학적이지만, "至無而有 至近而神"과 부지불식不知不識, 수감이응隨感而應, 신묘막측神妙莫測 의 특징은 오히려 형이상학적이다. 세상과 사람들을 바로잡기 위해서 그는 "주류사방周流四方"을 주장했는데, 이는 심지어 전통적 서원을 떠나 서 사회를 강학의 공간으로 삼고, 폭넓은 강학전도활동을 펼쳤다.

명대 서원의 강학대상은 주로 사회의 대중들로, 그 목적은 백성을 교화하고 좋은 풍속을 이루는 것이었다. 여영시餘英時는 고찰을 통해서 명나라 말기 유학의 전향은 위에서부터 이뤄지는 성군을 얻어서 도를 행한다는 기존의 관념에서 아래로부터 시작되는 백성과 풍속을 교화한 다는 관념으로 바뀌었다고 보았다.[22] 당시의 유학자들은 "아래에 있는 것은 위에 없고, 사회에 있는 것은 조정에 없다고 생각했다. 명대의 유 학자들은 조정의 안팎을 막론하고 풍속을 바꾸는 것을 자신의 임무로 삼았는데, 특히 족제族制와 향약鄕約과 같은 민간조직을 중시했고, 이론 에서뿐만 아니라 실천적 부분에서도 표현되었다."[23] 그래서 당시의 서

---

21) 『王心齋先生遺集』, 卷一, 「語錄」.
22) 餘英時, 『現代儒學的回顧與展望』(北京: 三聯書店, 2004), 第248頁.
23) 餘英時, 『現代儒學的回顧與展望』(北京: 三聯書店, 2004), 第146頁.

원은 "백성들은 향해서 발전했다는 중요한 특징을 가진다. 모든 지역의 서원은 백성들에게 개방되었고, 향촌에 서원이 대량으로 설립되었고, 벼슬 없는 선비, 향촌의 장로, 일반 백성, 승려에 이르기까지 모두 서원으로 와서 강의를 들었는데, 심지어 그들 중에 토론에 참석하는 경우도 있었다. 이는 송과 원의 시기에는 매우 드문 현상이다. 서원의 강학은 화민성속化民成俗을 주요 목적으로 하고 생활 속에서 백성의 학문을 강구하여 향촌 민중들의 문화건설에 힘썼는데, 이는 유학의 평민화平民化 경향을 출현시켰다."[24] 유학의 이러한 전향은 서원의 강학이 이끄는 것으로, 그 사회적 기능은 개인적 측면과 사회적 측면으로 나뉘는데, 각각의 개인에게 다가가서 강학하는 것은 백성일용百姓日用과 안신입명安身立命을 위한 것이고, 사회로 나아가 강학을 하는 것은 화민성속化民成俗과 사회를 조화롭게 하는 것(和諧社會)을 목적으로 한다.

4. 결론

21세기 동안 중국대륙에서 다시 성행하며 우후죽순처럼 발전한 전통서원은 중국서원연구중심의 주임主任이자 호남대학악록서원湖南大學嶽麓書院의 등홍파鄧洪波 교수의 통계에 따르면 2012년 말 현재까지 중국에는 591개의 서원이 있고, 인터넷 가상공간에는 100여 개의 서원이 만들어졌다. 최근 10년간의 부흥을 거치면서 중국의 서원은 이미 현대화와 국제화 추세로 나아가고 있다. 현재 중국 대륙의 서원은 크게 세 분류

---

24) 鄧洪波, 「儒學詮釋的平民化, 明代書院講學的新特點」, 『湖南大學學報』(社會科學版), 2005年 第3期.

로 나눌 수 있다. 첫 번째 유형은 호남대학의 악록서원과 정주대학鄭州大學의 숭양서원嵩陽書院과 같은 전통적으로 유명한 서원의 부흥으로, 이런 서원들은 현대대학의 전통문화연구 및 국학교육기구에 부속되어 있다. 두 번째 유형은 산동의 작가 장위張瑋의 만포동서원萬蒲松書院과 섬서陝西의 작가 진충실陳忠實의 백록서원白鹿書院과 같이 유명인이 운영하는 일반적인 문화서원이다. 세 번째 유형은 각 종의 민간서원이다. 이런 유형은 전통적인 것도 아니고 유가서원도 아니다. 대부분 체제 밖의 독경학교讀經學校의 형태이다. 오늘날의 서원은 이미 유명무실하고 전통서원의 기본 정신을 잃어버린 채 사회적 기능을 제대로 못하고 있는 서원이 매우 많다. 중국의 고대서원들은 역사가 유구하고 우수한 전통을 형성하였다. 100여 년 동안 전통문화는 단절되고 서원도 같은 운명을 면치 못했다. 오늘날 서원전통은 미래발전의 문제에서 가장 중요한 것은 도통道統의 높이, 학통學統의 깊이, 교통敎統의 넓이에서 어떻게 전통서원의 기본 정신을 전승하고 서원의 사회적 기능을 발휘하게 할 수 있는가이다.

제1부

한중 서원의 원류와 전승

1. 백록동서원의 역사성 일단

이윤화*

1.

당대唐代에 시작되어 송宋을 거쳐 제도적으로 정비되어 갔던 서원書院은 중국을 비롯하여 한국, 일본, 베트남 등 동아시아지역에서 유학을 중심으로 한 다양한 문화적 특징을 보여 주고 있었다.[1] 일반적으로 서원에서 이루어지는 강학講學과 제향祭享을 비롯한 여러 형태의 의례儀禮, 장서藏書와 출판 등을 보면 서원은 단순한 교육장이 아니라 다양한 문화 전수의 확장된 공간空間이었다.[2] 물론 서원이 이 같은 특징을 갖게 된

---

* 안동대 명예교수, 공자연구원 니산학자.

1) 서원교육은 중국이 19~20세기, 한국이 16~19세기, 일본이 17~19세기에 걸쳐서 전개된 교육이었지만, 근대화 교육 속에서 잊히고 버려졌다. 그동안 중국에서는 6,275교, 한국에서는 903교(그중 270교가 사액서원)가 개설되었고, 일본에서는 藩校 277교, 鄕學 568교, 私塾 1,493교, 서당 11,302교가 존재하던 학교들이 각자의 나라에서 서로 시기를 달리하긴 했지만, 제도적으로 일제히 폐지되었다. 한국에서는 고종 8년(1871) 47개 서원을 제외하고 전부 철폐하였고, 일본에서는 明治 5년(1872) 學制시행으로 인해서 구제도의 학교는 자취를 감추었으며, 중국은 1905년 청에 의해 관립학교로서 관리하고 있었던 전 서원은 그 시설, 제도, 교원, 교재, 교육방법 등을 일제히 서구화 교육으로 전환시키고, 종래의 서원교육은 폐지되었다. 이리하여 동아시아의 서원교육은 자취를 감추게 되었던 것이다. 難波征男, 「李退溪와 書院敎育」, 『退溪學論叢』 第6輯, pp.87~88.

2) 2019년 7월 한국의 紹修書院을 비롯한 9개 서원이 世界文化遺産으로 등재가 된 것은 바로 이러한 문화 전수장이 지닌, 인류의 가치 교류 또는 인류 역사의 중요한 단계

역사적 배경으로는 소위 공맹식孔孟式 유가교육의 문제점이 계속 보정補正된 결과라고 할 수 있다. 개인적 인성人性의 추구라는 협소한 자기 성찰의 교육목적이 천지간에 상존하는 리理에 대한 탐색으로 확대되는 추세와, 교육내용에 있어서 송경誦經을 중시하는 것으로부터 의리에 대한 설명을 분명히 하고 천하의 문제에 관심을 갖는 것으로 발전함은 물론, 교학의 방법에서도 단순한 도제식 전달교육을 넘어서 학술과 사상에 대한 토론식 문제해결 방법의 출현3)이 그것이다.

주지하는 바와 같이 조선시대 서원에서의 장수藏修는 세 가지 방법을 통해 이루어졌다. 제향祭享과 강학講學 그리고 유식遊息을 통한 학습이다. 이 같은 서원에서의 장수 교육은 한 인간이 사회에 진출하여 관리가 되어 출세를 하도록 교육을 하는 데 있는 것이 아니라, 이를 통하여 성리학이 추구하는 참된 인성을 갖춘 인물을 양성하는 전인全人교육에 있었다. 중국의 경우 특히 송대 이후 서원은 사학私學으로서 일정한 학파의 활동과 학습 그리고 새로운 학풍의 탄생과 발전을 가져오는 학술연구의 기지 역할을 하였다. 때문에 서원은 지역별 학맥, 사상, 교육방식 등에 따라 독특한 교육 방식과 운영의 모습들이 존재했던 곳이었다. 지역사회의 엘리트라고 볼 수 있는 사대부들이 이곳을 거점으로 활동

들을 보여 주는 탁월한 사례가 될 수 있는 건축, 문화적 전통 또는 현존하거나 소멸된 문명과 관계되면서 독보적이거나 특출한 증거, 탁월한 보편적 의의를 지닌 살아 있는 전통, 사상 등과 직접적으로 또는 가시적으로 연계된 유산 등 세계문화유산 등재 기준에 합당함을 인정받았던 것이다.

3) 趙萬峰, 「論孔孟式儒家敎育到書院敎育的三個轉變」, 『內蒙古社會科學(漢文版)』 第32卷 第1期(2011.1), pp.139~143. 그 외에도 서원의 성립과 연관성이 있는 서원의 다양한 형태에 관하여는 張勁松, 「論書院的形態」, 『湖南大學學報』(社會科學版) 第29卷 第2期(2015.3) 참조.

하는 과정 중에 자연스럽게 지방의 인적네트워크, 즉 지식인 사회를 형성했다고 평가된다.[4] 이러한 송대 서원이 지닌 특징은 이미 당대唐代 중기 이래 문벌사회의 쇠퇴로 인해 다수 한인寒人 출신 사인士人들의 실력을 배양할 새로운 교육기관을 필요로 했다는 점, 과거제도에 있어서 사제 간의 지식전수가 중시되는 명경과明經科 대신 시부詩賦의 창작을 등락의 기준으로 삼은 진사과進士科가 부상하기 시작했다는 점,[5] 당대 이래 조판인쇄술의 확대보급으로 소규모의 사학私學에서도 적지 않은 장서藏書를 보관할 수 있게 되었고, 또한 이를 통해 본격적인 지식의 전수傳授가 가능하게 된 점 등에서 그 단초가 보인다고 할 수 있다.[6] 아울러 당말오대唐末五代시기의 지속되던 전란은 지방의 관학이었던 주학州學과 현학縣學을 철저히 파괴시켰으며, 일부 남아 있던 관학들도 운용이 쉽지 않았다. 따라서 당시 지식인들에 의해 새로이 건립된 사설私設 서원들이 교육의 장으로서의 역할을 대신하게 되었다. 그러나 교육이 추구하는 목표는 서원이 다시금 관방官方과의 고리를 끊고 과거科擧로부터 자유롭게 순수 학문연구기구로서의 성격을 강화시킬 수 있었던 대략 12세기 남송 주희朱熹 이후까지는 여전히 관직에의 등용이었다. 따라서 서원교육은 언제든지 국가에 의해 흡수될 가능성을 지니고 있었다. 더욱이 사회가 어느 정도 안정되거나 국가가 교육에 대하여 적극적인 자세를 취하게 되면 서원이 관학화할 가능성은 점점 농후하게 된다. 그러한 최초의 사례가 이미 오대五代시기에 보인다. 즉 당 덕종德宗 정원貞元 연간(785

---

4) 박지훈, 「12세기 南中國 地域社會의 書院 네트워크」, 『中國學報』 제49집, p.481.
5) 張劲松, 「論科擧與古代書院的起源—以唐代江西家族書院爲例」, 『大學敎育科學』 2006年 第1期, pp.75~76.
6) 박지훈, 「위의 논문」, p.484.

~795)에 이발李勃, 이섭李涉 형제가 백록동白鹿洞에 세웠던 독서당讀書堂이 점차 발전하여 오대에 이르게 되면 수많은 사인士人들이 모여드는 학교의 규모를 갖추게 되었는데, 남당南唐 정부는 이곳에 전업田業을 내리고 특별히 이선도李善道를 청해 교수하도록 하였다.[7] 사실 이러한 현상은 송대 초기에 이르면 더욱 보편화되는데, 당시 저명했던 4대서원도 북송 중엽에 이르러 관학과 별 차이가 없게 된다.

2.

서원의 기원을 명칭과 관련할 경우 대부분 당唐 현종玄宗 개원開元 연간(713~41)의 여정전서원麗正殿書院과 이를 고친 집현전서원集賢殿書院을 예로 든다.[8] 여정전서원과 집현전서원의 경우 『신, 구 당서唐書』「직관지職官志」 등에는 장서藏書와 수서修書의 기능 외에도 시강侍講, 시독侍讀 그리고 제왕이 현재賢才에게 연회를 베풀고 가부歌賦를 수창酬唱하는 장소로서의 성격을 갖는 것으로 기록하고 있다. 시강과 시독의 기능을 교학과 연결할 수도 있겠지만 이는 제왕 개인에 대한 자문에 응대하는 것일 뿐 교학의 기능을 행사한 것으로는 보기 어렵다. 그러나 수서修書와 관련하여 교감校勘, 찬집撰集, 저술 등은 상당한 전문적인 소양을 요구하는

---

7) 박지훈, 「위의 논문」, p.485.
8) 이는 淸 袁枚『隨園隨笔』卷十四所記, "書院之名, 起唐玄宗時麗正書院, 集賢書院, 皆建于朝省, 爲修書之地, 非士子肄業之所也"에서 비롯된 것이다. 보다 자세한 내용은, 戴書宏·肖永明, 「唐代集賢書院與"書院"的名和實」, 『大學敎育科學』(2016-1), pp.63~67 참조.

것이었다. 따라서 이 작업에 종사하는 사람들에게 일정한 '직업적' 훈련이 필요했음을 어렵잖게 짐작할 수 있는 일이다. 문학직文學直, 수찬修撰, 교리校理 등과 학사學士들과 관계는 자연히 지도와 훈련이라는 관계설정이 가능하고 이러한 관계는 자연적으로 교학작용과 연결된다고 보아도 큰 무리는 없을 것이다. 강학을 하면서 인재를 양성한 서원은 남당南唐 승원昇元 4년(940)에 설립된 백록동학관白鹿洞學館이 처음으로서 이를 여산국학廬山國學이라 칭했다고 했다.[9] 그렇지만 일반적인 강학과 관련한 기능이 시작된 것은 모두 송대에 이르러 시작되었다고 인식하고,[10] 우리나라의 경우 주희의 백록동서원의 중흥과 그 '학규學規' 혹은 '게시揭示'와 관련하여 서원교육을 설명하고 있으며, 백운동서원白雲洞書院의 경우도 물론 마찬가지이다.[11]

그러나 백운동서원白雲洞書院의 건립을 백록동서원[12]과 관련시키면서 주희와 백록동서원과의 연관성만을 강조해서는 백운동서원의 역사

---

9) 丁淳睦, 『中國書院制度』(文音社, 1990), p.13.
10) 丁淳睦 『中國書院制度』, p.13에서, "강학을 하면서 인재를 육성한 서원은 南唐 昇元 4년에 건립된 白鹿洞學館이 시초"라고 하였다. 그러나 孫彦民 『宋代書院制度之研究』(臺灣 國立政治大, 1963), pp.82~83에서는, "서원은 전문적인 학문의 연구소(아카데미)였고, 寄齋하는 대부분의 선비들은 학문의 一境을 연 학자였다.…… 오늘날에 있어 '博士院'이나 '翰林院'에 비견되는 높은 수준의 서원들이 당송시대에는 도처에 산재하였다고 전해진다"고 했다.
11) 丁洛贊, 「白鹿洞書院의 研究」, 『敎育哲學』 8(1990), p.103.
12) 백록동서원의 성립과 발전 그리고 그 역사적 성격에 대하여는 李材棟, 「北宋時期白鹿洞書院歷史問題芻議」, 『江西敎育學院學報』 19-1(1998); 「北宋時期白鹿洞書院規模考」, 『蘇州大學學報』(1983-3); 「關于白鹿洞書院史實的若干質疑」, 『江西敎育學院學報』(1983-1); 「關于朱熹興復白鹿洞書院的芻議」, 『江西敎育學院學報』(1983-2); 「朱熹興復白鹿洞書院史事考」, 『朱熹與中國文化—武夷山朱熹研究中心成立大會論文集』(1988); 鍾華英, 「從廬山國學到白鹿洞書院」, 『江西敎育學院學報』 24-4(2003); 李勁松, 「論朱熹興復白鹿洞書院的歷史淵源及其敎學改革」, 『江西社會科學』(2008-4); 鄧剛・李淑蘭, 「廬山國學與白鹿洞書院的課程設置」, 『江西敎育學院學報』 19-5(1998) 등이 참고할 만하다.

적 위상을 이해하기 어려운 점이 있다. 물론 백운동서원의 건립이 16세기 조선왕조의 일이지만, 주희가 집대성한 성리학을 도입하여 수용한 관점에서 주희와의 연관성을 강조하는 것은 일견 타당한 듯 보인다.[13] 그러나 백운동서원의 연원으로서의 백록동서원(물론 주희에 의해 중흥되고 이후 조정에 의해 정형화된 서원의 성격을 모델로 한 것이기는 하지만)을 제대로 이해하려면 다시 그 연원으로서의 여산국학廬山國學으로부터 백록동서원에 이르는 발전과정은 물론 그 이전 당대唐代 서원의 문제를 좀 더 주의 깊게 언급해야 할 필요가 있다. 왜냐하면 당대의 관부官府에서 서원이란 명칭을 시작했을 뿐만 아니라 실제 교학의 기능을 가진 서원의 시작을 당대로 소급해야 한다는 견해에도 주의해야 할 필요가 있기 때문이다.[14]

실제 각종 지방지와 시문詩文 등의 기록을 통해 당대에 건립된 서원으로 장구종서원張九宗書院, 단제서원丹梯書院, 봉상서원鳳翔書院, 영주서원瀛洲書院, 이공서원李公書院, 여정서원麗正書院, 청산서원靑山書院, 송주서원松洲書院, 오봉서원鰲峰書院, 초당서원草堂書院, 공림서원孔林書院, 광석산서원光石山書院, 천녕서원天寧書院, 이관중수재서원李寬中秀才書院, 남악서원南岳書院, 위주서원韋宙書院, 노번서원盧藩書院, 두릉서원杜陵書院, 황료서원皇寮書院, 계악서원桂岩書院, 경성서원景星書院, 동가서당東佳書堂(義門書院) 등 22개의 서원을 찾아 정리하기도 했다.[15] 아울러 학교의 기능이라 할 수 있는 취서聚書, 취도강학聚徒講學과 습례習禮의 세 가지 요건을 갖춘 서원이 이미 당대에 성립하고 있다는 연구가 계속되었다.[16] 20여 개의 당대에 성립된 서

---

13) 李邦國, 「朱熹與白鹿洞書院在朝鮮日本的影響」, 『湖北師範學院學報』 15-1(1995), pp.98~99.
14) 李材棟, 「唐代書院的創建與功能」, 『江西敎育學院學報』 第21卷 第1期(2000.2.), pp.69~75 참조.
15) 鄧洪波, 「唐代地方書院考」, 『敎育評論』 1990年 第2期, p.60.

원도 꾸준한 탐색 작업으로 최근까지 확인된 것만 41개로 늘어났다. 서원의 건립연대도 소급되어 예컨대 영주서원瀛洲書院의 창건연대를 당 고조 무덕武德 6년(623) 이전, 이공서원李公書院의 창건을 당 태종 정관貞觀 3년(649) 이전, 장열서원張說書院의 창건을 당 고종 영창永昌 원년(689)으로 각각 고증하기도 했다.[17] 물론 이들 서원이 교학기능을 온전히 갖춘 서원인가의 여부에 대하여는 여전히 쟁론이 있지만,[18] 서원의 기원이 당대 중기에 있었다[19]는 것만큼은 이제 움직일 수 없는 역사가 되었다. 주희의 경우도 「석고서원기石鼓書院記」에서 서원의 기원을 당 원화元和 연간(806~821)으로 보고 당시 주인州人 이관李寬이 건립하였다고 했다. 특히 사인私人 강학講學과 관련하여 서원이 그러한 기능을 행사하였다는 증거로 황료서원皇寮書院에서의 통판通判 유경림劉慶霖의 강학, 송주서원松州書院에서 진향陳珦의 사민士民에게의 강학 등이 주목되기도 한다.[20] 이 같은 당대 서원의 역사적 유산이 어떤 형태로든 이후 서원의 성립과 발전에 영향을 주었음은 물론이다. 따라서 서원의 성립과 발전을 단지 송대 이후와 관련 지어 이해하려는 시각에는 문제가 있음을 어렵지 않게 확인

---

16) 李才棟, 「江西建于唐代書院的"發現", "再發現", "新發現"」, 『南京曉莊學院學報』 2009年 第1期, pp.107~109.

17) 張兢兢, 「唐代書院的性質探討─再讀鄧洪波《中國書院史》」, 『南昌教育學院學報』 2014年 第3期, p.14.

18) 李材棟, 「唐代書院的創建與功能」, pp.71~73.

19) 張勁松, 「唐代民間書院的一種歷史形態及意義─以豊城羅山書院爲例」, 『寧波大學學報(教育科學版)』 第31卷 第4期(2009.8.), pp.22~25. 唐 大曆 6년(771)에 편찬된 『羅山書院記』를 통해 확인된 나산서원이 지닌 특징을 보면, 초기의 민간 서원은 책을 모아놓은 讀書山房으로부터 학생들이 모여 授學하는 서원의 모습과 지방의 가문이 책을 모아 과거에 응시하는 문도를 모았던 家族書堂의 모습을 보이기도 했는데, 특히 나산서원은 불교, 도교와 관련 있는 기념적 성격의 祠捨나 寺觀의 문화와도 연관성이 있다는 점을 강조하기도 했다.(p.24)

20) 이상 李材棟, 「唐代書院的創建與功能」, pp.71~73 참조.

할 수 있다. 백록동서원에 대한 이해에도 그러한 문제점이 있음은 물론
이다.

3.

　'백록동白鹿洞'의 연원은 주지하다시피 당唐 덕종德宗 정원貞元 연간(785
~805)에 낙양洛陽 사람 이발李渤과 이섭李涉 형제가 은거하여 독서하던 곳
에서 유래한다. 이후 헌종憲宗 원화元和 연간(806~821)에 이발이 강주자사
江州刺史에 임명되어 자신의 관할지역에 있는 백록동에 지대한 관심을
보임에 따라 백록동에서 수학修學하는 학자들의 수가 점차 증가하였다.
이 중 오대五代 초기에 백록동에서 강학활동을 한 인물 가운데 가장 드
러난 사람은 안익顏翊이다. 그는 안진경顏眞卿의 후손으로 알려져 있는데,
『강서통지고江西通志稿』「성자인물열전星子人物列傳」에, 안익은 어려서 아
버지를 여의었지만 성실한 뜻을 지니고 유업을 실천하였고, 사한詞翰에
능하고 예법에 삼가함이 있어서 자제子弟 30여 명을 거느리고 백록동에
서 경經을 배웠으며, 30여 년 수업修業을 그치지 않아 후일 백록동의 선
현사先賢祠에 이발과 함께 종사從祀되었다고 했다. 이발과 안익 두 사람
의 노력에 따라 '백록동'이라는 이름이 비롯되었고, 사숙私塾의 성격을
점차 지니게 되었으며, 강학의 자연적 환경을 만들게 됨으로써 이후 백
록동서원이 들어서게 될 조건을 구비함은 물론 책을 구입하여 수장함
으로써 이후 서원의 기능을 선도한 점은 부정할 수 없다.

그러면 일반적으로 백록동서원의 연원으로 자주 언급되는 여산국학廬山國學의 성격은 어떠한가? 오대五代시기 남당南唐 승원昇元 4년(940)에 건립된 여산국학에서 학생을 모집하여 강학한 사실을 들어 서원의 효시로 보자는 견해도 있지만, 교학 그 자체만으로 서원의 효시라고 보기에는 문제가 있다. 즉 여산국학은 학관學館으로서 국자감國子監의 성격을 갖는 관학이었기 때문에 서원의 성격과는 크게 다르다. 다만 교학과정의 설치와 교학방식이 이후 간접적으로 백록동서원에 영향을 주었던 것은 사실이다.[21] 여산국학은 일반적으로 백록동국학白鹿洞國學, 백록국상白鹿國庠, 백록동학관白鹿洞學館, 광산국자감匡山國子監, 벽옹辟雍 등 다양한 이름으로 불리었는데, 이는 서원의 초기 명칭이 고정되지 않고 다양했던 것과 마찬가지이다. 여산국학은 남당南唐의 세력이 확장되면서 백록동에 국학을 건립한 것인데, 이는 승원昇元 2년(938)에 금릉金陵의 진회하秦淮河 부근에 국자감을 건립한 것과 동일한 유형의 학교로서 관학의 성격을 지닌 것으로 사숙私塾이나 학관學館의 규모를 훨씬 능가하는 국가 최고의 학부學府로서, 서원과는 거리가 있었다. 하지만 이후 백록동서원의 성립과 관련하여 중요한 의미를 갖는 점은 말할 필요가 없다. 국학의 일을 주관하는 소위 영동사領洞事 역시 태학太學의 통경자通經者에게 맡김으로 그 중요성을 강조하였는데, 이선도李善道, 주필朱弼, 유원형劉元亨, 진황陳貺, 모병毛炳 등은 모두 명망지사名望之士로서 각기 국학의 일을 주관하면서 다양한 방면에서 이후 백록동서원의 발전에 기틀을 마련한 인물들이었다.[22] 북송 이전 여산국학에서 배출한 인재는 상당히 많아

---

21) 段求玲·童曉林,「廬山國學和白鹿洞書院的敎學方式」,『江西敎育學院學報』 20-5(1999), pp.69~72.

각종 지방지와 관련 사서에 그 활약상이 수록되어 있다.

여산국학은 이후 서원의 위치가 각 주현州縣의 풍경이 수려하고 안정적 교학 환경을 갖추는 데 중요한 모델이 되었고, 이러한 지리적 환경과 더불어 경제적인 기초를 마련하는 데도 일정한 정도에서 기여하였다. 즉 국학이 성립된 초기 관방으로부터 토지를 사여 받아 전조田租를 통해 필요한 경비를 조달함으로써 이후 서원의 경제적 환경에 중요한 단서를 제공하였다. 물론 여산국학의 단계에서는 아직 구체적인 학규學規의 제정이 보이지는 않지만 엄격한 기율紀律이 있었다. 학생들은 규범과 예법에 따라 행동하지 않으면 안 되었고, 이는 이후 백록동서원의 학규제정에 중요한 기초가 되었다. 그 외에도 풍부한 경험과 학식을 갖춘 인물을 선정하여 사장師長으로 파견함으로써 인재배양과 학술번영 그리고 학교발전에 중요한 역할을 하게 하였고, 문호가 개방되어 각 지역의 학자들이 자유롭게 강학과 교류를 실천하였다. 학습내용에 있어서도 유가 경서經書를 위주로 하고, 사서史書를 다음으로 하였으며, 시문詩文과 제자서諸子書 등을 교육하였다는 점에서 사숙私塾과 비교되고 이후 서원의 교육내용에도 영향을 주었다. 교학의 형식에 있어서도 자학自學을 위주로 하고 강학講學을 보輔로 하였다. 앞서 이야기한 주필朱弼의 경우 학생들로 하여금 스스로 질문하게 하고 그에 대한 상세한 설명을 더함으로써 효과를 높였음은 이후 교학의 방향을 가늠하는 데 일정한 영향을 주었다고 할 수 있다.

---

22) 鍾華英, 「從廬山國學到白鹿洞書院」, 『江西教育學院學報』 第24卷 第4期(2003), pp.59~60.

4.

송 개보開寶 9년(976) 송이 강주江州를 점령함으로써 남당南唐의 시대는 끝나게 되고 여산국학의 시대 또한 막을 내리게 되었다. 이후 백록동은 강남동로江南東路 강주江州 덕화현德化縣 성자진星子鎭의 관할이 되었고, 당시 강주지방의 인사들이 여산국학의 구지舊址에 학관學館을 건립하고 이를 서당書堂 혹은 서원書院이라 칭함으로 드디어 명실상부한 '백록동서원'의 시대를 열게 되었던 것이다. 송 초에 건립된 백록동서원의 규모는 그리 크지 않았던 것 같다.[23] 따라서 학생의 숫자는 겨우 수십 인 정도였다. 물론 학생의 숫자가 수천 명에 달한다는 견해도 있지만 당시 백록동서원의 건물규모와 경제여건 등을 감안할 때 그 많은 학생을 수용한다는 것은 무리였다.[24] 북송시대에 있어서 백록동서원은 그 발전이 순탄하지만은 않았다. 태평흥국太平興國 5년(980)~7년(982) 사이에 당시 백록동서원의 주지인主持人이었던 명기明起가 서원의 모든 토지를 조정에 바치고 채주蔡州 포신현褒信縣의 주부主簿로 출임한 이후 서원은 점차 쇠락하게 되었다.[25] 이후 함평咸平 4년(1001)에 송 진종眞宗이 전국 각 지역의 학교와 서원에 국자감에서 간행한 경서를 보내고 공자의 묘당을 수리하도록 명하면서 그 이듬해 백록동서원 역시 그러한 정책의 혜택을

---

23) 李材東, 「北宋時期白鹿洞書院規模考」, 『蘇州大學學報』(1983-3), pp.127~128.
24) 李材東, 「北宋時期白鹿洞書院歷史問題芻議」, 『江西教育學院學報』 第19卷 第1期(1998), pp.50~51.
25) 朱熹의 경우 「新修白鹿書院狀」에서 토지를 바친 일은 자세히 언급하지 않았으나 洞主였던 명기가 채주의 포신현주부로 출임한 이후 그리고 南康軍學이 설치되어 교학을 병행하게 되면서 백록동서원은 점차 폐허로 변하였다고 했다.

입게 된다. 그러나 그 후 다시 크게 쇠락하였다가 송 인종仁宗 황우皇祐 5년(1053)에 비부랑중比部郞中 손침孫琛이 다시 백록동서원 터에 건물을 짓고 자제들을 거주하게 하면서 독서를 하고 아울러 사방의 선비들에게 숙식을 제공하면서 이름을 백록동서당白鹿洞書堂이라 칭하였다. 손침은 그 지역 사람이 아니었고 또 남강군南康軍이나 성자진의 관리도 아니었으며 마찬가지로 조정에서 문교文敎를 주관하는 위치에 있던 인물도 아니었다. 그러나 손침의 부父 손면孫冕이 대중상부大中祥符 원년(1008)에 백록동을 귀은양로歸隱養老의 장소로 요청하자 진종眞宗이 이를 허락하였는데도 실제 장소에 이르지 못하고 사망하자 그 부근에 장례를 치르고, 손침은 후일 백록동으로 자신의 거처를 옮기고 학관을 설치하여 자제들을 교육하고 사방의 학자들에게 숙식을 제공하였던 것이다.26) 이후 점차 쇠락하다가 다시 병화兵火로 훼손되어 폐허가 된 것을 주희가 부흥시킨 것이다.

이처럼 백운동서원의 모델이 된 백록동서원은 나름의 역사적 발전과정을 지니고 있었고 이러한 과정은 이후 주희의 서원중흥에 직, 간접적인 영향을 주었다. 주희와 백록동서원의 중흥에 관하여는 이미 많은 연구들이 있다.27) 대부분 백록동서원의 학규學規 혹은 게시揭示와 관련

---

26) 郭祥正, 『白鹿洞書堂記』; 朱熹, 『白鹿洞牒』 참조.
27) 丁洛贊, 「白鹿洞書院의 硏究」, 『교육철학』; 范慧嫻, 「白鹿洞書院에 나타난 주희의 서원관」, 『한국서원학보』 제3호; 李劲松, 「朱子興復白鹿洞書院動機之辨析」, 『江西敎育學院學報(社會科學)』 第34卷 第2期(2013.4.); 劉佩芝・馮會明, 「朱熹復興白鹿洞書院探源」, 『江西社會科學』(2005-10), pp.182・184; 高峰・郭宏達, 「朱熹與白鹿洞書院」, 『九江學院學報』 2007年 第4期, pp.26・28; [美] 賈志揚・潘海桃(譯), 「朱熹與白鹿洞書院的復興(1179-1181)」, 『湖南大學學報(社會科學版) 第19卷 第6期(2005.11), pp. 15・22; 黃慶來, 「朱熹和白鹿洞書院」, 『江西社會科學』(1982.06), pp.90~92; 李材棟, 「關于朱熹興復白鹿洞書院的芻議」, 『江西敎育學院學報』(1983.07.), pp.27~34; 李劲松, 「論朱熹興復白鹿洞書院的歷史淵源及其敎學

하여 이후 서원교육에 있어서의 중요한 전범典範이 되었다는 점을 강조한 것이었다. 물론 이러한 견해에 문제가 있을 수는 없지만, 사액서원인 소수서원이 아닌 백운동서원의 건립과 관련하여 언급되는 백록동서원을 주희 사후 정형화된 서원의 모습과 차별하여 이해할 필요가 있다. 특히 중국의 경우 어떤 점에서는 초기 서원의 건립의도와는 다른 방향으로 발전한 서원의 모습이 지나치게 많이 투영되었기 때문이다. 다시 말해 주세붕의 백운동서원의 건립과 관련하여 주희의 백록동서원의 중흥과 그 학규學規가 강조되는 것은 자연스러운 일이지만, 어떤 점에서는 주희 이후의 백록동서원의 특징이 부회附會된 점이 적지 않다는 점이다. 때문에 백운동서원의 건립과 관련하여 주세붕의 역할배경이 중요하듯28) 백운동서원의 건립과 관련하여서는 주희의 초기 의지가 강조되어야 한다.

남송시대의 서원 발전의 역사와 관련하여 주희와 백록동서원을 지나치게 강조하는 것은 중요한 의미를 갖는 다른 일면의 역사를 놓치는 결과를 가져올 수도 있다. 예컨대 남송시대 서원에서의 강학을 통하여 성리학을 선양했던 인물로는 정자程子의 제자였던 양시楊時와 그의 동림서원東林書院을 언급하지 않으면 안 된다.29) 왜냐하면 시기적으로 주희의 백록동서원에 앞서 있었기 때문이다. 『송사宋史』의 관련 기록에도 동남지방의 학자들은 양시를 정씨程氏의 정종正宗으로 인정하기에 주저치

改革」, 『江西社會科學』(2008-4), pp.128~132; 李材棟, 「朱熹興復白鹿洞書院史事考」, 『朱熹與中國文化─武夷山朱熹研究中心成立大會論文集』(1988), pp.221~235; 陳戊國·孫思旺, 「略論朱熹與白鹿洞書院之關係」, 『湖南大學學報』(社會科學版) 第17卷 第4期(2003.7.), pp.8~11.
28) 尹熙勉, 「白雲洞書院의 設立과 豊基士林」, 『震檀學報』 49(1980), pp.57~83.
29) 包佳道, 「楊時書院教育與理學傳承」, 『武夷學院學報』 第30卷 第6期(2011.12), pp.1~4.

않았고, 양시-나종언羅從彦-이동李侗-주희에게 전해지는 리학의 계통이 자연스럽게 받아들여졌다. 주희의 학문이 정씨程氏 학맥의 정종으로 평가받는 이유 중에 하나가 그 학문적 연원의 맥락이 모두 양시에게서 비롯된다고 보기 때문이다. 양시가 선화宣和(1119~1125), 건염建炎(1127~1130) 연간에 상주常州에 거주하면서 동림서원에서 강학을 하던 18년 동안 백록동은 여전히 폐허에 불과하였고, 소흥紹興, 융흥隆興, 건도乾道 연간을 지난 대략 50년 후에 비로소 주희가 남강군南康軍의 지사知事를 맡아 백록동서원을 중흥시키게 되었던 것이다. 규약規約과 관련하여서도 여조겸呂祖謙의 「여택서원규약麗澤書院規約」은 이미 건도乾道 4년(1168)에서 6년에 걸쳐 계속적으로 수정修訂되고 있었다. 물론 주희가 수정한 「백록서원교규白鹿書院敎規」와 내용이 다르지만 일정한 정도에서 선도적 역할을 하고 있었던 것이 사실이다.

아울러 주희가 백록동서원을 부흥하던 순희淳熙 6년(1179) 이전에 이미 강서江西 일대에는 대략 20여 개의 서원이 창건되거나 부흥되었다. 강주江州의 염계서원濂溪書院은 원래 가우嘉祐 연간에 주돈이周敦頤가 건립한 것인데 순희淳熙 3년(1176)에 주수州守 반자명潘慈明과 통판通判 여승呂勝이 다시 수리하고 확장하였다. 또 풍성豊城의 용광서원龍光書院은 소흥紹興 연간에 진자면陳自俛이 세운 것인데 마찬가지로 주희가 풍성을 지나며 약 1개월 거주하면서 서원의 심광당心廣堂에 관한 기록을 남겼다. 남송 고종高宗이 사액을 하였고 유자징劉子澄이 교학을 맡은 적이 있다. 이 외에도 이춘년李椿年이 건립한 부량浮梁의 신전서원新田書院, 진광영陳光榮의 무녕武寧의 유산서원柳山書院, 왕응신汪應辰이 강학講學한 옥산玉山의 단명서원端明書院, 유광중劉弘仲이 창건하고 호안국胡安國이 제시題詩한 적이 있는

죽원서원竹圓書院, 성온여盛溫如가 건립한 풍성의 성가주서원盛家洲書院 등
이 모두 소흥紹興, 건도乾道 연간에 건립된 것으로 주희가 백록동서원을
중흥하기 전이다. 주희가 중흥한 백록동서원이 당시에 있어서 그리고
이후 영향이 클 수 있었던 것은 이 같은 남송시대 서원의 발전 맥락을
충실히 반영하였던 때문이라 할 수 있다. 결국 주희의 백록동서원의 부
흥은 당시 서원중흥의 시대적 분위기와 무관하지 않은 점에 좀 더 주의
를 할 필요가 있는 것이다.

주희는 줄곧 관학官學과 과거科擧에 대하여는 폄견貶譴의 자세를 지니
고 있었다. 따라서 그는 관학이 지닌 문제점을 지적하면서, 가르치고
배움에 있어서 본질을 망각하고 지엽적이고 말단적인 것을 추구하면서
이익만을 원하고 의義를 외면함으로써 선왕先王의 뜻을 되살릴 수 없었
기 때문에, 결국 실제적인 교육효과를 기대하기 어렵다고 하였다.30) 과
거도 마찬가지로 이록利祿을 추구하는 수단으로 전락하여 그 폐단이 수
습하기 어려운 지경에 이르렀다고 비판하였다. 따라서 그러한 과거와
연관을 가지고 학교교육이 성리지장聲利之場으로 전락하는 것에 반대하
고 교육은 반드시 덕행과 도예道藝의 실질을 중시해야 한다고 주장하였
다. 이러한 교육목표에 대한 주장은 백록동서원의 중흥을 가져오게 한
원동력이었다. 주희의 서원에 대한 관심은 백록동서원을 비롯한 각 서
원을 위한 제사題辭, 작기作記, 강학講學 등에 자연스럽게 나타난다. 건도
乾道 연간에 가향家郷에 운곡서원雲谷書院과 한천정사寒泉精捨를 건립한 사
실이나, 백록동서원 중흥 이후에도 계속하여 무이정사武夷精捨, 창주서원

---

30) 朱熹,「靜江府學記」,『朱子大全』(臺灣中華書局, 1983).

滄州書院을 건립하고, 소희紹熙 5년(1194)에 형호남로안무사荊湖南路按撫使로 있을 때 다시 악록서원嶽麓書院을 수건修建하고 「백록동서원교규白鹿洞書院 敎規」를 이 서원의 교학의 지표로 삼게 한 것 등이 그것이다. 이를 통해 알 수 있듯이 주희의 백록동서원의 중흥은 그의 일관된 서원교육에 대한 관심의 일환이었다.

하지만 백록동서원의 중흥은 알려진 바와 같이 그렇게 쉽게 이루어진 것은 아니었다. 주희에 의해 수건修建된 백록동서원은 아직은 초보적인 상태였다. 백록동서원의 중수重修는 38년의 시간이 소요되어 주희 사후에야 완성되었다.31) 물론 중흥하는 과정에서도 적지 않은 반대에 부딪쳤다. 주희가 남강군南康軍에 봉직한 것은 겨우 2년에 불과하였다. 순희 6년(1179) 3월에 부임하여 같은 해 10월에 서원의 중건을 시작하였고, 7년 3월에 개강開講하였다. 순희 8년 3월에 이직할 때까지 백록동서원의 규모는 여전히 '초성初成'에 불과하였다. 처음에 소옥小屋 3~5칸(間)에 불과하여 다만 옛터를 확인하고 이후 다시 황폐되지 않도록 새로운 건물을 짓는 정도라고 하였고,32) 이직할 즈음의 규모 역시 소옥小屋 20여 칸으로 생도 10~20명을 가르칠 수 있는 규모라고 하였다.33) 예성전禮聖殿·삼현사三賢祠 등 건물은 아직 완성되지 못하였고, 원전院田을 두어 경비에 충당하고자 하는 것은 아직 계획단계였다. 건창장전建昌莊田이 두어진 것도 주희 이후의 일이고, 군름郡廩을 거두어 제생諸生의 경비로 충당한 것도 그 이후의 일이다. 앞서 언급한 바와 같이 백록동서원의 중

---

31) 李材棟, 「朱熹興復白鹿洞書院史事考」, pp.221~235 참조.
32) 朱熹, 「新修白鹿洞書院狀」 所附「小帖子」, 『白鹿洞書院古志5種』(北京: 中華書局, 1996).
33) 朱熹, 「奏事延和殿」, 『朱子大全』(上海古籍出版社, 2002).

수는 38년의 기간이 경과한 가정嘉定 10년(1218)에 완성되었다. 이 과정에서 주희의 아들 주재朱在가 대리정大理正의 관직에 있으면서 선친의 유지를 받들어 대대적인 중건작업을 하여 그 규모가 타군他郡이 미치지 못할 정도였다고 했다. 백록동서원의 부흥이 시작되어 완성되기까지의 이 38년 동안 남송의 정사政事에 중대한 변화가 발생하였던 점을 주목할 필요가 있다. 그 중 주희와 리학理學 그리고 백록동서원과 관련하여 소위 '경원당안慶元黨案'과 '가정경화嘉定更化'는 매우 중요한 의미를 갖는다. 리학이 폄척貶斥되다가 이 시기에 와서 다시 포장褒獎되었고, 주희가 비록 이미 사망하고 없었지만 조정의 추봉追封을 받았다. 이 시기에 백록동서원의 건설이 아들 주재朱在에 의해 완성된 것은 우연히 아니었고, 이는 당시의 시대적 상황의 결과로서 작용한 점이 크다.

5.

백록동서원은 주지하는 바처럼 일찍이 남송 및 후세 서원은 물론 기타 학교의 발전에 상당히 큰 영향을 발생시켰다. 남송 순우淳祐 원년(1241) 이종理宗은 주희의 「백록동서원교규白鹿洞書院教規」를 직접 써서 학궁學宮에 반포하게 하였다. 이후 백록동서원은 서원으로서 뿐만 아니라 관학의 모델이 되었다. 전체 서원발전사 가운데 이처럼 높은 지위를 갖는 서원은 일찍이 없었다. 이 같은 백록동서원의 위상은 물론 주희 사후에 전개된 것이다. 백록동서원의 영향의 확대는 주희 본인의 사상적,

정치적 성망聲望이 부단히 제고됨에 따른 것은 물론이지만, 어떤 점에서는 주희 본인과 주자성리학의 범위를 넘어서는 개방성을 갖는다는 것을 소홀히 해서는 안 된다. 백록동서원은 주희가 중건하고, 여조겸呂祖謙이 작기作記하고, 육구연陸九淵이 강연을 함으로써, 이후 백록동서원은 남송 리학의 3대 파별派別의 주요한 대표적 인물들과 관련을 자연스럽게 함으로써 이 세 파별의 후학이 공동으로 받드는 교학의 모델이 되었다는 점에서 중요한 의미를 지닌다. 예컨대 진부량陳傅良의 학생 여충지呂沖之가 백록동서원에서 강도講道한 사실,[34] 육구연의 제자 양간楊簡의 학생 원보袁甫가 소정紹定 연간에 강동제거江東提擧가 되어 상산서원象山書院의 건립을 상주하면서 백록동규제白鹿洞規制를 이용한 일[35] 등이 그 예라고 할 수 있다.

그리고 백록동서원이 비록 남송 리학理學의 발전에 있어서 그 과정과 결과 모두와 밀접한 관련을 갖는 것은 사실이지만, 리학 그 자체가 갖는 영향의 범위를 초월한 점을 지니기도 한다. 주희가 백록동서원의 중흥을 주장하였던 것은 그의 교육주장을 실천하는 중요한 시험이었다. 서원을 통한 그의 교육실천은 이전 예컨대 리학가들은 물론 불교 선림禪林의 주지자 들이 운영하던 서원과 학교, 선림 등의 교육경험을 기초로 한 상대적인 의미에서의 새로운 교육실험의 장이라는 성격과 밀접한 관련성을 갖는다. 따라서 주희가 백록동서원을 중건한 것은 전통시대 중국의 다양한 교육방식의 종합적 특징을 갖는 것이었고, 이러한 가치는 오늘날에도 일정한 부분에서 중요한 생명력을 지닌다고 할 수 있다.

---

34) 『宋元學案』(北京: 中華書局, 1986), 卷53, 「止齋學案」.
35) 袁甫, 「馮君振甫言行記」, 『蒙齋集』(『國史經籍志』).

그러나 다른 한편 주희가 백록동서원을 중건한 것이 분명히 사학私學의 가치를 구현하는 서원의 발전을 촉진한 일면이 있지만, 서원 관학화官學化의 일면을 재촉한 점도 있다.[36] 주희가 중흥을 시도하던 당시 주희 본인의 신분이 비록 지방관이기는 하였지만 백록동서원은 관학과는 거리가 멀었다. 이 시기 백록동서원은 분명히 당唐, 오대五代 이래 사가私家들이 스스로 설립하고, 향당鄕黨에서 자금을 모아 서원에 따라 스스로의 과정을 설치하고, 적합한 나름의 교학방식을 선택함은 물론 배우는 사람들은 스스로 과제를 선택할 수 있었고, 사생師生이 서로 의문점을 토론하는 등등의 자유로운 교학의 기풍을 강하게 지니고 있었다. 그러나 주희가 재차 조정에 비준批准, 비안備案, 사액賜額, 사서賜書 등을 요구하고, 나아가 백록동서원의 관리를 위하여 관리를 두어 그 녹질祿秩을 사관祠官에 준하게 하고 정식으로 관제에 포함할 것을 요구하면서, 결국 리학적 교육목표와 가치를 실천하는 서원을 다른 형식의 관학으로 만드는 결과를 낳는 단초를 열었다. 이 같은 주장은 당시 존재하는 다양한 모식模式의 모든 서원을 일원화시킴과 동시에 관학으로 개조하고자 하는 것이었다. 주희의 이러한 구상은 남송 가정嘉定 연간 이후 특히 이종理宗 때에 실현의 단계로 들어간다. 앞서 말한 바와 같이 '백록동서원교규'가 황제의 수서手書를 거쳐 학궁에 반포됨으로 사실상 어정御定 교학방침이 되었고, 그 위에 설관設官이 시행됨으로 본래의 관학과 큰 차이가 없게 되었던 것이다. 이후 서원의 설관에 대하여는『송사宋史』와

---

36) 李勁松,「朱子興復白鹿洞書院動機之辨析―兼及宋朝書院官學化的問題」,『江西敎育學院學報(社會科學)』第34卷 第2期(2013.4.), pp.179~182. 范慧嫻「白鹿洞書院에 나타난 주희의 서원관」에서는 주희는 '官私合辦'의 서원 운영모델을 확립하였다고 하였다.(pp.190~193)

『송원학안宋元學案』 및 각종 방지方志에 많은 사례가 보인다. 처음에는 주
군州郡의 교수教授가 산장山長을 겸하는 방식이었지만, 이후 다른 관리들
이 산장을 겸하는 경우도 점차 증가하여 지방의 제치사制置使 혹은 제거
提舉 등이 산장을 겸하는 경우도 있었다. 이러한 현상은 결국 주희가 원
하던 구상이 실현된 것이었다.

주희는 일찍이 과거를 비판하고 관학의 문제점을 지적하면서 이록
利祿을 추구하며 공리功利에 힘쓰는 것을 비판하였다. 따라서 그는 거경
궁리居敬窮理를 통한 자득自得을 학문함의 과정이요 목표라고 생각하였
다. 그는 '백록동서원교규'의 발어跋語에서 말하기를, 옛 성현이 사람들
에게 학문을 하도록 가르치는 이유는 의리義理를 강명講明함으로써, 그
몸을 닦고 그 후에 미루어 다른 사람에게 미치게 하는 데 있는데도 불
구하고 그러한 공부에는 소홀하고 이록利祿을 취하는 데만 관심이 집중
되어 있다. 그리고 육구연이 백록동서원에서 의리義利를 강론했을 때 공
부하는 사람들의 은미隱微하면서도 깊은 고질병을 제대로 지적함으로써
듣는 사람들이 마음의 동요가 송연竦然할 정도였고 심지어 눈물을 흘리
는 사람이 있을 정도였다고 평가하였다.[37] 이 같은 정신은 그의 사후에
도 백록동서원뿐만 아니라 각종 학교의 전범典範이 되었으며 '백록동서
원교규'는 공동의 교학방침이 되었고, 주희와 그의 후학들이 주석한 『사
서四書』와 『오경五經』이 모두 각종 학교의 기본교재가 되었지만, 사인士人
들이 명망과 이록利祿을 추구하는 경향 즉 과거 학교가 지녔던 성리지장
聲利之場으로서의 고질병을 해결하지는 못하였다. 비록 주자의 교학방침

---

37) 관련한 내용은 高在錫, 「朱熹와 陸九淵의 白鹿洞書院모임에 대한 연구」, 『東洋哲學硏究』
第61輯(2010), pp.252~269 참조.

과 교육내용이 비록 상당한 정도에서 고대의 사장辭章을 대신함으로서 왕안석王安石의 『신의新義』와 『자설字說』을 완전하게 대신하였지만 여전히 등과登科 입사入仕의 경향으로부터 벗어날 수는 없었다. 주자의 신주가 학궁에 모셔져 제사 지내지고 「학규」가 강당에 높이 걸려 있음은 물론 경서에 대한 주해注解가 책상 위에 높이 쌓여 있지만, 새로운 우상과 경전이 되었을 뿐 그 정신을 제대로 계승하지 못하고 있었다는 지적은[38] 일면 타당성을 지닌다. 주희가 중건할 당시의 백록동서원은 일찍이 학자들이 스스로 과제를 선택하고 각각 자신의 견해를 제시하고 토론하며 그 결과를 논단으로 축적하였다. 이 같은 강단講壇은 당시에 있어서 사상적 교류를 촉진하고 제반 학술연구의 발전에 있어서 적극적인 작용을 하였다.

그러나 주희와 그 문인門人들과 후학의 지속적인 노력으로 주자학의 학술적 위상이 '관학官學'으로 변하게 되고, 그에 따라 서원으로 하여금 관학과 다름없는 교육방식과 내용과 관리방식을 취하게 함으로써 결국은 주희가 백록동서원을 중흥하면서 계승하고 발휘하고자 했던 고대 서원의 전통을 스스로 부정하는 모순에 직면하게 되었다는 점이다. 그 결과 문호지견門戶之見이 부단히 심화되었고,[39] 과거 서원이 그나마 지니고 있었던 무실지학務實之學이 배척을 받게 되었다는 점이다. 관학화 과정은 결국 과거 서원이 지닌 생명력을 스스로 약화시키는 것이었다.[40]

---

38) 李材棟,「關于朱熹興復白鹿洞書院的芻議」, p.32.
39) 조선 후기 서원에 있어서 이러한 경향은 더욱 강화되었다. 李海濬,「조선후기 門中書院 발달의 추이」,『許善道교수정년기념한국사학논총』(1992) 참조.
40)『宋史』卷311「晏殊傳」에, 晏殊와 范仲淹이 應天府書院을 府學으로 고치자는 견해를 밝혔다고 했지만, 王應麟은『玉海』에서 이러한 견해를 따르지 않았다.

물론 이러한 과정과 비교하여 대부분 조선왕조에서의 서원발전사가 여러 방면에서 남송이나 이후 발전과는 다른 독자적인 모습을 보인다고 언급하지만,[41] 결국 초기 서원이 지닌 생명력을 잃어가고 있었다는 점에서는 비슷한 운명을 겪었다고 할 수 있다. 그런 점에서 백운동서원의 건립과 그 역사성을 지나치게 정형화된 리학의 집대성자로서의 주희와 또 관학과 별 차이 없이 변한 백록동서원과 관련시킨다든지 혹은 이황의 서원보급운동 등과 관련하여 살피기보다는, 안향安珦(1243~1306), 주세붕周世鵬(1495~1554), 안현安玹(1501~1560) 등의 노력과 풍기 지역의 역사성이 좀 더 드러나는 방향으로 백운동서원 성립 초기와 사액 이후의 소수서원을 구분하여 바라볼 필요도 있겠다.

41) 鄭萬祚,「最近의 書院研究 動向에 관한 檢討」,『朝鮮時代書院研究』, pp.329~353 참조.

2. 퇴계 문인의 서원 보급 활동

1. 머리말

"저 몇 대(代)에 국학과 향교가 없었던 것이 아닌데도 반드시 별도로 서원을 건립한 것은 무엇 때문이었습니까. 국학과 향교는 과거와 법령의 구속이 있어서 서원이 어진 이를 존경하고 도를 강명하는 아름다운 뜻에 전념하는 것만 같지 못해서입니다."[1] 1557년(명종 12) 퇴계가 소수서원의 일을 논하여 풍기군수 김경언(金慶言)에게 준 내용으로 서원 건립의 필요성과 당위성을 간명하게 설명해 주고 있다. 이러한 퇴계의 서원론을 면밀히 계승한 문인들은 서원이 조선사회에 정착되고 확산되는 데 중추적 역할을 수행하였다.

퇴계의 서원론과 보급운동에 대한 연구로 상당 부분 해명이 되었다.[2] 반면에 퇴계와 함께 서원 보급운동의 한축을 담당한 문인들의 서

---

* 영남대학교 연구교수.
1) 이황, 『퇴계선생문집』, 권12, 「書·擬與豊基郡守論書院事 丁巳郡守金慶言」.
2) 송긍섭, 「퇴계의 서원교육론 고찰」, 『한국의 철학』 2(1974); 이우성, 「이퇴계와 서원 창설운동―이조 성리학의 토착화와 아카데미즘」, 『퇴계학보』 19(1978); 정순목, 「퇴계의 서원교육론고」, 『퇴계학보』 19(1978); 『한국서원 교육제도: 퇴계의 서원교육관』 (1979); 『퇴계 교학 사상연구―교육 인간학적 고찰』(正益社, 1978); 『퇴계의 교육철학』 (지식산업사, 1986); 「주회암과 이퇴계의 서원교육론 비교」, 『인문연구』 8(1987); 정만

2. 퇴계 문인의 서원 보급 활동 ㅣ 채광수   87

원 활동에 관한 연구는 매우 부진한 편이다. 그동안의 연구 성과로는 초기 서원 건립 때 퇴계 문인들의 비중과 역할을 규명한 권시용의 연구를 제외하면 거의가 부분적 또는 단편적으로 다뤄졌을 따름이다. 다만 이 연구에서도 퇴계 문인의 서원 건립활동 전반을 설명하다 보니 문인들의 활동상이 다소 소략한 면이 있고, 시론적 논의로서 머문 측면이 존재한다.

따라서 본고에서는 선행연구를 바탕으로 조선시대 서원 보급 및 확산에 크게 기여한 퇴계 문인들의 활동 양상을 짚어보려고 한다. 이에 퇴계 문인들이 관여한 서원 설립 추이를 먼저 검토한 다음 문인 중 특히 이정·황준량·박승임·정구를 중심으로 서원 설립의 구체적인 과정을 서술하고자 한다. 이를 통해 초기 서원이 어떤 방식으로 보급되고 확산되었는지 이해하는 데 도움이 될 것이다.

2. 퇴계와 문인이 관여한 서원[3]

퇴계 문인들이 주로 서원 설립 활동을 전개한 시기는 명종 대부터 광해군 대까지이다.[4] 선행 연구에 의하면 이 기간 내 전국적으로 설립

조, 「퇴계 이황의 서원론─그의 교화론과 관련하여」, 『한우근박사정년기념사학논총』 (지식산업사, 1981); 박양자, 「퇴계의 서원교육의 특성」, 『퇴계학과 남명학』(지식산업사, 2001); 김형수, 「李滉 書翰을 통해 본 明宗代 書院의 創設과 運營」, 『퇴계학과 유교문화』 제53집(2013).

3) 퇴계 문인의 서원 설립 추이는 권시용, 「퇴계 문인의 서원 건립활동」(영남대학교 석사학위논문, 2009), 11~191쪽을 참조하여 정리하였다.

4) 『도산급문제현록』에 수록된 문인 가운데 최연장자는 1556년(명종 11) 출생한 선산

된 서원은 총 125개소로 조사가 되었다. 이를 시기별로 보면 중종 1개소, 명종 27개소, 선조 109개소, 광해군 31개소 순이었다. 지역별로는 경상도 49개소, 전라도 26개소, 충청도 18개소, 서울과 경기도 11개소, 황해도 9개소, 평안도 5개소, 강원도 3개소, 함경도가 4개소이다. 이중 퇴계 문인들이 직·간접적으로 관여한 서원은 43개로 34.5%의 비율을 보였다. 이를 시기와 지역별로 구분하면 〈표 1〉과 같이 정리할 수 있다.

먼저 문인들이 관여한 시기별 서원 설립 추이를 개관적 차원에서 정리해 보았다. 우선 중종 대 소수서원 창건 당시에는 문인들의 참여는 없었지만, 16개소가 설립된 명종 대에는 11개소로 약 69%에 달한다. 경상도 9개, 전라·강원도에 각기 1개소가 설립이 되었다. 이어 80개소가

〈표 1〉 명종~광해 연간 서원 현황

지역＼왕대	명종		선조 임진왜란 전		임진왜란 후		광해군		계	
경기도	·	·	5	〈3〉	3	·	3	·	11	〈3〉
충청도	1	·	7	〈2〉	3	〈2〉	7	〈1〉	18	〈5〉
전라도	1	〈1〉	16	〈2〉	4	·	5	·	26	〈3〉
경상도	9	〈9〉	20	〈15〉	11	〈4〉	8	〈1〉	49	〈29〉
강원도	1	〈1〉	·	·	·	·	2	〈1〉	3	〈2〉
평안도	1	·	2	〈1〉	1	〈1〉	1	·	5	〈1〉
함경도	2	·	·	·	1	·	1	·	4	·
황해도	1	·	5	·	4	〈2〉	1	·	9	·
합계	16	〈11〉	55	〈23〉	25	〈6〉	28	〈3〉	125	〈43〉
참여 비율	69%		42%		24%		7%		34.5%	

※ 〈 〉는 퇴계와 문인들이 설립에 관여한 서원 수

부 출신 朴雲이며, 1634년(인조 12) 사망한 李好閔이 가장 오래 생존하였다.

설립되는 선조대에는 29개소로 약 37%를 점하고 있다. 특히 임진왜란 이전에 23개소가 설립이 되어 그 비율이 42%로 더 높음을 알 수 있다. 임진왜란 이후 6개소에 24%로 보이는 수치상일 뿐 퇴계 문인이 관여한 중건·중수를 포함할 경우 이보다 훨씬 많은 숫자를 차지한다. 성주 천곡, 선산 금오, 현풍 쌍계, 함양 남계, 진주 덕계서원 등이 그러한 예이다. 이를 고려하면 임진왜란 이후에도 여전히 퇴계 문인들이 서원 설립의 열의가 지속되고 있음을 짐작할 수 있다. 앞 시기에 비해 점유율이 32%가 감소했으나 그 활동이 위축되었다고 보기는 어렵다.

28개소가 설립되는 광해군대는 경상·충청·강원도 각기 1개씩에 불과하다. 7% 점유율의 근본 원인은 이 시기 퇴계의 직전 문인의 사망 시점이자, 동시에 퇴계학파가 주도한 서원 설립이 전국적으로 확산된 결과로 해석할 수 있다. 한편 43개소 중 38개소가 당대부터 숙종대까지 사액서원으로 지정이 된다. 이는 조선시대 영남지역 전체 서원 사액률이 21%[5]와 비교에 보면 격이 상당하다 할 수 있다.

다음은 지역별로 퇴계 문인이 설립에 참여한 서원 현황을 알아보도록 하자.(〈표 2〉)

지역별 서원 분포 비율은 경상-강원-충청-서울·경기-강원 순이다. 우선 경상도는 49개소의 절반 이상인 29개소에 문인들이 참여하였다. 명종대 9개소, 선조대 19개소가 각기 설립이 되었다. 임진왜란 이전 시기로 한정할 경우에는 24개소로 무려 70%에 이른다. 이는 경상도에는 문인들이 전역에 분포하며, 문인들의 왕성한 활동기와 맞물렸기

---

5) 정만조, 「경기지역 서원의 정치·사회사적 특징」, 『한국의 경기지역 서원』(국학자료원, 2004), 65쪽.

〈표 2〉 지역별 서원 분포

구분	京·경기	충청	전라	경상	강원	평안	함경	황해	계
개소	3(11)	5(18)	3(26)	29(49)	2(3)	1(5)	0/(4)	0/(9)	43/
비율	27.2%	27.5%	11.5%	55.2%	66.6%	20	·	·	(125)
문인수6)	56명	4명	12명	179명	2명	·	·	·	253

※ ( )는 전체 설립 서원 수

때문이다.

퇴계 문인으로 서원 설립에 관여한 문인은 56명 중 관직자 신분 21명, 순수 문인이 35명인데 관직자 문인들의 활동이 더 두드러진다. 이들의 구체적인 서원 설립 활동 양상을 좀 더 세분해서 살펴보자.

첫 번째 퇴계의 고향인 안동권은 무려 16개소로 여타의 지역보다 숫자도 많고, 도산서원이 있는 만큼 핵심 지역이다. 또 퇴계가 직접 관련한 영천永川 임고, 영천榮川 이산, 예안 역동서원이 있는 곳이기도 하다. 고을별로는 안동 6개소, 영천永川 2개소, 영주·예안 각 2개소, 신령·의성·인동에 각 1개소가 세워졌다.7) 이 중 퇴계 생전에 설립된 곳은 7개소이며, 설립 기간은 1553년(명종 8)부터 1613년(광해 5)까지 진행 되었다. 16개소의 제향인에는 퇴계를 모신 곳이 5개소로 가장 많으며, 정몽주·우탁·길재·김안국·이언적·권벌 등과 같은 여말선초의 인물과 퇴계 문인 김성일·조호익을 제향자로 삼고 있다. 제향의 명분 역시 절대다수가 가향家鄕이며, 문인 가운데 관직 재임 중 주도 내지는 후원한

---

6) 김종석, 「『도산급문제현록』과 퇴계 학통제자의 범위」, 『퇴계학과 유교문화』 제26집 (1998), 5~6쪽.

7) 당초 정사·서당으로 설립되었다가 승원한 榮川 迂溪精捨, 안동 靑城精捨·龍山書堂 3개소가 포함된 수치이다.

서원은 백학白鶴·이산·도산·여강·오산·삼계三溪·임천서원臨川書院을
꼽을 수 있다.

두 번째 경주권에는 8개소로 경주·청도 각 2개소, 대구·밀양·현
풍·흥해에 각기 1개소씩이다. 이 가운데 옥산서원과 도동서원은 영남
을 대표하는 서원으로 성장한 곳이다. 제향인에는 김종직·김굉필·김
일손·이언적 사림파를 주로 모셨다. 그리고 제향할 만한 도학자가 마
땅치 않았던 연경서원은 사당이 없이,8) 경주 서악서원은 지역 사정을
감안해 신라시대 인물을 제향자로 삼기도 했다.9) 이는 초기 서원의 분
위기를 읽을 수 있는 대목이다. 제향의 명분은 가향家鄉이 다수였으며,
관직에 있는 문인들이 설립을 주도한 것이 이 지역의 특징이다.

세 번째 상주권과 진주권에는 선산·성주, 진주·함양에 4개소가 설
립이 되었다. 제향인 유형은 길재, 김굉필, 정여창을 봉안했고, 설립에
참여한 문인의 성격은 경주권과 유사한데 지방관 문인 3명, 향인 문인
1명이다.

네 번째 비경상도인 서울·경기와 충청도는 비슷한 비율을 보였는
데 후자는 문인 수에 비해 설립 수가 높은 편이다. 반면 전라도는 그
비율이 낮게 나온 것이 다소 의외이다. 고을별로는 강원 강릉·춘천 2
개소, 경기 서울(京)·개성·여주 3개소, 전라 나주·순천·장성 3개소,
충청 공주·아산·음성·충주·한산 3개소, 평안 강동 1개소 모두 14개
소가 설립이 되었다. 경기와 전라의 서원은 모두, 충청도는 2개소는 임

---

8) 연경서원에서는 1613년(광해 5) 정구의 의견에 따라 사당을 세워 퇴계를 봉안하였다.
9) 퇴계는 서악정사에서 위차 문제가 발생하자, 김유신은 '武德之人'으로 서원에 향사하
는 것은 부당하다고 하고 혹시 이 문제가 향중의 논란이 되어 분쟁이 될 수도 있다
고 우려했다.

진왜란 이전에 설립된 것이다. 제향인은 공자, 주자, 정몽주, 김굉필, 김안국, 이황, 이언적 등이며, 가향과 지명부합을 내세웠다. 지방관으로 부임한 문인들이 모두 설립에 관여하고 있다.

이상 퇴계 문인들은 조선시대 서원의 설립 · 발전 · 확산에 크게 기여했다. 특히 임진왜란 이전까지 고려하면 거의 전국에 설립된 서원 절반에 관계하고 있었다. 지역적으로는 퇴계 문인의 분포수가 가장 높은 경상도가 55.2%에 관여해 절대적 역할을 수행했음을 알 수 있다.

다음은 본고에서 주목한 문인들의 서원 보급 활동의 구체적 양상에 대해서 살펴보도록 하자.

3. 퇴계 문인의 서원 보급 활동—이정 · 황준량 · 박승임 · 정구를 중심으로

퇴계 문인으로 서원 보급 활동에 참여한 인물은 〈표 3〉과 같이 총 56명으로 조사가 되었다. 문인 1명을 기준으로 서원 설립에 관여한 숫자는 5개소 2명, 4개소 2명, 3개소 3명, 2개소 12명, 1개소에 37명으로 파악되었다.[10]

서원 설립에 참여한 문인 56명의 행적을 전부 검토하기에는 무리다. 그래서 선별 기준을 문인들 가운데 서원 설립과 관련해 비교적 자료가 풍부한 인물로 한정해서 보면, 먼저 퇴계가 읊은 '서원십영書院十詠'[11]을

---

10) 권시용, 「앞의 논문」(영남대학교 석사학위 논문, 2009).
11) 書院十詠: 소수서원, 임고서원, 문헌서원, 남계서원, 구산서원, 이산서원, 영봉서원, 서악서원, 연경서원.

〈표 3〉 서원 설립 참여 퇴계 문인

개소	문인명
5	權文海, 鄭逑(2명)
4	朴承任, 李德弘(2명)
3	權好文, 金宇顒, 金玏(3명)
2	琴蘭秀, 琴輔, 金隆, 金復一, 金誠一, 柳雲龍, 李叔樑, 李楨, 趙穆, 曺好益, 黃應奎, 許曄(12명)
1	具鳳齡, 權春蘭, 琴應商, 琴應夾, 奇大升, 金克一, 金富倫, 金富儀, 金富弼, 金生溟, 金彦璣, 金宇宏, 金應生, 金就礪, 南彦經, 南致利, 盧遂, 朴士熹, 朴淳, 卞成溫, 孫英濟, 辛乃沃, 申湜, 申元錄, 吳澐, 尹根壽, 李誠中, 李光友, 李庭檜, 張壽禧, 鄭允良, 鄭琢, 崔運遇, 崔應龍, 許忠吉, 洪可臣, 黃俊良(37명)

비롯해 생전 직·간접적으로 관계한 13개 서원에 참여한 문인을 들 수가 있다. 이들 13개 서원은 전부 문인들과의 긴밀한 교감 속에서 설립이 추진이 되고 이루어졌다. 특히 구암龜巖 이정, 금계錦溪 황준량, 소고嘯皐 박승임과의 소통이 많아 본고에서 검토하는 대상으로 삼았다. 그리고 퇴계 사후 서원 설립에 가장 적극적이었던 한강寒岡 정구鄭逑도 지나칠 수 없는 대상이었다. 이들의 사례는 초기 서원 확산의 제諸 양상을 이해하기에 크게 무리가 없을 것으로 판단이 된다.

1) 구암 이정

이정은 34세인 1534년(중종 29) 영주군수 재직 당시 정식 퇴계에 입문한 이래 140통의 편지를 왕래할 만큼 불가분의 관계를 유지하였다. 이는 퇴계 문인 가운데 세 번째로 많은 수량에 해당한다.[12] 이는 『도산전서』

---

12) 황위주, 「退溪와 龜巖의 往復書翰」, 『퇴계학과 유교문화』 제47집(2010), 316쪽.

제문 조條 문인으로는 그가 쓴 제문이 첫 번째에 수록,『도산급문록』내세 번째 등재,『도산문현록陶山門賢錄』권1에 그의 약전에 퇴계와 학문적 깊은 관계 및 공적이 실린 점을 미루어 퇴계 문인들 사이에 매우 중요한 위치를 점했다.13) 또한 조경趙絅이 지은『구암집龜巖集』서문에 "공은 퇴계 이선생의 현주玄珠를 얻었다고 할 만하다"한 문구에서도 그의 위상을 뒷받침한다. 이러한 퇴계와의 친연성은 그가 추진한 경주 서악서원과 순천 옥천서원 설립에서도 여실히 나타났다.

경주 최초의 서원인 서악서원의 전신은 서악정사에서 출발했다. 바로 서악정사를 설립한 이가 이정이다. 이정은 1560년(명종 15) 9월~1563년(명종 18) 1월까지 약 2년 반 동안 경주부윤에 근무하며 퇴계로부터 50여 통의 편지를 수수하였다. 그중 서악정사와 관련 된 것은 11통으로 이를 정리하면 〈표 4〉와 같다.14) 편지를 중심으로 서악정사의 창건을 추적해 보자.

서악정사는 그가 경주부윤 재임 시時 가장 심혈을 기울인 사업으로 스승과 세밀한 부분까지 협의하면서 추진이 되었다. 처음에는 황폐화된 무열왕과 김유신의 능을 수리하고, 작은 사당만 지을 계획이었다. 그러나 시작도 전에 말이 와전되어 "제왕의 사당을 일개 지방관이 지으려한다"거나, "불사佛捨 백여 칸을 설립하려 한다"는 비방이 생기는 등 어려운 상황에 부닥친다. 퇴계는 풍기군수 시절 비슷한 유 경험을 언급하며 무열왕은 능묘 수리와 비문 재각再刻을, 사당에는 김유신만 제향을,

---

13) 이수건,「구암 이정선생의 생애와 학문 및 '退南'과의 관계」,『龜巖思想 學術集』(사천문화원, 2009), 41쪽.
14) 황위주,「앞의 논문」,『퇴계학과 유교문화』47집(2010), 335쪽;「서악정사 관련 서한과 그 내용」재인용. 이황,『退溪全書』6·『앞의 책』13(퇴계학총서편간위원회, 1991).

〈표 4〉 서악정사 관련 퇴계 편지

순	연도	내용
1	1561년	서악정사 창건 物議 염려, 바람직한 대안 제시
2	1561년	서악정사의 명칭과 그 곳에 모실 인물 문제 협의
3	1561년	비방 상황에 대한 걱정과 격려
4	1562년	別紙; 비방 상황에 대한 견해와 대처 방법
5	1562년	서악정사의 명칭 규모 등에 대한 질의와 자문
6	1562년	서악정사의 三賢合祀 문제점 거론, 폐지 권유
7	1562년	서악정사의 三賢合祀 폐지 칭송, 명칭 문제 자문
8	1562년	서악정사의 각종 이름 다 좋다. 편액 써 보내겠음
9	1562년	서악정사의 여러 편액을 아직 못썼음
10	1562년	서악정사의 편액 써 보냄, 크기 정확성 판각 등 언급
11	1562년	서악정사에 모실 인물 논란; 김유신 포함 여부 이견

정사에는 강학장소로 만들면 비방이 중지될 것이라는 중재안을 받아들였다.

다음에는 향사享祀할 대상 인물을 두고도 향인들과 이견이 있었다. 향인들은 최치원과 설총이 적합하다 생각한 반면 이정은 김유신을 마음에 두었기 때문이다. 여론이 분분하자 3명을 합사合祀해 제사를 모시는 방향으로 흐르자 퇴계는 반대 입장을 분명히 했다. "향현 합사는 향소鄉所에서 주장할 사안이며, 제사를 혁파해도 해로울 것이 없다"는 의견을 개진한다. 제사가 주主가 되어서는 안 된다는 퇴계의 의중이 반영되었다 할 수 있다. 이정은 퇴계의 의견대로 제사는 혁파하는 대신 정사는 그대로 두는 동시에 별도의 김유신 사당을 만들었다. 두 건물의 이름도 퇴계의 뜻을 수용하였다. 앞의 것은 정사가 설립 된 서악이 신라시대 선도산仙桃山에서 유래된 까닭에 정사의 명칭을 선도정사라 선정했다. 그러나 퇴계가 너무 기이하다고 판단해 서악정사로 정정해 주었다. 뒤의 것은 이현사二賢祠와 향현사鄕賢祠 중 향현사가 좋다는 견해를 따른 것이다.

건물이 완공에 이르자 당연히 정사의 편액은 퇴계에게 부촉을 한다. 퇴계는 친히 서악정사를 비롯해 강당(時習堂), 동·서재(進修齋·誠敬齋), 헌軒(澡雪齋), 누각(詠歸樓)의 편액을 써 보내 주었다. 이어 퇴계는 서악정사 창건을 통해서 참다운 인재 양성을 염원하는 시詩를 지어 주기도 하였다. 이 시詩는 서원십영書院十詠 중 하나로 읊었던 것이다.

　서악정사

　동도라 현사는 비방 어찌 잦은가
　변경하여 새로운 학궁을 만들었네.
　다만 청아菁莪를 잘 길러 육성한다면
　거룩한 성현의 은혜 유림에게 미칠 것일세.15)

이정 역시 퇴계에 차운시次韻詩 2편과 제시題詩 2편을 지어 서악정사의 창건 의의 즉 경주부 내 강학공간의 탄생의 기쁨을 표현하였다.16)

서악정사는 이정 이임 직후 설총과 최치원을 추가 제향이 있은 뒤 회재 이언적을 별사別祀에 제향하였다. 그러나 임진왜란 때 소실燒失되는 바람에 1602(선조 35) 중창을 거쳐 1623년(인조 1) 사액서원으로 자리한다. 조선 후기 경주 부남府南을 대표하는 서원이자 대원군 서원 훼철 때

---

15) 『퇴계선생문집』 내집, 권4, 「書院十詠 其八」.
16) 鄭克後 編·김수정 역, 『(국역)서악지』(조명문화사, 2015), 65~66쪽.

에도 존치하게 된다.

이와 함께 이정은 퇴계와 상의하여 『공자통기孔子通紀』(1562), 『이락연원록·속록伊洛淵源錄·續錄』(1561), 『이정수어二程粹語』(1562), 『황명리학명신언행록皇明理學名臣言行錄』(1562), 『당감唐鑑』(1562), 『용학지남庸學指南』(1562), 『황극내편皇極內篇』(1562) 등의 성리서를 발간해 지역 성리학 발전에 크게 공헌하였다.[17] 이러한 흥학興學 활동은 1568년(선조) 11월 경주 사민士民들이 선정비를 세워 그를 칭송해 마지않았고,[18] 옥산서원 원장인 진사 손엽孫曄 등의 사림들은 제문을 지어 그의 죽음을 추모한 배경이 되었다.[19]

이정의 학교에 대한 관심은 1564년(명종 19) 11월 순천부사 부임 후에도 지속이 된다. 전라도 최초의 사액서원이 되는 옥천서원 모체인 옥천정사가 그 성과물이다. 그 일련의 절차는 서악정사와 거의 동일한 방식으로 진행되었다. 다만 순천부에 정사를 세울 만한 충분한 조건 곧 도학자 김굉필과 조위曺偉의 유허지가 유재遺在했던 점에서 특별했다.

순천부에 도착한 그는 양현이 순천 유배시절의 행적지 '임청대臨淸臺' 터를 순방할 정도로 각별했고, 이러한 인식은 임청대 복원으로 이어졌다. 복원된 건물에는 김굉필을 우러러본다는 '경현景賢'이라는 편액을 걸고, 건물 아래에는 조위의 문장을 새긴 '임청대비臨淸臺碑'를 세워 그들의 의리와 기풍을 추모했다.[20] 편액과 비석 전면의 임청대는 퇴계가 쓰고,

---

17) 이병훈, 「조선후기 경주 옥산서원의 운영과 역할」(영남대학교 박사학위논문, 2018), 187쪽.
18) 현재 서악서원 내 세워져 있는 이 비석에는 "선비들은 공의 가르침을 받았고, 백성들은 공의 덕을 흠모하였으며, 아전들도 공의 깨끗함에 감복하였다. 오래될수록 더욱 잊을 수 없으니, 아 위대하도다"라고 적혀 있다. 조철제, 『돌에 새긴 백성의 마음』(경주학연구원, 2010), 37쪽.
19) 이정, 『龜巖集』, 권2, 「祭文경주진사 손엽」.

당기堂記는 기대승이 지었다. 아울러 퇴계의 상세한 교감을 받아 김굉필의 행적을 실은 『경현록』 간행도 이루어졌다.[21]

다음 해 지역 사족들이 이정을 접견해서 "만일 다시 정사를 세워서 이것을 잘 수호守護하게 한다면, 경현당은 이로 말미암아 의뢰함이 있게 되어서 오래도록 실추되지 않을 것이다"라는 요청을 받아들여 경현당 우측에 정사의 터로 결정을 내린다. 하지만 그 터가 민가 소유의 땅인 관계로 관전官田으로 상환相換해 개기開基했고, 사족들의 적극적인 협조로 공사 5개월 만에 마무리가 된다. 당의 편액 '옥천정사玉川精舍', '동·서재'(志道齋·依仁齋)는 모두 퇴계가 명명하고 손수 쓴 것이다. 낙성식 때 공자·김굉필·조위의 신위를 진설해 고유한 다음 김굉필의 위패만을 사당 내 봉안하였다. 나아가 그는 물자, 노비, 서적 후원 등 등 경제적 기반 구축에도 크게 일조를 하였다. 그리고 사액의 은전은 정사가 설립된 지 3년이 지난 1568년(선조 1)에 이루어진다.[22] 이러한 이정의 옥천정사 설립과 성리서 간행은 지역의 성리학적 질서 확립은 물론 사림 성장에 결정적 계기가 되었다.[23]

사실 서원 설립만이 아니라 이정의 생애는 퇴계와 분리할 수 없는 삶을 살았다. 그래서 이정 사후 40년이 지난 1611년(광해 3) 후학들은 사천에 사제師弟를 제향하는 '구산사龜山祠'[24]을 세워 퇴계학맥의 전승 공간

---

20) 이정, 『앞의 책』, 권1 「識·景賢錄」.

21) 順天刊本 경현록은 상하권으로 구성되어 있으며, 상권은 김굉필, 하권은 조위에 관한 내용이 실려 있다. 김훈식, 「順天刊本 『景賢錄』의 편찬과 내용」, 『역사와 경계 제86집』(2013); 또한 이정은 순천부사로 있으며 경현록을 비롯해 6종의 성리학 관련 서적을 판각해 출간했다.

22) 기대승, 『高峯集』, 권2, 「玉川書院」.

23) 변동명, 「16세기 중엽 順天府使 李楨의 성리학 진흥」, 『남도문화연구』 제28권(2015).

이자 지역 선비들의 장수처藏修處로 삼았다.

2) 금계 황준량

황준량은 누구보다 퇴계의 서원교육론을 잘 이해하고, 이를 보급·
확산시키는 데 크게 공헌한 대표적인 문인이다. 그는 지방관에 부임해
신령현 향교 중창·백학서당白鶴書堂 설립, 단양현 향교 수리, 성주목 영
봉서원迎鳳書院 중수 주도 및 공곡서당孔谷書堂·녹봉정사鹿峰精捨 설립 등
초기 서원설립 활동에 중요한 역할을 담당했다. 그래서 퇴계가 지은 그
의 행장에서 교육 사업에 대한 성과를 가장 많이 거론한 것도 이 같은
사정에 기인한다.[25]

그렇다면 신령현감·단양군수·성주목사 재직 시절의 구체적인 흥
학興學 활동을 점검해 보기로 한다. 백학서당은 황준량이 외관직에서 나
가 처음으로 설립한 서원이다.[26] 그는 부임 전 이미 고향인 풍기현 백
운동서원에 관여했고, 업무 초부터 교육에 관심이 많아 향교 중창과 자
양서당 기문을 작성한 바 있다. 신령에는 남송의 성리학자 위료옹魏了翁
이 강론한 곳과 산명山名이 부합하는 백화산이 위치해 있다. 여기에 착
안해 서당 설립을 기획·추진하며 퇴계가 써준 '백학서당' 명호名號로 편
액한 뒤 스승이 정한 학규學規로써 학문을 권장하게 하였다.[27] 이어 그

---

24) 구산사는 1676년(숙종 2) 龜溪書院으로 사액이 되었고, 1723년(경종 3) 인목대비 폐
   비에 반대하다 이 지역에 유배 온 서인계 인물 金德誠을 추향하였다.

25) 황준량, 『錦溪集』 외집, 권9, 「행장」. 퇴계가 문인을 위해 지은 유일한 행장이다.

26) 명칭은 백학서당이지만 초창기 서원과 같은 체계를 갖추고 있었고, 본인도 '白鶴山書
   院'이라 詩題한 데서 서원으로 보는 것이 합리적이다.

27) 鄭梯, 『南窓集』, 권3, 「記·白鶴書院風詠樓重修記」.

는 안정적인 서당 운영을 위해 도서 수장, 토지·노비와 기금 마련, 조직 체계 결성 등을 완비해 교육기관으로 안착시켰다. 이러한 서당에 대해서 "관동冠童들이 책을 끼고 다투어 달려와서 비로소 독서의 즐거움을 알게 되었는데, 많게는 40여 명에 이르렀다.…… 매달 초하루마다 그들이 읽었던 것을 시험하여 학생들로 하여금 분발하도록 하였다"라며 순기능적 모습을 묘사하였다.[28]

그러나 백학서당은 임진왜란 때 소실되어 1612년(광해군 4)에 재건이 되었다가 1658년(효종 9)에 땅이 협소하고 위치가 궁벽하여 한 차례 이건이 있었다. 1678년(숙종 4) 이황과 황준량 제향과 함께 승원陞院한 다음 1723년(경종 3)에 청액소請額疏를 올렸으나 소기의 성과는 거두지 못했다.[29]

다음 외관직인 단양군수에 나아간 것은 1557년(명종 12) 일이다. 단양군수를 지낸 적이 있는 퇴계는 황준량의 향교 중창과 우탁 별묘 설립에 대한 칭찬을 아끼지 않았다.

향교가 산간山澗에 닿아 있어 자주 침식되는 근심이 있었다. 공이 옮겨 세우라고 명하여 군치郡治의 동편에 자리를 구하니, 재목도 훌륭하고 제도 또한 아름다워 온 고을의 면목이 바뀌니 재물이 부족하다고 하여 풍화風化의 근원을 느슨하게 하지 않음이 이와 같았다. 또 군의 전현前賢인 제주祭酒 우탁禹倬의 경학과 충절이 모두 세상의 사표가 될 만하다

---

28) 황준량, 『금계집』 외집, 권1, 「詩·白鶴山」.
29) 대원군 훼철 후 1900년 서당으로 복설이 있은 뒤 1921년 백학학원으로 전환하면서 이육사·조재만·이원대·조병화 등 많은 독립운동가들을 배출하였다. 2017년 영천시의 지원으로 복원이 이루어졌다.

고 여겨 문묘의 서편에 별도로 집 한 칸을 지어 제사를 드렸다.[30]

두 건은 "학교를 통하여 옛 법을 고찰하는 데에 뜻을 두어 세상을 중흥시키는 호걸이 되는 것이 어쩌면 오늘에 있지 않겠는가?"[31]라는 황준량의 언급에서 보듯 학교 교육을 통한 인재양성과 교화의 목적이 담겨져 있었던 것이다. 한편 별묘는 1662년(현종 3) 이황을 추향한 뒤 지역 유일의 사액서원인 단암서원丹巖書院으로 발전하는 토대가 되어 준 곳이다.[32] 원래 기문을 퇴계에 받으려 했으나 사양했기에 자신이 직접 상량문과 중창기를 작성했다.[33] 아마 퇴계 본인도 못한 일을 성공한 제자의 온전한 공功으로 만들어 주려는 배려가 아니었을까.[34] 또 이 일을 단기간에 완공할 수 있던 배경에는 황준량이 조선왕조에 유례를 찾아 볼 수 없는 10년간 부세면제[35]라는 엄청난 혜택을 이끌어 내 민심을 얻었기 때문이다. 단양 고을민들이 선정비 건립, 연임 활동 전개, 사후 문집 간행이 이루어진 것은 어쩌면 자연스러운 현상이었다.

황준량이 서원 설립 활동의 진면목을 보여 준 시기는 성주목사 시절이다. 특히 부임 이전 영봉서원의 영건營建에 중요한 역할을 수행했는데 자신 의견은 물론 퇴계의 뜻이 반영될 수 있도록 상당한 노력을 기울였다. 이에 대해서는 선행연구에서 자세히 논증된 바가 있지만[36] 이해를

---

30) 황준량, 『앞의 책』 외집, 권9, 「행장」.
31) 황준량, 『앞의 책』, 권4, 「잡저·丹陽鄕校重創記」.
32) 충북대학교 중원문화연구소, 『丹陽鄕校誌』, 단양군(2010), 175쪽.
33) 퇴계는 기문을 사양한 데 대해서 후회가 없지 않다는 소회를 보냈다. 『퇴계전서』 13(퇴계학총서간행위원회, 1994), 52쪽.
34) 퇴계가 단양군수를 역임한 기간은 1547년(명종 2) 1월~1550년(명종 5) 1월이다.
35) 구완회, 「錦溪 黃俊良의 宦歷과 牧民 活動」, 『영남학』 제63호(2017), 181쪽.

돕는 차원에서 요지만 간략히 재구성해 보았다. 제향인물의 선정, 위차 문제, 서원지 편찬과 입원 자격 기준이 그 골자였다.

당시 성주목사 노경린이 건원建院 발의하며 제향자를 지역 출신으로 고려 유학자인 이조년과 손자 이인복을 의중에 두고 여론을 수렴했다. 그중 한 사람이던 황준량은 제향자의 기준을 도학으로 전제한 뒤 양이兩李는 별묘가 합당한 대신 처향妻鄉 연고가 있는 김굉필이 좋다는 입장을 피력했다. 김굉필 포함 3인 제향을 결정한 노盧목사는 퇴계에 의뢰해 서원기書院記를 받아 일단락되는 듯 보였다. 그러나 황준량에 의해 지적된 이조년의 화상畵像에 염주 문제가 불거졌다. "현자賢者라 하더라도 당시의 습속習俗에서 벗어나지 못하였기 때문이지만,…… 후학에게 본보기를 보이는 도리는 아니다"37)라며 황준량의 지적에 공감을 보냈다.

또 위차에 질의 대해서도 황준량의 의견을 받아들여 서원기에서 밝혔던 충절과 도덕은 다르지 않기에 3인 합향이 정당하다는 기존 입장을 바꿔 도학인과 충절인의 합향合享은 무리라는 수정 방안을 제시했다.38) 그래서 최종 영봉서원의 제향자로 김굉필과 정자程子가 낙점이 되게 된 이유가 여기에 있었다.

서원이 설립된 뒤에도 황준량은 서원지書院誌 편찬과 입원 자격 기준에 대해서 분명한 자기의사를 내보였다. 전자는 소수서원의 『죽계지竹溪誌』 형식을 모범으로 했다. 그러나 죽계지에 대해 그 문제점을 역설한 바 있는 퇴계는 그 형식을 모방하지 않기를 권유하며 직접 교정도 마다

---

36) 이수환, 「금계 황준량의 서원활동과 교육론」, 『영남학』 제66호(2018).
37) 『퇴계전서』, 권12, 「書·答盧仁甫(庚申)」, 第一書.
38) 영봉서원 위차문제에 대해서는 정만조, 「退溪 李滉의 書院論」, 『조선시대 서원연구』 (집문당, 1997), 70~75쪽 참조.

하지 않았다. 황준량도 이 사안에 대해 철저히 스승과 같은 입장을 견지하고 있었다. 소수서원 원규를 차용한 후자에서는 원생 입원入院 자격을 사마시 입격자를 우선한다는 기준이 사림세계에서 논란이 되었다. 이에 대해 황준량은 장수藏修하는 곳에 사소한 문예득실의 말단이나 따지고, 인륜을 밝히고 풍속을 선하게 하는 근본을 우선으로 삼지 않는 이 규정에 대해 비판과 우려를 전달하였다.39) 결국 이 규정은 1602년(선조 35) 원장에 취임한 한강 정구가 퇴계의 자문을 받아 삭제하면서 황준량의 노력도 빛을 보게 된다. 아울러 박승임이 서원지 서문의 적임자로 황준량을 추천한 배경도 여기에 기인한다.40)

이것이 인연이 되었던 것인지 1560년(명조 15) 마침 성주목사에 부임을 한다. 그의 성향 상 학교가 관심의 대상이 될 것이라는 점은 어렵지 않게 추정할 수 있다. 바로 향교와 영봉서원을 중수하고, 공곡서당孔谷書堂과 녹봉정사鹿峯精捨를 설립하는 등 가장 왕성한 교육 사업을 진행하기 때문이다. 특히 1561년(명종 16) 2월 지역 사림의 공동 협찬으로 팔거현八莒縣 건령산建靈山 아래 설립된 녹봉정사가 주목이 된다. 현전하는『입사록入捨錄』의 126명 학생 면면을 보면 정구를 비롯해 서사원徐思遠·이천봉李天封·정사철鄭師哲·정광천鄭光天 등 영남학파의 학통을 계승한 유명 학자로 성장한 인사들이 다수가 배출되었다. 그래서 퇴계가 녹봉정사에서 성취한 사람들이 매우 많았다41)라고 행장에 적기한 것이다.42)

---

39) 황준량,『앞의 책』외집, 권7,「書·盧星山仁父論書院事書」.
40) 박승임,『嘯皐集』, 권3,「書·答星州牧使盧慶麟書」.
41) 황준량,『앞의 책』내집, 권4,「雜著·與鹿峯精捨諸生書」; 외집, 권9, 부록,「行狀」.
42)『漆谷誌』에 의하면 건물의 편액을 퇴계가 명명하고 편액을 했다는 기록이 있다.

3) 소고 박승임

1537년(중종 32) 퇴계의 문하에 들어간 박승임은 4년 뒤 문과에 급제해 관직에 나아갔다.[43] 박승임은 앞의 두 동문들처럼 사제 간 서원 관련한 교유 자료는 크게 발견되지는 않지만 그의 행적을 미루어 보면 가장 열성적인 문인으로 보아도 무방하다.[44] 이는 첫 외관직인 현풍현감에 나갔을 때부터 확인이 되는 대목이다. 향교 명륜당에 학규學規를 게시한 뒤 이를 따르지 않는 자에게 처벌 조항을 신설하는 한편 제생諸生들에게 직접 심경心經 강론을 펼치는 등 교화를 위한 노력을 게을리하지 않았다. 또 당시 고향인 영천향교 유생들이 글 읽는다는 소식에 시詩와 약간의 부조를 보내 학업을 격려하는 일도 잊지 않았다.[45]

다음 부임지는 고향 옆 고을이자 소수서원이 위치한 풍기군수에 제수가 된다.[46] 그는 재임 중에 수시로 심원尋院해 원생들과 강학 시간을 갖는 등 소수서원에 큰 관심을 가졌다. 앞서 1566년(명종 10) 퇴계가 영천군수 안상安瑺에게 소수서원의 일을 논한 적이 있었다. 그 글에서 퇴계는 "영천榮川에는 박승임이 있고, 풍기에는 황준량이 있습니다. 이들은 훌륭한 선배로서 후배들의 존중을 받고 있으며 한 고을의 창도자입니다. 성주께서 몸소 이 두 사람을 찾아가 힘써 주기를 청하면, 선비들이 반드시 뒤처질까 걱정하며 구름처럼 모여들 것입니다"라고 한 적이 있

---

43) 당시 동방으로는 친형 朴承侃, 황준량, 류중영, 蔡無逸 등이 있다.
44) 박승임의 서원 관련 활동은 문집인 『소고집』에 대체적인 내용이 수록되어 있어 이를 바탕으로 서술하였다.
45) 박승임, 『앞의 책』 부록, 「연보」.
46) 박승임은 풍기군수 부임을 樂地로 여겼을 정도로 크게 기뻐했다. 『소고집』 부록, 「연보」.

다. 이 구절은 퇴계가 서원 설립 활동 전개에 박승임의 역할이 지대했음을 단적으로 보여 주는 대목이다.[47] 이러한 사정에서 그는 먼저 퇴락한 안향의 화상化像 개수 지원을 조정에 청원해 왕의 윤허를 받아 특별히 솜씨가 좋은 화원이 파견되어 완성한 화상을 사당 벽에 걸었다.[48] 당시 조정의 원활한 지원에는 안향의 후손 좌의정 안현安玹의 도움이 크게 작용했다. 또 서원 경제에 한축이 되는 어염문제를 해결하기 위해 서원 유사를 대신해 호조에 상서했다. 상서에는 어염 획급의 유래와 중빙할 고적안考績案이 있음을 강조하며 안정적인 수납 요청이 골자였다.[49] 그 결과를 정확히 알 수는 없으나 정황상 수용되었을 개연성이 높아 보인다.

풍기군수에서 내직으로 자리를 옮겼다가 낙향한 1573년(선조 6) 영천군 최초의 서원 이산서원에 퇴계 제향이 이루어졌다. 이 지역을 대표하는 퇴계 문인의 위상을 가진 박승임은 서원 제향을 통해 스승의 학문적 정신을 계승하겠다는 의지를 담아 봉안문을 작성했다. 다음 해 도산서원 설립 논의에 참가했으며, 1576년(선조 9)에는 양재역벽서사건으로 유배되어 생을 마감한 회재 이언적 부음에 곡哭했고, 사당 기문을 지어 추념했다. 2년 전 유배형에 처해진 이언적을 전별한 바도 있었다. 그래서 기문에서 '궁벽한 절역絶域이요, 오랑캐와 이웃한 지역임에도 불구하고 존모와 추경追敬의 뜻으로 사당을 설립하고 제향을 지내니, 매우 기특한 일'이라고 평가하였다.[50]

---

47) 이황, 『퇴계집』, 권12, 「書·擬與榮川守論紹修書院事」.
48) 박승임, 『앞의 책』, 권3, 「잡저·紹修書院畫像改修識」.
49) 박승임, 『앞의 책』, 권3, 「書·代紹修院有司上戶曹書」.
50) 박승임, 『앞의 책』, 권3, 「記·江界府晦齋先生祠堂記」.

이어 선치善治로 선조에게 표리表裏를 하사받은 여주목사 때는 기천서원沂川書院(후 김안국) 설립을 비롯해 이후 예천지역 유림을 대신해 퇴계를 제향할 서원51) 청원문 작성, 영천향교 중건기 찬撰 등 흥학興學 진작에 기여한 바가 컸다. 특히 예천의 퇴계 제향 서원 청원은 임진왜란 이후 정산서원鼎山書院 설립의 큰 동력이 되었다.

이러한 박승임의 서원의 필요성에 대한 인식은 『청두십점소請杜十漸疏』에 잘 드러난다. 소개하면,

> 학교의 경우에는 교화의 근원인데도 성균관의 안은 용렬한 부류들이 시동尸童처럼 앉아서 봉록을 훔쳐 먹는 소굴이 되어 버렸습니다. 향교의 학관學官은 권귀權貴들이 뇌물에 보답하는 도구가 되어 버렸습니다.52)

라 하면서, 관학의 문제점 특히 지방 교화를 책임져야 할 향교의 교관 자리가 권귀들에 의해 매관매직의 수단이 되어 버림으로써, 지방의 교화가 제대로 이루어지지 않아 강상을 무너뜨리는 범죄가 일어나고 있다고 하였다. 바로 이 지점이 퇴계의 서원관과 맥이 닿아 있다.

4) 한강 정구

정구가 관여했던 서원은 성주의 천곡서원을 비롯해 현풍의 도동서원, 충청도 음성의 운곡서원, 안동의 임천서원이 있다. 천곡과 도동서원

---

51) 이 청원문이 있은 뒤로 1612년(광해군 4) 설립이 이루어지며, 1677년(숙종 3) '鼎山'으로 사액을 받게 된다.
52) 박승임, 『앞의 책』續集, 권3, 「疏·請杜十漸疏」.

은 향인으로서 참여한 서원이며, 운곡과 임천서원은 충주목사(1602, 선조 35)와 안동부사(1607, 선조 40) 재직 시절 설립한 서원이다.[53]

먼저 성주의 천곡서원은 본래 영봉서원으로 퇴계가 직접 찬시와 기문記文을 지을 정도로 관심을 가진 서원이었다.[54] 영봉서원은 1558년(명종 13) 성주목사 노경린이 성주의 대표사족인 성주이씨와 여침呂沈 등 고을 사람들의 요청을 받아들여 설립이 되었다. 설립 이후에는 금오·쌍계(도동서원 전신)·남계서원 등과 함께 특별히 편액을 하사받았다.

1568년(선조 1) 영봉서원은 정구가 퇴계에게 품의하여 성주의 이천伊川과 운곡雲谷 지명을 한자씩 따서 '천곡서원'으로 개호改號하였다. 그리고 이황에게 직접 편액을 써 달라고 청하기도 하였다. 1599년(선조 32)에는 서원 중건을 대비하여 한석봉의 글씨로 현판을 준비하였다. 그리고 정구가 직접 퇴계의 고택을 방문하여 퇴계가 마음에 들지 않아 버렸던 것으로 보이는 '천곡원川谷院' 세 글자와 퇴계의 친필인 역동서원의 서書를 본떠 판각한 뒤 천곡서원으로 보냈다. 1602년(선조 35) 천곡서원의 중건이 이루어졌으며 1606년(선조 39) 서원은 재사액받았다.

이처럼 천곡서원 중건에 큰 역할을 했던 정구는 「천곡서원중신봉안문川谷書院重新奉安文」과 「천곡서원이안시구묘고사川谷書院移安時舊廟告辭」를 남기기도 했다. 또 중건에 대한 그의 지대한 관심은 서원 유림들과의 문답을 통해서도 알 수 있다. 정구는 원장 선출, 학문강론 및 위판의 길이와 넓이, 축식祝式, 제품祭品 등 위방 봉안·이안 의식, 단청공사까지

---

53) 권시용, 「16-17세기 초반 퇴계 문인의 서원 건립활동」, 『韓國書院學報』 제8호(2019), 18~19쪽.
54) 이하 천곡서원은 이수환, 「星州 迎鳳書院 연구」, 『역사교육논집』(역사교육학회, 2015)을 참고.

세세한 자문을 하였다.[55] 그리고 원장으로 추대되자 주자의 백록동학규를 토대로 서원 규약(원규)을 제정하였고 『주자서절요』, 『대학』 소주小註, 『대학혹문大學或問』 등에 대해 강론, 논변하였다.[56] 정구 사후 1623년(인조 원년) 감사와 성주 사림의 요청에 따라 천곡서원에 정구를 추향이 이루어졌다.

다음 현풍의 김굉필이 제향 된 도동서원은 1568년(선조 원년) 비슬산 기슭에 쌍계서원이라는 이름으로 설립되었다.[57] 그러나 임진왜란으로 폐파廢破되면서 10여 년간 중건되지 못하다가 1604년(선조 37) 오설면 도동 송추松楸 아래로 옮기고 보로甫老로 개명하여 중건하였다. 서원은 3년 뒤 감사의 계청으로 '도동'으로 재사액되었고 1610년(광해 2)에 봉안식을 거행하였다.

도동서원의 중건은 김굉필의 내·외손 및 일향 사림의 공동협력으로 이루어졌으며 특히 김굉필의 외증손인 정구의 역할이 지대했다. 정구의 「도동서원봉안한훤당금선생문道東書院奉安寒暄堂金先生文」에 의하면,

대니산이 높디높고	戴尼崇崇
낙동강은 넘실넘실	淸洛沄沄
그 가운데 서원 있어	中有精廬
사당 모습 엄숙하네	廟貌攸尊
지난날의 쌍계 터는	昔日雙溪

---

55) 정구, 『한강집』, 권4, 書, 「答李景發」; 권5, 書, 「答李以直」; 권6, 答問, 李景發·李叔發 문답, 李以直 문답(충현사 위판 봉안시 의식); 『한강집』 속집, 권7, 書, 「答川谷書院文會諸賢」; 『한강집』 속집, 권8, 書, 「答都厚哉(世純)」, 「與崔方伯(瓘)」.
56) 정구, 『앞의 책』, 言行錄, 권1, 「講辨·崔恒慶」.
57) 이하 도동서원은 이수환, 『도동서원 道, 東에서 꽃피다』(민속원, 2018)를 참고.

시끄러운 저잣거리   城市湫喧
여기 옮겨 터 잡은 곳   玆焉移卜
은거지와 가깝다네   密邇丘園

　당시 그가 중건되는 서원의 입지 조건으로 첫째 대니산을 주산으로
하여 낙동강을 안대安對 경관으로 전망하는 것, 둘째 더 조용한 환경,
셋째 선생의 연고지와 가까운 곳을 선택했음을 알 수 있다. 그는 서원
인근에 낙고재洛皐齋를 짓고 거처하며 도동서원의 설립을 주도했다. 특
히 서원의 규모 및 제도, 3월과 10월 연 2회 김굉필 묘소에서 제사를
올리는 일까지 정구의 의견으로 시작되었고 그것이 서원의 전통으로
자리 잡게 되었다고 한다.58) 정구는 1604년(선조 37) 중건공사를 관장할
원장에 곽근郭赾을 천거하고 1605년(선조 38) 백록동규를 모범으로 한 도
동서원 원규를 제정하였다. 그리고 매 삭망에 유생들에게 의리를 강마
하였다.

　정구가 도동서원의 중건을 주도할 수 있었던 것은 당시 현풍과 고령
등지에 있었던 문인들의 협조가 큰 역할을 하였다. 곽근을 비롯하여 원
장을 지낸 곽경흥郭慶興·이서李簹·곽홍점郭鴻漸·곽위국郭衛國 등과 1610
년(광해 2) 봉안시 집사로 참여한 서사원·손처약·손린孫遴·정사상鄭四象
등이 모두 정구의 문인들이다.

　이후 도동서원은 서원 중건에 크게 기여한 정구를 비롯해 현풍지역
유현儒賢을 제향하기에 이른다. 먼저 1677년(숙종 3) 본현 생원 곽수하郭壽
夏 등 70여 명이 정구와 배신裵紳, 박성朴惺의 제향을 청하는 상서를 올렸

---

58) 『한강언행록』, 권2, 類編, 「尊賢 崔恒慶 等」 李堉.

으나 정구만이 허락되어 1678년(숙종 4) 3월 26일 위패를 봉안하였다. 그리고 1695년(숙종 21) 별사를 설립하여 김굉필과 도의지교가 있던 현풍 출신 곽승화郭承華, 배신, 곽율郭赳을 병향하고 1706년(숙종 32) 원개元槩를 추향하였다. 도동서원은 영남학파의 영수였던 정구를 종향함으로써 지역 내 남인계 대표 서원으로 자리 잡았다.

충청도 음성의 운곡서원은 서당에서 출발하였다. 1602년(선조 35) 정구가 충주목사로 부임하여 지역 선비들과 고을 서쪽 운곡에 서당을 설립한 것이다. 정구는 정무를 마치고 여가 시간에 항상 서당을 찾아 유생들에게 강론하였다. 이후 운곡이라는 지명이 주자가 살았던 곳과 부합한다 하여 유생들이 1661년(현종 2) 주자의 위패를 봉안했고, 서원을 설립한 다음 정구의 충주목사 시절의 공을 기려 추향하였다. 이 서원은 1676년(숙종 2) '운곡'으로 사액을 받았다.[59]

안동의 임천서원도 1607년(선조 40) 정구가 안동부사로 부임하였을 때 설립되었다. 당시 고을 선비들은 "학봉 선생이 살던 고향에 향사하는 일이 없는 것은 있을 수 없다" 하여 임하현 서쪽에 임천향사를 설립, 김성일의 위판을 봉안하였다. 이때 정구가 고을 수령으로서 글을 지어 묘에 제사를 지내기도 했다. 글 가운데에는 "충의는 골수에 박혔으며 도리는 심장에 찼다는 옛사람의 말을 공이 실로 받아들였다"라는 말이 있다. 임천향사는 1618년(광해군 10) 서원으로 승격되었으며 이 역시 정구의 의견을 따른 것이었다.[60]

---

59) 『서원등록』 숙종 2년(1676) 5월 25일 「鄭世欽이 주자와 정구를 제향한 운곡서원에 사액을 청하는 상소에 회계하는 건」.
60) 김성일, 『학봉집 부록』, 권1, 연보, 「만력 35년(1607, 선조 40) 정미」; 「만력 46년(1618, 광해군 10) 무오」.

4. 퇴계 제향 서원

이처럼 문인들이 서원 설립을 주도하고, 퇴계가 적극 지원해 주는 모습은 서원 확산 초기에 보편적으로 나타나는 현상이다. 전기前記한 사례 외에도 여타의 서원들에서도 쉽게 목격이 된다. 임고·역동·연경서원이 그러한 경우이다. 임고서원은 영천지역 문인 김응생金應生·노수盧遂·정윤량鄭允良 등이 설립을 주도한 가운데, 여기에 퇴계가 원규제정, 내사본 성리서 증정, 예식문자·문자 찬撰 등을 지원해 주었다. 퇴계의 이러한 관심은 임고서원이 지역 학문 구심점을 넘어 정몽주 주향처로의 위상을 가지는 계기가 되었다.[61] 역동서원의 경우 1558년(명종 13) 봄 예안의 문인 조목과 금난수가 퇴계에게 서원 설립을 건의하자,[62] 퇴계는 우탁의 학문과 절의가 후학의 사표가 될 만하다는 의견을 피력하고 사안에 공감했다. 본격적인 추진이 이루어지는 10여 년 뒤에도 김부륜金富倫과 금응래琴應來 퇴계에게 보고한 후 일향一郷의 공론을 모아 서원 설립을 확정시켰다.[63] 퇴계는 서원 터 물색, 서원기·서원 명호名號·편액명 찬撰, 도서 수집, 강론 등 설립 전반에 그의 의지가 강하게 반영되었다. 민간에서 기획하고 관에서 지원한 형태로 설립 된 연경서원의 주관 인물은 문인 이숙량과 전경창全慶昌이었다.[64] 1563년(명종 18) 10월 40여

---

61) 김학수, 「조선후기 영천지역 사림과 임고서원」, 『포은학연구』 제6집(2010), 127쪽.
62) 역동서원 설립 참여한 문인: 金生溟, 琴輔, 金富弼, 金富儀, 金富倫, 趙穆, 琴應夾, 琴蘭秀, 朴士熹, 李德弘, 琴應商, 李叔樑, 李寯, 李完 등이다.
63) 정진영, 「예안 역동서원 연구」, 『禹倬 先生의 思想과 易東書院의 歷史』(1992).
64) 구본욱, 「연경서원의 경영과 유현들」, 『조선후기 낙중학의 전개와 한려학파』(2018), 214쪽.

칸 건물로 낙성이 되었는데 사당 공간은 존재하지 않았던 것이 특징이다. 서원의 경제적 기반은 관에서 제공했고, 퇴계에게 기문을 요청했으나 이숙량이 쓴 기문을 보고 '이 글이 곧 나의 말이다'라고 호평하며 사양했다.[65] 대신 서원이 나아갈 방향성을 묘사한 시詩와 발문을 지어 보내 주었다. 한편 밀양 예림서원에도 일정한 관련이 있었다. 1566년(명종 1) 밀양교수로 재직하던 문인 배삼익裵三益은 김종직 입사立祠 여부를 질의하자, 퇴계는 강상綱常을 부식扶植함이 많기에 서원 설립은 합당하다는 자문을 하였다. 이에 고무되어 다음 해 서원이 완공이 되기에 이르렀다.

그렇다면 한국 서원 확산과 발전에 크게 기여한 퇴계를 제향은 서원은 과연 얼마나 될까? 증보문헌비고 및 연대기 등의 자료를 근거로 퇴계를 제향한 원사를 정리하면 아래 〈표 5〉와 같다. 퇴계 제향 서원 현황 관련해 계량적 특성만 간단히 언급해 보고자 한다.[66]

〈표 5〉 퇴계 제향 서원 일람표

순	설립연대	사액연대	원사명	소재지	제향인
1	1555년 (명종 10)	·	白鶴書院	경상 신령	이황, 황준량
2	1558년 (명종 13)	1574년 (선조 7)	伊山書院	경상 榮川	이황
3	1563년 (명종 18)	1660년 (현종 1)	硏經書院	경상 대구	이황, 정구, 정경세
4	1573년 (선조 6)	·	孤山書院	경상 경산	이황, 정경세
5	1574년 (선조 7)	선조 8 (1575)	陶山書院	경상 안동	이황, 조목

65) 이숙량, 『(國譯) 梅巖先生文集 全』, 「記, 硏經書院記」(문집편찬위원회, 1996), 73~88쪽.
66) 퇴계 제향서원과 관련해서는 별도의 논문으로 소개할 예정이다.

6	1576년 (선조 9)	숙종 2 (1676)	虎溪書院	경상 안동	이황, 류성용, 김성일
7	1580년 (선조 13)	·	南塘書院	충청 제천	이황
8	1584년 (선조 17)	1609년 (광해1)	景賢書院	전라 나주	김굉필, 정여창, 조광조, 이언적, 이황, 김성일, 기대승
9	1588년 (선조 21)	1710년 (숙종 36)	正源書院	황해 신천	주희, 조광조, 이황, 이이
10	1602년 (선조 35)	1690년 (숙종 16)	鳳覽書院	경상 진보	이황
11	1604년 (선조 37)	1694년 (숙종 20)	文巖書院	경상 봉화	이황, 조목
12	1605년 (선조 38)	1698년 (숙종 24)	道東書院	황해 송화	주희, 조광조, 이황, 이이
13	1606년 (선조 39)	1676년 (숙종 2)	龜溪書院	경상 사천	이황, 이정, 金德誠
14	1606년 (선조 39)	1677년 (숙종 3)	道南書院	경상 상주	정몽주, 김굉필, 정여창, 이언적, 이황, 노수신, 유성룡, 정경세
15	1610년 (광해 2)	·	仁山書院	충청 아산	김굉필, 정여창, 조광조, 이언적, 이황
16	1610년 (광해2)	1648년 (인조 26)	文巖書院	강원 춘천	이황, 金澍·李廷馨·趙絅
17	1610년 (광해 2)	1637년 (인조 15)	紹賢書院	황해 해주	주희, 조광조, 이황, 이이, 성혼, 김장 생, 송시열
18	1612년 (광해 4)	1677년 (숙종 3)	鼎山書院	경상 예천	이황, 조목
19	1621년 (광해 13)	·	南江書院	경상 영덕	이언적, 이황
20	1622년 (광해 14)	·	花巖書院	충청 괴산	이황, 許珝·朴世茂·李文楗·盧守愼· 金悌甲·柳根·全有亨·李愼儀
21	1626년 (인조 4)	1665년 (현종 6)	竹林書院	충청 논산	조광조, 이황, 이이, 성혼, 김장생, 송 시열
22	1632년 (인조 10)	·	三江書院	경상 용궁	정몽주, 이황, 유성룡
23	1634년 (인조 12)	·	靜退書院	충청 온양	조광조·이황, 孟希道·洪可臣·趙相禹· 姜栢年·趙爾後
24	1654년 (효종 5)	1660년 (현종 1)	德谷書院	경상 의령	이황
25	1655년 (효종 6)	1694년 (숙종 20)	英山書院	경상 영양	이황, 김성일
26	1656년 (효종 7)	1675년 (숙종 1)	鳳崗書院	황해 문화	주희, 조광조, 이황, 이이

27	1662년 (현종 3)	·	郁陽書院	경상 풍기	이황, 황준량
28	1662년 (현종 3)	1692년 (숙종 18)	丹巖書院	충청 단양	우탁, 이황
29	1667년 (현종 8)	1727년 (영조 3)	雲田書院	함경 함흥	정몽주, 조광조, 이황, 이이, 성혼, 조 헌, 송시열, 민정중
30	1672년 (현종 13)	·	淸溪書院	함경 강동	이황, 조호익, 김육
31	1699년 (숙종 25)	·	松鶴書院	경상 청송	이황, 김성일, 장현광

위의 표에 따르면 1654년부터 1699년까지 창건 또는 추향한 서원은
전국에 31개소를 헤아린다. 이는 52개소 제향처를 가진 송시열 다음으
로 많은 숫자이다.[67] 송시열 서원이 압도적인 것은 갑술환국 이후 집권
노론의 정치적 입장과 명분을 정당화하기 위해 전략적 차원에서 서원
설립을 지원한 결과의 소산이다. 다만 사액 비율만 비교해 보면 퇴계
서원이 65%, 송시열 서원이 42%로 전자가 더 높다. 또 송시열은 기존
서원에 추향한 형태가 17개소나 되는 점도 서로 차이가 있다.

시기적으로는 16세기 10개소, 17세기에 21개소가 설립이 되었다. 서
원의 발전기라 할 수 있는 시기에 해당한다. 이를 다시 왕대별로 보면
명종 3개소, 선조 11개소, 광해군 6개소, 인조 4개소, 효종 3개소, 현종
4개소, 숙종 1개소가 각기 설립이 된다. 선조와 광해군 대 비중이 높은
이유는 문인들의 생존 년이 대체로 광해군대를 넘지 않기 때문이다. 이
기간 이들에 의해 가장 왕성하게 서원 설립이 표출되었던 것이다.

그래서 서원의 지역적 분포 또한 문인들의 거주지와 궤를 함께하고
있다. 경상도 17개소, 충청도 6개소, 황해도 4개소, 함경도 2개소, 강원 ·

---

67) 고수연, 「宋時烈 祭享書院 건립과 權尙夏의 역할」, 『사학연구』 제133호(2019).

전라도가 각 1개소로 6개도에 걸쳐 있다. 가장 많은 지역은 단연 경상도로 타 지역에 비교해 53%를 비율로 압도적으로 많다. 주지하듯 경상도에 집중된 이유는 퇴계의 연고지이자 문인 비율 상 매우 자연스러운 현상으로 볼 수 있다. 반면 경기도에서는 1개소도 확인이 되지 않는 점이 의외인 것은 기호학파의 본거지로서 위상을 지닌 지역이었기 때문이다.[68]

서원의 성격은 제향인의 누구인가에 따라 설립과 운영 세력의 성향을 가늠하는 척도가 된다. 독향처는 이산·남당·봉람·덕곡 4개 서원이고, 나머지는 모두 합향처 형태이다. 때문에 합향된 44명을 인원별로 구분하면 2인 제향 9개소, 3인 제향 6개소, 4인 제향 4개소, 5인 제향 1개소, 6인 제향 1개소, 7인 제향 3개소, 8인 제향 2개소, 9인 제향 1개소로 구성되어 있다. 합향인 유형 중 13개소가 문인이 가장 많다. 이는 문인들이 연고지에 서원이 설립될 경우 퇴계와 함께 봉안했기 때문이다. 퇴계 제향 서원의 핵심이 바로 문인들에 있음을 알 수 있다. 한편으로 문인들 입장에서도 퇴계와 합향되는 것이 최고의 영예를 보여 주는 징표이기도 하며, 합향된 문인들은 퇴계와 함께 서원 설립을 주도한 인사들이기도 하다.

이와 같이 퇴계의 서원 보급운동은 그의 문인들에게도 이어져 서원이 조선사회에 하나의 교육·제향 기관으로 자리 잡는 데 크게 기여하였다.

---

68) 최홍규, 「경기지역의 서원 건립 추세와 기호학파의 학맥」, 『한국의 경기지역 서원』(국학자료원, 2004), 42쪽.

5. 맺음말

본고는 초기 서원이 어떤 방식으로 보급·확산되었는지 퇴계 문인들의 활동을 통해 다룬 연구이다. 명종대부터 광해군대까지 퇴계 문인들이 직·간접적으로 관여한 서원은 43개로 34.5%의 비율을 보였다. 지역별 서원 분포는 경상-강원-충청-서울·경기-강원 순이다. 이 중 경상도가 49개소의 절반 이상인 29개소에 문인들이 참여했고, 안동권에 집중되어 있었다.

퇴계 문인으로 서원 보급 활동에 참여한 인물은 총 56명으로 파악이 되었다. 퇴계와 소통이 많았던 이정, 황준량, 박승임, 그리고 정구를 본고에서 검토하는 대상으로 삼았다.

이정은 경주 서악서원과 순천 옥천서원 설립을 추진하며 스승과 세밀한 부분까지 협의하면서 진행하였다. 전자는 경주 부남府南을 대표하는 서원으로 성장했고, 후자는 지역의 성리학적 질서 확립은 물론 사림 성장에 결정적 계기가 되었다.

황준량은 지방관에 나아가 신령 향교 중창·백학서당白鶴書堂 설립, 단양 향교 수리, 성주 영봉서원迎鳳書院 중수 주도 및 공곡서당孔谷書堂·녹봉정사鹿峰精捨 설립 등 초기 서원설립 활동에 중요한 역할을 담당했다. 퇴계가 지은 그의 행장에서 교육 사업에 대한 성과를 가장 많이 거론한 것도 이 같은 사정에 기인한다.

박승임은 서원 보급 운동에 가장 열성적인 문인으로 소수서원에 대한 관심을 비롯해 이산서원에 퇴계 제향 주관, 여주 기천서원沂川書院 설립, 예천 정산서원鼎山書院 창건 기반 제공 등 박승임의 서원 필요성에 대한 인식은 퇴계의 서원관과 맥이 닿아 있었다.

　　퇴계 사후 서원 설립에 가장 적극적이었던 정구는 성주 천곡, 현풍 도동, 음성 운곡, 안동 임천서원 중건 및 창건에 힘썼다.

　　이처럼 문인들이 서원 설립을 주도하고, 퇴계가 적극 지원해 주는 모습은 서원 확산 초기에 보편적으로 나타나는 현상이다.

　　한국 서원 확산과 발전에 크게 기여한 퇴계를 제향은 서원은 1654년 부터 1699년까지 창건 또는 추향한 서원은 전국에 31개소를 헤아린다. 퇴계 제향 서원의 핵심이 바로 문인들과 합향된 형태가 많기 때문이었다.

　　이와 같이 퇴계의 서원 보급운동은 그의 문인들에게 이어져 서원이 조선사회에 하나의 교육·제향 기관으로 자리 잡는 데 크게 기여하였다.

【참고문헌】

기대승, 『高峯集』.
박승임, 『嘯皐集』.
이정, 『龜巖集』.
이황, 『퇴계집』.
정구, 『寒岡集』.
鄭梯, 『南窓集』.
황준량, 『錦溪集』.

이수환, 『도동서원 道, 東에서 꽃피다』, 민속원, 2018.
이숙량, 『(國譯) 梅巖先生文集 全』, 1996.
이황, 『退溪全書』, 퇴계학총서편간위원회, 1991.
鄭克後 編·김수정 譯, 『(국역) 서악지』, 조명문화사, 2015.
충북대학교 중원문화연구소, 『丹陽鄕校誌』, 단양군, 2010.

고수연, 「宋時烈 祭享書院 건립과 權尙夏의 역할」, 『사학연구』 제133호, 2019.

구본욱, 「연경서원의 경영과 유현들」, 『조선후기 낙중학의 전개와 한려학파』, 2018.

구완회, 「錦溪 黃俊良의 宦歷과 牧民 活動」, 『영남학』 제63호, 2017.

권시용, 「퇴계 문인의 서원 건립활동」, 영남대학교 석사학위논문, 2009.

김종석, 「『도산급문제현록』과 퇴계 학통·제자의 범위」, 『퇴계학과 유교문화』 제26집, 1998.

김학수, 「조선후기 영천지역 사림과 임고서원」, 『포은학연구』 제6집, 2010.

김훈식, 「‘順天刊本’ 『景賢錄』의 편찬과 내용」, 『역사와 경계』 제86집, 2013.

변동명, 「16세기 중엽 順天府使 李楨의 성리학 진흥」, 『남도문화연구』 제28권, 2015.

이병훈, 「조선후기 경주 옥산서원의 운영과 역할」, 영남대학교 박사학위논문, 2018.

이수건, 「구암 이정선생의 생애와 학문 및 ‘退南’과의 관계」, 『龜巖思想 學術集』, 사천문화원, 2009.

이수환, 「星州 迎鳳書院 연구」, 『역사교육논집』, 역사교육학회, 2015.

_____, 「금계 황준량의 서원활동과 교육론」, 『영남학』 제66호, 2018.

정만조, 「退溪 李滉의 書院論」, 『조선시대 서원연구』, 집문당, 1997.

_____, 「경기지역 서원의 정치·사회사적 특징」, 『한국의 경기지역 서원』, 국학자료원, 2004.

정진영, 「예안 역동서원 연구」, 『禹倬 先生의 思想과 易東書院의 歷史』, 1992.

최홍규, 「경기지역의 서원 건립 추세와 기호학파의 학맥」, 『한국의 경기지역 서원』, 국학자료원, 2004.

황위주, 「退溪와 龜巖의 往復書翰」, 『퇴계학과 유교문화』 제47집, 2010.

3. 16세기 서원 소장 성리서의 특징

임근실*

1. 서론

16세기 조선의 서원書院은 성리학性理學이 가시적으로 발현된 기관이었다. 16세기 중반 최초로 설립된 조선의 서원은 원생院生들을 교육하고, 지방 사회의 학풍을 주도하였다. 이 과정에서 서원은 향촌 사회에서 도서관적 기능을 하여 수행하며,[1] 사림士林이 지향하던 성리학의 전파에 기여하였다. 따라서 16세기 조선의 서원에서 소장한 성리서性理書는 당시 서원을 건립하고 운영하였던 학자들의 지식 기반으로 활용되었다.

현재까지 16세기 조선의 서원 장서를 분석한 연구는 서원에 관한 연구에서 많은 비중을 차지하지 못하였다. 16세기 서원 장서는 70년대 이춘희李春熙의 연구[2]를 시작으로 서지학과 역사학에서 연구가 이루어졌다. 이 중 서지학에서는 조선시대 서원문고 설치와 도서수집을 다룬 김윤식의 연구[3], 소수서원의 문고 성립과 수장收藏·간행刊行한 서적을

---

* 단국대학교 사학과 조선시대사 박사과정수료.
1) 윤희면, 「조선시대 서원의 도서관 기능 연구」, 『역사학보』 186(역사학회, 2005).
2) 李春熙, 『李朝書院文庫目錄』(國會圖書館, 1969).
3) 김윤식, 「조선조 서원 문고에 관한 일고찰」, 『서지학연구』 41(한국서지학회, 2008).

분석한 배현숙[4], 소수서원·도산서원의 장서를 검토한 옥영정[5]의 연구가 주목된다. 또 역사학에서는 서원의 도서관 기능을 다룬 윤희면의 연구[6], 서원 기록 자료의 정리를 주제로 한 이수환의 연구[7], 도동서원·옥산서원의 장서를 검토한 이병훈의 연구[8]가 있다. 영남지방 서원을 대상으로 그 문고의 성립기 장서를 살펴본 배현숙의 연구는 16~17세기 영남서원의 장서를 한 논문에서 제시하였다는 점에서 주목된다.[9]

이상의 연구들은 조선시대 서원 장서를 전반적으로 검토한 개론적인 연구이거나, 특정 서원의 장서를 통시대적으로 다룬 연구, 한 시기의 특정 서원의 장서를 분석한 사례 연구였다. 하지만 16세기 개별 서원의 장서록을 검토하고, 나아가 장서들을 비교·분석한다면 이 시기 서원 성리서性理書의 특징을 포괄적으로 살펴볼 수 있을 것이다.

이 글은 16세기 서원의 장서를 수록하고 있는 사료를 대상으로 한다. 따라서 16세기 간행刊行·필사筆寫된 장서록류藏書錄類(書院志·藏書錄·袞實錄·書冊目錄·古文書 등)가 주요 대상이다. 현존하는 16세기의 서원 장서藏書와 관련한 기록류記錄類은 6종으로 파악된다.[10] 백운동서원白雲洞書院(紹

---

4) 배현숙, 「소수서원 수장과 간행 서적고」, 『서지학연구』 31(한국서지학회, 2005).
5) 옥영정, 「『竹溪志』의 編纂과 版本에 관한 書誌的 硏究」, 『書誌學硏究』 31(2005); 옥영정, 「엄격한 서책 관리와 도서관 역할」, 『도산서원과 지식의 탄생』(글항아리, 2012).
6) 윤희면, 위의 논문(2005).
7) 이수환, 「서원 기록자료 정리의 현황과 과제」, 『민족문화논총』 52(민족문화연구소, 2012).
8) 이병훈, 「도동서원 소장 자료의 현황과 특징」, 『한국서원학보』 2(한국서원학회, 2013); 이병훈, 「경주 옥산서원의 장서 수집 및 관리 실태를 통해 본 도서관적 기능」, 『한국민족문화』 58(한국민족문화연구소, 2016).
9) 배현숙, 「嶺南地方 書院藏書의 淵源과 性格」, 『大東漢文學』 46(대동한문학회, 2016).
10) 16세기의 서원 藏書와 관련한 記錄類는 다종의 서적과 고문서 내에 다양한 명칭으로 기록되어 있는데, 편의를 위하여 이하에서는 藏書錄으로 아울러 표현하겠다.

修書院)의 『죽계지竹溪誌』 「장서록藏書錄」, 영봉서원迎鳳書院(川谷書院)의 『영봉지迎鳳志』 「장서록藏書錄」, 남계서원灆溪書院의 『서원부보록書院裒寶錄』, 도산서원陶山書院의 『서책질書冊秩』, 역동서원易東書院의 『역동서원기易東書院記』 「서책書冊」, 옥산서원玉山書院의 「서책치부書冊置簿」이다. 이 중 서원지書院志에 수록된 장서록은 2종(백운동서원, 영봉서원)이고, 필사본 형태의 서책목록이 3종(도산서원, 역동서원, 옥산서원)이며, 서원에 기증된 물품에 장서가 포함된 목록이 1종(남계서원)이다.

첫 번째, 서원지書院志에 수록된 장서록은 2종이다. 『죽계지竹溪誌』 「장서록藏書錄」은 백운동서원(소수서원)의 장서를 수록하고 있다. 『죽계지』는 6권으로 구성되어 있는데, 그 중 권4 「장서록藏書錄」에서 주희朱熹(1130~1200)의 장서기藏書記 몇 편과 백운동서원의 장서藏書 목록을 수록하고 있다. 『영봉지迎鳳志』 「장서록藏書錄」은 영봉서원迎鳳書院의 장서를 수록하고 있다. 『영봉지』는 권으로 구별되지 않으며, 5번째 내용이 「장서록藏書錄」으로 소식蘇軾(1036~1101)·주희의 장서기藏書記와 함께 영봉서원의 장서목록이 수록되어 있다.

두 번째, 필사본 형태의 서책 목록은 3종이다. 『서책질書冊秩』은 도산서원의 장서를 수록하고 있다. 도산서원은 이황이 서당을 건립하여 강학하던 곳이 이황의 사후 그를 배향하는 서원으로 발전한 경우이다. 도산서원도 건립 후 이내 사액을 받았으며, 이후 퇴계학파의 구심점 역할을 하였던 서원이었다. 도산서원의 장서는 매우 다양한 기록을 통해 확인할 수 있는데,[11] 그 중 16세기 도산서원의 장서는 『서책질書冊秩』을 통

---

11) 옥영정, 앞의 책(2012).

해 파악할 수 있다.12) 『서책질』은 28장의 필사본으로 기록된 연도를 토대로 16세기 장서를 추정할 수 있다.13)

『역동서원기易東書院記』「서책書冊」은 역동서원의 장서를 수록하고 있다. 역동서원은 이황이 우탁禹倬의 학행을 기리기 위해 건립한 서원으로 역시 서원기를 남기고 있고,14) 도산서원과 같은 지역에 건립되었다. 따라서 역동서원과 도산서원·이산서원은 같은 원규院規를 사용할 정도로 긴밀히 연결된 서원이었다.15) 이러한 배경으로 1871년(고종 8)에 역동서원이 훼철되면서 역동서원의 광명실에서 이관된 장서가 도산서원 장서에 포함되었다. 역동서원의 서책목록은 6종이 있는데, 이 중 16세기 장서는 『역동서원기』「서책」에서 확인할 수 있다.16)

「서책치부書冊置簿」는 옥산서원의 장서를 수록하고 있다. 옥산서원의 서적은 「서책치부書冊置簿」와 『열읍원우사적列邑院宇事蹟』의 기록, 현재 남아 있는 장서를 통해 추정할 수 있다. 또 옥산서원의 내사본內賜本에 관한 기록은 『열읍원우사적』을 통해 확인할 수 있고, 현존 장서를 통해 여타 다른 서책도 파악할 수 있다.17)

세 번째 유형은 서원에 기증된 물품에 장서가 포함된 필사본 목록으로 남계서원이 해당된다. 『서원부보록書院裒寶錄』은 남계서원灆溪書院의

---

12) 『書冊帙』(韓國國學振興院 所藏本).
13) 배현숙, 앞의 논문(2016), 299~300쪽.
14) 李滉, 『退溪集』, 卷42, 「易東書院記」.
15) 임근실, 「柳雲龍의 『吳山志』 편찬 의도」, 『한국서원학보』 2(한국서원학회, 2013), 115쪽.
16) 옥영정, 앞의 책(2012), pp.370~376. 『역동서원기』「서책」의 원문은 확인하지 못하고, 옥영정의 연구를 토대로 하였음을 밝힌다.
17) 『열읍원우사적』을 제외한 다른 서적의 실물은 확인하지 못하여, 이병훈(앞의 논문, 2016)의 연구를 토대로 하였음을 밝힌다.

장서를 수록하고 있다. 남계서원의 장서는 『서원부보록書院裒寶錄』과 『부보록裒寶錄』 2종의 서책 목록을 통해 파악할 수 있다.[18] 두 서목의 일부분은 전사된 목록인데, 서적마다 기증자나 입수방법을 확인할 수 있고 다른 기증품과 섞여 기록되어 있다.[19]

16세기 6개소의 서원(백운동서원, 영봉서원, 역동서원, 옥산서원, 남계서원, 도산서원) 장서와 『고사촬요攷事撮要』「서책시준書冊市準」비교하여 약 240여 종種의 서책을 확인하였다.[20] 이상의 연구성과를 기반으로 하여 16세기 영남지역 서원의 장서 중 성리서性理書가 가지는 특징을 살펴보고자 한다.

2. 16세기 서원 소장 성리서의 현황과 분류

16세기 조선의 학자들은 성리학性理學을 심도 깊게 탐색하였고, 이는 성리서性理書의 구비와 간행으로 이어졌다. 조선은 개국 초부터 중국에서 성리서性理書를 수입하였고, 15세기에는 교서관校書館과 지방 감영監營에서 조선본 성리서性理書를 인출하였다. 16세기에는 사림이 성리서를 간행하였고, 특히 퇴계학파의 학자들이 이를 주도하였다. 이러한 상황에서 성리학을 가시적으로 보여 주는 기관인 서원이 건립되었고, 서원의 장서에선 다종의 성리서性理書가 발견될 수밖에 없었다.

---

18) 『古文書集成』 24(灆溪書院篇, 韓國學中央硏究院, 2005).
19) 두 서책목록에 대한 자세한 서지학적 사항은 배현숙(앞의 논문, 2016, 285~286쪽)의 논문이 참고된다.
20) 임근실, 「16세기 書院의 藏書 연구」, 『韓國書院學報』 4(한국서원학회, 2017).

이 장에서는 16세기 서원 소장 성리서性理書를 경사자집經史子集의 사부四部로 분류하여 소개하겠다. 서원별 소장 목록과 수량, 저자 등을 한눈에 파악하기 위해 표를 이용하여 정리하였다.[21] 그리고 중국 성리서의 수입과 조선본 간행 여부 등을 함께 서술하였다.

1) 경부

16세기 서원 장서藏書 중 경부經部에서 나타나는 성리서는 『가례의절家禮儀節』과 『의례경전통해속儀禮經傳通解續』의 2종이다.

『가례의절家禮儀節』은 역동서원에서 1건이 확인된다. 『가례의절』은 1518년(중종 13) 11월에 김안국金安國이 수입하여 진헌한 서적이다. 이 서적은 『대학연의보大學衍義補』를 저술한 명明의 구준丘濬(1420~1496)이 『주자가례朱子家禮』에 주註를 달고 고증考證을 첨가하여 산정刪定한 것으로 『가례』에서 소개하고 있는 여러 의식의 절차에 대해 보다 상세하게 해설한

〈표 1〉 16세기 서원의 경부 성리서

	저자	국적	서명	白	迎	易	玉	灆	陶	書	비고
1	朱子, 丘濬	宋, 明	家禮儀節			1					
2	朱子, 黃幹, 陽復	宋	儀禮經傳通解續						2		
	서원별 수량(種)					1			1		

---

21) 四部로 장서를 분류할 때의 기준은 규장각한국학연구원의 기준을 따랐다. 표의 '白'은 백운동서원, '迎'은 영봉서원, '易'은 역동서원, '玉'은 옥산서원, '灆'은 남계서원, '陶'는 도산서원, '書'는 서책시준을 나타낸다. 표 안의 숫자는 해당서원마다 서책을 보유한 件數를 나타낸다. 또한 당시 서적이 유통되던 상황과의 비교를 위해 『攷事撮要』 「書冊市準」에 기록된 서책도 '○'로 표시하였다.

『가례』해설서이다.[22) 조선본은 1554년(명종 9) 청주에서 간행된 본이 있다.[23)

『의례경전통해속儀禮經傳通解續』은 도산서원에서 2건이 확인된다. 주자의 의례儀禮에 대한 해석서인『의례경전통해儀禮經傳通解』에 그 제자인 황간黃幹·양복楊復이 누락된 상례喪禮·제례祭禮를 보충한 서적이다. '주자 후기예학'으로 고례古禮 이래 시례時禮까지, 또 왕례王禮와 사례士禮가 종합되었다.[24) 조선 초기부터 지속적으로 수입되었던 서적이다.

2) 사부

16세기 서원 장서藏書 중 사부史部에 속하는 성리서는 12종이며, 중국 서적이 8종, 조선 4종이다.

특징적인 서적들을 분류하면 주희朱熹(1130~1200)의 전기류傳記類, 언행록류言行錄類를 꼽을 수 있다. 주희의 생애와 관련한 서적은『주자실기朱子實記』,『주자연보朱子年譜』,『주자행장朱子行狀』3종이다. 주희의 영향을 받은 언행록류[25)는『명신언행록名臣言行錄』,『이락연원록伊洛淵源錄』,『이락연원속록伊洛淵源續錄』,『황명명신언행록皇明名臣言行錄』,『황조명신언행

---

22) 우정임,「조선전기 性理書의 간행과 유통에 관한 연구」(부산대학교 사학과 박사학위
    논문, 2009), 97~98쪽.
23) 김성수,「忠淸監營의 刊行圖書에 관한 분석」,『조선시대 지방감영의 인쇄출판 활동』
    (청주고인쇄박물관, 2015), 76~78쪽.
24) 金景姬,「주자예학의 변화와『儀禮經傳通解』」,『진단학보』86(1998).
25) 言行錄類는 우정임이 명칭한 것으로 16세기 道學의 대두와 함께 인물의 행적과 학설
    을 통해 道學의 요점과 그 계승을 밝히려고 편찬하였다고 정의하였다.(우정임,「言
    行錄類 서적의 수입과 이해과정을 통해 본 16세기 道統 정립과정 연구」,『역사와
    세계』47, 2015.)

<표 2> 16세기 서원의 사부 성리서

	저자	국적	서명	白	迎	易	玉	濫	陶	書	비고
1	朱熹	宋	名臣言行錄	1		1			1		
2	朱熹	宋	伊洛淵源錄	1	1			2	1		
3	謝鐸	明	伊洛淵源續錄					1			
4	戴銑	明	朱子實記					1	1		
5	葉公回	明	朱子年譜			1		1			
6	黃幹	宋	朱子行狀					1			部
7	楊廉	明	皇明名臣言行錄			1		1	1		
8	李幼武	明	皇朝名臣言行錄				1				
9	李楨	朝鮮	景賢錄					1			
10	柳希春	朝鮮	國朝儒先錄				1	1			
11	柳成龍	朝鮮	(退溪)先生年譜			1			1		
12	李浚	朝鮮	(晦齋)年譜				1				
	서원별 수량(種)			2	1	4	3	7	6		

록皇朝名臣言行錄』 등의 5종이다. 그리고 중국의 언행록류言行錄類의 영향을 받아 조선에서 만들어진 『경현록景賢錄』, 『국조유선록國朝儒先錄』, 『(회재) 연보(晦齋)年譜』, 『퇴계선생연보退溪先生年譜』 4종이 있다.

3종의 주희 전기류 중 『주자실기朱子實記』는 남계·도산서원에서 각 1건씩 소장하였다. 『주자실기』는 명대의 대선戴銑이 『주자연보朱子年譜』 에 근거하여, 주희와 관련 깊은 문헌을 증보한 서적이다. 『주자연보』는 역동·남계서원에서 각 1건씩 확인된다. 『주자행장朱子行狀』은 남계서원 에서 1건이 있었다.

언행록류言行錄類인 『명신언행록名臣言行錄』은 백운동·역동·도산서 원에서 각 1건을 보유하였다. 이 책은 『송명신언행록宋名臣言行錄』으로 주 희가 편찬한 송대명신宋代名臣들의 언행言行을 기록記錄한 서적이다. 『이락연원록(伊洛淵源錄)』은 백운동·영봉·도산서원에서 각 1건, 남계서원에 서 2건을 소장하였다. 『이락연원속록(伊洛淵源續錄)』은 남계서원에서 1건을 확인할 수 있다. 『황명명신언행록(皇明名臣言行錄)』은 백운동·남계·도산서 원에서 각 1건을 소장하였다. 『황조명신언행록(皇朝名臣言行錄)』은 옥산서원 에서 2건이 확인된다.

『경현록(景賢錄)』은 도산서원에서 1건을 소장하였다. 『경현록』은 1565 년(明宗 20)에 순천부사(順天府使) 이정(李楨(1512~1571))이 무오사화 때 순천(順天) 에 유배된 김굉필(金宏弼(1454~1504))과 조위(曹偉(1454~1503))의 실기를 편집(編 輯)·간행(刊行)한 서적이다. 『국조유선록(國朝儒先錄)』은 옥산·남계서원에서 각 1건이 확인된다. 『국조선유록』은 김굉필(金宏弼(1454~1504)), 정여창(鄭汝昌 (1450~1504)), 조광조(趙光祖(1482~1519)), 이언적(李彦迪(1491~1553))의 행적(行蹟)을 모아놓은 서적이다. 유희춘(柳希春(1513~1577))이 부제학(副提學)으로 있을 때 선조(宣祖)의 명(命)을 받들어 편찬(編撰)하였다. 『(퇴계)선생연보(退溪)先生年譜)』 는 역동·도산서원에서 각 1건씩 보인다. 『퇴계선생연보』는 퇴계 이황 (1501~1570)의 연보(年譜)로 유성룡(柳成龍(1542~1607))이 작성하였다. 『(회재)연 보(晦齋)年譜)』는 옥산서원에서 1건을 소장하였다. 『회재연보』는 이언적의 일대기를 연보로 엮은 서적으로 손자 이준(1540~1623)이 작성하였다. 『고 사촬요(攷事撮要)』(1585)의 책판목록(冊板目錄) 경주조(慶州條)에서 보인다.[26]

---

26) 윤상기, 「慶州 玉山書院板本에 관한 연구」, 『조선시대 지방감영의 인쇄출판 활동』(청 주고인쇄박물관, 2015), 324~325쪽.

3) 자부

16세기 서원의 장서 중 자부子部의 성리서이다. 자부 성리서는 『계몽전의啓蒙傳疑』, 『고경중마방古鏡重磨方』, 『공자통기孔子通紀』, 『근사록近思錄』, 『독서록讀書錄』, 『삼강행실三綱行實』, 『상채어록上蔡語錄』, 『성리군서性理羣書』, 『성리대전性理大全』, 『성리대전서性理大全書』, 『성리유편性理類編』, 『성리자의性理字義』, 『성리절요性理節要』, 『성학십도聖學十圖』, 『속몽구續蒙求』, 『속삼강續三綱』, 『송계원명리학통록宋季元明理學通錄』, 『숙흥야매잠夙興夜寐箴』, 『심경心經』, 『심경부주心經付註』, 『연평문답延平問答』, 『유향설원劉向說苑』, 『이정선생전도수언二程先生傳道粹言』, 『이정수언二程粹言』, 『이정전서二程全書』, 『리학유편理學類編』, 『자경편自警編』, 『자성록自省錄』, 『주자대전朱子大全』, 『주자서절요朱子書節要』, 『주자어록류요朱子語錄類要』, 『주자어류朱子語類』, 『주자언행록朱子言行錄』, 『초독서록抄讀書錄』 『칠선생찬七先生贊』, 『학부통변學蔀通辨』, 『향약鄉約』, 『황명리학명신언행록皇明理學名臣言行錄』, 『회암서절요晦菴書節要』 39종이다. 39종의 자부 성리서를 국가별로 구분하여 두 개의 표로 작성하였다. 중국의 성리서는 26종이고, 조선의 성리서는 13종이다.(〈표 3, 표 4〉)

〈표 3〉 16세기 서원의 자부 성리서 중국 서적

	저자	국적	서명	白	迎	易	玉	灆	陶	書	비고
1	潘府	明	孔子通紀				1	1	1		
2	朱熹 · 呂祖謙	宋	近思錄	2	1	1		2	2		
3	薛瑄	明	讀書錄					2	1		
4	謝良佐	宋	上蔡語錄					1			

	저자	국적	서명	白	迎	易	玉	灆	陶	書	비고
5	熊節	宋	性理羣書					2	1		
6	胡廣	明	性理大全	1	2	1	1	1	1	○	
7	胡廣	明	性理大全書				1				
8	陳淳	宋	性理字義		1			2			
9	陳伯	宋	夙興夜寐箴					1			
10	眞德秀	宋	心經					2			部
11	程敏政	明	心經付註		1					○	
12	李侗 朱熹	宋	延平問答			1		1	2		
13	劉向	漢	劉向說苑						1		
14	楊時 張栻	宋	二程先生傳道粹言				1				
15	楊時 張栻	宋	二程粹言					1			
16	朱喜	宋	二程全書					1	1		
17	張九韶	元	理學類編		1			3			
18	趙善璙	宋	自警編	1	1						
19	朱熹	宋	朱子大全	1		1	1	3			
20	吳廷擧	明	抄讀書錄						1		
21	朱熹著; 葉士龍 編次	宋	朱子語錄類要			1					
22	黎靖德	宋	朱子語類	1			1	2	1		
23	朱熹	宋	朱子言行錄					1			
24	陳建	明	學蔀通辨						1		
25	楊廉	明	皇明理學名臣言行錄						1		
26	朱熹	宋	晦菴書節要						1		
			서원별 수량(種)	5	6	5	6	16	14	2	

　『공자통기孔子通紀』는 옥산·남계·도산서원에서 1건씩 확인된다. 『공자통기』는 명明의 학자관료인 반부潘府가 공자孔子에 대한 기록記錄을 편찬한 서적이다.

『근사록近思錄』은 백운동·남계·도산서원에서 2건씩, 영봉·역동서원에서 1건씩 보유하였다. 『근사록』은 4현賢(周溪濂, 程明道, 程伊川, 張橫渠)의 여러 책 중에서 가장 중요한 절목節目을 수집한 서적이다. 조선에서는 여러 차례 간행되었고,27) 조선본 중에서는 1581년(선조 14) 점필서원佔畢書院(禮林書院, 德城書院)에서 간인한 본이 있어 주목된다.28)

『독서록讀書錄』은 남계서원에서 2건, 도산서원에서 1건을 소장하였다. 명明의 유학자인 설선薛瑄(1389~1464)이 독서하고 사색한 기록을 모은 서적이다.

『상채어록上蔡語錄』은 남계서원에서 1건을 소장하였다. 『상채어록』은 명明의 왕주王疇가 송宋 사상채謝上蔡의 언행言行을 수록한 책이다.

『성리군서性理羣書』는 남계서원에 2건, 도산서원에서 1건이 확인된다. 『성리군서』는 송대宋代의 제유諸儒의 유문遺文을 분류해서 편찬한 책으로 『신편음점성리군서구해新編音點性理群書句解』로 불린다. 조선본은 1415년(태종 15)에 『신간음점성리군서구해新刊音點性理群書句解』를 평양부에서 간행하였다. 또 인쇄본을 1444년(세종 26)에는 청주향교에 내려 주기도 하였고, 세종은 『성리군서性理群書』를 학습하였다.29) 1488년(성종 19) 충청감영忠淸監營에서 10건件이 간행되었다.30) 『고사촬요攷事撮要』에 수록된 기영箕營의 책판목록冊板目錄에서도 확인할 수 있다.31)

---

27) 이유리, 「17세기 일본 간행 조선본 性理學書의 서지적 연구」(한국학중앙연구원 고문헌관리학전공 박사학위논문, 2019), 135~136쪽.
28) 윤상기, 「密陽 禮林書院板本考」, 『조선시대 지방감영의 인쇄출판 활동』(청주고인쇄박물관, 2015), 348~349쪽.
29) 『成宗實錄』, 권98, 성종 9년 11월 乙丑.
30) 김성수, 「忠淸監營의 刊行圖書에 관한 분석」, 『조선시대 지방감영의 인쇄출판 활동』(청주고인쇄박물관, 2015), 66~68쪽.

『성리대전性理大全』과 『성리대전서性理大全書』는 동종의 서적이다. 『성리대전』은 모든 서원에서 확인되며 백운동·역동·옥산·남계·도산에서는 1건, 영봉서원에서는 2건이 보인다. 또 『성리대전서』는 옥산서원에서 1건이 보인다. 이 책은 송宋 유학자의 제서諸書에서 분류편집한 성리학性理學의 대사전이라 할 수 있다.

『성리자의性理字義』는 역동서원에서 1건, 남계서원에서 2건이 보인다. 『북계선생성리자의北溪先生性理字義』로 진순陳淳(1158~1223)이 성리性理에 대한 자의字義를 집록한 책이다. 진순이 성리학에서 사용되는 글자를 25개의 부문으로 나누어 성리학적 개념으로 해설한 책이다.[32]

『숙흥야매잠夙興夜寐箴』은 남계서원에서 1건을 보유하였다. 이 책은 송宋의 진백陳伯이 지은 것으로 성리학을 체득하기 위한 일상의 수양을 시간대 별로 정리하였다. 조선에서는 1568년(선조 1)에 충청도 관찰사인 노수신盧守愼이 8장으로 나누고 주해하여 선조宣祖에게 상소와 함께 올렸다. 노수신의 주해본은 1575년(선조 8)에 성주 천곡서원에서 간행하였다.

『심경心經』은 남계서원에서 2건을 소장하였다. 송宋의 진덕수眞德秀(1178~1285)가 여러 경전에서 심성 수양에 관한 격언들을 모아 편찬 서적이다.

『심경부주心經付註』는 영봉서원에서 1건이 확인된다. 『심경心經』에 명明의 학자 정민정程敏政(1146~1199)이 주석을 붙인 책이다. 진덕수는 유가儒家 경전과 송대 성리학자들의 저술에서 심心에 관한 중요 내용들을 뽑

---

31) 남권희, 「三五庫重記로 본 箕營의 出版文化」, 『조선시대 지방감영의 인쇄출판 활동』(청주고인쇄박물관, 2015), 17~19쪽.
32) 이유리, 「17세기 일본 간행 조선본 性理學書의 서지적 연구」(한국학중앙연구원 고문헌관리학전공 박사학위논문, 2019), 31쪽.

아『심경』을 편찬했는데, 정민정이 이 책에 주석을 달고 서문을 붙인 다음『심경부주』라고 명명했다. 이황李滉(1501~1570)은 33세에 재차 성균 관에 들어가 김인후金麟厚와 교유하고『심경부주心經附註』를 구해서 보고 이에 크게 심취하였다.『심경부주』는 조선에서 여러 차례 간행되었는 데, 조선본에는 1566년(명종 21)에 작성된 이황의「심경후론心經後論」이 수 록되었다.『고사촬요故事撮要』의 서책시준과 기영箕營의 책판목록冊板目錄 에서도 확인할 수 있다.[33]

『연평문답延平問答』은 역동·남계서원에서 1건씩, 도산서원에서 2건 이 보인다. 이 책은『연평선생사제자답문延平先生師弟子答問』으로 주자朱子 가 스승인 이동李侗(號 延平)과 문답을 기록記錄한 것이다. 따라서 이동과 주희의 사상을 이해할 수 있는 서적이다. 조선본『연평문답』은 1554년 (명종 9) 청주에서 간행된 본이 있다.[34]

『유향설원劉向說苑』은 도산서원에서 1건이 확인된다. 이 책은 전한前 漢의 유향劉向(B.C.77~6)이 전대의 현인과 학자의 일화를 기록한 고사집이 다. 조선에서는 1482년(성종 13)에 명明으로부터 하사를 통해 수입되었 다.[35]

『이정선생전도수언二程先生傳道粹言』과『이정수언二程粹言』은 동종의 서 적이다.『이정선생전도수언』은 옥산서원에서 1건,『이정수언』은 남계

---

33) 남권희,「『三五庫重記』로 본 箕營의 出版文化」,『조선시대 지방감영의 인쇄출판 활동』 (청주고인쇄박물관, 2015), 17~19쪽.
34) 김성수,「忠淸監營의 刊行圖書에 관한 분석」,『조선시대 지방감영의 인쇄출판 활동』 (청주고인쇄박물관, 2015), 76~77쪽.
35) 우정임,「조선전기 性理書의 간행과 유통에 관한 연구」(부산대학교 사학과 박사학위 논문, 2009), 75쪽.

서원에서 1건이 보인다. 이 책은 송宋의 양시楊時가 정정訂定하고 장식張栻이 편차編次한 정호程顥·정이程頤의 어록語錄이다. 『전도수언傳道粹言』의 이름으로 조선에 수입되었는데, 1518년(중종 13) 11월 김안국金安國이 수입한 송대宋代의 성리서性理書 중 하나이다.

『이정전서二程全書』는 남계·도산서원에서 각 1건씩 소장하였다. 이 책은 송대宋代 정호程顥·정이程頤의 전서全書를 합본合本한 책으로 주희가 편찬하였다. 조선본은 1568년(선조 1) 『고사찰요攷事撮要』의 기록을 통해 대구大邱에서 간행한 것으로 추정한다.[36]

『리학유편理學類編』은 영봉서원에서 1건, 남계서원에서 3건을 소장하였다. 명대明代에 활동한 정주학자程朱學者 장구소張九韶(1314~1396)가 리학理學의 핵심 분야에 대한 제유諸儒의 견해를 편집해 만든 책이다.

『자경편自警編』은 백운동과 영봉서원에서 1건씩 소장하였다. 자기 자신을 경계하는 데에 도움이 되는 송대宋代 제공諸公의 언행言行을 모아 기록한 책으로 가정嘉定 17년(1224)에 조선료趙善璙가 편찬한 것을 1609년 (광해군 1)에 기영의 추향당 목활자를 사용하여 간행하였다.[37]

『주자대전朱子大全』은 백운동·역동·옥산·남계·도산서원에서 소장하였다. 주희의 문집으로 『주자대전집朱子大全集』, 『주자대전문집朱子大全文集』으로 불린다.

『주자어록류요朱子語錄類要』은 역동서원에서 1건을 보유하였다. 이 서적은 『회암선생어록류요晦庵先生語錄類要』으로도 불리며, 주희의 어록語錄

---

36) 윤병태, 「慶尙監營과 大邱地方의 出版印刷文化」, 『출판학연구』 31(한국출판학회, 1989), 78~79쪽.

37) 남권희, 「三五庫重記로 본 箕營의 出版文化」, 『조선시대 지방감영의 인쇄출판 활동』 (청주고인쇄박물관, 2015), 45쪽.

을 수집해서 분류, 편성한 책이다.

『주자어류朱子語類』는 백운동·옥산·도산서원에서 1건씩, 남계서원에서 2건을 소장하였다. 이 책은 송宋의 여정덕黎靖德이 주희의 여러 어록語錄과 어류語類를 분류하고 교정하여 편찬한 서적이다.

『주자언행록朱子言行錄』은 남계서원에서 1건이 확인된다. 이 책은『송주회암선생명신언행록宋朱晦菴先生名臣言行錄』으로 추정되는데, 송대宋代의 명신名臣들의 언행言行을 기록記錄한 송명신언행록宋名臣言行錄과 같은 내용內容으로 보인다.

『초독서록抄讀書錄』은 도산서원에서 1건을 소장하였다. 이 책은『설문청공독서록초薛文淸公讀書錄抄』로 보이는데, 명明의 오정거吳廷擧가 앞서 살펴본『독서록讀書錄』의 중요 구절을 발췌하여 정리한 서적이다.

『학부통변學蔀通辨』은 도산서원에서 1건을 소장하였다. 이 서적은 명明의 성리학자 진건陳建이 불교佛敎, 육상산陸象山, 왕양명王陽明의 학문을 이단異端으로 인식하고 이를 배척하기 위하여 저술한 책이다.

『황명리학명신언행록皇明理學名臣言行錄』은 도산서원에서 1건이 확인된다. 이 서적은 명明의 유학자인 양렴楊廉(1452~1525)이 편찬한 명대明代 유학사儒學史이다.

『계몽전의啓蒙傳疑』은 도산서원에서 1건을 보유하였다. 『계몽전의』은 이황李滉이 주희朱熹의 『역학계몽易學啓蒙』에 해석을 붙인 서적이다.

『고경중마방古鏡重磨方』은 역동·도산서원에서 1건씩 소장하였다. 『고경중마방』은 이황이 수양이 될 만한 명銘·잠箴을 선택하여 편찬한 서적이다.

『삼강행실三綱行實』은 영봉서원에서 1건을 보유하였다. 『삼강행실』

〈표 4〉 16세기 서원의 자부 성리서 조선 서적

	저자	국적	서명	白	迎	易	玉	灆	陶	書	비고
1	李滉	朝鮮	啓蒙傳疑						1		
2	李滉	朝鮮	古鏡重磨方			1			1		
3	偰循	朝鮮	三綱行實		1					○	
4	李楨	朝鮮	性理類編						1		
5	金正國	朝鮮	性理節要						1		
6	李滉	朝鮮	聖學十圖			1			1	○	
7	柳希春	朝鮮	續蒙求				1	1			
8	申用漑	朝鮮	續三綱		1						
9	李滉	朝鮮	宋季元明理學通錄				1				
10	李滉	朝鮮	自省錄						1		
11	李滉 編	朝鮮	朱子書節要					1			
12	李滉	朝鮮	七先生贊						2		
13	李滉	朝鮮	鄉約						1		
	서원별 수량(種)			0	2	2	2	2	8	2	

은 우리나라와 중국의 서적에서 군신 부자 부부의 삼강에 모범이 될
만한 충신 효자 열녀의 행실을 모아 만든 책이다.[38] 1434년(세종 14) 국왕
의 명으로 설순偰循 등이 편찬 서적으로,[39] 1434년(세종 16) 팔도八道 감영監
營에 반사하였다.[40] 『고사촬요攷事撮要』의 「서책시준」에서도 확인된다.

　『성리유편性理類編』은 도산서원에서 1건을 보유하였다. 『리학유편理學
遺編』으로도 불리는데, 『성리군서性理群書』와 『성리전서性理全書』 중에서

---

38) 남권희, 「『三五庫重記』로 본 箕營의 出版文化」, 『조선시대 지방감영의 인쇄출판 활동』
(청주고인쇄박물관, 2015), 30쪽.
39) 우정임, 「조선전기 性理書의 간행과 유통에 관한 연구」(부산대학교 사학과 박사학위
논문, 2009), 80쪽.
40) 남권희, 「『三五庫重記』로 본 箕營의 出版文化」, 『조선시대 지방감영의 인쇄출판 활동』
(청주고인쇄박물관, 2015), 14~17쪽.

가장 중요한 찬贊·명銘·잠箴·시詩·서序·기記·문文·설說·부賦·논論·행실行實 등을 뽑아 송독誦讀에 편리하도록 찬집纂輯한 서적이다.

『성리절요性理節要』는 도산서원에서 1건이 확인된다. 『성리절요』는 김정국金正國(1485~1541)이 『성리대전性理大全』의 주요 내용을 발췌하여 목활자로 간행한 서적으로 서두에 심학心學의 중요성을 기록하였다.

『성학십도聖學十圖』는 역동·도산서원에서 1건씩을 소장하였다. 이 책은 1568년(선조 元年)에 이황이 대제학大提學으로 선조에게 본도本圖를 지어 올리며 성찰하도록 한 것으로 성학聖學의 깊은 뜻을 집약하여 도식으로 그렸다. 『고사촬요攷事撮要』에 수록된 기영箕營의 책판목록冊板目錄에서도 확인되며,[41] 『고사촬요攷事撮要』의 「서책시준」에서도 확인된다.

『속몽구續蒙求』는 옥산·남계서원에서 1건씩 확인된다. 1568년(선조 1) 경상우도慶尙右道에서 『속몽구분주續蒙求分註』를 간행하였다.[42] 성주의 책판을 이용하여 1569년에 경상감사 이양원이 , 1570년에 경상감사 박대입이, 1573년 8월과 11월에 경상감사 김계휘가, 1574년 경상감사 윤근수가 유희춘에게 인송하였다.[43]

『속삼강續三綱』은 영봉서원에서 1건을 소장하였다. 이 서적은 신용개申用漑 등이 중종中宗의 명으로 『삼강행실도三綱行實圖』에 빠진 사적事蹟(효자 36명, 충신 5명, 열녀 28명)을 수록하고 언해하여 1책의 목판본으로 간행한

41) 남권희, 「「三五庫重記」로 본 箕營의 出版文化」, 『조선시대 지방감영의 인쇄출판 활동』 (청주고인쇄박물관, 2015), 17~19쪽.
42) 윤병태, 「慶尙監營과 大邱地方의 出版印刷文化」, 『출판학연구』 31(한국출판학회, 1989), 78쪽.
43) 손계영, 「조선시대 監營의 문집간행과 그 배경 연구」, 『조선시대 지방감영의 인쇄출판 활동』(청주고인쇄박물관, 2015), 187쪽.

것이다.

『송계원명리학통록宋季元明理學通錄』은 옥산서원에서 1건이 확인된다. 이황은『송계원명리학통록』을 편찬하면서, 송宋·원元·명明의 리학사理 學史를 집성할 목적이 있었다. 이때 명대明代 리학사理學史는 오로지『황 명리학명신언행록皇明理學名臣言行錄』에 의거하였다. 1573년에 경상감사 김계휘가 경상도 안동의 책판을 이용하여 인출하여 유희춘에게 인송한 기록도 있다.[44]

『자성록自省錄』은 도산서원에 1건이 소장되어 있다.[45]

『주자서절요朱子書節要』백운동·역동·옥산·남계·도산서원에서 보 유하였다. 이 책은『회암서절요晦菴書節要』와 같은 서적으로 도산서원에 서 1건이 확인된다. 이 서적은 이황이 주희의 서독書牘을 뽑아 모은 편찬 한 것이다.

『칠선생찬七先生贊』은 도산서원에서 2건을 보유하였다. 주희의「육선 생화상찬六先生畵像贊」[46]에서 성리학자 6인(濂溪, 明道, 伊川, 康節, 橫渠, 涑水)의 화상찬畵像贊을 지었다.『죽계지竹溪志』권卷5「잡록雜錄」에도 수록되어 있 다. 1565년(명종 20)에 이덕홍은 이황이 일찍이『칠선생찬七先生贊』을 손수 썼다는 기록이 있어, 이황이 6선생에 주희를 포함하여 이것을 지었으리 라 추정한다.

『향약鄕約』은 도산서원에서 1건을 소장하였다. 이『향약』은『주자증 손여씨향약朱子增損呂氏鄕約』의 영향을 받은 이황의 작성한『(예안)향약(禮

---

44) 손계영,「조선시대 監營의 문집간행과 그 배경 연구」,『조선시대 지방감영의 인쇄출 판 활동』(청주고인쇄박물관, 2015), 187쪽.
45) 『退溪先生續集』, 卷8,「自省錄小序」.
46) 『朱子大全』, 卷85.

安)鄉約』으로 보인다.

4) 집부

16세기 서원의 장서 중 집부集部의 성리서는 16종이다. 집부 성리서
는 총집류總集類인 『염락풍아濂洛風雅』를 제외하고선, 모두 별집류別集類
서적이다. 별집류 중 중국 서적은 『감흥시感興詩』, 『격양집擊壤集』, 『서산
집西山集』, 『진서산집眞西山集』, 『주자시집朱子詩集』, 『회암시집晦菴詩集』, 『추
강집秋江集』, 『회암문초晦庵文抄』, 『회암어록晦庵語錄』의 9종이다. 별집류 조
선 서적은 『온계집溫溪集』, 『추강집秋江集』, 『선생문집先生文集』, 『퇴계선생
문집退溪先生文集』, 『퇴계선생후집退溪先生後集』, 『회재집晦齋集』의 6종이다.

『염락풍아』는 도산서원에서 1건이 확인되는데, 송宋나라 말末에 김이
상金履祥이 리학파理學派 48인人의 도학시道學詩를 모아 편찬한 서적이다.

『감흥시』는 남계서원에서 1건을 보유하였다. 이 서적은 『문공주선
생감흥시文公朱先生感興詩』로도 불리며, 조선본은 1553년(명종 8)에 청주에서
간행된 본이 있다.[47]

『격양집』은 남계·도산서원에서 각 1건을 소장하였다. 『격양집』은
『이천격양집伊川擊壤集』으로, 송宋의 성리학자인 소옹邵雍(1011~1077)의 시
집詩集이다.

『서산집』은 남계서원에서 1건을 보유하였고, 『진서산집』은 도산서
원에서 1건을 소장하였다. 송宋 진덕수眞德秀가 저술한 문집이다. 조선에

---

47) 김성수, 「忠淸監營의 刊行圖書에 관한 분석」, 『조선시대 지방감영의 인쇄출판 활동』
    (청주고인쇄박물관, 2015), 76~77쪽.

<표 5> 16세기 서원의 집부 성리서

	저자	국적	서명	白	迎	易	玉	灆	陶	書	비고
1	金履祥	宋	濂洛風雅						1		總集
2	朱熹	宋	感興詩					1			
3	邵雍	宋	擊壤集					1	1		
4	眞德秀	宋	西山集					1			
5	眞德秀	宋	眞西山集						1		
6	二程	宋	程氏遺書					1			
7	朱熹	宋	晦庵文抄					1			
8	朱熹	宋	朱子詩集					1			
9	朱熹	宋	晦菴詩集		1						
10	朱熹	宋	晦庵語錄			1					
11	李瀷	朝鮮	溫溪集			1					
12	南孝溫	朝鮮	秋江集					1	1		
13	李滉	朝鮮	(退溪)先生文集						1		
14	李滉	朝鮮	退溪先生文集			1	1		1		
15	李滉	朝鮮	退溪先生後集			1					
16	李彦迪	朝鮮	晦齋集			1			1		
	서원별 수량(種)			0	1	5	1	8	3	0	

서는 1481년(성종 12)에 명明으로부터 하사를 통해 수입되었다.48) 조선본은 1585년『고사촬요』에 수록된 완영完營의 책판목록冊板目錄에서도 확인할 수 있다.49)

『정씨유서程氏遺書』는 남계서원에서 1건을 소장하였다. 『정씨유서』는 1481년(성종 12)에 명明으로부터 하사를 통해 수입되었다.50)

---

48) 우정임, 「조선전기 性理書의 간행과 유통에 관한 연구」(부산대학교 사학과 박사학위논문, 2009), 75쪽.

49) 옥영정, 「조선시대 完營의 고인쇄문화에 대한 고찰」, 『조선시대 지방감영의 인쇄출판 활동』(청주고인쇄박물관, 2015), 95~96쪽.

『주자시집朱子詩集』은 남계서원에서 1건을 소장하였고, 『회암시집晦菴詩集』은 역동서원에서 1건을 소장하였다. 이 서적은 1534년(중종 29)에 『춘추공양전春秋公羊傳』·『(춘추)곡량전(春秋)穀梁傳』과 함께 수입되었다.[51]

『회암문초晦庵文抄』, 『회암어록晦庵語錄』은 주희朱熹의 저작이다. 『회암문초晦庵文抄』는 남계서원에서 1건, 『회암어록晦庵語錄』은 역동서원에서 1건이 확인된다. 이 시기 주희와 관련된 서적이 서원 장서로 많이 활용되었던 것을 확인할 수 있다.

『온계집溫溪集』은 역동서원에서 1건을 보유하였다. 『온계집』은 이황의 형인 온계溫溪 이해李瀣(1496~1550)의 문집이다.

『선생문집先生文集』은 도산서원에서 1건이 확인되며, 『퇴계선생문집退溪先生文集』은 역동·옥산·도산서원에서 각 1건씩을 소장하였다. 『퇴계선생후집退溪先生後集』은 역동서원에서 1건을 보유하였다. 이 책들은 모두 퇴계 이황의 문집으로, 여러 서원에 기증된 사실을 볼 수 있다.

『추강집秋江集』은 남계서원과 도산서원에 각기 1건씩 소장되었다. 『추강집』은 조선 전기의 학자인 남효온南孝溫(1454~1492)의 시문집詩文集이다.

『회재집晦齋集』은 역동·남계서원에서 각기 1건씩 보유하였다. 이언적의 유문을 모아 엮은 문집으로 1567년(선조 元)에 국왕의 하교로 간행되었다. 1575년(선조 8) 경주부에서 간행한 후 재간, 삼간되다 1624년(인조 2)에는 옥산서원에서 중간하였다.[52]

50) 우정임, 「조선전기 性理書의 간행과 유통에 관한 연구」(부산대학교 사학과 박사학위논문, 2009), 75쪽.
51) 우정임, 「조선전기 性理書의 간행과 유통에 관한 연구」(부산대학교 사학과 박사학위논문, 2009), 98쪽.
52) 윤상기, 「慶州 玉山書院板本에 관한 연구」, 『조선시대 지방감영의 인쇄출판 활동』(청

3. 16세기 서원 소장 성리서의 특징과 의미

1) 중국 성리서의 학습과 조선 성리서의 간행

16세기 서원에서 소장한 69종의 성리서를 사부四部로 분류하여 살펴보았다. 경부經部 2종(중국 서적 2종), 사부史部 12종(중국 서적 8종, 조선 서적 4종), 자부子部 39종(중국 서적 26종, 조선 서적 13종), 집부集部 16종(중국 서적 10종, 조선 서적 6종)이다. 이를 통해 보았을 때 중국 성리서가 조선 성리서의 2배인 것을 알 수 있다. 이것은 조선의 서원에서 중국 성리서의 학습이 중요했다는 것을 보여 준다.

조선의 학자들은 수입·간행된 중국 성리서를 학습한 후 조선 성리서를 저술·간행하였다. 사부史部의 경우 주희의 전기류傳記類, 언행록류言行錄類가 학습되어 조선에서 같은 류의 성리서가 출판되었다. 즉, 주희의 생애와 관련한 3종의 서적(『朱子實記』, 『朱子年譜』, 『朱子行狀』)은 이황과 이언적의 생애와 관련한 2종의 서적(『(晦齋)年譜』, 『退溪先生年譜』)을 간행하게 하였다. 또 주희의 언행록류 5종(『名臣言行錄』, 『伊洛淵源錄』, 『伊洛淵源續錄』, 『皇明名臣言行錄』, 『皇朝名臣言行錄』)은 조선의 『경현록景賢錄』과 『국조유선록國朝儒先錄』에 영향을 주었다.

자부子部의 경우도 중국 성리서의 학습 후 간행된 조선 성리서를 다종 확인할 수 있다. 먼저 주희의 『역학계몽易學啓蒙』에 영향을 받은 이황은 해석을 붙인 『계몽전의啓蒙傳疑』를 편찬하였다. 또 『성리대전性理大全』

주고인쇄박물관, 2015), 326~327쪽.

의 주요 내용을 발췌하여『성리절요性理節要』를 편찬한 김정국金正國은 심학心學을 강조하였다. 이황은『송계원명리학통록宋季元明理學通錄』을 편찬하면서, 명대明代 리학사理學史는『황명리학명신언행록皇明理學名臣言行錄』을 인용하였다. 그리고 이황의『칠선생찬七先生贊』은 주희의「육선생화상찬六先生畫像贊」에 영향을 받은 것으로 보인다.『성학십도聖學十圖』는 '태극도설太極圖說'과 같은 '도상圖象'에 의한 표현방식을 따른 것이다. 도상을 통해 학문을 설명하는 방식은 송대 성리학이 발전시킨 학문방법의 다양한 특징 가운데 하나이다.[53] 더불어 이정李楨은 명종 19년(1564)에『성리군서性理群書』와『성리대전性理大全』에서 중요한 내용을 발췌하여『성리유편·보록性理遺編·補錄』을 편찬·간행하였다.

또『근사록近思錄』은 16세기 지식인의 성리학 학습 사례를 살펴볼 수 있는 성리서이다.『근사록』은 영봉서원의 건립하였던 인물들이 강학교재로 활용하였던 서적으로 지식 공유의 실제 사례를 살펴볼 수 있게 해준다. 황준량은 영봉서원이 완성된 후 영봉서원의 원생에게 학문에 있어서『근사록』이 필수적임을 역설하였다.[54] 1562년(명종 17) 이황은 도산陶山에서 류운룡柳雲龍(1539~1601)·류성룡柳成龍(1542~1607) 형제에게『근사록』을 가르쳤고,[55] 다음 해 오건吳健에게『근사록』에 대한 질의를 받

---

53) 우정임,「조선전기 性理書의 간행과 유통에 관한 연구」(부산대학교 사학과 박사학위 논문, 2009), 143쪽.

54)『錦溪集』, 卷4, 雜著,「與迎鳳諸賢書」, "諸君小日, 雖已讀過, 必未會用力之地, 及今更加理會, 稽古人立敎之本, 而參諸近思錄, 以博其義理之趣, 則學之本末, 庶乎其彙擧矣."

55)『謙菴先生年譜』, 卷1, "四十一年壬戌【先生二十四歲】九月. 與文忠公謁退溪先生, 留溪上書齋數月, 受近思錄等書.【先生稟曰, 今欲受大學, 請先受近思錄. 退溪先生曰, 最好.】";『西厓先生年譜』, 卷1, "四十一年壬戌.【先生二十一歲】九月. 謁退陶李先生于陶山, 留數月, 受近思錄等書."

144 제1부 한중 서원의 원류와 전승

았다.56) 1563년 이정李楨도 성여신成汝信(1546~1632)을 가르치면서 『근사록』
을 강독하였다.57)

집부集部의 경우도 주희의 문집이 이황과 이언적의 문집 간행에 영
향을 주었다. 특히 '시詩·교敎·소疏·차箚·계啓·서書·잡저雜著·서序·
기記·발跋·명銘·행장行狀' 등 문집의 수록 순서가 바로 주희의 문집에
서 차용한 것이다.

2) 도통의식의 정립과 성리서의 구비

16세기 서원의 성리서를 살펴보면 성리서 구비를 통한 서원 운영주
체들이 공유하였던 도통의식道統意識을 확인할 수 있다. 16세기 사림의
성장과정은 성리학에 대한 이해의 심화과정이었다.58) 사림은 성리학의
보편화를 성리서의 간행과 서원의 건립을 토대로 추진하였고, 이것은
도통道統의 정비와도 연관되었다. 16세기 성리서 중 주목되는 서적은 '언
행록'류言行錄類 서적이다. 이 서적들은 조선 전기 수입되어 간행된 『송
명신언행록宋名臣言行錄』과 『이락연원록伊洛淵源錄』을 모방하고 있다.

『송명신언행록』은 주자의 역사인식에 따라 선정된 명신의 언행록으
로, 학문의 사승관계에 따라 도학의 계승을 이해하는 도통인식이 반영
되어 있다.59) 이러한 인식을 바탕으로 이황과 그의 제자들을 중심으로

---

56) 『德溪先生年譜』, "四十二年癸亥. 【先生四十三歲】 謁退溪李先生于陶山.【受朱書, 又質心
    經·近思錄.】"
57) 『龜巖集』, 卷2, 別集, 附錄, 「撫遺」, "癸亥春. 公執贄往拜龜巖李先生. 先生授以近思錄, 勉以
    爲己之學.【浮査年譜】"
58) 고영진, 「성리학의 연구와 보급」, 『한국사』 28(국사편찬위원회, 1998).
59) 우정임, 「言行錄類 서적의 수입과 이해과정을 통해 본 16세기 道統 정립과정 연구」,

다량의 성리서가 간행되었는데, 이는 그 이전부터 성리학의 연구가 활발히 이루어졌음을 반증한다. 『이락연원록』은 주희가 주돈이周敦頤·정호程顥·정이程頤와 그 제자들의 언행을 정리하여 기록한 책으로, 송대宋代 성리학자들의 계보를 살펴볼 수 있다. 이 책은 이황이 주자학의 계통을 정리하는데 영향을 주었고,[60] 그 결과 1560년(명종 15)에 『송계원명리학통록宋季元明理學通錄』의 초고가 완성되었다.[61] 이황은 『송계원명리학통록』에서 송宋에서 명明까지의 주자학파를 정리하였는데, 이는 곧 성리학 계보(道統)를 정리하는 과정이었다. 이때 다량의 성리서가 간행되어 연구되었는데, 그 서적들은 많은 수가 서원의 장서였다. 특히 이 서적 중 17종(『擊壤集』, 『讀書錄』, 『朱子詩集』, 『延平問答』, 『家禮儀節』, 『伊洛淵源錄』, 『伊洛淵源續錄』, 『二程粹言』, 『皇明理學名臣言行錄』, 『孔子通紀』, 『性理類編』, 『程氏遺書』, 『景賢錄』, 『濂洛風雅』, 『朱子年譜』, 『朱子實記』, 『啓蒙翼傳』)은 이황과 성리학의 보급을 긴밀하게 의논하였던 이정李楨이 간행한 서적이다.[62] 즉, 당시 초미의 관심사였던 도통의 정립은 성리서의 간행과 연구를 바탕으로 하여 진행되었고, 그 중심엔 퇴계학파가 있었다. 따라서 퇴계학파와 밀접한 연관성을 가진 16세기 서원의 장서에서도 당시 도학의 계보의식이 정립되어 가는 시대성이 반영되었다고 볼 수 있다.

이러한 도학의 계보의식이 정립되어 가는 양상은 해당 서원의 배향인물이나 건립인물과 관련한 서적을 구비하거나 간행하는 모습에서도

　　　『역사와 세계』 47(2015), 127~128쪽.
　60) 李滉, 『退溪集』 續集, 卷8, 「伊洛淵源錄跋」.
　61) 李滉, 『退溪集』, 卷10, 「答盧伊齋」.
　62) 우정임, 「龜巖 李楨의 서적편찬과 간행이 道統 확립에 미친 영향」, 『지역과 역사』 38(2016).

<표 6> 16세기 서원별 성리서 소장 현황

	白雲洞	迎鳳	易東	玉山	灆溪	陶山	비고
經部	0	0	1	0	0	1	
史部	2	1	4	3	7	6	
子部	5	8	7	8	18	22	
集部	0	1	5	1	8	3	
합계	7	10	17	12	33	32	

확인할 수 있다. 특히 도산서원의 경우가 가장 잘 들어난다. 이시기 성리서의 간행을 통해 성리학의 보급에 앞장섰던 도산서원에서 다종의 성리서를 구비하였던 것을 알 수 있다. 〈표 6〉은 각 서원별 사부四部로 서적의 종種을 정리하였다.

〈표 6〉을 보면 6기의 서원에서 소장하였던 성리서의 종種을 알 수 있다. 백운동서원 7종, 영봉서원 10종, 역동서원 17종, 옥산서원 12종, 남계서원 33종, 도산서원 32종이다. 그리고 자부의 성리서는 도산서원이 22종으로 가장 많은 숫자를 보이고 있다. 도산서원은 이황이 생전 강학하였고, 사후에는 제자들이 그를 배향한 곳이다. 따라서 도산서원을 운영하였던 학자들은 성리학 보급에 열정적이었던 스승의 학풍을 이어서 다종의 성리서를 구비하였을 것이다. 즉 서원의 건립인물과 그들의 학풍이 서원 장서의 구비에도 영향을 주었다고 볼 수 있다.

먼저 '계상책溪上冊'이란 표기되어 있어 이황의 생전 장서가 서원 장서로 이관된 경우인데, 『의례집전儀禮集傳』과 『의례경전통해속儀禮經傳通解續』가 해당된다. 다음으로 기증된 성리서는 11종이다. 호서감사湖西監司 구봉령具鳳齡(1526~1586)의 3종(『性理羣書』, 『擊壤集』, 『延平問答』), 호남감사湖南監

司 심의겸沈義謙(1535~1587)의 6종(『近思錄』,『朱子實記』,『讀書錄』,『景賢錄』,『延平問答』,『聖學十圖』), 경상감사慶尚監司 김수金睟의 1종(『伊洛淵源錄』), 전현감前縣監 김부륜金富倫의 1종(『濂洛風雅』)이 해당 서적이다. 또 무득貿得하여 구비한 성리서는 1553년(명종 8) 이황이 주자의 편지글을 선별해 간행한 『회암서절요晦菴書節要』와 『의예경전통해속儀禮經傳通解續』이 있다. 여기에 내사內賜 받은 『주자대전朱子大全』, 『주자어류朱子語類』, 『성리대전性理大全』이 있고, 어떻게 구비하였는지 확인할 수 없는 『공자통기孔子通紀』, 『성리절요性理節要』, 『근사록近思錄』, 『당감唐鑑』, 『황명명신언행록皇明名臣言行錄』도 확인된다. 다양한 경로를 통하여 배향인물이 관여했던 다종의 성리서가 구비된 것을 볼 수 있다.

3) 중국 백록동서원과 조선 서원의 성리서 비교

중국 백록동서원은 모두 11종의 서원지에서 장서록을 수록하였다.[63] ①『백록동지白鹿洞志』은 노탁魯鐸이 편찬하였고, 모두 팔권八卷으로 구성되었다. 남강지부南康知府 곽진郭瑨이 노탁의 아들인 노직魯稷의 집에서 원고를 취하여 각인刻印한 시기가 1494년(弘治 7)이나, 현재는 전해지지 않고 있다. ②『백록동서원신지白鹿洞書院新志』는 제학강서부사提學江西副使 이몽양李夢陽이 편찬하였고 모두 팔권八卷으로 구성되어 있으며 그 중 권卷8 「서적지書籍志」 제第13에 장서藏

---

63) 5종의 백록동서원지에 대한 소장정보는 白鹿洞書院古志整理委員會, 『白鹿洞書院古志五種』(中華書局出版, 1995)과 趙所生・薛正興 主編, 『中國歷代書院志』 1~2(江蘇教育出版社, 1995)를 참고하였다.

<표 7> 명대 백록동서원의 장서록

편찬연도	서원지명	총 권수	장서록명	장서 수량	편찬인	비고
1494년	白鹿洞志	八卷	?	?	魯鐸(撰)	失傳
1524년	白鹿洞書院新志	八卷	卷8 書籍志 第13	83종(26종 全失)	李夢陽(撰)	
1554년	白鹿洞志	十九卷	卷16 經籍	175종	鄭廷鵠(撰)	
1592년	白鹿洞書院志	十二卷	卷3 人物志【附經史子籍】	193종	周偉,戴獻策(撰)	
1622년	自鹿書院志	十七卷	권15 祀典・藏書	188종	李應昇(撰)	

書가 기록되어 있다. 이몽양李夢陽은 서원지를 완성하여 1511년(正德 6)에
서문序文을 작성하여 보관하고 있었다. 1524년(嘉靖 4)에 서원의 학생인 무
건화繆建和와 황미黃美가 복건안찰사福建按察使 주광재周廣在에게 청하여 원
고를 교정하였다. ③『백록동지白鹿洞志』는 강서안찰부사江西按察副使 정정
작鄭廷鵠이 편찬하였다. 모두 19권으로 이루어져 있으며 그 중 권卷16「경
적經籍」에 장서藏書가 기록되어 있다. ④『백록동서원지白鹿洞書院志』는 1592
년(萬曆 20)에 성자현星子縣 사훈司訓이자 백록동서원白鹿洞書院 주동主洞인 주
위周偉와 동생洞生인 대헌책戴獻策이 편찬하였다. 모두 12권으로 구성되어
있고, 권卷3 인물지人物志의 말미에 장서藏書를 기록하였다. ⑤『자록서원
지自鹿書院志』는 1622년(天啓 2)에 남강부南康府 사리司理이자 백록동서원白鹿洞
書院 주동主洞인 이응승李應昇이 편찬하였다. 모두 17권으로 구성되어 있고,
그 중 권15「사전祀典・장서藏書」에 장서를 기록하였다.

이 중 1554년 간행된『백록동지白鹿洞志』는 백록동서원의 서원지로
당시 남아 있는 서적64)을 경사자집經史子集의 4부部 분류로 나누어 수록
하고 있어 주요 비교의 대상으로 하였다.『백록동지』권16「경적經籍」에

---

64)『白鹿洞志』, 卷16,「經籍・白鹿書院類分書目」, "原失者不載. 記其見在者."

서 「백록서원류분서목白鹿書院類分書目」이 수록되어 있어 백록동서원의 16세기 장서를 알 수 있다.

16세기 백록동서원은 모두 173종種 2,043본本의 서적을 소유하고 있었다. 세부적으로 경부經部는 49종 401본, 사부史部는 28종 777본, 자부子部는 62종 339본, 집부集部는 34종 526본이다. 중국 백록동서원의 장서와 16세기 한국 서원의 장서를 비교·대조하여 20종의 공통 서목을 추출하였다. 그리고 이 서목을 백록동서원의 사부분류에 근거하여 정리하면 〈표 8〉과 같다.

공통 서적 중 경부는 9종(『書經大全』, 『詩經大全』, 『易經大全』, 『周禮注疏』, 『大明一統志』, 『性理大全』, 『禮記大全』, 『春秋左傳』, 『春秋胡傳』), 사부는 3종(『唐鑑』, 『晉書』, 『後漢書』), 자부는 6종(『二程全書』, 『上蔡語錄』, 『延平問答』, 『伊洛淵源』, 『程氏遺書』, 『朱子大全』), 집부는 2종(『濂洛風雅』, 『文獻通考』)이다. 이 서적들 중 8종이 16세기 조선 서

〈표 8〉 16세기 한중 서원 장서의 공통 서목

區分	書名		소계
經部	書經大全	詩經大全	9종
	易經大全	周禮注疏	
	大明一統志	〈性理大全〉	
	禮記大全	春秋左傳	
	春秋胡傳		
史部	唐鑑	晉書	3종
	後漢書		
子部	〈二程全書〉	〈上蔡語錄〉	6종
	〈延平問答〉	〈伊洛淵源〉	
	〈程氏遺書〉	〈朱子大全〉	
集部	〈濂洛風雅〉	文獻通考	2종
	20종		

〈표 9〉명 백록동서원 장서의 사부 분류 변경

	서명	②『白鹿洞書院新志』	③『白鹿洞志』	④『白鹿洞書院志』	한국
1	性理大全	子	經 聖製		子
2	西山讀書記	子	集		子
3	劉向說苑	子	集		子
4	宋名臣言行錄		集	史	史

원의 성리서와 공통된 서적으로 편의를 위해 괄호(〈〉)로 표기하였다.

이때 하나의 특징은 사부四部 분류법에 따른 장서의 분류에서 편찬자에 따라 동일한 서적을 다른 부部로 기재하는 양상이다. 이는 백록동서원의 장서를 사부로 분류하여 기재한 1524년『백록동서원신지白鹿洞書院新志』, 1554년『백록동지白鹿洞志』 1592년『백록동서원지白鹿洞書院志』 사이에서 발생하는 현상이다. 16세기 한국 서원의 성리서와 동종의 성리서는 4종의 서적에서 확인되며, 자세한 내용은 〈표 9〉와 같다.

『성리대전』은 자부에서 경부로 변경되어 기재된 서적인데, 한국에서는 자부로 본다. 또『서산독서기西山讀書記』와『유향설원劉向說苑』는 자부에서 집부로 변경되어 기재된 서적인데, 한국에서는 자부로 본다.『송명신언행록宋名臣言行錄』은 집부에서 사부로 변경된 서적인데, 한국에서는 사부로 본다. 이러한 모습들은 명의 학자들이 성리서를 사부로 분류할 때 기준이 명확하지 않았다는 것을 보여 준다. 물론 16세기 조선 서원의 경우는 서적을 사부로 분류하는 모습 자체를 찾을 수 없다.

이상과 같이 16세기 명明 백록동서원과 조선 서원의 성리서를 비교해 보면 오히려 조선 서원에 다종의 성리서가 구비되어 있었다. 이것은 당시 조선의 학풍이 성리서의 간행과 성리학의 보급에 주안점을 두고 있었다는 사실을 알게 한다.

4. 결론

16세기 조선 서원은 다종의 성리서를 장서로 구비하였다. 16세기 조선 서원의 장서는 백운동서원, 영봉서원, 남계서원, 도산서원, 옥산서원, 역동서원의 장서를 비교하여 살펴보았다. 16세기 서원에서 소장한 69종의 성리서를 다시 사부로 분류하면 경부 2종(중국 서적 2종), 사부 12종(중국 서적 8종, 조선 서적 4종), 자부 39종(중국 서적 26종, 조선 서적 13종), 집부 16종(중국 서적 10종, 조선 서적 6종)이다.

중국 성리서가 조선 성리서의 두 배인 점에서 조선의 서원에서 중국 성리서의 학습이 중요했다는 것을 알 수 있었다. 또한 중국 성리서의 학습은 조선 성리서의 간행으로 이어졌으며, 그 사실이 서원의 장서에서도 드러났다. 16세기 서원의 성리서를 살펴보면 성리서 구비를 통한 서원 운영주체들이 공유하였던 도통의식을 확인할 수 있었다. 이러한 도학의 계보의식이 정립되어 가는 양상은 해당 서원의 배향인물이나 건립인물과 관련한 서적을 구비하거나 간행하는 모습에서도 확인할 수 있었다. 특히 도산서원의 경우가 명확히 드러났다.

또 중국 백록동서원과 조선 서원의 성리서를 비교하여 조선 서원에 다종의 성리서가 구비되었던 사실을 밝혔다. 즉, 16세기 조선 서원은 명明의 서원보다 성리서의 간행과 구비에 주안점을 두었던 것이다.

【참고문헌】

1. 원문자료

『朱子大全』.
『退溪集』, 『龜巖集』, 『錦溪集』.
『德溪先生年譜』, 『謙菴先生年譜』.
『竹溪志』, 『迎鳳志』.

『古文書集成』 24(灆溪書院篇).
『書冊帙』 韓國國學振興院 所藏本.

白鹿洞書院古志整理委員會, 『白鹿洞書院古志五種』, 中華書局出版, 1995.
趙所生 · 薛正興 主編, 『中國歷代書院志』 1~2, 江蘇敎育出版社, 1995.

2. 학술논저

고영진, 「성리학의 연구와 보급」, 『한국사』 28, 국사편찬위원회, 1998.
金景姬, 「주자예학의 변화와 『儀禮經傳通解』」, 『진단학보』 86, 1998.
김성수, 「忠淸監營의 刊行圖書에 관한 분석」, 『조선시대 지방감영의 인쇄출판 활동』, 청주고인쇄박물관, 2015.
김윤식, 「조선조 서원 문고에 관한 일고찰」, 『서지학연구』 41, 한국서지학회, 2008.
남권희, 「「三五庫重記」로 본 箕營의 出版文化」, 『조선시대 지방감영의 인쇄출판 활동』, 청주고인쇄박물관, 2015.
배현숙, 「소수서원 수장과 간행 서적고」, 『서지학연구』 31, 한국서지학회, 2005.
_____, 「嶺南地方 書院藏書의 淵源과 性格」, 『大東漢文學』 46, 대동한문학회, 2016.
손계영, 「조선시대 監營의 문집간행과 그 배경 연구」, 『조선시대 지방감영의 인쇄출판 활동』, 청주고인쇄박물관, 2015.
옥영정, 「『竹溪志』의 編纂과 版本에 관한 書誌的 硏究」, 『書誌學硏究』 31, 2005.
_____, 「엄격한 서책 관리와 도서관 역할」, 『도산서원과 지식의 탄생』, 글항아리, 2012.
_____, 「조선시대 完營의 고인쇄문화에 대한 고찰」, 『조선시대 지방감영의 인쇄출판 활동』, 청주고인쇄박물관, 2015.
우정임, 「조선전기 性理書의 간행과 유통에 관한 연구」, 부산대학교 사학과 박사학위논문. 2009.
_____, 「言行錄類 서적의 수입과 이해과정을 통해 본 16세기 道統 정립과정 연구」, 『역사와 세계』 47, 2015.

_____, 「龜巖 李楨의 서적편찬과 간행이 道統 확립에 미친 영향」, 『지역과 역사』 38, 2016.

윤병태, 「慶尙監營과 大邱地方의 出版印刷文化」, 『출판학연구』 31, 한국출판학회, 1989.

윤상기, 「慶州 玉山書院板本에 관한 연구」, 『조선시대 지방감영의 인쇄출판 활동』, 청주고인쇄박물관, 2015.

윤희면, 「조선시대 서원의 도서관 기능 연구」, 『역사학보』 186, 역사학회, 2005.

이병훈, 「도동서원 소장 자료의 현황과 특징」, 『한국서원학보』 2, 한국서원학회, 2013.

_____, 「경주 옥산서원의 장서 수집 및 관리 실태를 통해 본 도서관적 기능」, 『한국민족문화』 58, 한국민족문화연구소, 2016.

이수환, 「서원 기록자료 정리의 현황과 과제」, 『민족문화논총』 52, 민족문화연구소, 2012.

이유리, 「17세기 일본 간행 조선본 性理學書의 서지적 연구」, 한국학중앙연구원 고문헌관리학전공 박사학위논문, 2019.

李春熙, 『李朝書院文庫目錄』, 國會圖書館, 1969.

임근실, 「柳雲龍의 『吳山志』 편찬 의도」, 『한국서원학보』 2, 한국서원학회, 2013.

_____, 「16세기 書院의 藏書 연구」, 『韓國書院學報』 4, 한국서원학회, 2017.

4. 「무흘구곡도」, 한강 정구 도통의 시각화

1. 머리말

한강寒岡 정구鄭逑(1543~1620)는 16세기 후반에서 17세기 전반 활동했던 영남사림의 대표적 인물이다. 정구의 집안이 성주에 정착한 것은 부친 정사중鄭思中(1505~1551) 때부터였다. 그는 부친 정응상鄭應祥이 사망한 이후 모친 서홍김씨(金宏弼의 딸)를 모시고 달성의 현풍에 살던 외조모 박씨를 찾았고, 그곳에서 성주이씨(李煥의 딸)에게 장가들면서 성주 남산리南山里 사월촌沙月村에 자리 잡게 되었다.[1]

정구는 13세에 김우옹金宇顒(1540~1603)과 함께 성주향교의 교관이자 조식曺植의 고제였던 오건吳健의 문하에서 수학하였으며,[2] 이후 1563년 21세에 이황을 찾아가 진덕수眞德秀의 『심경』에 대해 질문한 이래 서신으로 가르침을 받았다. 그해에 진사시進士試에 합격하였으나 문과에 응시하지 않고 이듬해 후학 양성에 뜻을 두어 낙향하였고, 1566년 조식에

---

1) 張顯光, 『旅軒集』, 卷13, 「寒岡鄭先生行狀」.
2) 吳健은 조식의 문인으로 정구의 종이모부였기에 정구는 그의 문하에 출입하였다. 權延雄, 「檜淵及門諸賢錄」小考, 『한국의 철학』 13(대구: 경북대 퇴계연구소, 1985) 참조.

4. 「무흘구곡도」, 한강 정구 도통의 시각화 ㅣ 정은주   155

게 인사하였다. 1568년에는 성주의 연봉산 아래 서원을 세우고 이황의
자문을 구해 그 이름을 '천곡川谷'이라 하여 정자와 주자를 주향하고 외
조부 김굉필을 배향하였다. 이후 1607년 안동부사로 재임 시에는 이황
의 글씨를 집자하여 천곡서원川谷書院 및 도동서원道東書院의 편액을 제작
하는 등 사문에 대한 계승의식을 드러냈다.[3]

　이러한 학맥 관계에서 한강 정구를 중심으로 한 성주권 유림의 학풍
은 남명학파의 영향으로 기학적氣學的 특징이 부분적으로 나타나지만,
정주학程朱學이 대세를 형성하면서[4] 이황의 수양론을 수용하여 영남학
파의 제3계열로 평가된다.[5] 한강 정구의 문인록인 『회연급문제현록檜淵
及門諸賢錄』에 수록된 문인 342명 중에서 낙동강 연안권 17개 지역 출신의
문인이 213명이고, 그중 성주지역의 문인 수는 91명으로 압도적 다수였
음을 알 수 있다.[6] 정구 이후 성주의 학맥은 그의 질서姪壻 장현광을
통해 영남지역의 주리적 전통과 허목을 중심으로 근기지방의 실학계열
과 결합되었다.[7]

---

3) 정구의 영남학통 계승에 대해서는 김학수, 「한강 정구의 학문 연원」, 『한국학논집』
　48(2012), 146~162쪽 참조.
4) 정구의 정주학 수용양상에 대해서는 권진호, 「한강 정구의 정주학 수용양상」, 『남명
　학연구』 24(2007), 143~180쪽 참조.
5) 金武鎭, 「朝鮮時代 星州의 敎育體制」, 『한국학논집』 24(대구: 계명대 한국학연구소,
　1997), 17쪽; 김성윤, 「조선시대 星州圈 유림층의 동향─학맥·학풍·향전·향약을
　중심으로─」, 『역사와 경계』 59(2006), 163~168쪽.
6) 김학수, 「조선중기 한강학파의 등장과 전개-문인록을 중심으로」, 『한국학논집』
　40(2010), 115~117쪽; 김형수, 「임란 전후 寒岡學團의 활동과 성주지역 사족사회의
　동향」, 『민족문화연구』 77(2017), 260~265쪽.
7) 정우락, 「한강 정구의 사물인식방법과 세계지향」, 『한국사상과 문화』 49(2009), 69~
　102쪽; 장현광은 정구의 姪壻(정구 맏형 鄭适의 사위)였으나 장현광은 정구의 문인임
　을 자처하지는 않았다. 寒旅是非에 대해서는 김학수, 「17세기 여헌학과 형성과 학문
　적 성격의 재검토」, 『한국인물사연구』 13(2010), 15~34쪽; 정구의 재임지에서 8종의

『회연급문제현록』은 이황이 편찬한 주자학자들의 언행록인 『송계원명리학통록宋季元明理學通錄』과 『도산급문제현록陶山及門諸賢錄』에 따르고 있어 주자, 이황, 정구로 이어지는 학통인식과 관련이 깊다.[8] 이와 함께 정구는 「무이구곡도」와 「도산도」를 함께 제작하여 주자에서 이황으로 이어진 도맥道脈을 드러내었다. 이후 1784년에 정구의 문인과 후손에 의해 제작된 「무이구곡도」와 정구의 무흘정사 일대를 그린 「무흘구곡도」는 주자와 이황, 정구로 이어지는 도통의 시각화를 단적으로 보여 준다.[9]

무흘구곡은 경북 성주군 수륜면과 금수면, 그리고 김천시 증산면에 걸쳐 가야산 북서쪽에 위치한 수도산修道山, 독용산禿用山, 연봉산 등의 산세로 감싸 도는 낙동강의 지류에 있는 구곡을 일컫는다.[10] 제1곡 봉비암鳳飛巖에서 제2곡 한강대는 대가천을 따라 형성되어 한강 정구를 봉향하는 회연서원과 그의 후손이 사는 마을에 위치하였다. 제3곡인 선암, 제4곡 입암, 제5곡 사인암은 성주군 금수면 성주댐의 상류이며, 제6곡 옥류동, 제7곡 만월담, 제8곡 와룡암, 제9곡 용추龍湫는 수도산 계곡인 김천시 증산면 황동천을 따라 형성되었다.[11]

사찬 지리지 편찬에 대해서는 김문식, 「16～17세기 한강 정구의 지리지 편찬」, 『민족문화』 29, 173～218쪽 참조.

8) 權延雄, 앞의 논문(대구: 경북대 퇴계연구소, 1985); 우경섭, 「한강 정구의 한문연원과 도통적 위상」, 『역사문화논총』 4(2008).

9) 「무흘구곡도」에 대한 회화사적 검토는 윤진영, 「한강 정구의 유거 공간과 《무흘구곡도》」, 『정신문화연구』 33-1, 8～44쪽 참조.

10) 조선시대 성주목은 지금의 성주군 전체와 고령군의 덕곡면·운수면·성산면·다산면, 달성군 논공읍 북쪽, 김천시 감천면·증산면에 해당하는 큰 고을이었고 읍치는 성주읍 경산리 일대에 있었다. 읍치 좌측에 태종의 태를 묻은 胎封山, 우측 위에 세조의 태를 묻은 胎封山이 있었다. 또한 조선 초에는 읍성 안에 왕조실록을 보관하던 史庫가 있었는데 임진왜란 때 불탄 후 봉화군 태백산으로 사고를 옮겼다.

본문에서는 선행논고의 성과를 바탕으로 한강 정구의 강학처였던 무흘정사의 운영 정황을 먼저 살피고, 그의 사후 무흘구곡의 논의 전개와 그 조성 과정을 파악하려 한다. 또한 정구의 무흘정사 관련 시문과 후학들의 차운시를 현존하는「무흘구곡도」를 함께 검토함으로써 그 제작배경과 내용적 특징을 분석할 것이다.

2. 한강 정구의 강학공간과 무흘정사 운영

정구의 출생지는 성주 사월리沙月里 유촌柳村이었으나, 30대에 창평산의 선영 인근에 한강정사寒岡精捨, 41~49세에 후일 한강학파의 핵심 거점이 된 회연초당檜淵草堂, 62~70세에는 구도求道의 공간으로 수도산의 무흘정사, 70~78세에는 칠곡의 노곡정사蘆谷精捨와 사양정사泗陽精捨에서 생활하며 저술 및 후진 양성에 힘썼다.12)

1573년(31세)에 건립한 한강정사寒岡精捨는 성주군 수륜면 수성리 지촌 뒷산인 창평산으로 이장한 선영을 돌보기 위한 것으로,13) 한강의 서쪽에 대를 하나 만들어 유연대悠然臺라 이름하였다. 한강정사는 정구가 회연초당으로 이거한 후 임진왜란 때 소실되었고, 1603년 한강의 북쪽에

---

11) 『전통·명승 동천구곡 조사보고서』(문화재청, 2007), 43~44쪽; 정우락, 「성주 및 김천 지역의 구곡문화와 무흘구곡 — 무흘구곡의 일부 위치 비정을 겸하여」, 『퇴계학과 유교문화』 54(2014), 213~248쪽.

12) 김학수, 「鄭逑(1543~1620) 文學의 創作現場과 遺跡에 대한 연구」, 『대동한문학』 29(2008), 137~178쪽.

13) 1551년 부친 정사중이 별세하자 이듬해 정월 회봉산에 안장하였으나, 1569년 성주 남쪽 대리의 창평산에 터를 잡아 이장하였다.

숙야재夙夜齋를, 1604년 한강의 뒤쪽에 오창정五蒼亭과 초가집 한 칸 규모의 천상정川上亭, 유정당幽靜堂, 어시헌於是軒, 세심대洗心臺를 새로 조성하였다.

회연초당은 1583년 한강정사에서 조금 떨어진 창평산의 남쪽으로 1리 정도 떨어진 회연으로 옮겨와 지은 것으로, 1591년까지 학문에 전심하며 후학을 양성한 곳이다. 정구는 회연초당의 방을 '불괴침不愧寢', 창문을 '매창梅牕', 헌軒을 '정관靜觀'이라 이름 지었다. 또 문미門楣에는 죽유竹牖와 송령松欞 등의 명칭을 붙여 걸었다. 초당 동쪽에 초가 한간을 다시 지어 선영을 우러러본다는 의미로 망운암望雲庵이라 하였다. 회연초당 역시 임란으로 소실되었는데, 1605년 정구가 초당을 중건하고, 지방의 자제들이 학문을 하지 못하는 것을 안타깝게 여겨 통독회의通讀會儀, 강법講法, 계회입의契會立儀 등을 통해 문생들을 양성한 것이 회연서원의 기원이 되었다.14)

1603년 정구는 친우 김우옹金宇顒의 죽음과 『남명집』 갑진본 간행과 관련하여 조식의 수제자인 정인홍과의 불화로 인해 그가 살던 부음정孚飮亭에서 멀리 떨어진 무흘로 거처를 옮겼다.15) 정구는 1604년 62세 되던

---

14) 장현광, 『여헌문집』, 권13, 行狀, 「皇明朝鮮國, 故嘉善大夫司憲府大司憲兼世子輔養官, 贈資憲大夫吏曹判書兼知義禁府事寒岡鄭先生行狀」; 정구, 『한강집 속집』, 권4, 雜著, 「通讀會儀」; 「講法」. 초하루와 보름에 通讀하는 모임을 만들어 이 약속에 가입한 자가 모두 70여 명이었다. 주로 『小學』, 『呂氏鄕約』, 『童蒙須知』를 통독하였는데, 암송 시험에 통과하지 못한 이는 별도로 유사를 정해 楚罰하였고, 심지어 사우의 모임에서 축출되어 참여하지 못하였다.

15) 『寒岡年譜』, 卷1, 61세(1603)조; 정인홍이 이언적과 이황의 문묘 퇴출을 요구하는 「晦退辨斥疏」를 올려 조식을 문묘에 배향하여 정권의 정통성을 확보하려 하였고, 『남명집』의 발문으로 퇴계를 배척하자 편지를 보내 그 부당함을 변설하였다. 이는 정인홍과 한강 정구와의 결별 원인이 되었다. 한강과 정인홍의 대립 이후 다른 지역 보다 두 학맥 사이에 갈등이 첨예하게 전개되었다. 최연식, 「조선시대 도통 확립의 계보

해에 무흘로 들어가 1612년까지 그곳에서 강학과 학문에 정진한다. 1604년 초가 3간의 무흘정사를 건립하고 서운암棲雲庵이라 편액하였다. 무흘정사는 외지고 깊어 은거처로 적당하였고, 와룡암과 만월담 사이에 있었으나 만월담에 더 가까이에 위치하였다. 1604년 건립 당시에는 서운암을 중심으로 그 아래에 비설교飛雪橋와 만월담滿月潭이 있고, 만월담 위에는 나무로 얽어 지은 자이헌自怡軒이 있었다. 서운암의 동쪽에는 산천암山泉菴이 있고, 산천암 위에는 와룡암이, 와룡암 위에는 반석이 평평한 장암場巖이 있다.

정구는 무흘정사에서『오선생예설분류』와『심경발휘』등을 저술하면서 학문적 결실을 보았고,16) 주자의 운곡雲谷·무이산武夷山·백록동白鹿洞·회암晦庵 등지와 관련된 서문, 기문, 제영과 사적을 수집한『곡산동암지谷山洞庵志』와『무이지武夷誌』를 엮어 2책으로 나누어 만들었다. 또한「무이구곡도」를 모사하여 병풍을 만들어 두고 때때로 펼쳐 봄으로써 주자의 높은 학덕을 흠모하였다.17) 이는 그의 학문에 있어 주자학에 대한 이론적 심화를 단적으로 보여 준다.

1612년 정구는 칠곡의 팔거현八莒縣 노곡蘆谷으로 거처를 옮겼는데, 2년 뒤 노곡정사에 화재가 나서 많은 저술이 소실되었고, 1617년 칠곡의 사수泗水로 옮겨 사양정사泗陽精捨를 지었다. 1620년 정구는 78세에 사양

학—권력 정치적 시각」,『한국정치학회보』45(4)(2011), 156~158쪽.

16)『오선생예설』은 1611년에 저술한 것으로, 1614년 노곡정사의 화재로 소실된 후 1618년 정구가 송대 성리학자 程顥, 程頤, 司馬光, 張載, 朱熹 등의 예설과 이황의 예설을 포함하여 다시 편찬하였다.『한강집별집』, 권2, 雜著,「五先生禮說分類跋」.

17)『寒岡言行錄』, 卷3, “先生嘗在武屹山齋, 裒聚雲谷武夷山白鹿洞晦庵等地序記事實題詠, 合爲一冊, 名曰谷山洞庵誌, 又編武夷誌, 分爲二冊. 摹畫九曲圖, 列爲屛障, 以時披閱, 以寓高山景行之思.”

정사의 지경재持敬齋에서 운명하였고 선영이 있는 창평산에 묻혔다.

정구의 별세 뒤 1633년(인조 11) 그의 문도들과 성주의 유학을 중심으로 무흘정사를 원래 자리에서 아래쪽으로 수백 보 옮겨 36칸 규모로 확장하고, 정사의 남쪽 10보步 정도 거리에 장서각 3동을 세웠다.[18] 이때 서운암과 구분된 장서각을 지었음을 알 수 있다. 장서각에는 정구의 저술 및 서책, 교첩敎帖, 궤장, 시초, 심의深衣, 리履 등을 보관하였으며 청암淸庵의 승려들에게 보호하게 하였다. 정구의 제자 성안의成安義(1561~1629)의 5대손인 성섭成涉(1718~1788)은 무흘정사의 장서각을 조선의 대표적 산중 장서고로 평가하며, 장서각의 연원을 정구의 사후 그의 제자들이 서운암 가에 큰 나무를 깎아 기둥을 올리고 서가를 엮어 수십 개 상자에 순서를 매겨 보관한 데서 비롯되었음을 밝혔다.[19]

정구의 사후 수도산의 무흘정사는 선비들의 대표적 유람코스였고, 정구의 유품과 서적이 있는 장서각은 배상룡裵尙龍(1574~1655)을 비롯한 문도들에게 한강의 학문을 계승하기 위한 구심점이 되었다.[20] 김경필金景泌(1701~1748)은 18세기 전반 무흘정사에 있는 정구의 장서가 천권이 넘고, 정구의 화상畫像도 있었다고 기록하고 있다.[21] 1760년(영조 36)경까지도 무흘정사 장서각에는 정구의 지팡이, 신발, 서적 등 유품과 서적이 보관되었다.[22] 칠곡 출신 송이석宋履錫(1698~1782)은 1777년 무흘정사를

---

18) 정우락, 「한강 정구의 무흘정사 건립과 저술활동」, 『남명학연구』 28(2009), 285~290쪽.

19) 成涉, 『僑窩文稿』外編, 「武屹藏書記」.

20) 『한강집』 초간은 1636년 배상룡과 이서가 주관하였고, 중간본은 1680년 허목에 의해 추진되었다.

21) 金景泌, 『聞韶世稿』, 卷24, 「雙溪寺紀行」.

22) 『여지도서』, 경상도 성주 누정조; 정우락, 「산중도서관 '무흘정사 장서각'의 장서 성격과 의미」, 『영남지』 20(2011), 13~14쪽.

방문하고, 장서각에 소장되었던 도서를 정리하여 『무흘서각초록武屹書閣抄錄』 2권을 남겼고,[23] 김한동金翰東(1740~1811)은 무흘정사의 장서목록을 작성하여 정조에게 올렸다.[24]

이후 서운암의 입지가 높고 승려들의 기강도 해이해져 건물이 방치되면서 더 이상 경영할 수 없게 되자 1784년에 정구의 종손 정위鄭煒(1740~1811)를 비롯한 후손이 중심이 되어 무흘정사의 옛터에 서운암을 이건하였다.[25] 당시 장서각은 그대로 두었다가 1810년(순조 10)에야 무흘정사가 있는 곳으로 이건하였고,[26] 1854년(철종 5)에 장서각이 화재로 소실되면서 1862년에 기존 위치에서 10여 리 위쪽에 옛 규모로 재건하였다.[27] 1922년 향리의 인사들이 옛터를 개척하여 새로 4칸의 당과 포사庖舍 몇 동을 지었는데 그 규모는 매우 축소되었다.[28] 이후 1940년 회연서원으

---

23) 李萬運, 『默軒集』, 권11, 「成均進士南邨宋公行狀」; 宋履錫, 『南村集』, 권2, 「書武屹書閣抄錄後」.

24) 임란 이후 많은 전적들이 산실되면서 정조의 명으로 嶺外의 임란 이전 전적을 올리라는 교서가 내려지자 金翰東에 의해 무흘정사의 장서각 장서목록이 작성되어 상진되기도 하였다. 정우락, 앞의 논문(2011), 13쪽, 주석 11) 참조.

25) 成涉, 『僑窩文稿』 外編, 「再遊武屹」.

26) 이때 정위는 「武屹藏書閣上梁文」을 짓고 李萬運은 「武屹精捨藏書閣移建記」를 지었다. 李萬運, 『默軒文集』, 卷7, 記, 「武屹精捨藏書閣移建記」.

27) 정위의 현손 鄭世容이 「武屹讀書錄」을 만들었다. 한국학중앙연구원 장서각 소장 고문서 「星州武屹山鄭寒岡書齋所藏書冊」과 1832년 간행된 『星州牧邑誌』에 소개된 장서목록, 國會圖書館에서 1968년 발간한 『韓國古書綜合目錄』에 무흘장서 목록을 종합해 보면 고문헌 80종으로 중국과 조선의 성리서, 역사서, 문학서, 예서 등이 중심을 이룬다. 그리고 책판은 『京山志』를 비롯해 『湫灘集』, 『一松集』, 『月峰集』, 『一竹集』, 『松堂集』 등 6종으로 파악된다. 정우락, 앞의 논문(2011), 25~29쪽.

28) 鄭宗鎬, 『磊軒集』, 卷6, 「武屹精捨記」, "先子文穆公, 自淵上溯流, 六十里而避地, 盖谷邃源遠, 人烟逈隔, 有九曲雲霞之趣, 貯百家詩禮之富, 當時所稱海東武夷者此也. 始築茅屋三間, 及先生沒, 而地主門徒, 爲構精捨, 盖三十六架, 而捨之南十武許, 又建藏書閣三棟, 書冊及敎帖几杖蓍龜之屬, 藏焉. 其後二百五十年甲寅, 爲鬱攸攸災後, 九年壬戌, 移卜于數帿之上, 卽此地也. 規模廣狹, 一如舊制, 又其後六十一年壬戌, 鄉人士, 悶其傾圮拓舊址, 而新之堂爲四架, 庖捨亦若干棟, 皆斲而小之, 比前才十之一也, 是亦關世道之降替也."

로 옮겼다가 1970년 화재로 대부분 소실되었다.[29]

3. 무흘구곡의 명명과 구곡도 제작 경위

주자의 무이구곡은 원대元代 진보陳普(1244~1315)가 주석하였듯 도道로 나아가는 순서를 하나로 조목한 것으로, 재도적載道的 의미로 해석되기도 한다. 중국에서 무이구곡을 9폭으로 그린 작품은 원대元代 진중인陳仲仁의 「무이구곡도」가 비교적 이른 작품에 속한다.[30]

고려 말 원천석元天錫(1330~?)의 『운곡시사耘谷詩史』에 이식李植의 「칠봉서원제영七峯書院題詠」이라는 시가 실려 있는데, 시의 말구末句에서 "의연하게 구곡九曲이 무이산에 있네"(依然九曲武夷中)라고 하여 고려 말부터 무이구곡의 인식이 형성되었음을 알 수 있다. 서거정徐居正(1420~1488)의 「주문공무이정사도(용문공운)朱文公武夷精捨圖(用文公韻)」에서 볼 수 있듯 조선문단에 수용된 것은 사림파가 정치적 세력으로 등장한 시기부터이다.[31]

구곡도는 주희를 추종하는 성리학자들 사이에서 그가 경영한 무이정사를 중심으로 무이산의 구곡을 주제로 제작한 「무이구곡도」에서 비

---

29) 정구의 창작 현장인 한강정사, 회연초당, 무흘정사에 대한 연구는 김학수, 「정구(1543~1620) 문학의 창작현장과 유적에 대한 연구」, 『대동한문학』 29(2008), 137~165쪽 참조; 무흘정사의 위치와 구조에 대해서는 정우락, 「한강 정구의 무흘정사건립과 저술활동」, 『남명학연구』 28(2009), 285~290쪽 참조.

30) 무이도는 燕文貴(967~1044)의 『武夷疊嶂圖』와 張擇端(1042~1107)이 그린 「武夷山圖卷」이 있었던 점에서 1183년 주자가 이곳에 무이정사를 짓기 전부터 무이산은 중국화가들 사이에서 명산으로 그려지고 있었음을 알 수 있다. 윤진영, 「조선시대 구곡도의 수용과 전개」, 『미술사학연구』 217·218, 64쪽, 〈표 1〉 참조.

31) 강신애, 「조선시대 무이구곡도의 연원과 특징」, 『미술사학연구』(2007), 7~9쪽.

롯되었다. 조선에서는 성리학에 대한 이해가 심화된 16세기 조선 사회에서 이황과 이이를 비롯한 사림들이 본격적으로 수용하여 전승하였으며, 문인들은 뛰어난 경관과 수려한 산수에 건립된 정사를 중심으로 구곡을 정하여 경영하며 구곡도로 제작하여 주자의 사상을 추종하였다. 도통의식과 관련하여 구곡시가의 창작이나 차운次韻과 더불어 이를 시각화한 구곡도는 정치적 학맥의 정통성 확보와 결속을 도모하기 위한 목적과 관련되어 주목할 만하다.32) 구곡은 수려한 자연 현상 이상의 의미를 지녔는데, 구곡을 설정한 중심인물인 최초 경영자 또는 후학들이 주자의 학문을 계승하고, 성리의 도를 실천하는 장소로서 상징성과 학파적 연원을 가진 장소가 되었다.33)

도통을 상징하는 구곡의 운영과 그림 제작의 전통은 서인 노론계에 의해 먼저 확립되었다. 율곡(1536~1584)이 해주에 조영한 고산구곡高山九曲에 이어 송시열의 화양구곡華陽九曲, 김수증의 곡운구곡谷雲九曲, 권상하의 황강구곡黃江九曲, 홍양호의 우이구곡牛耳九曲, 화서 김평묵의 옥계구곡玉溪九曲이 그것이다.34) 한편 정구를 비롯한 남인 계열에서도 「무이구곡도」와 「도산도」를 함께 제작하여 주자에서 이황으로 이어진 도맥을 드러내었다. 한강학단을 중심으로 한 무흘정사 관련 시문 저술과 「무흘구곡

---

32) 1674년 甲寅禮訟이나 1689년 己巳換局으로 서인들이 실각한 시기를 전후하여 「고산구곡도」를 제작하였고, 1680년 경신환국으로 서인이 재집권하면서 1682년 이이와 성혼의 문묘 종사를 허락 받은 시기에 김수증이 「곡운구곡도」를 제작한 것은 이이에서 송시열, 그리고 김상헌 후손가로 이어지는 도통의 맥을 그리려던 대표적 사례다. 이상원, 「조선후기 〈高山九曲歌〉 수용양상과 그 의미」, 『고전문학연구』 24(2003), 50~51쪽; 조규희, 「조선 유학의 '道統'의식과 九曲圖」, 『역사와 경계』 61(2006), 9~14쪽.
33) 이상균, 「조선시대 사대부의 산수유관과 구곡유람」, 『영남학』 27(2015), 369~395쪽.
34) 최종현, 「朱子의 武夷九曲圖」, 『역사와 실학』(2000), 718~719쪽.

도」제작 역시 이러한 맥락에서 이해할 수 있다.

정구가 중찬한 『무이지武夷志』는 명대 양공楊恒이 1522년 6권으로 편찬한 것의 사본寫本을 필사한 것이다.[35] 그 제작 내력은 다음 글에서 확인할 수 있다.

지난날에는 「무이도武夷圖」를 가지고 있으면서 어루만지며 우러러 상상하는 뜻을 붙였는데, 요즘 또 『무이지』 6권을 얻어 책장을 넘기며 그 내용을 읊노라니 내 정신이 마치 은병봉隱屏峯과 철적정鐵笛亭 사이에 노닐며 주자가 끼친 도덕의 향기에 젖어드는 것 같아 아주 불행하다고는 말할 수 없다. 그래서 당장 이 책을 베껴 써서 산중에 간직하여 책상에 앉아 펴 보며 즐길 자료로 삼기로 하였다. 그런데 이 책도 사본寫本이어서 오자誤字가 많고 권수에 있어야 할 11장의 그림도 빠진 상태였다. 그림은 앞으로 화가를 구해 옛 판본을 근거로 모사해서 끼워 넣을 생각이다. 그렇게 하면 비록 실물을 직접 대하고 그린 것처럼 사실적이지는 않겠지만 책을 펴고 살펴볼 때 완전히 빠져 볼 것이 아예 없는 것보다는 낫지 않겠는가. 그리고 내용을 살펴보니 주자가 무이산을 주제로 하여 지은 여러 작품이 많이 보이지 않고 산천을 기록한 내용도 『일통지一統志』와 비교했을 때 어떤 부분은 상세하고 어떤 부분은 간략하였다. 이름을 이미 『무이지』라고 붙이면서 어찌 이래서야 되겠는가. 저 두 양씨楊氏는 어떤 인물인지 알 수 없으나[36] 주 부자의 시

---

35) 정구가 증보한 『무이지』는 1609년 필사되었는데, 이황의 1564년 「武夷九曲圖序」와 1609년 정구의 識가 있다. 고려대학도서관에 2권 1책 缺帙本이 소장되었다. 명대 楊恒이 편찬한 『무이지』 구성은 1520년 費宏이 찬한 「武夷新志序」가 있고, 6개 조항의 범례, 胡璉의 「再遊武夷四首」, 「무이지목록」에 이어 주희의 「武夷圖序」, 다음으로 王鉉이 그린 「武夷九曲總圖」, 무이구곡 각 1도, 「新修武夷書院圖」가 추가되었다. 본문은 권1부터 권6에 이어 1520년 舒芬이 찬한 「武夷志後序」, 1522년 蕭乾元이 찬한 「書武夷志後」가 붙었다. 『무이지』는 현재 일본 동양문고에 소장되어 있다. 전병철, 「明代 楊恒의 『武夷志』가 조선에 끼친 영향」, 『한문학논집』(2015), 269~274쪽.

문詩文을 감히 이 산의 기록에서 선별해 실었다는 것이 말이 될 일인
가.37)

정구는 서사원徐思遠(1550~1615)이 김도원金道源의 것을 필사한 양긍의
『무이지』 6권을 빌려 그냥 베끼는 것에 만족하지 않고, 『주자전서』에
실린 주자의 시 중 무이산과 관련된 작품을 모두 취하였고, 누락된 산천
명승 부분을 『일통지』에서 보충하여 해당 편에 끼워 넣었다.38) 또한 부
록으로 「간소簡霄」와 「호련胡璉」 등 누락된 시를 해당 부분에 넣었다. 구
곡의 시도 모두 해당되는 곡 아래로 모았는데, 퇴계 선생의 시와 발문을
그 밑에 달아놓았다. 그는 이러한 일이 비록 참람한 일임을 알면서도
『무이지』 증찬에 있어 『일통지』에서 무이산의 명승지로 이름난 곳을
보충하고, 누락된 주자의 시는 물론 그의 도통을 따르던 퇴계 이황의
「무이도발」을 추가하였음을 밝혔다. 아울러 『무이지』 사본에 있던 오자
를 바로잡고, 이 책에 포함되어야 할 「무이구곡도」와 「무이산총도」, 「무
이서원도」 등 11장의 그림이 누락된 것에 대해 후에 화가를 구해 양긍

---

36) 여기서 두 양씨는 『무이지』를 편찬한 楊亘과 교주한 楊易을 말한다.
37) 정구, 『한강집』, 권10, 跋, 「武夷志跋」, "舊有武夷圖, 嘗竊摩挲, 以寓其瞻想之懷, 近又得所
謂武夷志六卷者, 披閱吟誦, 不覺此身周旋於隱屏鐵笛之間, 仰襲道德之餘芬 亦不可謂全不幸
也. 卽謀謄寫, 留置山中, 以爲林榻展玩之資, 第所得者. 亦寫本也, 頗有誤字處, 編首十一圖
子, 亦皆闕焉. 圖則將欲求畫史, 據舊本而模入. 雖不如面對落筆之逼眞, 而開卷寓目, 不猶愈
於全缺而無所覩乎. 見編中朱子武夷諸作, 多不見在, 山川所識, 亦與一統志, 互有詳略. 旣曰
武夷志, 則豈合如是, 彼兩楊, 不知爲何如人, 朱夫子之詩文, 而敢有所取捨於玆山之志哉."
38) 정경세, 『愚伏先生文集』, 卷15, 跋, 「書武夷志後」. 정구가 『무이지』를 증편한 사례는
영남학파의 핵심인물이었던 우복 정경세(1563~1633)에게도 보인다. 그는 1607년
달성부사로 부임할 때 徐思遠에게 빌린 『武夷志』를 등사한 후 「九曲摠圖」 한 폭을
모사하여 권수에 추가하고, 퇴계 이황이 주자의 「무이도가」의 운에 화답한 시를 마
지막에 붙였다. 그는 완곡하게 표현하였지만, 무이산은 주자의 학문이 완성된 곳이
며, 그것을 그림으로 그린 무이구곡은 주자의 도통을 상징으로 간주하였다.

의 『무이지』를 근거로 모사해서 끼워 넣을 계획을 밝히고 있다.[39]

정구는 이담李湛(1510~1574)이 소장한 중국본을 모사한 「무이구곡도」
를 이전부터 소장하였고, 새로 얻은 중국본 도판을 화가에게 모사하도
록 하였다. 이러한 정황은 한강이 쓴 다음 발문에서 확인된다.

내게 이전부터 (무이)구곡도(武夷)九曲圖가 있었는데, 이는 이 선생(퇴계
이황)이 발문을 쓰신 것으로 정존靜存 이담李湛이 소장한 중국본을 모
사한 것이다.[40] 이 그림을 대하면 정말이지 이른바 시야에 가득 들어
온 구름이며 안개가 정묘의 극치를 다하여 마치 귓전에 들리는 듯 황
홀하다. 또 중국본 책자 속에서 무이산의 총도總圖와 서원도書院圖를 발
견하였는데, 지난번 화산花山(安東의 옛 이름)에 있을 때 우연히 화가를 만
나 이것까지 아울러 『(무이)지(武夷)志』에 본떠 그려 넣게 하고 거기에
이 선생의 발문을 첨부하였다.

한가할 때마다 가끔 한 번씩 열람하고 있노라면 내 몸이 외진 조선
땅, 그것도 400여 년 뒤에 살고 있다는 현실을 잊곤 한다. 그러니 그
당시 매일 주자를 모시고 도를 강론하면서 「무이도가武夷櫂歌」를 부르
며 생활하던 사람들은 그 기상과 의취가 어떠하였겠는가. 감회가 있어

---

39) 『武夷志』는 명대 楊亘이 1522년 6권으로 편찬하였고, 그 구성은 1520년 費宏이 찬한
「武夷新志序」가 있고, 6개 조항의 범례, 胡璉의 「再遊武夷四首」, 「무이지목록」에 이어
주희의 「武夷圖序」, 다음으로 王鉉이 그린 「武夷九曲總圖」, 무이구곡 각 1도, 「新修武夷
書院圖」가 추가되었다. 본문은 권1부터 권6에 이어 1520년 舒芬이 찬한 「武夷志後序」,
1522년 蕭乾元이 찬한 「書武夷志後」가 붙었다. 『무이지』는 현재 일본 동양문고에 소
장되어 있다. 전병철, 앞의 논문, 269~274쪽.

40) 이황, 『退溪集』, 卷43, 跋, 「李仲久家藏武夷九曲圖跋」, "世傳武夷圖多矣, 餘昔在京師, 求得
數本, 倩名畫摹來, 由其元本疎略, 傳亦未盡. 吾友李君仲久, 近寄一本來." 퇴계는 세간에
전하는 무이도가 많아 서울에 있을 때, 여러 본을 얻어 모사하여 왔으나 그림이 매
우 소략하여 아쉬워하던 차에 1584년 친우 李仲久가 재발을 부탁하기 위해 보내준
「무이도」는 잘 그려 완성할 만하였다. 이후 1585년 이중구가 퇴계에게 「무이도」를
한 벌 축으로 장황하여 보낸 것에 대한 감사의 마음을 전하고 있다. 이동환 역, 「答
李仲久之書」, 『퇴계학보』 9집(1976), pp. 111~113; 『퇴계학보』 14집(1976), 201쪽.

이를 적는다. 기유년(1609) 3월 정미일에 정구가 쓰다.[41]

정구는 1606년 12월 안동의 부임지에서 만난 화가를 시켜 중국본 책
자 속에서 발견한 「무이산총도」와 「무이서원도」를 『무이지武夷志』에 모
두 모사해 넣게 하고 퇴계의 발문을 첨부하였다.[42]

무흘구곡의 명칭 중 주암舟巖(船巖), 입암立巖, 사인암捨印巖 등은 정구
가 1579년 37세에 지은 『유가야산록遊伽倻山錄』에 제시한 바와 같이 정구
의 정착 이전부터 명명된 이름이었다. 이때 정구는 주희가 쓴 『운곡기』
와 『무이산기』를 휴대하였고, 가야산과 무이산의 경관을 비교하기도 하
였다. 또한 한강대寒岡臺는 정구가 1573년에 한강정사를 세우고 이곳에
정착하면서 명명한 것이고, 만월담滿月潭과 와룡암臥龍巖은 1604년 무흘정
사를 건립하고 이곳에 정착하면서 지은 이름이다.

무흘구곡의 논의가 구체화된 것은 한강학단이 일정한 활동을 시작
한 1633년 배상룡裵尙龍(1574~1655)이 무흘산장武屹山長이 되어 무흘정사를
큰 규모로 확장하고 장서각도 새로 세우면서 비롯되었다. 허목은 1681
년 성주 회연서원의 유생들의 요청으로 전서篆書로 회연서원 강당의 편
액'망운암望雲庵'과 서원 옆 바위 이름인 '봉비암鳳飛巖'을 써 주었다. 허목
은 이황, 정구를 계승하여 이익과 채제공으로 이어지는 근기 남인의 학

---

41) 鄭逑, 『寒岡集』, 卷9, 雜著, 「書武夷志 附退溪李先生跋 李仲久家藏 武夷九曲圖後」, "餘舊有
九曲圖, 卽李先生題跋李靜存所藏唐本之摹寫者也. 信乎所謂滿目雲烟, 精妙曲盡, 怳若耳邊之
有聞矣. 又於唐本冊子中, 得總圖與書院圖, 頃在花山, 偶値畫手, 竝令模入志中, 係以李先生跋
文. 每於閑中時一番閱, 不覺此身之落在東偏. 四百有餘年之下, 不知當日日侍講道, 而歌詠周
旋於其間者, 其氣像意味, 又復何如也邪. 感想之餘, 因竊識焉. 己酉暮春丁未, 逑書."
42) 현재 고려대학교도서관에 소장된 『무이지』 필사본에는 1564년 이황이 쓴 「무이구곡
서」와 1609년 暮春 丁未에 한강 정구가 쓴 識文이 추가되었으나, 권수에 11개 그림은
실려 있지 않다.

문적 연원을 이어 준 핵심 인물이었다.[43]

옥류동玉流洞은 정구의 제자인 여찬呂燦(1578~1646)의 아들 여효사呂孝思(1612~1661)가 『가은팔경可隱八景』에서 특별히 노래한 곳이다. 입암立巖, 사인암捨印巖, 와룡암臥龍巖, 옥류동玉流洞 등의 글씨가 바위에 새겨져 있는데, 이 중 입암의 각자 옆에는 "숭정기원후팔십구년병신맹추崇禎紀元後八十九年丙申孟秋"라고 하여 1716년 7월에 새겼음을 알 수 있다.[44] 용추龍湫는 1784년 그의 후손 정동박이 『무흘구곡운』을 지으며 명명한 명칭이다. 무흘구곡의 지명이 오늘날처럼 정해진 것은 정구의 문인들에 의한 것이다.

1784년 정구의 종손 정위鄭煒(1740~1811) 등을 중심으로 무흘정사가 중건되고, 정동박(1732~1792)의 발의로 「무흘구곡도」가 그려진다. 현전하는 「무흘구곡도」는 정재국 소장 필사본이 있고, 한강의 종가 구장본은 흑백사진으로만 전한다.

무흘구곡이 한강의 사후 후대인들에 의해 이름 붙여진 정황과 「무흘구곡도」를 그린 목적은 이만운李萬運이 지은 다음 발문에서 확인된다.

> 우리 한강寒岡 정 선생은 주자의 도를 몸소 행하여 학문에 힘쓰고 노래
> 한 곳은 무흘武屹 한 곳에서 가장 잘 드러나니 회암의 무이武夷와 같다.
> 선생은 일찍이 『무이지武夷志』를 증찬曾撰하였고, 또한 구곡시를 화운

---

43) 蔡濟恭, 『樊巖集』, 권51, 「星湖李先生墓碣銘」, "吾道自有統緒, 退溪我東夫子也. 以其道而傳寒岡, 寒岡以其道而傳眉叟, 先生私淑於眉叟者, 學眉叟而以接夫退溪之緒, 後之學者知斯文之嫡嫡相承."; 우경섭, 앞의 논문, 145~193쪽.
44) 정구의 무흘 정착과 무흘구곡의 명명에 대해서는 정우락, 「한강 정구의 무흘 경영과 무흘구곡 정착과정」, 『한국학논집』 48(2012), 109~120쪽; 정우락은 사인암, 만월담, 와룡암의 기존 위치 비정의 오류를 시정하였다. 정우락, 앞의 논문(2014), 227~238쪽.

하니 그 뜻이 은미하였다. 후대인들이 무흘구곡을 이름 붙여 마애에 새기고 그림으로 그려 첩을 만들어 무이武夷의 고사故事를 본떴다. 대개 무이정사는 순희淳熙 갑진甲辰년(1184)에 세웠고 무흘정사는 만력萬曆 갑진甲辰년(1604)에 세웠는데, 지금 중건하여 새기고 그린 것이 마침 갑진년(1784)이다. 하늘이 두 현인(주자와 한강)을 내어 지명이 이미 부합하고 앞뒤 세월을 경영함 또한 우연이 아니다. 아, 계곡과 산의 향기 넉넉하고, 구름안개 눈에 가득하여 만져질 듯하고 곁에 모시고 월담과 용암 사이를 노니는 것 같다. 이렇게 하면 흠모하여 흥기할 수 있을 것이니 선생의 인지仁智의 덕을 배우고자 하는 자는 장차 이 그림에서 얻을 수 있을 것이다.[45]

이만운은 한강에게 있어 무흘은 주자의 무이산과 같다고 비유하며, 그가 『무이지』를 중찬하고 주자의 「무이도가」에 화운한 사실을 밝혔다. 이어 무흘의 구곡 명칭은 한강의 사후에 후대인들에 의해 이름이 붙여졌고, 무이구곡의 고사를 본떠 각석刻石하고 시화첩이 만들어진 계기를 설명하였다. 또한 무이정사와 무흘정사가 지어진 것이 각각 1184년과 1604년으로 갑진년이며, 무흘정사를 중건하여 구곡의 이름을 새기고 그린 것이 1784년 갑진년으로 주자의 무이구곡과 부합하도록 무흘구곡의 지명을 정하였음을 알 수 있다.[46] 후대인들의 이러한 구곡 선정은 한강 정구가 주자의 학문과 도통을 계승했음을 보여 주려는 의도임을 잘 보

---

45) 李萬運(1736~1820), 『默軒文集』, 卷7, 「武屹九曲圖跋」, "惟我寒岡鄭先生躬行晦庵夫子之道, 而藏修歌詠之所, 最在於武屹一區, 與晦庵之武夷同焉. 先生嘗增撰武夷志, 又和九曲詩, 其旨微矣. 後之人仍名武屹九曲, 刻之磨崖, 且爲繪畫作帖, 以倣武夷故事. 盖武夷精捨成於淳熙甲辰, 武屹精捨刱於萬曆甲辰, 而今重建刻繪, 適在甲辰. 天生兩賢, 地名旣符, 經營前後之歲又同, 亦非偶然者矣. 噫, 溪山剩馥, 雲烟滿目, 摩挲勞勩, 怳若追陪杖屨於月潭龍巖之間. 庶幾有所想慕而興起焉, 則欲學先生仁智之德者, 亦將有得於斯圖也."
46) 李萬運, 『默軒文集』, 卷7, 記, 「武屹精捨藏書閣移建記」.

여 준다. 이만운은 마지막에 주자의 무이구곡도가 그의 사상과 학문을 추종하는 후인들에게 그러듯 구곡도를 통해 한강 선생의 학덕을 배울 수 있다고 그 효용성을 언급하였다.

다음은 산옹散翁 이규수李奎壽가 「무흘구곡도」를 본 후 적은 발문이다.

광원光遠 정동박鄭東璞 군은 선생의 후손으로 성정이 충담하고 소연蕭然
하여 산수를 좋아하는 흥취가 있었다. 무흘이 서쪽 지경에 있어 한가
로운 때 노닐었다. 무릇 산의 물이 100리를 둘러 오르내리는 것이 선생
이 남긴 자취와 여운 아닌 것이 없었다. 광원 군이 선조를 추모하여
감흥을 일으킨 것은 비단 우뚝 서 있는 산과 조화롭게 흐르는 물에
있는 것만이 아니었다. 대개 서른여섯 봉우리와 아홉 굽이가 만정봉幔
亭峯과 대왕봉大王峯처럼 보이는 것이 선명하였다. 절뚝거리는 나귀로
나막신을 끌며 구경하는 여가에 유명한 화공을 시켜 무흘구곡武屹九曲
을 그리게 하여 구비를 따라 시 한 수를 짓고 작은 화첩을 만들어 무이
구곡도武夷九曲圖와 짝하게 했다. 아, 광원 군은 선조를 높이고 현인을
공경하는 정성과 산수로 인지仁智를 즐기는 이 두 가지 아름다움을 다
하였다고 하겠다.47)

이규수는 한강의 6세손 정동박이 산수를 좋아하는 흥취가 있어 한
가로운 여가에 무흘을 거닐다가 한강을 추모하기 위해 구곡을 정하고
유명한 화공을 시켜 무흘구곡을 그리게 하고 구곡을 따라 시를 짓고

---

47) 李奎壽,『全城世稿』, 卷1,「書鄭警軒武屹九曲帖後」, "鄭君光遠氏 先生之裔孫也. 雅性冲澹蕭
然, 有林壑之趣, 而武屹在其西境, 暇則遊焉. 凡山若水之環, 百里周遭而沿徊者, 皆莫非先生遺
躅餘韻, 則光遠氏之所以寓慕而興感者, 不但在於峙然而立, 融然而流而已也. 蓋將以峰六六而
曲三三, 如幔亭大王視之也. 明矣. 蹇驢蠟屐之暇, 乃倩名畵, 摹寫武屹九曲, 逐曲歌詩一絶 粧
成短帖, 以配夫武夷九曲圖. 噫, 光遠氏尊祖敬賢之誠, 山水仁智之樂, 可謂兩盡其美矣."

화첩으로 만들었으며, 이어 「무이구곡도」를 함께 제작하였음을 밝혔다. 이규수는 정동박이 이 두 화첩을 제작한 이유를 주자와 한강을 공경하는 정성을 보임과 동시에 그 산수를 통해 얻어지는 인지(仁智)의 도를 즐기려는 목적이라 하였다.[48]

이와 관련하여 주목할 작품이 바로 국립중앙박물관 소장 「무이구곡도」이다.[49] 표제는 '무이구곡도武夷九曲圖'이고, 표지 장황 형식은 앞의 정재국 소장 「무흘구곡도」와 유사하다. 제9곡 상단에 "영재가 80세에 그리다"(嶺齋八耋翁寫)라고 적고 '영재嶺齋', '김상진인金尙眞印' 주문방인을 찍었다. 따라서 영재 김상진이 80세인 1785년에 그렸음을 알 수 있다. 화첩의 순서는 「무이도서武夷圖序」가 있고, 「무이전도」를 포함한 구곡도 10폭이 온다. 그림 상단에는 각각 주자의 「무이도가」 10수, 퇴계 이황의 「한거독무이지, 차구곡도가운閒居讀武夷志, 次九曲櫂歌韻」 10수와 한강 정구의 「앙화주부자무이구곡시운仰和朱夫子武夷九曲詩韻」 10수가 각 화면에 각 1수씩 순서대로 기록되었다. 이후 무이구곡 유적에 대해 기록한 「무이명승武夷名勝」, 퇴계 이황의 「무이도발武夷圖跋」, 한강 정구의 「무이지발武夷志跋」이 차례로 기록되었다. 따라서 이 작품이 앞서 정동박이 화원을 시켜 「무흘구곡도」와 짝하여 제작한 「무이구곡도」임을 알 수 있다.

---

48) 仁智의 도는 山水를 통해 얻어지는 道로, 공자가 『論語』 「雍也」편에서 "知者는 물을 좋아하고 仁者는 산을 좋아하니, 지자는 動的이고 인자는 靜的이며, 지자는 낙천적이고 인자는 장수한다"고 한 데서 유래하였다.

49) 국립중앙박물관에 소장된 「무이구곡도」의 模本은 한강 정구가 증편한 『무이지』에 포함된 그림들과 『일통지』에서 찾아 넣은 「武夷名勝」, 퇴계 이황의 「武夷圖跋」, 한강 정구의 「武夷志跋」을 그대로 옮긴 것임을 알 수 있다.

4. 무흘구곡도의 주요 내용

한강의 종가 구장본 「무흘구곡도」의 화첩 크기는 39.5×21.1㎝, 지본 수묵, 첩 형태의 장황으로 구곡도 9폭과 무흘정사의 「서운암도」가 맨 마지막에 실렸고, 그 뒷면에 정구가 주자의 「무이도가」에 차운한 「앙화 주부자무이구곡시운」 10수가 적혀 있다. 시는 「무이도가」에 등장하는 바위, 못, 정자, 폭포, 계곡 등 자연 경관의 순서에 맞춰 구곡의 이름을 정하였기 때문에 무이산을 노래한 제1수를 제외한 나머지 구곡은 무흘 구곡의 자연적 소재와도 거의 합치된다. 특히 제3곡의 학선堅船은 무이 산 일대에서 시신을 배에 담아 바위 벼랑에 매달아 장사지내던 고월족 古越族의 풍습에서 유래한 것으로, 「무이도가」의 압운뿐만 아니라 무이 구곡의 내용까지 시에 인용하고 있어 주목된다.50) 이 화첩의 제9곡 용 추 그림 상단에 '영재嶺齋'라는 주문방인이 찍혀 있어 그린 이가 김상진 임을 확인할 수 있다. 또한 화면에 제시는 따로 없고 '일곡一曲 봉비암鳳 飛巖', '삼곡三曲 무학정舞鶴亭 일명선암一名船岩'과 같이 구곡의 명칭만 우측 상단에 기록하여 구분하였다.

화풍은 수묵으로 제작하였고, 미점준의 산 묘사와 T자형 소나무, 절 대준과 부벽준을 혼용한 암벽 묘사, 적묵법으로 표현한 바위 등은 조선 후기 전형적인 겸재의 화풍을 계승한 진경산수화풍을 따르고 있다.

---

50) 그림은 무흘구곡을 묘사한 것이지만, 화첩 뒤에 붙은 정구의 시는 주자의 「무이도가」 를 차운한 것이다. 정구의 구곡시는 주자의 「무이도가」 제1곡부터 제9곡까지 釣船, 옥녀봉, 堅船, 巖花, 平林, 茅茨(정사), 碧灘, 遊人, 별천지를 소재로 압운에 맞춰 차운하 였다. 주자의 「무이도가」 제3곡에서는 "三曲君看架堅船"이라 하여 架堅船이라 표현하 고 있다. 『주자대전』, 권9, 「武夷櫂歌」.

한편 정재국 소장본은 39.7×24.1㎝, 지본수묵, 첩 형태의 장황으로, 표지에는 '무흘구곡도武屹九曲圖'라는 제첨이 붙었다. 각 그림 상단에는 6세손 경헌警軒 정동박鄭東璞(1732~1792)이 정구의 「앙화주부자무이구곡시운십수仰和朱夫子武夷九曲詩韻十首」에 차운한 시 20수가 적혀 있다.51) 화면은 서운암이 맨 처음 오고, 나머지 구곡은 봉비암鳳飛巖, 한강대寒岡臺, 무학정舞鶴亭(船巖), 입암立巖, 사인암捨印巖, 옥류동玉流洞, 만월담滿月潭, 와룡암臥龍巖, 용추龍湫(臼瀑) 등의 순서로 장황되었다. 정동박의 시는 그림이 그려진 화면 상단에 원래 있던 제시를 세초한 뒤 종이를 그 위에 덧대어 쓴 것으로, 각 화면 전체에 걸쳐 같은 현상이 나타난다. 「서운암도」 상단 정동박의 시 좌측에 "영재, 이름 상진 성은 김이며, 나이는 79세로 갑진년이다"(嶺齋名尙眞姓金年七十九是年甲辰)라고 기록하였다. 따라서 영재嶺齋의 성명은 김상진金尙眞이며, 그림을 그린 갑진년(1784)에 79세였던 점에서 생년이 1706년임을 알 수 있다.

본장에서는 종가에서 구장한 「무흘구곡도」 뒤에 붙인 한강 정구가 주자의 「무이도가」를 화운한 「앙화주부자무이구곡시운」 10수와 「무흘구곡도」 상단에 있는 6세손 정동박의 시 20수를 구곡의 그림과 함께 비교하여 1784년 정동박이 선정한 무흘 구곡의 내용을 파악하려 한다.

정구의 8세손인 진암進庵 정각鄭㻶(1799~1879)은 정동박의 차남 정흡鄭熻의 아들로, 그가 정구의 무이구곡시운 10수에 차운한 것을 '경차선조문목공무흘구곡운십절敬次先祖文穆公武屹九曲韻十絶'이라 하였다.52) 그러나 엄

---

51) 鄭東璞(1732~1792)의 호는 警軒, 본관은 淸州. 자는 輝國으로 이조 참의에 증직되었다. 평소에 산수를 좋아해 일찍부터 과거공부를 끊고 동지들과 경치가 아름다운 산수를 배회하며 시를 주고받았다. 伽倻山 竹項村에 초가를 지어 마을 이름을 月淵洞이라 하고 정자 이름을 養閒亭이라 하였다.

밀하게 말하자면 정구의 시운은 무흘구곡이 아닌 무이구곡을 대상으로
지은 것이었다.

「무흘구곡도」에는 서운암棲雲庵이 맨 처음 붙었고, 나머지 구곡 봉비
암鳳飛巖, 한강대寒岡臺, 무학정舞鶴亭(船巖), 입암立巖(喚仙臺), 사인암捨印巖, 옥
류동玉流洞, 만월담滿月潭, 와룡암臥龍巖, 용추龍湫가 차례로 장황되었다. 제
1폭은 김천시 증산면 평촌리의 서운암을 그렸다. 한강 정구는 1604년(선
조 37) 62세에 무흘정사武屹精捨를 완성하고, 편액을 '서운암棲雲庵'이라 하
였다. 무흘은 성주의 서쪽 수도산修道山 속에 있어 천석泉石이 정갈하고
인가人家가 멀리 떨어져 있었다. 정구가 이곳에 초가 3칸을 세워 서책을
보관하고 편히 쉬는 장소로 삼았으니 그 깊은 뜻은 속세를 떠나 있고
싶어서였다. 이러한 심경은 한강이 무흘정사 벽에 적은 시에 잘 나타난
다. '무흘武屹'이라는 정사의 명칭은 주자의 무이武夷와 그 의미와 중국어
발음이 wuyi로 일치한다는 점에서 한강이 이를 염두에 두고 명명한 것
으로 보인다.53)

스스로 궁벽한 산속에 숨어   自竄窮山
세상과는 길이길이 작별을 고하였네.   與世長辭
그림자를 지우고 자취도 끊고   滅影絶迹
남은 세월 여기서 보내 볼거나.54)   以盡餘年

---

52) 무흘구곡 차운시는 제1곡 鳳飛巖에서 제9곡 龍湫에 이르며 鄭墧의 「敬次先祖文穆公武
屹九曲韻十絶」과 鄭觀永(1817~1895)의 「詠武屹九曲詩十首」, 그리고 崔鶴吉(1862~
1936)의 「敬次武屹九曲韻」으로 이어진다.
53) 정우락, 앞의 논문(2012), 99쪽.
54) 정구, 『한강집별집』, 권2, 雜著, 「武屹題壁」.

한강은 정사에 많은 서책을 보관하고 밥하는 2~3명과 함께 거처하였고, 찾아오는 객들을 사절하고 단정히 앉아 경사經史를 열독하였다.[55] 무흘정사에 소장된 서목인 『성주무흘산정한강서재소장서책星州武屹山鄭寒岡書齋所藏書冊』에는 『무릉잡고武陵雜稿』, 『주자성서朱子成書』 등 22종 119책이 수록되었다.[56] 서운암 동쪽에는 비설교에서 10여 보 위에 2칸 규모의 산천암山泉庵이 있었다. 산천암은 주자가 지은 '깊은 밤 베갯머리 산골 샘 소리'(夜枕山泉響)의 뜻을 취해 이름한 것이다.

〈서운암〉 화면에는 큰 산을 주산으로 대숲이 안온하게 감싼 배경에 무흘정사가 보인다. 그 앞으로는 흐르는 계곡에 임한 바위 주변에 나무들이 자리를 잡았다. 이는 1784년 중건된 무흘정사의 서운암을 묘사한 것이다. 중건한 서운암은 'ㄱ'자 형태로 지어 장서를 두는 곳에는 습기를 방지하기 위해 지면에서 높게 지은 것이 특징이다.[57] 이와 관련하여 「무흘야영武屹夜詠」이란 제목의 절구 한 수가 있다.

산봉우리 지는 달 시냇물에 어리는데,	峯頭殘月點寒溪
찾는 이 없이 홀로 앉으니 밤기운 싸늘하네.	獨坐無人夜氣凄
벗들에게 말하노니 나막신 손질하려 마오.	爲謝親朋休理屐
구름 짙고 쌓인 눈에 오솔길 모두 덮였으니.	亂雲層雪逕全迷

제1폭에 그려진 무흘정사의 서운암은 만월담과 와룡암 사이에 위치

---

55) 李天封, 『白川集』, 卷1, 「寒岡先生敍述」, "卜築武屹精捨於修道山中, 距村閭百餘里, 雲山萬疊, 谷邃林深, 藏書冊於其中, 偕飯僧二三人. 先生以山冠野服, 謝絶外客, 兀然端坐, 披閱經史, 焚膏繼晷, 優遊玩索, 以詠歌先王之風, 而不知老之將至."

56) 정우락, 앞의 논문(2011), 25쪽.

57) 무흘정사의 위치와 구조에 대해서는 정우락, 앞의 논문(2009), 278~279쪽 참조.

했기 때문에 화폭의 순서에서 제7곡 만월담의 다음에 오는 것이 옳으나, 서운암을 제1폭에 앞세운 이유는 한강 정구의 학문과 사상적 배경이 되었던 무흘정사가 위치한 곳이기 때문으로 추정된다.

「무흘구곡도」 제1곡의 주요 소재는 성주군 수륜면 신정리의 봉비암과 회연서원이다. 회연의 자연 조건은 그림에서 자세히 보인다. 회연서원 옆 절벽 바위인 봉비암은 수도산에서 발원해 가야산 북쪽을 돌아 흐르는 대가천大伽川 가에 높이 솟았고, 실제 경관보다 과장되고 크게 그려졌다. 암면巖面에는 '봉비암鳳飛巖' 3자와 다음과 같이 「회연우음檜淵偶吟」 1수를 각자하였다.

가천은 나에게 깊은 인연 있거니   伽川於我有深緣
한강에다 회연까지 얻었노라.   占得寒岡又檜淵
흰 돌과 맑은 시내 종일토록 즐기나니   白石淸川終日翫
세간의 무슨 일이 마음에 들어오겠는가.[58]   世間何事入丹田

정구는 1583년(선조 16) 회연檜淵에 터를 닦고 초당草堂을 만들어 대나무와 매화나무를 심고 백매원百梅園이라 하였다. 그는 회연의 장점을 다음과 같이 20가지로 읊었다. 도회지에서 멀고, 세속을 가까이 하지 않아도 되며, 선영을 가깝게 모실 수 있는 장점이 있었다. 또한 자연적 조건으로는 앞뒤로 구릉과 늪지에 통하며, 좌우로 마을과 맑은 못이 접해 있고, 푸른 석벽과 흰 바위, 울창한 숲과 풀이 있어 나무하고 소먹이기 편한 점, 나물 캐고 낚시하기 좋고, 여러 산이 에워싸서 산과 물이 절승

---

58) 정구, 『한강집』, 권1, 詩, 「檜淵偶吟」.

을 이루고 들판이 넓게 트인 점, 겨울에 따뜻하고 여름에는 시원한 점, 토질이 축축하여 벼농사에 적합하고 들이 넓어 뽕나무와 삼나무 가꾸기 좋은 점 등을 들었다.[59] 한강이 회연에 초당을 짓고 지은 시에서 이곳에 대한 애착을 엿볼 수 있다.

나지막한 산 앞에 자그만 초당이라	小小山前小小家
동산 가득 매화 국화 해마다 더해지네.	滿園梅菊逐年加
게다가 구름 냇물 그림같이 장식하니	更敎雲水粧如畫
온 세상에서 내가 가장 호사롭다네.[60]	擧世生涯我最奢

한강은 1604년(선조 37) 회연의 옛터로 옮겨 1605년에 회연초당檜淵草堂을 재건하였다. 회연檜淵이라는 이름은 그림에서 보이듯 큰 노송나무(檜木)가 서 있는 것에서 유래되었을 개연성이 높고, 봉비암 아래에서 대가천이 돌아나가면서 못이 형성되어 '회연回淵'과도 관계있을 것으로 보인다.

회연서원은 한강 정구의 학덕을 추모하기 위하여 1622년(광해군 14) 창건하여 1627년 준공되었고, 1690년 사액되었다.[61] 서원 밖 백매원百梅園에는 1668년 이건移建한 한강의 신도비가 서 있고,[62] 외삼문 입구에 견도루見道樓가 있고 그 안쪽에 지경재持敬齋와 명의재明義齋, 강당인 경회당

---

59) 정구, 『한강집별집』, 권2, 雜著, 「檜淵新遷二十宜」, "遠隔城市, 近陪先壟. 後負丘陵, 前控池沼. 右接闉閣, 左臨澄潭. 蒼崖白石, 茂林豐草. 樵牧兩便, 採釣俱宜. 群山環擁, 兩水交流. 岡阜奇絶, 郊原平曠. 面陽背流, 冬溫夏涼. 濕宜禾稼, 衍合桑麻. 南村訪索, 西嶽尋眞."

60) 정구, 『寒岡集』, 卷1, 詩, 「題檜淵草堂」.

61) 『연려실기술 별집』, 권4, 祀典典故, 「檜淵書院」.

62) 정구의 신도비는 申欽이 찬하고, 金世濂의 글씨로 새겨 1633년 성주 수륜면 창평산에 있던 정구의 묘지 부근에 세웠으나, 성주 금산리 인현산으로 이장하면서 1668년에 회연서원 경내로 옮겨 세웠다.

景晦堂 등이 있고, 내삼문 내에는 한강을 향사하는 사당이 보인다.

겸재의 「회연서원도」는 정선이 청하현감淸河縣監으로 재임한 1733년에서 1735년 사이에 눈이 쌓인 한겨울의 회연서원과 봉비암을 그린 것이다. 그림에서는 정구의 신도비가 그려지지 않았지만, 노송나무를 비롯하여 회연서원 내 건물이 더욱 상세하며, 얼어 있는 대가천 위를 가로지르는 석교石橋인 양정교가 선명하다. 그러나 조선 후기에 양정교는 나무다리로 변화되었던 것으로 추정되는데, 「무흘구곡도」 제1곡의 좌측 하단에 갓을 쓴 선비가 나귀를 타고 지나는 모습에서 확인할 수 있다.

회연서원과 봉비암 일대를 묘사한 한시는 이순李淳(1530~1606), 김면金沔(1541~1593), 서사원徐思遠(1550~1615) 등이 남겼고, 정구 이후 최린崔璘(1597~1644), 여효사呂孝思(1612~1671), 송시열, 이규진, 이만운, 정동박, 정위, 정각, 정내석, 정관영 등 53명의 문인과 후손들에 의해 지어졌다.[63]

제2곡은 성주군 수륜면 수성리의 한강대를 소재로 하였다. 한강대는 정구의 회연초당 북쪽에 있던 높고 편평한 암봉으로, 대가천을 따라 물가에 임해있다. 정구가 늘 여기서 휴식을 취하여 그 정상에는 '한강대寒岡臺' 3자를 각자하고, 다음과 같이 「효기우음曉起偶吟」 1수를 각석하였다.

솔숲 사이 집에서 잠자리 들고	夜宿松間屋
물가 누각에서 새벽에 일어나니	晨興水上軒
앞뒤에 우렁찬 물소리,	濤聲前後壯
이따금 고요 속에 들려오누나.[64]	時向靜中聞

---

63) 송시열도 회연서원에 모신 정구의 사당을 방문하였음을 알 수 있다. 『宋子大全』, 卷2, 詩, 「檜淵書院次趙復亨韻」.
64) 정구, 『한강집』, 권1, 詩, 「曉起偶吟」.

한강寒岡이라는 명칭은 원래 주자 모친의 묘가 있던 한천寒泉에서 유래한 것으로, 주자가 모친의 상을 당하여 한천의 정사에 거처하며 초하루와 보름마다 궤연几筵에 제사하고 여묘廬墓의 예를 지켰던 곳으로, 정구 역시 한천의 의미를 취하여 창평산蒼坪山의 서쪽 기슭에 정사를 짓고 선영先塋을 돌보았다. 정구는 회연이 선영과 가까운 곳에 있다고 하여 회연초당 동쪽에 초가 한 칸 규모로 망운암望雲庵을 따로 짓고 아침저녁으로 한가로이 지내면서 창평산의 서쪽 기슭의 선영을 정성껏 돌보았다.[65] 이만운은 "무흘武屹은 무이武夷의 구곡이며, 정사는 한강寒岡에 있었는데, 한강은 한천寒泉의 묘를 보살피기 위해 세운 초막이다"라고 하였다.[66] 1603년(선조 36) 3월에 의흥위호군義興衛護軍을 그만두고 9월에 고향 성주로 돌아와 창평산의 한강대寒岡臺 위에 숙야재夙夜齋를 지었고, 그 아래에 오창정五蒼亭과 천상정川上亭 등을 경영하였다.

정동박은 제2곡의 제시에서 넓고 편평한 한강대 솟아 봉우리 이루고 절로 우뚝하다고 하였다. 그림에서는 한강대 아래로 계천이 돌아 흘러 장관을 이룬다. 주로 암산으로 이루어진 높은 대 중간에 작은 누각이 한 채 있는 것이 선명하게 보인다. 이 누각은 한강대 위에 지은 숙야재로 추정된다.

제3곡은 성주군 금수면 무학리에 있는 정구의 고향마을 언덕인 한강대에서 대가천을 따라 거슬러 올라가면 성주호를 지나 강줄기가 이어지는 물가에 솟은 선암船巖과 무학정舞鶴亭을 소재로 하였다. 정동박은 제시의 제목을 "삼곡무학정三曲舞鶴亭, 일명선암一名船巖"이라 기록하였다.

65) 『한강연보』, 권1, 「연보」 1605년(선조 38)조.
66) 『默軒集』, 卷7, 記, 「社倉書堂記」, "武屹, 武夷之九曲也. 精捨之有寒岡, 寒泉之墳庵也."

한강이 제3곡은 무이산에서 행해지던 오랜 장례 풍습이었던 가학선관架
壑船棺에서 유래한 높은 암벽에 걸린 학선壑船을 노래한 것을 정동박은
학이 머물던 정자와 선암으로 선정한 것으로 보인다. 따라서 정동박의
시에는 "우뚝 솟은 기암은 떠 있는 배 같고, 학을 탄 신선이 하늘로 오
르내리는 듯. 묻노니 선인은 어디로 갔는가. 천년토록 닻줄을 푸른 산
앞에 매어두고서"라고 하여 무이구곡의 학선을 떠있는 배와 닻줄을 매
어 두었다는 표현으로 대신하였다. 여기서 선암이라는 명칭은 큰 바위
산의 형상을 배 모양에 비유한 것에서 비롯되었다. 그림에는 무학정은
보이지 않고 붉은 글씨로 지명만 기록하였으나, 현재는 선암 위에 정자
를 세워 놓았다.

제4곡은 성주군 금수면 영천리에 있는 무학정에서 대여섯 물굽이를
돌아 오른 대가천 건너에 서 있는 입암立巖과 환선도喚仙島, 소학봉巢鶴峯
을 소재로 하였다. 화면의 구도는 제3곡의 선암과 유사하지만, 30미터의
바위가 곧고 길게 솟은 수직 암벽이 특징이다. 암벽에는 '입암立巖'이라
각자하였다. 이는 한강이 「무이도가운」 제4곡에서 노래한 학소암, 운암,
선기암 등의 소재와 유사하다. 정동박은 제4곡 제시의 제목을 "사곡입
암四曲立巖, 방유환선도傍有喚仙島"라고 기록하여 환선도는 높이 솟은 입암
과 계곡을 사이에 둔 넓은 암반이다. 또한 그는 입암을 학이 내려앉은
화표주에 비유하였는데, 입암 옆에 소학봉이라 붉은 글씨로 적은 이유
도 여기서 기인한 것으로 보인다. 입암 뒤쪽으로 흘러내린 계곡은 정동
박의 시에서처럼 환선도 앞에서 작은 못을 만들고 있다. 화면에서 입암
은 마치 홀로 우뚝 서있는 바위처럼 묘사되었으나, 현장의 모습은 뒤의
넓은 바위산과 연결된 것을 알 수 있다.

제5곡은 성주군 금수면 영천리의 사인암捨印巖을 소재로 하였다.[67] 입암을 뒤로 하고 대가천을 거슬러 올라가면 성주군 가천면과 김천 중산면의 경계에 걸린 은적교가 있는데 다리 주변에는 깎아지른 기암괴석과 암반 위로 옥처럼 맑은 계류溪流가 흘러간다. 원래 '사인암捨印巖'이라 새겨진 석각이 있었으나, 현재는 1990년대 국도 공사로 인해 바위가 훼손되어 자취를 찾기 어렵다.

정동박의 시 첫 소절에서 "바위 위 소나무 천년의 빛 변치 않으니 선조가 관직을 버린 마음 응당 알겠네"(巖松不改千年色, 應識前人捨印心)라고 하였고, 둘째 소절에서는 "관직을 버린 사람 지금은 어디로 갔는지, 산 정상에 아직 구름 머뭇거리는구나"(捨印人今何處去, 山頭猶有未歸雲)라고 하여 평생 관직이나 세속을 멀리한 한강의 삶을 단적으로 보여 주는 지명이다. 사인암捨人巖이라고도 표기하지만, 사인捨人은 조선 초 문하부의 내사사인內史捨人이나 조선시대 의정부의 정4품 관직을 의미한다. 따라서 관인官印을 사용하는 관직을 버린다는 의미의 사인암捨印巖이 한강 정구가 추구한 삶의 궤적과 더 가까운 명칭으로 간주된다. 화면에서도 암석으로 이루어진 단애에 붉은 글씨로 '사인암捨印巖'이란 각자를 표시하였다. 여기서는 다른 화면에서 보이지 않는 인물이 나타나는데, 나귀와 시자를 거느린 선비가 사인암을 감상하고 있는 모습이 보인다. 그림에서 사인암의 모습은 실물보다 더 높은 암봉으로 묘사되었다.

제6곡은 김천시 중산면 유성리에 있는 옥류동玉流洞을 소재로 하였

---

67) 사인암은 과거 벼슬한 사람이 아름다운 수석을 사랑하여 바위 아래 자리 잡고 살았기 때문에 '捨人巖'이라 하거나, 이곳이 바로 (세속의) 몸을 놓아버린다는 '捨身巖'이라 표기한다고 하였으나 1579년 9월 21일에 이곳을 찾은 한강은 이런 설을 모두 속되어 믿을 것이 못된다고 하였다. 정구, 『한강집』, 잡저, 「遊伽倻山錄」.

다. 사인암을 뒤로하고 올라가면 김천시 증산리이다. 수도산에서 북류한 계곡은 증산리를 거쳐 백천교百川橋 부근에 이르러 대가천 본류에 합류하여 옥류동을 이룬다.[68] 계류溪流의 암반에는 '옥류동玉流洞'이라 각자하였다. 화면에는 증봉甑峯에서 내려오는 큰 계곡이 중심을 이루고 있다. 증봉 아래에는 쌍계사雙溪寺의 일주문이 보이는데, 한강이 은퇴하여 유유자적하던 곳이다. 한강에게 수학했던 장현광張顯光(1554~1637)도 이곳을 자주 왕래하였고, 쌍계사에서 약 10리 정도 거리에 '퇴운정退雲亭'을 세웠다.[69]

물길은 분옥폭噴玉瀑에서 쏟아져 내려 큰 암반으로 만든 백천교百川橋를 지나 하류에 있는 넓은 너럭바위로 흐르는 물을 보며 시름을 날린다는 수송대愁送臺이다. 정동박은 "눈앞에 유리처럼 맑은 세계 홀연히 펼쳐지니, 쉼 없이 흘러 청류옥이 절로 이어지네"라고 하여 흰 암반 위로 맑게 흐르는 계곡의 정경을 묘사하였다. 백석암에서 조금 내려오는 계곡 중간에는 홀로 지팡이를 들고 돌다리를 건너는 인물이 보인다.

제7곡은 김천시 증산면 평촌리에 있는 비설교飛雪橋, 만월담滿月潭, 관란대觀瀾臺를 소재로 하였다. 만월담은 옥류동을 지나 옥동천의 하상에 남아 있는 수직암벽 앞에 형성된 연못이다. 이곳에는 수도암이 위치해 있다. 비설교 조금 위쪽으로 무흘정사 서운암이 보인다. 서운암 밑에는 비설교와 만월담이 있고, 만월담 우측 관란대에는 4명의 인물들이 함께

---

68) 이 다리는 백천교로 "戊寅三月 雙溪寺法堂行路 熱石 四月 日訖"이라 각자하여 암반을 깎아 가설한 석교를 통해 쌍계사 법당으로 가는 길을 만든 것이 무인년 3월에서 착공하여 4월에 준공하였음을 알 수 있다. 이은창, 「韓國儒家 傳統園林의 연구─유학자의 卜居와 九曲經營을 중심으로─」, 『한국전통문화연구』 4(1988), 284쪽.
69) 李南珪, 『修堂集』, 권6, 「退雲亭記」.

만월담을 바라보며 교유하고 있다. 만월담 위에는 자이헌自怡軒을 건축하고 산천암山泉庵과 관란대를 조성하였다. 또한 관란대 위의 큰 소나무 뒤 지팡이를 든 한 노인이 고목에 의지하고 서 있다. 정동박의 시에서는 "달빛 가득한 차가운 못이 거울처럼 열렸는데, 누가 술을 들고서 높은 대에 오르는가"라고 하여 관란대 위의 소박한 주연酒宴을 묘사하고 있다.

제8곡은 김천시 증산면 평촌리에 있는 와룡암臥龍巖과 장암場巖을 소재로 하였다. 와룡암은 수도산에서 북류하여 옥동천의 맑은 계류가 너럭바위를 지나 굽이굽이 흘러내리는 곳으로, 한강이 생전에 노닐던 곳이다. 와룡암 위에 장암이 있는데, 바위 비탈이 깎아지른 듯 서 있고 반석이 평평하게 깔려 있다.[70]

한강은 1604년 『와룡암지』를 지었는데, '와룡臥龍'이란 명칭은 주희가 55세 때인 1184년에 여산廬山의 오란봉五亂峯 밑에 있는 지명인 와룡臥龍을 취해 와룡암臥龍庵과 무후사武侯祠를 지어 촉한蜀漢의 승상 제갈량諸葛亮을 향사한 일에서 기원한다.[71] 또한 정구는 일생 동안 주자를 존경하여 주자의 도를 강론하거나 소요하던 장소까지도 상상하며 흠모하지 않은 것이 없었다.

제9곡은 김천시 증산면 수도리에 있는 용추龍湫와 수도산修道山을 소재로 하였다. 와룡암에서 물줄기를 따라 가면 수도산에서 발원한 계류가 17미터 가량의 낭떠러지로 떨어지는데 바로 용추폭포이다. 화강암반

---

70) 『寒岡言行錄』, 卷3, "循溪而上一里許, 有巖石, 橫亘水中, 狀如臥龍, 命曰臥龍巖. 又其上數里許, 有奇巖削立盤石平鋪, 名曰場巖. 場巖之上, 四五里許, 有懸瀑, 流瀉巖隙, 就其左傍平穩處, 誅茅除地, 命曰翫瀑亭, 欲創數椽, 而深邃幽險, 人不能守 而不暇爲也."

71) 『朱子大全』, 卷79, 「臥龍菴記」.

이 수직절리를 따라 침식되면서 만들어져 용추폭포는 구폭(臼瀑)이라고도 하였다.[72] 화면의 용추폭포 우측의 바위에는 2명의 선비가 모여 떨어지는 폭포를 바라보고 있다. 용추 아래에는 큰 소(沼)가 형성되었고, 폭포는 다시 계곡 아래로 흘러간다. 원래는 인근에 폭포를 구경하던 정자인 완폭정(翫瀑亭)이 있었는데, 이는 정동박의 시에서 "폭포 구경하던 옛 정자 지금은 보이지 않고"(翫瀑古亭今不見)라고 하여 이러한 정황을 묘사하였다.

5. 맺음말

한강 정구는 1604년 그가 62세 되던 해에 무흘로 들어가 정사(精捨)를 건립하고 1612년까지 그곳에서 강학과 학문에 정진하였다. 무흘정사는 구곡 중 만월담에 더욱 가까이에 위치하였다.

정구는 무흘정사에서 저술과 학문적인 결실을 보았다. 주자의 운곡 雲谷 · 무이산(武夷山) · 백록동(白鹿洞) · 회암(晦庵) 등지와 관련된 서문, 기문, 제영과 사적을 수집한 『곡산동암지(谷山洞庵志)』와 『무이지(武夷誌)』를 엮어 2책으로 나누어 만들었으며, 『와룡암지(臥龍巖志)』, 『수사언인록(洙泗言仁錄)』 등을 이 시기에 찬술하는 등 1612년까지 무흘정사에서 대부분 시간을 저술과 강학에 전념하였다. 또한 이담(李湛)이 소장했던 「무이구곡도」 중국본을 모사하여 소장하였고, 1606년 12월 안동의 부임지에서 만난 화가에게 『무이지』에 중국본 화본을 모사해 넣게 하고 거기에 퇴계의 발문

---

72) 郭鍾錫, 『俛宇集』, 卷7, 詩, 「修道山臼瀑 此爲武屹第九曲, 而寒岡臺爲第一曲」.

을 첨부하였다. 또한 정구가 「무이구곡도」와 함께 「도산도」를 제작한 것도 주자에서 이황으로 이어진 도맥道脈을 잘 보여 준다.

무흘구곡은 경북 성주군 수륜면과 금수면, 그리고 김천시 증산면에 걸쳐 가야산 북서쪽에 위치한 수도산修道山, 독용산禿用山, 연봉산 등의 산세로 감싸 도는 낙동강의 지류에 형성되었다. 무흘구곡의 세부지명은 제1곡 봉비암鳳飛巖, 제2곡 한강대, 제3곡인 선암, 제4곡 입암, 제5곡 사인암, 제6곡 옥류동, 제7곡 만월담, 제8곡 와룡암, 제9곡 용추龍湫이다.

구곡의 명칭 중 주암舟巖(船巖), 입암立巖, 사인암捨印巖 등은 정구가 정착하기 전부터 명명된 이름이었다. 한강대寒岡臺는 정구가 1573년에 한강정사를 세우고 이곳에 정착하면서 명명한 것이고, 만월담滿月潭과 와룡암臥龍巖은 1604년 무흘정사를 건립하고 이곳에 정착하면서 지은 이름이다. 옥류동玉流洞은 정구의 제자인 여찬呂燦(1578~1646)의 아들 여효사呂孝思(1612~1661)가 노래한 가은팔경可隱八景 중 하나였다.

정구의 구곡 논의가 구체화된 것은 한강학단이 일정한 활동을 시작한 1633년 배상룡裵尙龍이 무흘산장武屹山長이 되어 무흘정사를 36칸 규모로 확장하고 장서각을 새로 세우면서 비롯되었다. 한강의 6세손 정동박(1732~1792)은 1184년과 1604년 갑진년에 무이정사와 무흘정사가 지어졌고 1784년 갑진년에 무흘정사를 중건한 점에 의미를 부여하였다. 이때 앞서 나열된 명승에 용추龍湫를 추가하여 구곡의 지명이 완성되었다. 정동박을 비롯한 한강학파는 주자의 무이구곡과 부합하도록 무흘구곡의 지명을 정하여 한강 정구가 주자의 학문과 도통을 계승했음을 드러내려 하였다. 만월담과 와룡암 사이에 위치한 무흘정사의 서운암은 구곡에 독립적으로 포함하지 않았지만, 한강 정구의 학문과 사상적 배경이 되었던 곳으로 독립적으로 그려졌다.

정구의 문인과 후손들의 요구로 화가 김상진이 1784년 그린 「무흘구곡도」에 이어 1785년 제작한 「무이구곡도」는 앞서 정구가 그랬듯이 주자와 이황, 그리고 정구로 이어지는 도통의 시각화를 단적으로 보여 줌으로써 학맥의 정통성을 확보하게 한다. 이는 「무이구곡도」가 주자의 사상과 학문을 추종하는 후인들에게 그러하듯 「무흘구곡도」를 통해 한강의 학덕을 계승하고 성리의 도를 실천하는 장소적 상징성을 보여 주려는 구곡도의 효용성에서 비롯되었음을 알 수 있다. 또한 주자와 한강을 공경하는 정성을 보임과 동시에 구곡을 통해 얻어지는 인지仁智의 도道를 즐기려는 목적도 컸다.

〈표 1〉 정구의 무이구곡 제시와 정동박의 무흘구곡 제시 비교

순서	정구의 무이구곡의 주요 소재와 시	정동박의 무흘구곡의 주요 소재와 시
	題詩石, 天柱峰, 仙機岩, 大隱屛峰, 仙船岩, 筒巖, 齊雲峯, 仙掌岩, 北廊岩, 天壺巖, 玉女峰, 鐵板嶂, 倦猿岩, 獅子岩, 幔亭峰, 小觀音石, 大觀音石, 三敎峰, 仙跡臺, 九井岩, 鼓樓岩, 仙羊巖, 仙冠石	棲雲庵
1	天下山誰最著靈 천하의 산 중 가장 저명한 영산은 어디인가 人間無似此幽淸 인간 세상엔 이(무이산)처럼 깊고 맑은 곳 없다네. 紫陽況復曾棲息 더욱이 주자가 일찍이 은둔하였으니 萬古長流道德聲 도덕적 명성 만고에 전해온다네.	佳山麗水自鍾靈 아름답고 고운 산수 절로 영기 모았고 百里烟霞曲曲淸 백리에 걸친 안개와 노을 굽이굽이 맑구나. 況復先賢棲息地 하물며 선현(정구)이 거처하던 곳임에야 高樓聳出帶溪聲 우뚝 솟은 높은 누각엔 물소리 들린다네. 樓壓高臺地勢危 높은 대 위에 선 누각의 지세 위태로워 百靈昭列護占蓍 신령들 소열하여 점을 쳐 보호하니

		山光水色非堪美 산빛 물빛이 더욱 아름답지 않겠는가. 翔鳳千年寶德輝 봉황이 천년의 덕이 빛나는 곳 발견하고 날아드네.
2	大王峯, 三姑石, 投龍洞, 契骨岩, 禪岩, 虎曼石, 大觀音石, 幔亭峰, 小觀音石	鳳飛巖, 檜淵書院
	一曲灘頭泛釣船 일곡이라. 여울 어귀에 낚싯배 띄우니 風絲繚繞夕陽川 석양빛 시내 위에 실 같은 바람 감도네. 誰知損盡人間念 누가 알겠는가. 인간 세상 잡념 다 버리고 唯執檜槳拂晩煙 박달나무 삿대 잡고 저문 안개 젓는지.	一曲巖標可係船 일곡이라. 바위 끝에 배를 매어 둘만 한데 源頭活潑自成川 솟아나는 수원 활발하여 절로 내 이루었네. 巖邊鳳玄無消息 바위 가의 봉황은 멀리간 뒤로 소식 없는데 面首淸都隔暮烟 고개 돌려 하늘 보니 저녁연기에 가려 있네. 奇巖削出壓淸溪 깎아 낸 듯한 기암절벽 맑은 시내 압도하고 日轂初從檜院西 나라님 보좌는 회연서원 서쪽으로부터 시작되었네. 鳳玄千年何不返 봉황은 떠난 지 천년토록 돌아오지 않는가. 孤梧疎竹綠陰低 고독한 오동과 성근 대나무 그림자 낮게 드리웠네.
3	凌霄岩, 三峯, 靈巖, 玉女峯, 仙冠石, 粧鏡臺, 倦猿岩, 虎嘯岩, 馬首岩, 試釣石, 鐵板嶂	寒岡臺
	二曲佳妹化作峰 이곡이라. 미녀 봉우리로 화하여 春花秋葉靚粧容 봄꽃 가을단풍 고이 단장하니 當年若使靈均識 저 옛날 초나라 굴원이 알았다면 添却離騷說一重 『離騷經』을 한 편 더 지었으리.	二曲岡臺聳作峯 이곡이라. 한강대 우뚝 솟아 봉우리 이루고 聳聳不改舊時容 높고 높아 옛 모습 변함없으니, 百年遺躅今猶在 백 년 남긴 자취 지금도 여전히 있고 瞻仰高山綠萬重 높은 산 우러러 보니 만 겹으로 푸르구나. 臺上遊人水上鷗 누대 위엔 유람객 물 위에는 갈매기

		層巖崒嵂壓烟洲
		  험하고 가파른 층암은 안개 낀 모래톱 진압하네.
		先生德業將何倣
		  선생의 덕업 장차 어찌 본받으리.
		臺自巍我水自流
		  대는 절로 우뚝하고 물은 절로 흐르네.

	石室, 仙羊岩, 仙館岩, 水樂石, 三杯石, 玉蟾, 車錢峯, 會仙岩, 上昇峯, 大藏岩, 小藏岩	舞鶴亭, 船巖

4	三曲誰藏此聖船
	  삼곡이라. 누가 여기 학선 두었던가.
	夜無人負已千年
	  천년토록 야밤에 지고 간 이 없었거니
	大川病涉知何限
	  괴롭게 건너야 할 큰 강 그 얼마일까
	用濟無由只自憐
	  건널 방도 없어 가련할 뿐이라네.
		三曲桃源上釣船
		  삼곡이라. 도원을 낚싯배로 오르니
		亭留鶴去問幾年
		  학 떠나고 정자만 남은 지 몇 해던가.
		欲知仙術那由得
		  신선술 알고자 하나 무슨 수로 배우리
		浮世人生却自憐
		  덧없는 인생살이 도리어 절로 가련하구나.
		
		奇巖突兀似泛船
		  우뚝 솟은 기암은 떠 있는 배 같고
		乘鶴仙人下上天
		  학을 탄 신선이 하늘로 오르내리는 듯.
		借問仙人何處去
		  묻노니 선인은 어디로 갔는가.
		千年繫纜碧山前
		  천년토록 닻줄을 푸른 산 앞에 매어두고서.

5	鶴巢岩, 仙機岩, 題詩石, 宴仙岩, 雲巖, 拜章岩	立巖, 喚仙島, 巢鶴峯

	四曲雲收百尺巖
	  사곡이라. 백척 바위에 구름 걷히니
	巖頭花草帶風髮
	  바위 머리 화초 바람결에 날리네.
	簡中誰會淸如許
	  그중 맑기가 이와 같음을 누가 알까
	霽月天心影落潭
	  하늘에 맑은 달은 못 속에 그림자 드리웠네.
		四曲溪邊矗矗巖
		  사곡이라. 시냇가에 곧게 솟아 있는 바위
		千年特立碧毵毵
		  천년토록 우뚝 서서 푸른 못에 일렁이네.
		誰知造物無窮意
		  조물주의 무궁한 뜻 누가 알겠는가.
		故遣淸流作小潭
		  맑은 시내 보내어 작은 못을 만들었네.
		
		華表當年化鶴還
		  학이 되어 돌아와 화표주에 내려앉던 그해

		名區從此自生穎 명승이 이로부터 절로 빼어났네. 島中特立喚仙客 섬 가운데 홀로 서서 선객을 부르니 標致儼然誰可攀 엄연히 자취 드러내 뉘 잡을 수 있으리.
	天柱峰, 大隱屛峰, 笋岩, 羅漢岩, 伏羲洞	捨印巖
6	五曲淸潭幾許深 오곡이라. 맑은 못 그 얼마나 깊은가 潭邊松竹自成林 못가의 송죽 절로 숲 이루었네. 幅巾人坐高堂上 복건 차림 은자 높은 당에 앉아 講說人心與道心 인심과 도심을 강설하네.	五曲靑山深復深 오곡이라. 청산이 깊고 깊은데 雲霏開處散瓊林 구름 걷힌 곳에 경림 펼쳐져 있네. 巖松不改千年色 바위 위 소나무 천년의 빛 변치 않으니 應識前人捨印心 선조가 관직을 버린 마음 응당 알겠네. 巉巖苔壁自生紋 가파른 바위 이끼 낀 벼랑 절로 문채 나서 歸客停驂日將曛 나그네 말 멈추니 오늘도 저물어가네. 捨印人今何處去 관직을 버린 사람 지금은 어디로 갔는지 山頭猶有未歸雲 산 정상에 구름 아직 머뭇거리누나.
7	三層峯, 仙掌岩, 蒼屛峰	玉流洞, 甑峯, 噴玉瀑, 百川橋, 愁送臺
	六曲茅茨枕短灣 육곡이라. 초가집 여울가에 놓여 世紛遮隔幾重關 세상 근심 막은 것 몇 겹이던가. 高人一去今何處 고인은 지금은 어디로 떠났는가. 風月空餘萬古閑 풍월만 남아 만고토록 한적하네.	六曲淸流玉作灣 육곡이라. 청류옥이 물굽이 만들어 洞門深鎖自成關 동천 문 깊숙이 잠겨 절로 관문을 이루었네. 山靈倘有慇懃意 산신령이 은근한 뜻이 있어서인지 借我月淵一域閑 내게 빌려준 달빛 못 한곳에서 한가롭네. 瓊樹雲林步步穿 구름 낀 경림을 한 걸음씩 나아가니 紫烟深鎖入諸天 붉은 연무 자욱하게 드리워 하늘로 올라가네. 眼前忽闢琉璃界

		눈앞에 유리처럼 맑은 세계 홀연히 펼쳐지니
		滾滾淸流玉自漣
		쉼 없이 흘러 청류옥이 절로 이어지네.
8	天壺岩, 鑄錢岩, 北廊岩	滿月潭, 觀瀾臺, 飛雪橋
	七曲層巒繞石灘	七曲橋前瀉石灘
	칠곡이라. 높은 봉 여울물 감아 도니	칠곡이라. 다리 앞에 돌 여울물 쏟아져
	風光又是未曾看	誰將風物靜中看
	이런 풍광 일찍이 보지 못했네.	누가 이 풍물을 고요한 가운데 보겠는가.
	山靈好事驚眠鶴	箇中自有源頭水
	산신령 일 만들기 좋아하여 잠든 학을 깨우고	그 가운데 절로 솟아나는 물 있어
	松露無端落面寒	山月無心照作寒
	솔 이슬 까닭 없이 얼굴에 차갑게 떨어지네.	산에 뜬 달 무심히 비추어 차게 하네.
		月滿寒潭鏡面開
		달빛 가득한 차가운 못이 거울처럼 열렸는데
		何人携酒上高臺
		누가 술을 들고서 높은 대에 오르는가.
		溪山欲盡烟霞晩
		시내와 산엔 안개와 노을 물드니
		無乃仙翁駕鶴來
		신선이 학을 타고 내려오는 것이 아닐는지.
9	鼓子岩, 人面石, 三敎峰, 鼓樓岩, 猫石	臥龍巖, 場巖
	八曲披襟眼益開	八曲山如畵幛開
	팔곡이라. 흉금 터놓으니 시야 한층 트이고	팔곡이라. 산들이 그림 병풍같이 펼쳐지고
	川流如去復如廻	洛花流水共縈廻
	시내 흘러가려다 다시금 돌아든다.	떨어진 꽃잎 흐르는 물과 함께 빙빙 도네.
	煙雲花鳥渾成趣	天公不識龍潛意
	안개구름과 화조 어우러져 정취 이루고	천공이 용이 물속에 잠긴 뜻을 알지 못하여
	不管遊人來不來	恒作風雷吼洞來
	노니는 사람 오든 말든 개의치 않네.	늘 바람 일고 우레 울려 동천에 들려오네.
		百年龍臥洞天深
		용이 백 년토록 동천 깊이 누워
		世外氣埃不敢侵
		세상 밖 먼지 감히 범접하지 못하네.
		借問何時能起汝
		묻노니 어느 때에 그대 일으킬 수 있을까
		謾成風雨晝常陰
		부질없는 비바람 일어 낮에도 그늘 드리네.

齊雲峯, 鍾模石, 毛竹洞, 井岩, 馬月岩	龍湫, 修道山
九曲回頭更喟然 　구곡이라. 고개 돌려 또 탄식하니 我心非爲好山川 　내 마음은 산천을 좋아하는 것이 아니거늘 源頭自有難言妙 　샘물 근원에서 형언 못할 묘리 있으니 捨此何須問別天 　이것을 버리고 어찌 별천지를 찾겠는가.	九曲龍湫却肅然 　구곡이라. 용추폭포 되레 숙연하기만 한데 飛溜百尺盡奔天 　백 척 폭포수는 모두 하늘로 흩날리네. 世人不識龍無德 　세상 사람들 용에게 덕 없음을 알지 못하여 惟事禱龍不禱天 　용에게만 빌고 하늘에는 기도하지 않네. 一天雷雨暮山東 　온 하늘 천둥치고 비 내려 산 동쪽에 저물고 飛瀑從來石竇中 　날리는 폭포수 바위 구멍에서 쏟아지네. 玩瀑古亭今不見 　폭포 구경하던 옛 정자 지금은 보이지 않고 何來孤衲坐松風 　어디서 온 외로운 승려 솔바람 밑에 앉았네.

5. 경항대운하 인근지역의 서원유산조사와
보호 및 이용에 관한 연구

王京傳*・郭靜**

유학은 공자가 창시한 것으로 2천여 년의 역사 발전 동안 중국의 국가통치, 사회질서유지, 개인의 행위규범에 중요한 역할을 해 왔다. 시진핑 총서기는 공자 탄신 2565주년 기념 국제학술대회 강연에서 공자와 유학을 연구하는 것은 중국인의 민족적 특성을 인식하고 오늘날 중국인들의 정신세계를 이해하는 중요한 방법이라고 언급했다. 중국의 중화우수전통문화의 발전은 시대적 요구에 부응하며, 문묘文廟와 서원 등의 유학문화유산은 중화우수전통문화의 전수기지와 지방문화 콘텐츠 발전의 자원으로 역할을 하고 있다. 경항대운하는 2014년 세계문화유산에 등재될 만큼 운하도시들의 문화재 종류가 풍부하고 수량도 많아서, 운하의 연안에 유형문화재와 무형문화재가 공존하는 문화공간을 형성되었다. 대운하의 세계문화유산 등재와 현 사회에 유학문화가 중시됨에 따라 경항대운하의 유학유형문화재연구는 운하문화유산과 유학문화유산의 교차점으로서 하나의 중요한 연구방향이다. 또한 운하 연안

* 곡부사범대학 역사문화학원, 산동 곡부, 연구방향: 문화유산보호와 이용.
** 평도제1중학, 산동 평도, 연구방향: 문화자원과 문화산업.

에 유학유형문화재의 가치가 중요하고 특수하며, 그 수량도 많고 광범위하여, 그 실태에 대한 조사와 연구는 현실적으로 시급한 과제이다.

본 논문은 유공견兪孔堅의 『경항대운하국가유산과 생태도』[1]에 의거해 운하의 구역을 구분했다. 경항대운하 주요 50여 개 도시를 북쪽에서 남쪽으로 살펴보면 다음과 같다. 북경과 천진, 하북성 창주의 청현, 창현, 박두시, 남피현, 동광현, 오교현, 형수의 부성현, 경현, 고성현, 산동성의 덕주시, 무성현, 평원현과 하진현, 요성림청시, 관현, 동창부, 치평현, 양곡현, 동아현, 태안의 동평현, 제녕의 양산현, 문상현, 가상현, 어태현, 미산현, 조장의 등주시, 강소성 서주의 패현, 비주시, 신기시, 숙천시, 사양현, 사홍현, 회안시, 양주의 보응현, 고우시, 의정시, 진강시, 단양시, 상주시, 무석시, 소주시, 절강성 호주시, 가흥시, 동향시, 해저시, 항주시.

현재 경항대운하 인근지역의 서원상태는 다섯 가지 상황으로 구분된다. 첫째, 문화재 보호의 상태로 주로 보호를 중점으로 하여 본래의 기능이 상실된 상태이다. 둘째, 비보호의 상태로 문화재가 어느 정도 보존되어 있으며, 그 중 몇몇 서원들은 이미 재건되거나 재건계획이 있어서 문맥을 지속하고 있다. 셋째, 학교의 상태로 그 교육기능이 계속 유지되고 있다. 넷째, 교회와 기념관 등의 유형으로 형식이 보존되어 있는 경우이다. 다섯째, 이미 주민의 거주지나 공터나 다른 용도로 변경되어 현장에서 확인이 불가능한 경우이다.

---

1) 원제『京杭大運河國家遺産與生態廊道』. 兪孔堅,『京杭大運河國家遺産與生態廊道』(北京: 北京大學出版社, 2012).

1. 북경지역의 서원

　북경지역 서원의 역사는 비교적으로 일찍 시작되었다. 오대후주五代後周시대에 두우균竇禹鈞이 세운 두씨서원竇氏書院은 북경의 역사상 최초의 서원이다. 청나라 말기까지 북경에 모두 28곳의 서원이 세워졌다. 현재 북경의 대부분 서원들은 소실되어 현재 중건중인 통혜서원通惠書院을 제외하고 9개의 서원이 보존되어 있다. 현재까지 보존되어 있는 9곳의 서원은 첩취서원疊翠書院, 수선서원首善書院, 금태서원金台書院, 운봉서원雲峰書院, 관산서원冠山書院, 연평서원燕平書院, 백단서원白檀書院, 진산서원縉山書院, 탁수서원卓秀書院이다. 그 중 첩취서원의 보존상태는 양호하며 현재 장성박물관에 속해있고, 수선서원은 남당 천구교당에 속해 있으며, 나머지 7개 서원은 초등학교 형태로 존재하고 있다.

　북경지역에 남아 있는 서원 가운데 청대에 세워진 금태서원이 대표적이다. 금태서원은 옹정의 서원부양정책이후 북경의 서원이 융성하던 시기에 세워졌다. 처음에는 강희 39년(1700)에 경조윤京兆尹 전진석錢晉錫에 의해 수선의학首善義學으로 건립되었는데, 수선의학은 북경 역사상 최초의 의학義學이다. 이후 보수와 증축을 거쳐서 건륭 15년(1750)에 서원으로 개칭하였는데 당시의 어제비御制碑2)가 남아 있다. 금태서원은 북경성구에 위치하여 북경정치 중심의 이점을 크게 받고 있다. 정치동향과 경제발전 중심에 가깝게 위치한 금태서원은 북경성구의 대표적인 서원으로 좋은 분위기와 기풍을 가지게 되었다. 금태서원은 청대에 과거에 낙

---

2) 吳長元, 「外城一」, 『宸垣識略』 第9卷(北京: 北京古籍出版社, 1983), 第174頁.

〈표 1〉 북경지역의 서원

명칭	건립시기	건립자	현재보존상태	주소	비고
疊翠書院	明嘉靖二十年 (1514年)	監察御史肖祥曜	保護較好	北京市居庸關張城內	
通惠書院	明嘉靖二十七年 (1548年)	巡倉御史阮鶚	正在修建	北京市通州區	
首善書院	明天啓二年 (1622年)	左都御史鄒元標 左副都御史 馮從吾	現爲南堂的一部分	北京市宣武門前門西大街	南堂是國家級重 點文物保護單位
金台書院	淸乾隆十五年 (1750年)	不祥	北京市金台小學	北京市東曉市大街	前身爲首善義學, 市級重點文物保 護單位
雲峰書院	淸乾隆年間 (1753年)	知縣邱綿	北京市房山區城關 小學	北京市房山區城關街道	
冠山書院	淸乾隆二十年 (1755年)	知州芮泰元	北京市延慶縣第一 小學	北京市延慶縣延慶鎭楊家 胡同	
燕平書院	淸乾隆二十三年 (1758年)	知州芮泰元	北京市昌平區城關 小學	北京市昌平區西環里	前身爲諫議書院
白檀書院	淸道光十三年 (1833年)	知縣李宣范	北京市密雲縣第二 小學	北京市密雲縣密雲鎭通城 胡同	舊白檀書院爲明 萬曆朝修建
縉山書院	淸道光十四年 (1834年)	鄕紳胡先達	北京市延慶縣永寧 小學	北京市延慶縣永寧鎭內東 大街	
卓秀書院	淸道光二十七年 (1847年)	知縣程仁傑	北京市房山區良鄕 小學	北京市房山區良鄕中路	

注: 表格選取的書院爲京杭大運河北京段符合前四種情況的書院, 基本按照書院創辦時間先後排序, 以後表格同此標準.

방한 외부 지식인들의 재시험 준비 장소로 각광받았다는 독특한 역사
적 의의를 가지고 있다.[3]

---

3) 趙連穩, 『北京的古代書院』, 「北京日報」, 2013年 6月 8日, 第19版.

2. 천진지역의 서원

천진의 서원은 비교적 늦게 건립되었는데, 청대의 건륭의 시기에 건립이 시작되어 문진서원問津書院이 그 지역의 최초의 서원이다. 천진에 역사상으로 존재했던 서원은 모두 15곳으로 집계되며, 현재는 문진서원, 보인서원輔仁書院, 회문서원會文書院, 숭문서원崇文書院, 진동서원津東書院, 박문서원博文書院, 계고서원稽古書院 7곳의 서원이 남아 있다. 숭문서원은 문창각文昌閣 안에 건립되었고, 기타 6곳의 서원은 이미 모두 중학교와 초등학교가 되었다.

문진서원은 천진에 세워진 최초의 서원으로 청대의 천진지역에서 영향력이 큰 서원이다. 문진서원과 보인서원을 비롯한 몇몇의 서원들은 청나라 말기 천진의 서원에 과거시험 번영을 촉진하였다. 1874년에 천진지부天津知府 마승무馬繩武가 보인서원과 문진서원 그리고 삼취서원을 "이 세 곳의 서원에서 수십 년 동안 과거에서 장원을 배출했다"[4]라고 평가했다. 1889년 10월 『신보申報』에서는 "북방의 문학은 대완大宛이 우세하고 저보(寧寶)가 그 다음인데, 천진에 이르러 하남성부터는 모두 그 이하이다. 천진의 문진, 보인, 삼취서원으로 저명한 학자들이 모여 강의하니 선비들은 성실히 수업을 듣고, 문풍이 크게 변하니 저보는 말할 것도 없고, 대완도 거기에 미치지 못했다. 과거급제의 성대한 명성이 문학을 따라 옮겨와서 많은 선비들이 깊이 탐구하는 학풍을 형성하고

---

4) 沈家本 等 修纂, 『重修天津府志』; 來新夏·郭鳳岐 主編, 『天津通志』 舊志点校卷(上)(天津: 南開大學出版社, 1999), 第1134頁.

〈표 2〉 천진지역의 서원

명칭	건립시기	건립자	현재보존상태	주소	비고
問津書院	清乾隆十六年 (1751年)	盧見曾	天津市津源中學	天津市南開區服裝街	
輔仁書院	清道光七年 (1827年)	金洙	天津市文昌宮民族小學	天津市紅橋區春雨路	
會文書院	清同治十三年 (1874年)	知府馬繩武 等	倉放街小學	天津市南開區	
崇文書院	清光緒四年 (1878年)	地方紳士名流石 元俊 等	天津文昌閣	天津市西青區楊柳青鎮	市級重点文物保 護單位
津東書院	清光緒三年 (1877年)	諸賢 蘇善恒 等	天津市葛沽第一中學	天津市津南區葛沽鎮	
博文書院	清光緒十二年 (1886年)	海關稅務司德璀 琳，津海關道 周 馥商妥	天津市海河中學	天津市河西區南京路	
稽古書院	清光緒十三年 (1887年)	崔銓約, 楊云章	鈴鐺閣中學	天津市紅橋區	

힘써 상류를 다투니 역과에서 급제를 하는 자들이 수십에 이르렀다"[5]라고 보도했다. 서원개혁의 흐름 중에 문진서원 등은 모두 여러 차례 개명 과정을 거쳤다. 이 중 문진서원은 '민력2등제2소학당', '사립제2소학', '남문리소학'등의 순서로 개명하고 1996년에 '진원중학津源中學'으로 바뀐 뒤에 현재까지 사용되고 있다. 현재 진원중학 안에 문진서원의 구조가 보존되어 있으며, 두 채의 강당講堂과 한 그루의 고목이 남아 있다.

---

5) 田濤, 「晚清天津城市書院述論」, 『城市史研究』 2017年 第1期, 第167~183頁.

3. 하북지역의 서원

경항대운하는 주로 하북성의 창주시滄州市와 형수시衡水市를 지나는
데, 창주시의 서원교육은 일찍부터 이루어져 발전이 잘 되었다. 창주시
의 서원은 원나라 시기에 건립된 모공서원毛公書院6)을 시작으로 청나라
에 이르기까지 모두 27곳의 서원이 건립되었다. 역사가 오래된 형수시
에 그동안 건립된 서원의 수가 27곳인데, 원나라 원년(1341~1368)에 건립
된 광천동자사서원(廣川董子祠書院, 董子書院)7)이 최초의 서원이다. 현재 경항
대운하 하북지역에는 4곳의 서원이 여전히 문맥을 이어 가고 있으며 또
한 몇 곳의 서원들은 학교의 형태로 보존되어 있다. 대표적으로 창주시
의 난양서원瀾陽書院, 발해서원渤海書院과 형수시의 감릉서원甘陵書院, 위양
서원衡陽書院이 있다.

감릉서원과 위양서원은 형수시 고성현故城縣의 대표적인 서원이다.

〈표 3〉 하북지역의 서원

도시	명칭	건립시기	건립자	현재보존상태	주소	비고
滄州市	瀾陽書院	淸康熙五十一年 (1712年)	知縣 張景良	保護較完整, 現爲吳橋第 二中學의 試驗樓使用	吳橋縣鐵城鎭	省級文物保 護單位
	渤海書院	淸嘉慶年間	不祥	實驗小學	新華區建設南 大道	
衡水市	甘陵書院	淸雍正五年 (1727年)	知縣 蔡維義	中鎭小學	故城縣古城鎭	
	衡陽書院	淸光緖年間	不祥	鄭口鎭第一小學	故城縣鄭口鎭 運河區育紅路	

---

6) 吳洪成·王蓉,「古代河北滄州書院初探」,『邯鄲學院學報』 2016年 第1期, 第95~104頁.
7) 吳洪成·劉園園,『河北書院史』(保定: 河北大學出版社, 2011), 第34頁.

그 중에서도 감릉서원은 예로부터 지금에 이르기까지 지식전달과 인재양성의 장소로 대문大門, 대전大殿, 비석石碑, 돌사자(石獅) 등의 건축물들이 지금까지도 잘 보존되어 있다. 그 중에 서원 내에 우뚝 솟아 있는 두 개의 비석 가운데 청석제靑石制는 고대에 각급의 관리들이 기부하여 만들어진 공덕비이다.

4. 산동지역의 서원

경항대운하는 산동성의 덕주시德州市, 요성시聊城市, 제녕시濟寧市, 태안시泰安市, 조장시棗莊市를 지나간다. 그 가운데 산동지역의 도시 중 태안시의 태산서원의 역사가 가장 오래되었는데, 지금 태안시에 남아 있는 모든 서원들은 운하 근처에 건설되지 않았다. 현재 경항대운하가 지나는 산동지역에 문물이 보존되어 있거나 문맥을 이어 가고 있는 서원은 주로 11곳이 남아 있다. 그 가운데 유호서원柳湖書院이 터는 보존되어 있지만 많이 훼손되어 현재 재건 중이다. 그 밖에 주위서원州衛書院, 정의서원正誼書院, 청원서원清源書院 등 열 곳의 서원이 모두 초중학교의 형태로 보존되어 교육적 기능을 이어 가고 있다.

산동지역의 서원들은 기본적으로 원나라 이후에 건립되었다. 원나라 이전에는 대부분 성인의 유적지를 따라서 서원이 만들어졌다.[8] 송나라 때 태산에 만들어진 태산서원과 원나라 때 곡부曲阜에 세워진 니산

---

8) 趙承福, 『山東教育通史』 上(濟南: 山東人民出版社, 2001), 第431頁.

<표 4〉 산동지역의 서원

도시	명칭	건립시기	건립자	현재보존상태	주소	비고
德州市	柳湖書院	淸康熙年間	督粮道朱廷楨	復建後的董子書院	德城區董子文化園內	前身爲董子書院, 醇儒書院
	州衛書院	淸咸豐八年(1859年)	衛守備葉宗訓	德州市第三中學	德城區呂家街	
	正誼書院	淸光緖十六年(1890年)	督粮道善聯和滿營	石蘆街小學	德城區石蘆街	
聊城市	淸源書院	明嘉靖十一年(1532年)	兵備副使 齊之鸞	臨淸市民族實驗中學	臨淸市考棚街	
	仰山書院	淸乾隆二十年(1755年)	不祥	博平西街小學舊址	荏平縣博平鎭西街	
	啓文書院	淸乾隆三十九年(1774年)	知府胡德林	聊城市實驗小學	東昌府區站前街	
	冉子書院	不祥	不祥	陽谷縣第一中學	陽谷縣育英路	
濟寧市	聖澤書院	明嘉靖二年(1523年)	知縣吳瀛	汶上縣實驗小學	汶上縣鐵路口街	最早追溯到北魏孝昌二年(526年)建立的講堂, 明萬曆元年(1573年)曾用名復古書院
	曾子書院	不祥	不祥	嘉祥縣第一中學	嘉祥縣文化路	
棗莊市	蘭陵書院	淸乾隆四十八年(1783年)	縣令張玉樹	棗莊市第二中學	台兒莊區箭道街	
	道一書院	淸乾隆年間	不祥	滕州市書院小學	滕州市書院街	前身爲性善書院

서원尼山書院과 수사서원洙泗書院이 그 예이다. 유학숭상의 정책과 경제적 발전 그리고 문화적 번영에 따라서 산동지역에 서원은 곳곳에 만들어졌는데, 명청시대에 특히 서원의 수가 급격히 증가하여 산동지역의 서원의 주요 유물이 되었을 뿐만이 아니라 경항대운하의 산동지역의 서원문화의 주체를 이루었다.

5. 강소지역의 서원

경항대운하는 강소지역의 서주시徐州市, 숙천시宿遷市, 회안시淮安市, 양주시揚州市, 진강시鎭江市, 상주시常州市, 무석시無錫市, 소주시蘇州市 주요 8개 도시를 지나간다. 현재까지도 유물이 남아 있거나 문맥이 이어져 있는 서원은 28곳이다. 그 중에서도 청강서원淸江書院, 작호서원勺湖書院, 상주시의 동파서원東坡書院, 동림서원東林書院, 이천서원二泉書院, 학산서원鶴山書院, 문정서원文正書院, 정의서원正誼書院, 소주시의 학고당學古堂은 문물 보호단위로 지정되어 있다. 문화재 파손의 구체적 상태에 의거하여 정자서원程子書院, 운룡서원雲龍書院, 가풍서원歌風書院, 홍교서원虹橋書院, 매화서원梅花書院, 성남서원城南書院, 태호서원太湖書院은 이미 보수와 중건이 이루어지거나 진행 중에 있으며, 그 중에 가풍서원은 기능적 측면에서만 재건되었다. 학산서원과 보리서원甫里書院은 다른 관광지와 함께 형태가 보존되고 있다. 가풍서원과 문정서원을 비롯한 13곳의 서원은 현재 초중학교의 형태로 존재하고 있다.

이 가운데 정자서원은 이정二程이 강학을 한 곳으로 서주지역에서 가장 오래된 서원이다. 동림서원은 리학理學이 남쪽으로 전해지는 중요한 기점으로 정주程朱를 계승하여 '낙민중추洛閩中樞'라고 불렸다. 동림서원은 주희의 시기에 리학의 전성시대를 열었다. 왕수인은 동림역사에 "동림서원은 송대 구산 양 선생님이 강학하던 곳이다. 구산선생이 돌아가시고 그곳이 절터로 변하였고 그 학문 역시 점차 불가와 노장, 훈고학과 기교연마에 매몰됨이 이미 사백 년이나 되었다"[9]라고 표지하였다.

명나라 성화成化년에 성의 남쪽에 간소보間紹寶가 중건하였고, 이후에 명나라 만력 32년(1604)에 고헌성顧憲成과 고반룡高攀龍등에 의해서 성의 동쪽 옛터에 동림서원을 새롭게 중건했다. 동림서원이 훼손되는 풍파를 겪었음에도 불구하고 학술 풍조를 전환하고 천하의 시정에 관심을 둔 새로운 전통을 만들어 냈다.10) 비판적 태도를 통해서 심학에서 리학의 학풍으로 전환을 이루고, 당시 의정에 대한 강학의 태도로 서원이 훼손되는 재앙을 당하는 동시에 민심과 선비들의 마음을 얻었다. 이로 인하여 양명학의 폐단을 바로잡고 국가와 천하의 일에 대한 관심으로 유명해진 동림서원은 서원연구와 리학연구에서 독보적인 가치가 있다.

〈표 5〉 강소지역의 서원

도시	명칭	건립시기	건립자	현재보존상태	주소	비고
徐州市	程子書院	北宋	程顥	已重建	豐縣梁寨鎭新集村	
	雲龍書院	淸雍正十三年(1735年)	知府李根云	已重建	泉山區湖東路雲龍山西麓	
	歌風書院	淸嘉慶十七年(1812年)	張翼	沛縣初級中學, 2013年"功能"重建	沛縣沛中路	
宿遷市	鍾吾書院	淸道光二年(1822年)	葉峻嶇	馬陵中學	宿城濱河路	
淮安市	淸江書院	明嘉靖九年(1530年)	工部主事邵經濟	現爲淸江文廟	淸浦區輪埠路	淸康熙三十七年(1698年)改爲文廟, 省級文物保護單位
	臨川書院	淸康熙三十二年(1693年)	吳瀚	淮安市漁溝中學	淮陰區漁溝鎭臨川東路	
	麗正書院	淸乾隆三十一年(1766年)	楊錫紱	江蘇省淮安中學	淮安區杜康橋路	前身淮陰書院
	勺湖書院	不祥	不祥	已重建	淮安區西張街	市級文物保護單位

9) [明] 王守仁, 『王陽明全集』(上海: 上海古籍出版社, 2011), 卷二三, 第898~899頁.
10) 鄧洪波, 『中國書院史』(上海: 東方出版中心, 2006), 第392頁.

揚州市	維揚書院	明嘉靖朝	不祥	揚州大學附屬中學	廣陵區淮海路	
	虹橋書院	清康熙二十二年 (1683年)	總督于成龍	新建, 現爲傳統中式庭院	廣陵區彩衣街	
	梅花書院	清雍正十二年 (1734年)	同知劉重選 鹽商馬曰琯	保存較完整	廣陵區廣陵路	前身爲甘泉書院, 崇雅書院
	樂儀書院	不祥	不祥	儀征市實驗小學	儀征市東園路	
鎭江市	鳴鳳書院	清乾隆三十六年 (1771年)	不祥	丹陽市實驗小學	丹陽市白雲街	又名"雲陽書院"
常州市	城南書院	宋淳熙四年 (1177年)	知州楊萬里	卽將重建	城南書院歷史文化街區	
	東坡書院	元至大年間	不祥	破壞嚴重, 只剩一進	天寧區前後北岸歷史文化街區	市級文物保護單位
	龍城書院	明隆慶六年 (1572年)	知府施觀民	常州市局前街小學	天寧區局前街	
	高山書院	不祥	不祥	常州市三河口小學	武進區三河口路	
無錫市	東林書院	宋政和元年 (1111年)	楊時	保護較好	梁溪區解放東路	亦名龜山書院, 國家級重点文物保護單位
	二泉書院	明正德十一年 (1516年)	禮部尙書 邵寶	保護較完整	梁溪區觀山路	市級文物保護單位
蘇州市	鶴山書院	宋代	魏了翁	現爲江蘇巡撫衙門舊址	滄浪區書院巷	市級文物保護單位
	甫里書院	元代至順年間	錢光弼	現爲葉聖陶紀念館	吳中區甪直鎭	
	文正書院	元代至正六年 (1346年)	簽事趙承僖 總管吳秉彝	蘇州景范中學	觀前街道人民路	市級文物保護單位
	紫陽書院	清康熙五十二年 (1713年)	巡撫張伯行	僅剩登經閣, 現爲蘇州中學	姑蘇區人民路	
	盛湖書院	清乾隆九年 (1744年)	知縣丁元正 縣丞熊晉台	吳江市盛澤實驗小學	吳江區舜湖中路	
	正誼書院	清嘉慶十年 (1805年)	兩江總督鐵保, 巡撫汪志伊	保護較完整	姑蘇區人民路(蘇州可園內)	蘇州可園爲市級文物保護單位
	太湖書院	清同治十一年 (1872年)	同知朱守和	2012年發起重建的新的太湖書院	吳中區靈山路	前身爲仰山書塾
	蘇州學古堂	清光緒十四年 (1888年)	黃彭年	保護較完整, 現爲蘇州書院園林	姑蘇區人民路(蘇州可園內)	清嘉慶十年(1805年)曾歸正誼書院,市級文物保護單位
	同川書院	不祥	不祥	同里實驗小學	吳江區同里鎭崇本路	

6. 절강지역의 서원

절강성의 서원은 당나라의 여정서원麗正書院, 구봉서원九峰書院, 청산서원青山書院, 덕윤서원德潤書院 등 5곳의 서원이 먼저 건설되었다. 경항대운하가 지나는 절강지역의 주요 도시는 호주시湖州市, 가흥시嘉興市, 항주시杭州市로, 현재 그 부근의 주요 19곳의 서원들은 유물이 남아 있거나 문맥을 이어 가고 있다. 그 가운데 입지서원立志書院, 만송서원萬松書院, 육영서원育英書院, 구시서원求是書院은 문물보호단위로 지정되어 있다.

안정서원安定書院, 원호서원鴛湖書院, 동계서원桐溪書院, 숭문서원崇文書院, 천목서원天目書院, 경일서원敬一書院은 그 훼손정도가 서로 다르며, 그 가운데 대부분 서원들이 이미 보수 또는 재건되었다. 항주의 고경정사詁經精捨는 유곡원기념관兪曲園紀念館의 형태로 보존되어 있다. 숭문서원, 육영서원, 구시서원을 포함한 11곳의 서원은 현재 학교로써 교육적 기능을 계속 유지하고 있다.

〈표 6〉 절강지역의 서원

도시	명칭	건립시기	건립자	현재보존상태	주소	비고
湖州市	安定書院	宋淳祐六年 (1246年)	知州事蔡節	破壞嚴重, 僅有南 郊道場山麓胡瑗墓	吳興區勞動路	
	愛山書院	明乾隆朝	不祥	浙江省湖州中學	吳興區同心路	
嘉興市	傳貽書院	南宋	輔廣	桐鄉市崇德小學	桐鄉市崇福鎮創業路	
	鴛湖書院	淸同治朝	知府許瑤光	保護較完整	嘉興市中山路市政府 內東側	
	仰山書院	淸嘉慶五年 (1800年)	沈毓蓀 等	浙江省海寧中學	海寧市張安鎮	
	安瀾書院	淸嘉慶七年 (1802年)	州牧黃秉哲	海寧市鹽官鎮中心 小學	海寧市鹽官鎮豐興路	

	桐溪書院	清同治三年 (1864年)	不祥	新建(2018年新建 的當代桐溪書院)	桐鄉市環城北路	
	立志書院	清同治四年 (1865年)	邑紳嚴辰	保護較完整	桐鄉市烏鎮觀前街	前身爲分水書 院, 全國重点文 物保護單位
	龍山書院	清同治九年 (1870年)	不祥	海寧市袁花鎭中心 小學	海寧市天仙街	
	翔雲小學	清同治九年 (1870年)	內閣中書 沈梓	翔雲小學	桐鄉市濮院鎭紫金路	
杭州市	萬松書院	明代弘治十一年 (1498年)	右參政周木	復建後基本完整	上城區萬松嶺路	市級文物保護 單位
	崇文書院	明萬曆二十七年 (1599年)	不祥	保存較完整, 現爲杭 州市崇文實驗學校	西湖區西湖風景名勝 區曲院風荷內	
	天目書院	明代	不祥	保護較完整	臨安區於潛鎭	
	敬一書院	清康熙二十四年 (1685年)	巡撫趙士麟	保護較完整	西湖區孤山路	
	紫陽書院	清康熙四十二年 (1703年)	兩浙都轉鹽運使 高熊征, 鹽商 汪 鳴瑞	杭州市紫陽小學	上城區太廟巷	
	杭州 詁經精捨	清嘉慶二年 (1797年)	學政阮元	現爲俞樓, 又名俞 曲園紀念館	西湖區孤山路	
	春江書院	清道光五年 (1825年)	不祥	富陽區實驗小學	富陽區東興路	
	育英書院	清同治六年 (1867年)	傳敎士格林 (David D. Green), 陶錫祈	保護較完整, 現爲 之江大學舊址	西湖區之江路	全國重点文物 保護單位
	求是書院	清光緖二十三年 (1897年)	知府林啓	書院舊址現僅存原 普慈寺大殿, 現爲 浙江大學	上城區杭州大學路	前身爲普慈寺, 省級文物保護 單位

7. 운하부근의 서원유산의 보호와 활용

현재 서원유산의 사용기능은 주로 관광지, 학교, 기념관 등의 관광
의 현장으로 사용되거나 혹은 사람들의 거주지나 다른 용도로 이용되

고 있다. 이 중에 문물보호단위인 서원들은 모두 현실적 상황을 고려하여 외부로 개방하는데, 대부분 무료로 관람이 가능하다. 그러나 문물보호단위에 포함되지 않은 서원들 중에 현재 유물이 남아 있거나 문맥을 이어 가고 있는 서원들은 보존상태가 좋지 않다. 또한 이미 개방하고 있는 서원들 가운데 몇몇 부분들은 부적절하게 활용되거나 훼손되는 경우가 있어서, 서원유산의 지속적 발전은 순조롭지 않다. 운하의 문화가 오랜 세월 동안 이어 가고 유가의 우수한 전통문화가 계승되기 위해서는 반드시 운하 부근의 서원유산에 대한 보호와 적합한 활용을 통해서 유가서원이 역사적 메시지를 전달하고 당대의 가치를 발휘하도록 해야 한다.

1) 분류보호와 인지제의

국무원의 〈문화재 보호와 활용 강화에 대한 개혁의 몇 가지 의견〉에서 기본 원칙으로 합당한 분류를 통한 문화재 보호정책과 인지제의 등을 강조했다. 인지제의란 각 지역의 구체적 상황에 따라서 합당한 방법을 정하는 것을 말한다. 경항대운하 부근의 유학서원유산을 인지제의의 방법으로 보호하는 것은 주로 세 가지 분야와 관계된다. 첫째, 소재지에 현재 유물이 남아 있거나 문맥이 이어져있는 서원유산의 기본상황과 소재지역의 역사문맥과 현재 도시건설의 기본상황 조사하는 것이다. 둘째, 서원유산의 현재 상황에 초점을 둔 조사로, 특히 현재 구체적 위치, 보호 상태, 훼손정도, 문맥의 지속, 가치의 크기 등의 문제에 주목해야 한다. 셋째, 소재지의 역사문맥 조사는 주로 각 지방의 유학 및 역사문화의 형성, 발전, 흥망성쇠에 대해서 분석과 연구를 하여 정리한다. 현재 도시의 실제 건설 상황을 조사하는 것은 토지의 사용 상태와 사회생활 현황, 건축물의 건설 현황, 교통 등 각종 정보에 대한 현황을 충분히 알 수 있다.

분류보호는 인지제의因地制宜의 목적이며, 서원의 유산보호에 중요한 조치이다. 각 급의 문물보호단위에 등재시키는 것은 문화유산의 가치를 인정받는 중요한 방법이다. 문물보호단위로 등재된 운하 부근의 서원문화재에 대해서 최선의 방안을 채용하고, 가장 합당한 보호기술로 원형을 보존하여 있는 그대로를 반영하고 구현해야 한다. 또한 문물보호단위에 등재되지 않은 운하 부근의 서원문화재에 대해서는 각각의 온전하지 않은 부분, 훼손상태의 심각성에 근거하여, 파괴정도와 가치 크기를 전면적으로 조사하고, 해당 조사를 통해서 복구의 유부, 재건의 여부, 문물보호단위 등재와 같은 조치를 취해야 한다.

2) 지속적 기능과 혁신적 활용

기능의 지속성과 혁신적 활용은 서원문화유산의 활용 방향이다. 현재 경항대운하 주변 서원문화유산의 기능과 이용현황은 다음 세 가지 유형으로 구분된다. 첫째, 문화재의 본래기능은 이미 소실되었고 다른 공공의 문화서비스 활동도 이루어지지 않으며, 대부분 거주공간으로 이용되거나 방치되어 있는 유형이다. 둘째, 기능이 일부만 남아 있거나 전면적으로 활용되지 못하는데, 규모, 자금 등의 조건의 한계로 인하여 활용에 결핍과 낙후가 있는 유형이다. 이러한 유형이 대부분이다. 셋째,

기능이 종합적으로 활용되고, 보호와 활용도 모두 잘 되어 균형적으로 발전된 유형으로 이러한 유형은 드물다.

(1) 기능의 지속성

서원문화재의 기능 연속성이란 본래의 기능을 유지하는 것을 말하는데, 특히 기능이 이미 그 가치의 일부가 되어버린 문화재에 대해서 기존에 사용되는 기능을 유지하고 전승하는 것을 말한다. 서원은 다양한 기능이 집대성된 유학문화재의 유형으로, 강학과 장서藏書 그리고 제사를 본래의 기능으로 하며, 그중에서도 강학의 기능이 가장 우선된다. 고대 서원의 강학과 현재 학교의 교육은 형식상으로 매우 유사한데, 주로 교사들이 지도적인 교수를 하고 학생들의 문제와 의문에 관하여 집중적으로 해결하면서 진행되었다. 전통교육의 기능을 이어 가는 핵심은 서원문화의 근원을 갖춘 현대학교이다. 이러한 학교는 옛 서원에서 설립한 전통과 교육의 취지를 이어 가고 아울러 교육적 기능을 발전시켜서 새로운 시대에 혁신적인 문화전파 기능을 유지하는 것이다. 이는 교육에 그치는 것이 아니라 서원의 문화적 가치를 지속시킨다. 운하 근처의 현대학교가 고대서원의 교육기능 지속성에 대해서 주요 실천은 특색 있는 학교 설립, 학교의 역사관 설립, 역사문화와 관련된 선택과목을 개설, 각 단계의 교육실천의 거점을 세우는 것, 관련 서적을 출판, 각종 교육배양활동을 조직하는 등이 있다.

운하 부근의 명소와 관광장소의 서원은 기본적으로 문물보호단위에 재정되어 있으며, 그 가치는 주로 관광활동과 학술연구활동, 서원문화를 체험하는 것을 통해서 드러난다. 이러한 서원은 교육기능의 지속성에서는 뛰어나지 못한데, 대표적인 서원의 경험을 바탕으로 서원문화를 발굴하고 교육의 전승을 실현해야 한다. 서주시의 가풍서원의 기능 중 건은 일반화하여 배울 만한 가치가 있다. 주로 다음의 세 가지 항목들이다. 첫째, 다른 곳의 서원문화 건설 플랫폼을 참고하고 지역민들의 참여와 단결하여, 서원문화가 전승되어 있는 초중학교와 협력으로 국학문화 연구거점을 건설한다. 둘째, 교육의 기능을 충분히 발휘하여 국학문화를 널리 보급한다. 예를 들어서 무료 문화강좌와 국학학습, 경전강독반의 시행, 지방국학독서대회 개최, 지방국학우수강좌 조성과 같이 다양한 집단을 위한 특색 있는 강당을 개설하는 것이다. 셋째, 시대적 흐름과 추세에 부합하는 서원과 관련된 활동을 개최하고, 서원의 문화를 발전시키는 것인데, 예를 들면 운하 부근의 서원들이 함께 하는 서원문화교류 행사 등이 있다.

운하 부근에는 대학으로 문맥을 이어 가는 서원이 있다. 항주의 절강대학은 그 전신이 청대에 광서光緒 23년(1897)에 지부 임계林啓가 건립한 구시서원求是書院이 그 예시이다. 운하 근처에 위치한 이러한 유형의 서원은 자신의 강점과 실제상황을 잘 결합하고 악록서원岳麓書院의 사례를 충분히 본보기로 삼아서, 서원이 가진 교육기능의 지속성을 실현해야 한다. 호남의 악록서원의 교육은 주로 대학의 영역을 중점으로 이루어지는데, 학부부터 박사 후 연구 거점의 역할까지 비교적 잘 갖추어진 교육체계를 이루고 있으며, '禮, 理, 履'를 체득한 예를 중시한 인재양성을 목표로 세웠다. 구체적 활동으로는 각종 전공과 관련된 여러 분야의 학습을 실시하고, 사제연례활동과 석전제를 거행한다. 학술연구에 있어

서는 사회과학기금이 충분하고 대회 학술 교류와 협력이 넓게 이루어
지고 있고, 사회강좌와 문화전파에 있어서 경험이 풍부하고 다양한 학
술적 주제의 강좌가 갖추어져 있다. 호남의 악록서원은 전국의 서원교
육기능의 지속성에 대해서 표본이 될 만하고, 유가문화의 전통을 현대
사회의 경제발전 조류에 이행한 대표적 사례이다.

(2) 혁신적 활용

서원유산의 기능혁신은 유산의 본체와 가치를 안전하게 하는 선에
서 가치와 특징 및 현황을 바탕으로 과학기술과 사회 등의 당대의 조건
과 수요에 따라서 새로운 현대기능을 부여하는 것을 말한다. 서원유산
의 기능혁신은 반드시 문화재 보호의 기본 원칙을 고수하여야 하며, 그
활용방안은 문화재의 유형과 현황에 부합하고, 활용의 정도가 문화재의
수용력을 넘어서지 않아야 하고 활용정책에 어긋나지 않아야 한다.[11]
경항대운하 주변의 서원문화유산의 기능혁신은 주로 국학교육, 유학의
보급, 문화관광, 문화 창조 등이다.

① 국학교육

현재 국학교육의 범위는 광범위하고 다양한 형식으로 활발하게 발
전하고 있지만 어느 정도의 형식화, 오락화, 상업화의 문제도 나타나고
있다. 경항대운하 인근 서원문화재의 진정한 의미에서 국학교육이 발
전되기 위해서는 아래의 세 가지 부분이 이루어져야 한다.

---

11) 國際古迹遺址理事會中國國家委員會, 〈中國文物古迹保護準則〉(2015);
   http://www.sach.gov.cn/col/col1823/index.html, 2018年12月11日.

우선 국학교육의 목적이 심도 있게 전개된다는 전제조건을 분명히 해야 한다. 국가차원에서는 국학교육이 계승을 통하여 유학을 핵심으로 하는 중화의 우수한 전통문화를 더욱 발전시키고, 민족적 자신감과 문화적 자각 그리고 문화귀속감을 높여서 이상적 목표를 실현한다. 개인적 측면에서 유학교육은 사회 대중의 개인적 스트레스와 초조함을 완화하는 명약으로, 사회도덕과 양심의 정신을 유지하는 역량이 되고, 학생들이 역사문화를 이해하는 중요한 과정이며 이성적 판단수단을 습득하는 중요한 방법이다.

다음으로 운하 부근 서원문화재의 현황을 합리적으로 분석하고 적합한 유학교육의 방식을 선택해야 한다. 운하 부근의 문묘와 서원들 중에는 문물보호단위에 등재된 것이 많고 보존상태가 비교적 양호한데, 지역별 혹은 유형별로 구분하여 속수지례束脩之禮와 같은 전통적 예절의식을 시행함으로써 국학교육을 깊게 체득하도록 한다.

또한 운하 인근 서원문화재의 강점을 찾아내서 국학교육의 효용을 최대한 실현한다. 운하 인근 서원들 중에 현대학교의 형태로 문맥을 이어 가는 곳이 매우 많은데, 이는 서원문화의 연원과 현대학교교육이 밀접한 관계를 가짐으로써 선천적 조건을 제공한다. 역사적으로 깊은 문화를 가진 현대의 학교를 중점으로 우수한 국학과정을 전문적으로 개설해야 한다. 문화역사의 연원을 깊이 탐구하여 사유와 행위 그리고 가치적 측면에서 유효한 정보를 찾아내는 동시에 기존의 학과와 결합하고 학과학습과 주제별 토의, 수업 외 활동 등의 각 방면에 스며들어 국학교육을 순조롭고 효율적으로 실행한다. 한편 실천이야말로 진리를 검증하는 유일한 방법이므로, 학생들에게 국학전통문화에 대한 조사연구의 과업을 주고, 직접 문헌 열람과 현지인 인터뷰[12] 등의 방법을 통해서 현지의 전통문화를 조사하는 과정에서 스스로 습득할 수 있도록 장려한다.

② 유학의 보급

유학의 보급은 서원문화재의 생산과 이용의 모든 과정에 내포되어 있는데, 그 역사가 오래되고 형식과 특징이 다양하다. 고대에 운하를 따라 유학이 전파되면서 남북의 문화교류가 촉진되고 과거시험의 문화가 성행하였다. 현재의 운하를 통한 문화교류는 중화의 우수전통문화를 널리 알리고 계승하여 유학문화를 이용한 사회질서의 규범에 힘써야 한다. 경항대운하 인근의 서원문화의 보급방법은 끊임없이 새로워지는데, 첫째로 박물관 형식에 의한 집중적 전시로, 과학기술의 도움을 통해서 박물관의 전시수준을 높이고, 대중과 유가서원문화의 거리를 좁히고, 역사와 현재를 잇는 공간을 구축하는 것이다. 둘째로 유학 전문가의 학술강좌와 국제문화포럼을 개최하여 각지의 유학전문가들의 참여를 유도하여 학술연구의 성과를 통해서 유학을 전파하는 것이다. 셋째로 대중 매체 특히 최근 새롭게 유행하는 미디어와의 적극적인 제휴를 하는 것이다. 주류 매체를 통해서는 적극적으로 홍보하고, 아울러 1인 미디어를 통해서도 빠른 전파하여, 사회 대중의 유학전통과 예법 등에 대한 흥미를 유발하고 수한 서원이야기를 가지고 문학, 영화, 드라마로 창작할 수도 있다. 이러한 매체의 전파를 통해서 유학보급의 전파력과

---

12) 中村哲・許芳,「日本小學社會科教科書中的"傳統與文化"」,『全球教育展望』2012年 第9期, 第91~96頁.

영향력을 확충할 수 있다.

③ 문화관광

유학문화관광은 서원문화단위를 근거로 문화학습, 문화체험의 형식으로 개발되는 관광활동이다. 운하 근방의 서원문화관광은 개별서원을 주제로 하는 관광, 지역서원문화관광, 운하의 경로를 따라서 이루어지는 서원문화 관광이 있다. 개별서원을 주제로 하는 관광은 관광항목에 대해서 창의적으로 계획하고 전통입학식과 같은 전통의례활동을 통해서 유학에 관심 있는 사람들이 유가의 우수한 전통문화를 깊게 배울 수 있도록 한다. 지역서원문화관광과 운하를 따라서 이루어지는 문화관광은 운화구역과 근방의 우수한 서원문화자원을 통합하여 운하를 따라 서원문화관광코스를 조성하여 유가문화자원을 발굴하고 운하의 고풍을 체험하며 유학정신을 느낄 수 있도록 만든다. 서원문화관광은 특히 배우며 여행하는 경로를 기획하여 서원의 교육적 기능을 높이고 서원의 인문자원에 의거한 전통문화교육을 전개할 수 있다. 전체적으로 유학문화관광브랜드를 만들어서 훌륭한 서원의 이야기를 들려주면서 운하를 따라서 유학문화 여행산업군을 형성할 수 있다.

④ 문화 창조

2014년 교육부가 발간한 〈중화 우수 전통문화 보완 교육지도요강〉에서 사이버 교육 플랫폼, 캠퍼스 교육 플랫폼, 교육구조 등의 관점에서 중화 전통문화 교육의 다원적 지원을 강화한다고 명시했다.[13] 문화유산의 활용에 있어 문화창의적인 역할을 충분히 하고 경항대운하와 결합하여 독특한 유학의 함의를 발굴하고 서원에 내재된 인문정신을 발현함으로써 문화전통을 폭 넓게 구현하고 보호와 활용을 조화를 최대화 하여 보다 심도 있고 넓은 범위에서 학생들의 교육 수요와 대중의 지식 욕구를 충족시킨다. 운하 부근 서원문화재의 문화적 아이디어는 파생상품을 만들고 문화브랜드와 지식재산권의 개발에 집중되어야 한다. 서원문화의 파생상품은 관상성, 소장성, 참여성의 문화 창의 제품 등 다양한 유형으로 계발하되, 상품의 실용성에 집중하여 서원문화가 자연스럽게 생활에 녹아들도록 해야 한다. 여러 종류의 서원 문화를 기호화하여 문화 창의적인 상품의 예술적 부분을 중시하고 서원의 특색을 살려서 특화된 문화브랜드를 만들어야 한다. 이러한 것을 기반으로, 운하 주변의 서원은 각자의 문화특색에 근거하여 관련 홈페이지, 웨이신, APP 등을 개발하고 혁신적인 홍보방식으로 청소년들의 관심을 유발하여 유학문화유산이 이어지도록 한다.

경항대운하 주변은 북경, 천진, 하북, 산동, 강수, 절강 등의 거치며 풍부한 서원유산들을 남겼는데, 이는 중화의 우수한 전통문화가 가진 힘의 증거들이다. 운하 주변 서원유산을 분석하여 운하의 각 부분별 서원유산의 보존과 활용현황을 파악하고, 서원유산의 다양한 문제점들을 분석하여 이를 기반으로 분류보호와 인지제의를 실시하고, 운하의 서원유산을 잘 보존하는 동시에 기능의 지속성과 혁신적 활용의 수단을 통해서 운하 주변의 서원유산을 잘 활용해야 한다. 우수한 전통유가문화

---

13) 中華人民共和國敎育部, 〈完善中華優秀傳統文化敎育指導綱要〉, 2014年 3月 26日; http://old.moe.gov.cn//publicfiles/business/htmlfiles/moe/s7061/201404/xxgk_16654 3.html, 2018年10月11日.

요소를 발굴하고 유학정신을 심도 깊게 해석하며 서원의 이야기를 기술하여 정적인 서원의 건축유산과 그 주변 환경을 활성화한다. 운하문화와 유가문화의 공생의 문화공간을 조성하여, 운하 주변의 서원들로 하여금 혁신적인 유가정신을 전달하는 매개체가 되어야 한다.

6. 서원교육에서의 공맹 자선사상과 그 당대의 의미

陳濤*

　서원은 고대 교육의 성지로 지식과 문화를 전파했을 뿐만 아니라, 개인의 입덕立德과 수신을 요구하여 사회에 공헌을 했다. 서원교육에서 공맹 자선사상의 발전은 중국문화의 특색을 가지고 있다. 그 중에서도 '인애仁愛'는 공맹 자선사상의 핵심이며, '인정仁政'은 공맹 자선사상이 사회실천으로 이어지는 주요한 수단이다. 공맹 자선사상의 특징은 정부가 주도를 하고 민간에서 폭 넓게 참여하는 것을 강조한 부분이다. 이는 현시대의 자선사업발전에 대하여 긍정적인 귀감의 의미를 가지고 있다.

1. 중국전통적 '자선'의 의미

　근원적으로 모든 단어의 의미는 모두 역사와 관련이 있다. 영어 'charity'와 중문 '慈善'의 단어가 만들어진 사회문화배경은 서로 다르며, 포괄하는 바의 내용도 같지 않다. 중국전통서적에서는 처음에 '자慈'와

---

* 곡부사범대학.

'선善'을 함께 사용하지 않았다. '자'는 본래 부모의 사랑을 지칭하였는데, 『좌전』의 "부자자효父慈子孝"와 같은 용법이 이것이다. 이후에 '영애怜愛'와 '인자仁慈' 등과 같은 의미로 확장하면서, 점차 사람과 사람 사이의 보편적인 사랑으로 의미가 확대되었는데, 그 중에도 특히 어른의 어린이에 대한 사랑을 지칭한다. '선'은 '악과 대비되는 것으로 본래 의미는 '길상吉祥'과 '미호美好'이다. 후한의 경학자 허신許愼은 『설문說文』에서 '선'을 설명하면서 "善, 吉也; 從言從羊, 此與義(繁體)美同意. 篆文從言從羊, 隷書省作善, 二言有相善, 君子之言吉, 其嘉祥爲善"이라고 하였다. 이러한 해석은 상고의 서적에서도 확인되는데, 『상서尙書』 "창선단악彰善癉惡"의 구절이 바로 이것이다. 이후에 '선'은 '친선우호親善友好'와 '품행고상品行高尙'의 뜻으로 파생되었다. 공자는 "與善人居, 如入芝蘭之室, 久而不聞其香, 卽與之化矣"라고 하였는데, 여기서 우리는 '선'의 윤리도덕가치의 소재를 이해할 수 있다. 이로 인해, 후세의 사람들은 정조情操가 고상하고 선행을 즐겨하는 사람을 가리켜 '선인善人' 또는 '선사善士'라고 불렀다.

역사문화의 발전에 따라서 '자'와 '선'의 자의는 점점 가까워졌고, 모두 '인자仁慈'와 '선량善良' 그리고 동정심이 많다는 뜻을 포함하였다. 남북조시기에 이르러서 '자'와 '선'은 항상 함께 사용되었는데, 이때에 '자선'이라는 말이 생겨났다. 『북사北史』에 "寬和慈善, 不忤于物, 進退沈浮, 自得而已"라고 하여, 이미 '자'와 '선'이 함께 '자선'으로 사용되고 있음을 알수 있다.

'자선'의 어원을 해석하면서 중국전통 '자선' 개념의 오랜 역사와 그 의미가 가진 두터운 문화적 축적을 엿볼 수 있다.

2. '인의'―공자 자선사상의 기반

공자 이전에도 '인' 개념이 있었지만, 공자는 '인'을 도덕원칙으로 삼아서 확대 발전시켰다. 공자는 각각의 제자와 상황에서의 '인'에 대한 질문에서 대해서 각기 다른 관점과 영역으로 전면적으로 깊게 접근하여 상세히 설명하였다.

'인'이란 무엇인가? 공자는 『논어』에서 '인'에 대해서 다음과 같이 언급했다.

愛人[1] / 克己復禮爲仁[2] / 己所不欲, 勿施于人[3] / 己欲立而立人, 己欲達而達
人[4] / 仁者必有勇[5] / 剛, 毅, 木, 訥近仁[6]

'인'에 대한 공자의 설명은 모두 인간관계의 도덕준칙임을 알 수 있다. 그 핵심 중 하나가 바로 '애인愛人'이다. '인자애인仁者愛人'은 공자가 인간관계에 대처하는 총칙이다. '인'의 핵심정신은 '애인'인데, 즉 동류에 대한 사랑의 감정이며, 마음에서 우러나오는 덕성이다. '인자애인'은 타인과 인간관계를 맺는 과정에서 주변의 모든 사람들을 사랑함으로 모든 사람들과 사이가 좋게 되는 것이다.

그렇다면 어떻게 '애인'을 하는 것인가? 공자는 다음과 같이 말했다.

---

1) 『論語』,「顔淵」.
2) 『論語』,「顔淵」.
3) 『論語』,「顔淵」.
4) 『論語』,「雍也」.
5) 『論語』,「憲問」.
6) 『論語』,「子路」.

"弟子入則孝, 出則悌, 謹而信, 泛愛衆, 而親仁."7) 나이가 어려서 부모의 앞에 서 있을 때에는 부모에게 효도하고, 자신의 집을 떠나서는 자신보다 나이든 사람을 경애敬愛하는 법을 배우고, 말을 성실하게 하여 믿음이 있게 하고, 대중을 널리 사랑함으로 친근하게 하는 것을 공자는 인덕仁德이 있는 사람이라고 보았다.

위와 같은 혈연의 '효제孝悌'와 '인'은 직접적인 일치성一致性이 있다. '인' 관념은 우선 가정윤리의 범위에서 갖추어진다. '효제'는 즉 '애인'이다. 공자는 사람은 마땅히 자신의 부모를 먼저 사랑해야 한다고 생각했다. 혈연관계의 원근遠近으로 살펴보면 부모는 나에게 생명을 주었으므로, 나와 부모의 관계가 가장 가깝다. 이러한 까닭에 자신의 부모를 가장 사랑해야 한다. 부모에 대한 인애仁愛는 즉 효이다. '효'는 부모에게 효순孝順하는 것을 지칭하는데, 부모와 연장자들에 대한 혈연관계를 반영한 것이다. '제'는 윗사람에 대한 공경을 지칭하는데, 형제자매의 사이의 혈연관계를 반영한 것이다. 누구나 태어날 때부터 가족 간의 혈육관계에 처하는데, 이로 인해서 가족을 사랑하는 마음(愛心)이 형성된다. 이러한 마음의 구체적으로 드러나는 것이 바로 '효제'이다. 공자의 '인애'는 가정의 혈연관계로부터 점차적으로 확장되어 나타나는데, 이는 즉 "君子務本, 本立而道生. 孝悌也者, 其爲仁之本與!"8)라는 구절로 설명된다.

공자는 자신의 부모에게 효도하고 나보다 어린 사람들에게는 자애慈愛로 대우해야만, 다른 사람들도 몸과 마음을 다해서 나를 대우할 것이라고 보았다. 유약有若은 조상과 어른들에게 효도하고, 웃어른을 존경

---

7) 『論語』, 「顔淵」.
8) 『論語』, 「學而」.

하는 사람이 윗사람을 범하기를 좋아하는 것이 드물고, 윗사람을 범하기를 좋아하지 않는 사람은 더욱이 난을 일으키지 않는다고 보았다. 부모에게 효도함으로써 임금에게 충성할 수 있고, '효제'로써 윗사람을 범하는 난을 막을 수 있다고 보았다. '인'의 가장 기본적인 것은 바로 사람들로 하여금 먼저 '효제'를 하도록 하는 것이다. 사람은 우선 자신의 가족을 사랑한 뒤에야 비로소 그 마음을 외부로 향하여 확장하고 다른 사람을 사랑할 수 있다.

공자는 효를 기반으로 '인'을 설명하면서 '인'이 효보다 더욱 넓은 의미를 갖고 있는 동시에 효가 실행되는 것과 같이 사람들의 마음속에 자리 잡고 사람들로 하여금 스스로 사명감과 책임감을 가지게 하고 개인이 진실한 감정으로 표현하기를 바랐다. 사람들이 이러한 진실한 감정을 기반으로 타인과 관계를 맺을 때 '애인'의 마음이 생겨난다. 먼저 자신을 사랑하는 것을 시작으로 안에서 밖으로 점차 확충할 때, 즉 자신의 부모와 형제자매를 사랑하는 것을 확충함으로써 더 많은 사람들을 사랑함에 이르게 된다.

바꾸어 말하자면, 공자가 말한 '애인'은 가족과 친족관계에 국한되는 것이 아니라, 그 사랑하는 대상은 가족을 넘어선 범위이다. 이러한 '애인'은 모든 사람을 사랑하는 것이지 사회의 일부분 혹은 특정집단을 지칭하는 것이 아니다. 공자는 인간의 생명에 존재하는 이러한 보편적 혈육 간의 사랑하는 마음에 갖추어진 사랑을 인류애의 정신으로 끌어올렸다. 사람이 가지고 있는 타인을 사랑하는 마음은 먼저 부모 중심의 가족을 사랑한 뒤에 주변의 혈연관계의 사람들을 사랑하고, 최후에는 더 많은 사람을 사랑하는 것으로 확충된다.

공자가 말한 "弟子入則孝, 出則悌, 謹而信, 泛愛衆而親仁"9)은 이러한 가족(親親)의 사랑을 대중(衆)으로 확장한 것이다. 대중은 모든 사람을 가리키는데, 이는 혈연종법의 고대사회에서 존재하는 차등적 차별의 원리가 있다. 따라서 공자가 말한 '애인'은 사실 가까운 곳에서 먼 곳으로 그리고 자신으로부터 타인으로 미루어나가는 차등의 사랑이며, 이것이 바로 공자가 말하는 '범애중泛愛衆'이다.

여기서 말하는 '애중愛衆'은 '애친愛親'과 상대적인 말로, 자신의 부모와 형제를 사랑하는 것은 물론 그 외에 다른 사람을 사랑하는 것을 의미한다. '애친'은 씨족종법의 관계범위를 넘어서지 않는데 '애친'과 '애중'은 각각 다른 단계의 윤리적 관계이다. '애인'은 자신과 부모형제의 관계를 반영하고, '애중'은 사회구성원들과의 보편적 관계를 반영한 것으로, 이러한 사랑은 모든 구성원들을 사랑해야 됨을 요구한다.

공자는 '효제' 관념이 바로 '인'의 본질적 요구라고 생각했다. '애인'의 감정원칙에 따라서 모든 사람들은 자신의 부모형제에 대해서 사랑하는 마음을 가지고 있다. '애친'은 '애인'의 가장 중요한 태도이다. '애친'으로부터 '효제'가 시작되고, 이것이 바로 '애인'의 감정을 배양하는 기초이다. '애인'은 구체적인 규칙이 아니라, 하나의 정신 상태이며 '인'의 기반이다. 이러한 사랑은 부모형제의 가족혈연에 대한 사랑이 확장하여 대중에 대한 사랑으로까지 도달되는데, 즉 종족宗族의 사랑을 모든 민족民族에 대한 사랑으로 확장하고, 이를 다시 모든 사람이 대상이 되는 인류애까지 확충된다.

---

9) 『論語』, 「學而」.

혈연종법의 사회에서 공자가 말한 '애인'의 넓게는 보통 사람을 가리키지만 모든 사람을 똑같이 사랑해야 한다고 말한 것은 아니라 원근遠近과 차등의 구분이 있는 사랑이다. 다시 말해서 서로 다른 관계의 사람에 대해서 사랑의 방식과 정도의 차이가 있다. 유가사상에서 주장하는 '애인'의 마음은 자신의 가족만을 사랑하고 다른 사람을 사랑하지 않는 것이 아니라, 차등원칙을 기반으로 이러한 사랑을 사회에 확충하는 것이다. 사람들로 하여금 먼저 자신의 가족을 사랑하는 것을 시작으로 점차적으로 타인과 국가 그리고 사회를 사랑하는 감정을 배양하는 것이 바로 "泛愛衆, 而親仁"[10]에 도달하는 것이다.

"인자애인仁者愛人"은 사람과 사람의 사이에 관계를 맺는 일반적 원칙으로 종법혈연도덕의 범주에 한정되지 않는다. 이는 인간관계를 형성할 때 모든 사람을 사랑할 것을 요구하고, 모든 사람들과 좋은 관계를 맺음으로써 서로 아끼며 사랑하는 조화로운 인간관계를 만든다. 유가사상은 '인'을 숭상하면서 그것을 최고의 도덕으로 보았다. 유가에서 말하는 '인애'는 차별과 원칙 없이 모든 사람을 사랑하는 것이 아니라, 타인을 사랑함에는 반드시 일정한 원칙에 부합되어야 한다.

'애인'은 두 가지 중요한 원칙이 있는데, 하나는 공자가 말한 "己欲立而立人 己欲達而達人"이다. 이는 자신이 서고자 하면 동시에 남들도 서게 하고, 자신이 통달하고자하면 동시에 남들도 통달하게 하는 것이다. 다른 하나는 공자가 말한 "己所不欲 勿施於人"이다. 이는 자신이 원하지 않은 일을 타인에게 강요하지 않는 것이다. 이 두 가지 원칙이 있을 때

---

10) 『論語』, 「學而」.

"在邦無怨 在家無怨"에 도달할 수 있다. 공자가 보기에 '애인'은 시비是非가 없고 원칙이 없이 사랑하는 것이 아니다. 사람의 마음을 높은 표준인 "인"으로 끌어올려야만 진정한 '애인'에 도달할 수 있다.

3. '인정'―맹자 자선사상의 발전

맹자는 공자의 '인'사상을 계승하고 그 사상을 국가를 통치하고 사회를 관리하는 일로 구체화하고, '내성內聖'의 개인 수양을 국가를 다스리는 '외왕外王'의 영역으로 확충하여 사회의 모순을 완화하고 유가정치 이론인 인정仁政학설을 견고하게 하였다. 공자의 '인'으로부터 배운 맹자의 '인정'은 유가의 도덕철학에서 유가의 정치철학으로 한걸음 발전을 이루었다.

맹자는 공자의 '인' 정신의 본질에 충실하면서 공자의 "위정이덕爲政以德"의 정치관점을 기반으로 '인'을 확충하여 정치, 경제, 문화 등의 여러 방면의 시정강령으로 발전을 이루고, '인'을 핵심으로 하는 정치사상 체계인 인정仁政학설을 구축하여 선진유학의 비약적 발전을 이루었다.

1) 자선사상의 기초: 성선설

맹자의 천부적 도덕의 성선설은 인정학설의 이론적 기초 중 하나이다. 그는 '인정'의 근원이 성선性善의 관점에 있다고 주장했다. 맹자의 성선설은 어떤 관점을 가지고 있는가?

첫 번째로 인간의 본성인 측은지심惻隱之心은 누구나 가지고 있다는 것이다. 맹자는 "불인인지심不忍人之心"으로 인간의 본심을 논하여 성선설을 확립한다. 맹자는 사람이 막 태어났을 때 선善으로 향한다고 하면서, "人性之善也, 猶水之就下也, 人无有不善, 水无有不下"11)라고 말했다.

또한 맹자는 성선에 대해서 설명하면서 "乃若其情, 則可以爲善矣, 乃所謂善. 若夫爲不善, 非才之罪也"라고 하였는데, 이를 보면 인간의 본성은 선한 것인데 만약 선을 행하지 않는다면 이는 본성이 나쁜 것이 아니라 다만 생각하지 않았을 뿐(弗思耳)이라고 하였다. 또한 "故凡同類者, 舉相似也, 何獨至于人而疑之? 聖人與我同類者"12)라고 하였는데, 여기서 맹자는 통치자와 피통치자를 평등한 위치에 두고 그들이 공유하는 보편적 인성을 탐구하였다. 맹자는 마음의 도덕본성인 측인지심은 모든 사람이 가지고 있다(惻隱之心 人皆有之)고 강하게 주장했다. 맹자는 "불인인지심"을 다음과 같이 설명했다.

今人乍見孺子將入于井, 皆有休惕惻隱之心. 非所以內交于孺子之父母也, 非所以要譽于鄕黨朋友也, 非惡其聲而然也. 由是觀之, 无惻隱之心, 非人也; 无羞惡之心, 非人也; 无辭讓之心, 非人也; 无是非之心, 非人也.13)

둘째로 사단四端과 사덕四德이다. 성선설의 핵심은 모든 사람은 참아하지 못하는 마음을 가지고 있다는 것이다. "불인인지심"은 측은지심惻隱之心이다. 맹자는 "惻隱之心, 人皆有之; 羞惡之心, 人皆有之; 恭敬之心, 人皆有

---

11) 『孟子』, 「告子上」.
12) 『孟子』, 「告子上」.
13) 『孟子』, 「公孫丑上」.

之; 是非之心, 人皆有之"[14]라고 하였다. 모든 사람은 측은지심 이외에도 수오지심羞惡之心, 사양지심辭讓之心, 시비지심是非之心을 가지고 있다. 이러한 네 가지 마음은 사람이 태어나면서부터 가지고 있는 것으로 성선설의 이론적 근거인 사단설四端說을 이루었다.

맹자는 사단을 인간이 사회인으로 살아감에 가장 기본적인 속성으로 육체를 초월하여 존재하는 절대적인 정신의 도덕율령으로 보았다. 즉, '사단'설은 일종의 선험주의 색채의 인성론이며, 이는 인간본성에 대한 맹자의 선험적 가설이다.

惻隱之心, 仁之端也; 羞惡之心, 義之端也; 辭讓之心, 禮之端也; 是非之心, 智之端也. 人之有是四端也, 猶其有四體也.[15]

맹자는 인간의 '사단'을 성선의 출발점으로 삼고, 다시 성선을 '인의예지仁義禮智'의 네 가지 덕성으로 귀결하였다. 그는 인간이 천선적으로 선한 단서를 가지고 있다고 생각하고, "惻隱之心, 仁之端也; 羞惡之心, 義之端也; 辭讓之心, 禮之端也; 是非之心, 智之端也"라고 말했다.

하늘로부터 부여받은 '사단'은 완선한 인성이며 도덕의 훌륭한 실마리일 뿐만 아니라, 선의 새싹(善端)이다. 인성과 도덕의 완성은 후천적인 학습과 노력, 확충과 배양이 필요하다. '사단'을 기반으로 확충해야만 인의예지의 사덕四德이 형성될 수 있다. 만약 그렇지 않으면 우산牛山의 나무가 베어지는 것과 같이 선으로 흘러가지 못하고 오히려 악이 생겨

---

14) 『孟子』, 「告子上」.
15) 『孟子』, 「公孫丑上」.

날 것이다. 맹자가 보기에 사단과 사덕은 인간과 비인간을 판단하는 경
계선이다. 이에 맹자는 "无側隱之心, 非人也; 无羞惡之心, 非人也; 无辭讓之心,
非人也; 无是非之心, 非人也"[16]라고 하였다.

셋째로 성선설의 최종 목표인 '불인인지심不忍人之心'을 '불인인지정不
忍人之政'으로 실행하는 것이다. 맹자가 주장하는 '불인인지정'의 기초는
그의 성선설의 관점에 있다. 『맹자』 「양혜왕」편을 보면 맹자가 위나라
에 있을 때, 양혜왕은 맹자에게 천하를 안정할 방법을 가르쳐 주기를
청했는데, 맹자는 "定于一"이라고 답했다. 이어서 양혜왕은 누가 천하를
통일할 수 있냐고 물었고, 맹자는 "不嗜殺人者, 能一之"이라고 답했다. 즉,
맹자는 살육을 즐기지 않고 마음에 인자함을 품은 사람만이 천하를 통
일할 수 있다고 생각했다.

> 孟子曰: 人皆有不忍人之心. 先王有不忍人之心, 斯有不忍之政矣. 以不忍人之
> 心, 行不忍人之政, 治天下可運之掌上.[17]

위의 구절은 모든 사람이 남을 불쌍히 여기고 배려하는 마음이 있다
는 뜻이다. 왕은 먼저 백성을 불쌍히 여겨 위로하는 마음을 말미암을
때 백성을 위한 정치를 할 수 있다. 남을 불쌍하게 여기고 배려하는 마
음을 가지고 백성을 위한 정치를 베풀면 천하를 다스리는 일이 제 손바
닥 안에서 운용하는 것과 같이 쉬울 것이라고 보았다. 이러한 '연민체휼
지심憐憫體恤之心'이 군주에 의해 그 정치와 통치에 적용된 것이 바로 '불

---

16) 『孟子』, 「告子上」.
17) 『孟子』, 「公孫丑上」.

인인지정'이다.

맹자는 '불인인지심'은 모든 사람이 가진 보편적인 인성으로, 사람의 왕이 된 자도 반드시 '불인인지심'을 가지고 있다고 보았다. 왕이 측은惻隱, 수오羞惡, 사양辭讓, 시비是非의 사심四心을 가지고 이를 배양하고 인의예지仁義禮智의 사덕四德으로 확충할 때 비로소 '불인인지정'이 행해질 수 있으며, 이것이 바로 인정仁政이다. 맹자는 '불인인지심'을 국가통치의 측면에서 운용하여 '불인인지정'의 인정仁政을 주장한 것이다. 즉 맹자는 국가의 모든 정책의 수립과 실행은 '불인인지심'으로부터 시작하여 국가의 높은 곳에 있는 통치자는 마음을 다하여 백성을 위해 고민하고 백성을 살피며 백성을 이해해야 한다고 주장했다.

성선설의 전체적인 체계를 보면 맹자의 논리는 천부적인 성선설(四心), 천부적 도덕론(四德), '불인인지정'의 인정仁政이다. 인정은 '불인인지심'이 밖으로 표출된 왕치王治의 결과이며, 위정자의 '불인인지심'을 사회와 국가 통치 자원으로 확대한 것이다. 이를 통해 알 수 있듯이, '불인인지정'사상은 맹자의 성선설체계가 발전된 정점이자 궁극적인 목적이다.

2) 인정: 자선사상의 실천

맹자는 전란의 시대에 살았는데 당시 사람들의 고통은 이루 말할수 없었다. 이에 맹자는 군주가 백성들이 고난을 면할 수 있도록 인정을 실행해야 한다고 주장했다. 그는 인정사상이 통치자의 의식에만 머물러서는 안 되며, 반드시 '인정'을 정치통치의 실천에 확대 운용해야한다고 하였다. 통치과정에서 '인정'이 시행되어야 진정한 의미로써 '인정'이 달성되는 것이다.

인정사상이 정상적으로 시행되기 위해서 맹자는 정권이 장기간 보존되어야 한다고 생각했고 이를 위해서는 반드시 민생에 주시해야 한다고 보았다. 민생에 관심을 가지고 가장 기본적인 문제를 해결하는 것은 백성들이 먹고 사는 문제를 해결해 주는 것이다. 이 문제가 해결되어야 비로소 백성들을 '종선從善'과 '위인為仁'으로 나가게 할 수 있다. 만약 백성들의 생계가 어렵다면 인정은 말할 거리도 없다.

백성들의 기존적인 생존조건을 어떻게 보장해줄 수 있는가? 먼저 "제민지산制民之産"이 요구된다. 이른바 재산이 풍족해야 비로소 예절을 알고, 생활이 넉넉해야 영광과 치욕을 안다(倉廩實則知禮節 衣食足則知榮辱)는 것이다. 맹자는 "无恒産而有恒心者, 惟士能也"라고 하였는데, 이는 생존을 보장하기 위한 안정적인 물질기반이 없으면서 도덕인품을 잃어버리지 않는 것은 군자라야 가능하다는 것이다. 그러나 어디에도 군자들로만 구성된 사회는 없으며, 여러 계층의 사람들이 함께 어울려 사회를 구성하고 있는데, 가장 아래층에 생활하는 백성들은 사회의 기반이다.

民之爲道也, 有恒産者有恒心, 无恒産者无恒心. 苟无恒心, 放辟邪侈, 无不爲己.[18]

안정적인 경제 수입이 없다면 백성들은 확고한 신념을 가질 수 없다. 일단 확고한 신념이 결핍되면 제멋대로 도리에 어긋나는 짓을 하게 되고, 부도덕적인 일들이 벌어지면 사회의 안정과 결속은 파괴된다. 그

---

18) 『孟子』, 「滕文公上」.

래서 맹자는 "제민지산制民之産"을 주장하면서 "是故明君制民之産, 必使仰足以事父母, 俯足以畜妻子, 樂歲終身飽, 凶年免于死亡"[19]이라고 말했다. 현명한 군주는 반드시 백성들에게 일정한 생산 수단을 분배하여, 백성들로 하여금 부모를 봉양하게 하며, 그 처를 부양할 수 있도록 하며, 풍년에는 의식주가 풍족하고 흉년에도 굶어죽지 않도록 한다. 이렇게 해야지만 백성들로 하여금 먹고 살 걱정이 없어지게 하고 왕의 통치를 따르게 하여 인정仁政의 기반이 마련된다.

맹자의 "제민지산"사상의 긍정적 의미는 통치자와 피지배자의 갈등을 완화하고 백성들이 토지와 생산기반을 얻음으로써 백성들의 물질적 삶의 요구를 충족할 뿐만 아니라, 사회의 안정적 통합과 국가가 오랫동안 유지되도록 하고, 당시에 성행하던 토지 인수합병을 억제하는 것에도 도움이 되었다는 점이다.

그 다음으로 맹자는 백성들에게 은혜를 베풀 것을 주장했다. "親親, 仁也; 敬張, 義也; 无他, 達之天下也."[20] 인정의 시행은 친친親親과 경장敬長의 선행을 천하에 확충하여 보급하는 것이다. "老吾老以及人之老, 幼吾幼以及人之幼. 天下可運于掌……故推恩足以保四海, 不推恩无以保妻子."[21] 백성들에게 은혜를 베풀어야 백성들의 지지를 받을 수 있고, 국가사직을 보존할 수 있다. 그렇지 않으면 자신의 가족조차도 지킬 수 없다.

그 밖에도 사회적 약자의 현실적인 생활고를 해결해야 한다. 제선왕이 왕정王政에 대해서 묻자 맹자는 이렇게 답했다. "老而无妻曰鰥, 老而无

---

19) 『孟子』, 「梁惠王上」.
20) 『孟子』, 「盡心上」.
21) 『孟子』, 「梁惠王上」.

夫曰寡, 老而无子曰獨, 幼而无父曰孤. 此四者, 天下之窮民而无告者. 文王發政施仁, 必先斯四者."22) 맹자는 홀아비, 과부, 고아와 같은 사회적 약자들에 대해서 군왕이 그들의 생활문제를 우선적으로 고려하고 해결해야 한다고 생각했다. 군왕이 인정을 베푸는 일은 대부분 백성들에게 은혜를 베푸는 것 외에도 의지할 곳 없는 약자들을 돌보아 주어 그들이 충분한 보살핌을 받아서 자생자멸하거나 홀대하여 버려지는 일어 없어야 한다고 주장했다. 천하의 모든 사람들이 부양되어 인仁으로 돌아가는 것이 왕도정치의 이상적인 최종 목표이다.

총괄하자면 맹자의 인정은 정치, 경제, 문화, 교육, 법제 등의 체계적인 국가 통치 양식으로 각 부분의 내용은 서로 밀접한 관계를 가지고 서로 호응하고 조화를 이룬다. 정치적 방면에서는 인정을 시행하여 백성들을 보존하고 그들에게 상응하는 신분과 정치적 권리를 부여하고, 경제적 방면으로는 백성들을 부유하게 하고 그들의 기본 생존과 발전을 보장해 준다. 문화와 교육적 방면에서는 "근고서지교謹庠序之敎"로 백성들을 가르쳐서 개인의 인격적 매력을 높이고 국가의 질서 있는 통치를 실현하다. 법률적인 방면으로는 "관형성벌寬刑省罰"로 백성을 사랑하여 덕과 법을 병행하고 은혜와 위엄을 두루 갖추게 된다. 인정사상은 위정자가 민심을 얻는 가장 좋은 방법이자 천하를 호령하는 구체적인 방법이다. 만약 인정을 실행에 옮기면 민중은 안정되어 단합되고 그들로 하여금 풍요로운 생활을 살게 할 수 있다.

이처럼 서원교육에서 공맹의 자선사상이 가진 '인애'와 '인정'은 중

---

22) 『孟子』, 「梁惠王下」.

국 특색의 자선이론으로 현재 중국 특색의 사회주의의 자선이론을 수립하는 것에서도 긍정적인 의미가 있음 알 수 있다. 공자의 자선사상에서 주장하는 '인애'를 핵심으로 하는 자선관은 서양의 차별이 없는 박애관과 다르게 차등이 있는 사랑으로 점진적 확충의 방식으로 자선을 행하는 것은 인간의 본성과 중국사회의 실제와 더욱 부합된다. 맹자의 자선사상에서 주장하는 '인정'은 정부의 주도를 강조하여 사회의 폭넓은 참여를 유도하는 것으로 기존에 자선의 비정부화를 지나치게 강조하는 관점과 다르다. 자선사업에서 정부의 주도적 역할을 강화하는 것은 우리 역사문화와 전통에 부합할 뿐만 아니라 현재 중국의 자선사업 발전의 실제상황과도 부합된다.

7. 송대 서원의 발전과 문화특징

─송학의 발전과 과거개혁을 중점으로

孫學喜*

　　서원은 당대唐代부터 만들어져서 송대宋代에 왕성하게 발전했다. 송나라 초기에 관학체계의 붕괴는 일종의 사학형태인 서원이 과거시험 교육의 임무를 넘겨받음으로서 정부의 전폭적인 지원을 받으며 발전의 과정에서 강한 기세를 가지고 관학교육체계를 어느 정도 대체하게 했다. 또한 송대에 서원이 융성할 수 있던 이유는 송학宋學의 부흥 및 송학 각종 학파의 학술활동과 밀접한 관련이 있는데, 과거제도의 완비는 학문이념의 측면에서 서원발전을 추진하였고 왕안석의 과거개혁은 송학의 학술의 방향이 사회로 확산되도록 하였다. 당송경학의 변화로 볼 때 훈고학이 성리학으로 전환된 것은 당시 학술의 중요한 변형으로 자신의 주관으로 경전을 해석하고 의리를 밝히는 송대 경학이념은 학문의 적극적 탐구를 촉진했고, 과거시험에서 책론策論의 요구내용과 무실치용務實致用의 가치추구 및 정부의 뛰어난 인재를 등용하고자 하는 목적과 부합되었다. 여기서 중요한 것은 서원이 각 지방의 학술 중심의 역학을 하고 있었기 때문에 송학의 내용과 정신은 서원이 발전하는 중요

곡부사범대학 역사문화학원.

한 원인이 되었다. 서원의 문화가 원형을 이루자 서원문화의 특징과 서원의 발전을 촉진하는 요소들은 서로 밀접한 관계성을 형성했는데, 즉 송학과 과거시험은 서원문화의 성숙을 추진하였고, 서원문화는 또 송학의 내용과 정신 그리고 과거시험의 요구를 표출하였다.

1. 송학의 발흥과 사학의 발전

송대 서원의 발전은 초기 정부의 장려정책 덕분이지만 이러한 정책은 정부가 단기간 안에 관학체계를 회복할 능력이 없어서 내놓은 미봉책이었다. 중앙집권적 입장에서는 봤을 때, 만약 정부가 관학의 기능을 재정립한다면 관학을 중점으로 하는 교육체계를 지지하고 대표적인 사학私學인 서원의 지원은 이루어지지 않는다. 그러나 송대 중기 이후 관학이 회복되었음에도 불구하고 서원은 여전히 쇠퇴하지 않았는데, 이는 송대 서원이 발전하던 초기의 문화요인, 즉 송학 및 왕안석의 과거개혁과 관계가 있다.

등광명鄧廣銘은 송학과 리학에 대해서 "과거에 많은 사람들이 송학과 리학을 같은 것으로 생각했는데, 이는 매우 부당하다. 리학(『宋史』에서는 도학이라고 함)은 북송 말년과 남송 초기에 형성된 학파로 11세기 말 송휘종이 즉위하기 전까지는 북송의 학술계에는 리학이 존재하지 않았다"[1]라고 하면서, 송학을 지칭하면서 큰 의미로 사용하고, 리학은 송학

---

1) 鄧廣銘, 「談談有關宋史硏究的几个問題」, 『社會科學戰線』 1986년 제2기, p.139.

의 한 학파로 보았다. 송학에는 형공신학荊公新學, 관학關學, 낙학洛學, 촉학蜀學 등의 여러 학파가 있었는데, 당시 각 학파의 성장을 "염락관민濂洛關閩"이라는 말을 통해서 알 수 있다. 한당漢唐 때 발단한 훈고학은 송대 초기에 이르러 학문의 막다른 길에 도달했는데,『십삼경주소十三經注疏』의 완성은 훈고학이 끝에 도달했음을 의미한다. 이는 당대의 학자들에게 새로운 방식으로 유가사상을 이해하게 하였고, 학문의 난국을 타개하기 위한 요구는 송대 신학문을 만든 기반이 되었다. 송대 유학이 시작과 동시에 "회도삼대回到三代"를 통해서 정치질서의 재건을 주장한 것은 조정의 의도와 일치되었을 뿐만 아니라 일반 대중의 바람이기도 했다. 그래서 송대 유학은 지배층과 사회구성원들의 지지를 얻을 수 있었다. 송학은 유·불·도의 문화를 융합하였는데, 고대원시유학에 근거를 둘 것을 주장하면서도 자신의 뜻으로 경전을 이해하여 의리義理를 밝히는 것을 중시했다. 남송시기에 주희로 대표되는 주자학은 그 뜻을 잘 반영하고 있는데, 한당 훈고학의 묵수사설墨守師說과 경학가법經學家法과 비교했을 때 이미 서로 다름을 알 수 있다. 송학의 각 학파들은 경전을 해석하고, 책을 저술하여 학설을 만들고, 제자들을 모아 강연을 하면서 서원 발전에 기반이 되었다. 같은 시기에 불교의 재력이 풍부한 사찰에서는 당나라 때부터 빈번히 승강僧講(승려를 대상으로 불교경전을 전문적으로 설명하는 것)과 속강俗講(세속인을 대상으로 통속적인 도리를 전문적으로 설명하여 재화를 모으는 것)을 하였는데, 이는 불가의 각종 학파가 발전하는 큰 원동력이 되었다. 유가학파의 학자들이 이에 깨달음을 받아서 당나라 말기에 유가의 서원이 건립되기 시작하여 송대 서원의 융성기 이전에 이미 유명한 4대 서원이 생겨났다. 송학에서는 자신의 주관으로 경전을 이해할 것을 주장했는데, 자연 속의 명승지에 학교를 세움으로서 학생들의 독서에 도움이 되고자 했다. 도가의 자연주의사상이 송학과 만나면서 서원발전에도 영향을 주었는데, 이는 많은 서원들이 깊숙한 산림에 들어서는 이유가 되었다. 송학학자들의 연구와 학문 보급의 요구에 따라서 서원은 종종 각 지역의 학술중심지와 지방문화발전의 기지가 되었는데, 악록서원岳麓書院과 석고서원石鼓書院의 호상문화湖湘文化가 그 예이다. "남송시대 서원과 학술의 일체화 추세는 호상학파의 출현을 이끌어 냈는데, 호상학파의 부흥은 바로 호상문화 형성의 징표이다.……호상학파는 악록서원을 중심거점으로 삼아서 당년에 매우 성행하였다."2) 송대의 서원이 각지의 학술문화중심의 거점으로 자리 잡으면서, 송학 각 학파의 학술이념과 세력의 전파는 서원과 밀접한 관련을 가졌다. 왕안석의 형공신학荊公新學은 송학의 분파이다. 왕안석의 『삼경신의三經新義』는 과거개혁을 통해서 과거경의해석 부분에서 권위 있는 판본이 되었는데, 온 천하의 학교와 서원에 보급되고 왕학王學이 융성하면서 한때 유명한 학설이 되었지만, 변법이 실패하고 나서 왕학은 학교에서 모두 사라졌고 왕안석의 후학 제자가 적어서 학술적 의미의 왕학은 각 지역의 서원에서도 보존되지 못했다. 또한 송대 촉학蜀學의 변천은 서원이 학술사상전파에서 중요한 역할을 했다는 것을 증명한다. "학술사상의 관점에서 보면 송대 촉학蜀學은 소씨蘇氏 촉학의 위주에서 낙학洛學 위주로 바뀌는 과정을 거쳤다. 촉학의 이러한 변화는 서원과 밀접한 관련이 있다. 수씨 촉학의 선비들은 낙학의 선비들이 중시한 서원교육을 다소

---

2) 鄧洪波, 「宋代湖南書院與湖湘文化的形成」, 『船山學刊』 2005년 제2기, p.30.

홀시했는데, 이는 점차 소학蘇學이 쇠락하게 된 원인 중 하나였다. 장식張栻의 학설 및 그 서원이 촉으로 돌아가면서, 위요옹魏了翁의 서원교육은 낙학을 사천에 널리 퍼뜨렸고 낙학을 촉진해서 소씨 촉학을 대신하게 하였다."[3] 소씨촉학蘇氏蜀學과는 대조적으로 이정二程은 서원을 활동의 공간으로 하여 낙학이 발전되는 과정에서 서원교육을 중시하여 북송 말기에 현학顯學이 되었다. 이러한 학술과 서원의 결합은 북송에서부터 싹트기 시작했다. 낙학은 하남지역에 서원이 형성되고 번영하면서 발전했다고 할 수 있는데, "정호와 정이는 서원이라는 새로운 교육기관을 통해서 강학과 학자들과 함께 모여 학습하는 장소로 사용했는데, 그 예로 이천伊川의 명고서원鳴臯書院과 등봉登封의 숭양서원嵩陽書院 등 하남지역의 서원들도 낙학의 인재양성과 발전에 기반이 되었다."[4] 하남의 서원은 또한 낙학의 전파를 통해서 발전했는데, "송대 하남지역의 서원들 중에 낙학과 관련된 곳은 모두 8곳이고, 이는 하남지역 서원의 절반을 차지했다. 이를 통해서 볼 때, 하남의 서원이 발전한 원인들은 많이 있지만, 낙학이 그 원인들 가운데 서원의 형성과 전파에 중요한 역할을 했다는 것은 간과할 수 없다.[5] 남송의 리학시대에 이르러서는 "서원교육과 리학전파의 결합은 리학의 발전공간을 확장시켰고, 리학은 사회 각층의 지지를 받으면서 다른 학파들을 뛰어넘어서 남송 후기 및 명청의 국가통치사상에 중요한 공헌을 하였다."[6] 위의 내용들은 학술과 서원이 서로를 촉진했고 서원은 학술의 중요한 전달체라는 것을 증명한

---

3) 胡昭曦, 「宋代書院與宋代蜀學」, 『四川大學學報』 2001년 제1기, p.31.
4) 呂旭峰, 「洛學與宋代河南書院」, 『大學教育科學』 2006년 제4기, p.82.
5) 呂旭峰, 「洛學與宋代河南書院」, 『大學教育科學』 2006년 제4기, p.83.
6) 王曉龍・張春生, 「宋代書院教育與宋代理學的傳播」, 『貴州社會科學』 2005년 제1기, p.133.

다. 서로 다른 학파들이 모여 함께 강학을 하는 것은 서원의 학술적 가치와 지위를 주었고 이는 과거시험을 제외하고도 서원발전에 영향을 미치는 중요한 요인으로 작용했다. 이러한 대표적 사례는 남송시기에 주희와 육구연이 백록동서원에서 벌였던 학술적 토론이다.

서원은 송학을 통해서 사학私學의 기능을 갖추었다. 그러나 주요 목적을 과거시험에 두지 않았기 때문에, 도덕수양과 지식전수가 결합된 송학의 이념은 서원교육의 특징이 되었다. 전호田浩는 이 부분에 대해서 연구하고 다음과 같이 말했다. "여조겸呂祖謙, 주희, 장식張栻 등의 도학 지도자들은 서원강화에 힘썼는데, 서원의 도덕규범과 인재양성을 위한 지도방향을 수립하였다. 당시 조정의 관학이 과거응시에 전념하고 있을 때, 이 도학 지도자들은 도덕윤리의 교육을 최우선으로 하고, 서원에 어떻게 유가도통가치관을 가진 선비 집단을 양성할 것인가를 고민했다."[7] 서원은 어느 정도 과거시험의 속박에서 벗어나서 교육방법에서 더욱 유연성을 가졌고, 교사가 주도하는 독서와 학생의 자습을 결합하였다. 송대의 서원은 지방의 학술 중심지로 교육과 학술연구의 이중기능을 담당했다. 송학의 각 학파에 따라서 그 주장하는 바가 서로 차이가 있었는데, 한 지역 내에 큰 서원은 그 지역의 송학의 한 학파의 학술이념을 표현하면서, 서원의 문화는 소속된 학파의 이념을 따르는 특징을 가졌다.[8] 또한 송학 각 학파의 빈번한 학술 교류로 서원은 점차 개방성과 포용성을 갖추었고, "염낙관민濂洛關閩"(주렴계, 정이와 정호, 장재, 주희)의 각 학파의 학설이 서로 융합되면서 각지의 서원문화는 서로 가까워졌다.

---

7) [美] 田浩・黃梓根(譯), 「宋代中國的儒家書院」, 『湖南大學學報』 2005년 제6기, p.3.
8) 王均・雷偉, 「宋代民間辦學的創擧—書院制度」, 『延安大學學報』 1998년 제2기, pp.84~85.

2. 왕안석의 과거개혁

당대 과거시험의 시제는 일반적으로 경서經書의 원문을 뽑아서 수험생들에게 경서원문에 대한 해석을 요구했다. 그러므로 권위 있는 참고서는 문제풀이와 평가의 근거가 되었는데, 이는 당대에 칙명을 통해 『오경정의五經正義』를 반포하는 원인이 되었다. 이러한 과거시험 방식은 한나라 이후의 경문 해석에 중점을 두었고, 이는 다시 경학 전문가를 통한 전수를 중시하고 자의적 해석은 지향하도록 했는데, "사법師法"과 "가법家法"의 이념과 현실은 교육활동과 과거시험에 영향을 주었다. 즉, 유명하고 경험이 많은 스승에게 전수받는 것이 과거시험의 중요한 핵심이 되었다. 경학에 정통한 선생은 관학의 체계에서뿐만 아니라 민간사회에도 존재했는데, 지식을 구하는 것은 관학을 벗어나서도 가능했다. 한나라 이후에 사법과 가법을 중시와 조정에서 『오경정의』의 주소를 과거시험의 권위 있는 답안으로 한 것으로 인해서, 학풍에서는 창작과 이치에 대한 탐구를 억제하고 묵은 사상의 답습을 장려하는 현상이 나타났고, 학문에서는 연역적이고 보수적인 특징을 가졌는데, 이러한 배경에서 자유개방의 진취적 학풍은 만들어 질 수 없었다.

왕안석의 과거개혁 이후, "천하의 인재를 선발하는 것은 학교를 통해서 선발하고, 각 주와 군에서 파견하던 것과 시예부법은 폐지한다"라고 했는데, 이는 "학교를 중심으로 하는 인재선발"(學校取士)로 "과거 중심의 인재선발"(科學取士)을 대신하는 것을 의미한다. 이 시기에 관학화된 서원들은 정부의 승인을 통해서 서원의 학생들에게 국자감으로 갈 수 있는 기회를 주었는데, 그로 인해서 서원에 들어가 학문하는 것은 사회 중상층의 자제子弟들의 목표가 되었다. 왕안석은 학교제도를 보완하여 국립대학을 대대적으로 확장과 정비하고 아울러 중앙정부에서 교육경비를 지급하여 지방의 학교를 보완하고 관학체계를 재정비했다. 송대 서원에서는 과거에 대해 반대한다는 의견이 지배적이었다. 이러한 관점에서 본다면, 왕안석의 과거개혁은 서원과 대립되는 것처럼 보인다. 그러나 왕안석이 주창한 송학의 학술적 방향은 학술적 측면에서 시작하였고, 이는 서원이 갖고 있는 학술성과 일치되었고, 또한 과거시험이 사회로 퍼져 가는 것에 도움을 주었다.

"송대 서원이 과거를 반대한 것에 대해서 논의 중에 『중국교육사中國教育史』9)의 관점이 대표적이다. 저자는 주희가 지은 백록동의 시 구절을 분석한 뒤에 '주자가 백록동 학생들에게 바랐던 것은 외부의 방해 없이 학문을 구하고, 세상사를 걱정하지 않고 출세를 부러워하지 않는 것인데, 이는 모두 과거시험에 반대하는 것이다'라고 하였고, 육구연의 〈백록동강의白鹿洞講義〉를 분석한 뒤에 '이러한 과거를 반대하는 정신은 주자가 백록동서원을 발전시킨 특징이다'라고 재차 강조했다. 이러한 사상은 대만의 학자 손언민孫彦民의 『송대서원제도연구宋代書院制度研究』10)에서도 이어졌는데, 그는 '중국의 과거제도는 수당隋唐으로부터 창시되어 북송과 남송에 이르러 완벽해졌다. 이때부터 선비들의 독서는 모두 공명을 얻는 것이 목적이 되었고…… 안정安定과 태안泰山에서 강좌가 시작되었고…… 그 후에 모두 인심人心을 바르게 하고자 하고, 도학을 밝

---

9) 陳東原, 『中國敎育史』(대북: 대만상무인서관, 1980).
10) 『宋代書院制度研究』(臺北: 國立政治大學, 1963).

히려는 유자들은 산수의 명승지에서 서사書揷를 짓고 학생들에게 학문을 전수했는데, 이것이 바로 서원으로 이어졌다. 송인宋人의 서적을 살펴보면 반과거反科擧의 정신을 쉽게 확인할 수 있다'라고 하였다. 오만거吳萬居의 『송대서원과 송대학술의 관계』[11])에서도 '송대서원의 발전은 과거제도에 대한 반향이 구현된 것'이라고 하였다."[12]) 표면적으로 보면 왕안석의 관학체계에 대한 조치는 사학을 대표하는 서원의 힘을 약화시킨 것 같지만, 형공신학荊公新學은 송학의 한 학파로 맹자를 추숭하고 의리에 대한 탐구를 주장했는데, 왕안석은 과거개혁과 학교제도에 그의 사상을 관철시켰고, 이는 국가가 인재를 등용하는 제도를 통해서 송학의 새로운 조류를 사회로 확산시켰다. 또한 학교를 통한 인재등용이 과거를 통한 인재등용을 대체되면서 참된 인재를 뽑는 것에 더욱 도움이 되었다. 이는 서원의 반과거의 정신과 서로 통했는데, 인덕과 재능은 겸비한 선비를 양성하여, 이들을 관료로 만들어서 국가와 백성에게 안정을 추구하겠다는 의의가 있었다. 이러한 개혁은 직접적이든 간접적이든 다양한 측면으로 서원의 발전에 도움을 주었다. 이러한 이유로, 왕안석의 학교제도 정비는 서원의 힘을 약화시킨 것이 아니라, 오히려 서원이 가지고 있던 송학의 새로운 이념을 국가통치를 통해서 전파하고, 국가역량의 형식으로 송학의 발전을 추진했다.

송 초기 과거시험의 내용은 당나라 때와 같이 시와 문장을 위주로 하였다. 시는 사람의 정서와 정감을 통해서 표출되는데, 자연과의 접촉은 시를 짓는 과정에서 감수성과 학습효과를 높여 주었다. 임어당林語堂

---

11) 『宋代書院與宋代學術之關係』(臺北, 文史哲出版社, 1991).
12) 李兵・黃艶,「科擧應試: 北宋前期書院敎學的主要指向」, 『大學敎育科學』 2014년 제5기, p.97.

은 "시는 중국인에게 일종의 범신론과 자연을 서로 융합하는 법을 알려주었다. 봄에는 만물이 깨어나서 즐겁고, 여름에는 매미 울음소리를 들으며 낮잠을 자고, 시간이 쏜살 같이 지나가서, 가을에는 떨어지는 낙엽을 보면서 슬퍼하고, 겨울에는 눈을 밟고 서서 시를 짓는다.…… 시는 사상이 정감의 분위기에 물들어 있는 것으로 중국인은 분석적이고 논리적인 것보다 정서적 사고하였다"라고 하였다.13) 왕안석은 이러한 시의 특성은 인재선발의 기준으로는 부적절하다고 생각했고, 실무에 능통한 사람을 선발해야 한다고 생각했기 때문에, "과거시험 중에 가장 유명했던 진사과에서 필수 출제사항인 시를 폐지하고, 경서의 의미를 자신의 언어로 논술하는 데에 중점을 두었는데, 그 출제범위는 역사상의 사건과 인물 및 현실정치의 대책 등을 의논하는 것으로 확대되었다."14) 송대의 과거시험이 여전히 오경 중심에서 이루어졌지만, 경전의 의미를 밝히는 것을 중시했고, 왕안석은 진사시進士試를 위해서 특별히『삼경신의三經新義』를 편찬했다. 그러는 동시에, "『맹자』는 북송 때에 경으로 승급되었고, 왕안석도 역시 맹자를 특별히 중시했다. 희녕熙寧(1068~1078) 시기부터『논어』와『맹자』는 진사시에서 오경과 함께 중요하게 취급되기 시작했고, 시제에서도 한 부분을 차지하면서 그 이후에 제도로 확립되었다."15) 이를 통해서 선비집단이 송학의 새로운 이념을 보급하려는 기대를 왕안석이 촉진했다는 것을 알 수 있다. 이러한 새로운 이념은 유불도의 오랜 교류와 충돌 속에서 형성된 것인데, 등광석鄧廣銘은 조형

---

13) 林語堂 · 黃嘉德(譯),『吾國與吾民』(張沙: 湖南文藝出版社, 2016), p.211.
14) [日] 小島毅 · 何曉毅(譯),『中國思想與宗敎的奔流: 宋朝』(桂林: 廣西師範大學出版社, 2014), p.103.
15) 餘英時,『中國文化史通釋』(北京: 三聯書店, 2011), p.229.

晁迥을 이러한 새로운 학술방향의 초기를 대표하는 인물로 보면서 다음과 같이 말했다. "조형이 유불도의 학설을 하나의 화로에 녹여 낸 사람인 것은 확실하지만 그는 항상 유가학자의 면모를 보여 주었다.……조형의 이러한 학술방향은 자신의 가문에 전수되었을 뿐만 아니라, 북송의 학술계에서도 하나의 대표성을 가지고 있다. 그의 학술적 방향은 송학이라는 학술학파를 형성하는 것에 중요한 특징으로 작용했다.…… 조형의 대표한 것은 학술방향의 초기였을 뿐이었는데, 북송 중기의 학술계에서 활약한 왕안석은 조형의 학술방향을 최고봉으로 올린 대표적인 인물이다."16) 따라서 송대 서원교육은 유가경전의 교육을 담고 있었을 뿐만 아니라, 불가와 도가의 문화요소들도 함께 융합하였다고 볼 수 있다. 서원을 주관적으로 볼 때, 반과거의 정신을 가지고 재능과 학식을 가진 인재를 배양하려고 했지만, 실제 성과로 보면 서원교육은 과거시험에 대해서 실질적으로 도움이 되었다. 서원의 산장은 대부분 당대의 유명한 학자들로 정부의 교육체계와 밀접한 관계를 가지고 있었는데, 서원이 초빙한 선생들은 대부분 학식이 풍부한 선비들로 학문이 깊었고, 서원에서는 학문의 대가와 과거시험의 시험관을 초청하여 강학을 했는데, 서원의 학생들이 학문을 하고 과거시험을 준비하는 것에 큰 도움이 되었다. 과거시험의 관점에서 보면 서원이 당시에 우세할 수 있었던 근거이다.

---

16) 鄧廣銘, 「王安石在北宋儒家學派的地位—附說理學家的開山祖問題」, 『北京大學學報』 1991년 제2기, p.23.

3. 훈고학에서 의리학으로 학풍의 전환

유학이 한·당의 훈고학에서 송대의 의리학義理學으로 변화한 것은 중국문화사에 중대한 전향점이다. 훈고학의 연구방법은 '경經'의 뒤에 경문을 해석한 '전傳'을 더하는 것으로, 시대적 변화에 따라서 '전'에서 표현하는 의미는 점차 불명확해졌고, 이에 다시 전문傳文의 뒤에 경과 전을 해석한 '주注'가 더해졌고, '주'의 뒤에는 '소疏'가 더해졌다. 이렇게 경전을 층층이 해석하는 것의 폐단은 경전의 원문을 해석한 뒤에 다시 해석에 해석을 하여 더욱 상세하게 하면서 경전의 원문이 가진 의미는 더욱 복잡하고 난해해졌고 심지어 경전의 본래 의미에서 벗어나기도 했다는 것이다. 또한 후대의 사람들은 경전에 의지해서 자신의 학설을 밝히게 되었고 경전의 뜻이 아닌 형식으로 학설의 권위를 다투는 도구로 삼았다. "훈고학의 이러한 폐단에 맞서 당나라 후기부터 경서를 직접 읽고 진의를 파악하는 새로운 학풍이 점차 나타났다. 이러한 학풍은 연역의 방법을 버리고 귀납의 방법을 추구했는데, 이러한 학문을 집대성한 것이 바로 송대의 주자학이다."[17] 한·당의 훈고학은 통일된 주석을 통해서 경전의 뜻을 밝히는 학문이지만, 그 해석은 종종 쓸모없는 것들과 뒤섞여서 경전의 뜻을 불분명하게 하거나 그 본래 의미를 잃어버리게 하였다. 송대의 유학자들은 경전의 진정한 의의를 찾고, 경전 안에 있는 훈고학에 의해서 파묻혀 있던 진실한 부분을 되찾고자 했다. 그들이 관심을 둔 것은 제도적 상징이 있는 '오경五經'이 아니라 철학적

---

17) [日] 宮崎市定, 張學鋒 等(譯), 『東洋的近世』(北京: 中信出版社, 2018), pp.97~98.

의미를 가진 '사서四書'였다. 그러므로 유학은 윤리의 학문이 되어 부흥했는데, 유학의 제도적 의미는 송학의 발전과정에서 약화되었고, 한나라의 『춘추』로 형벌을 판단하던 것도 이미 고루한 것이 되었다. 이러한 사상의 해방은 오래된 유학의 틀을 부셨는데, 한나라 이후로 경학의 주요한 전수방법인 "사법師法"과 "가법家法"의 전통은 집적 경전을 보고 본래 의미를 찾아서 자신의 학설을 이루려고 힘쓰는 송학의 새로운 학풍으로 대체되었다.

송학은 연역의 방법으로 경전의 해석을 찾는 한학漢學에 대한 반동으로, 직접 경전을 체득하고 전傳·주注·소疏의 속박에서 벗어 날 것을 주장했다. 의리를 탐구하는 일과 경전을 해석하는 일이 깊어지면서, 유학자들은 유가가 본유하고 있는 학설의 해석범위와 정밀성은 불가와 도가보다 못하다는 것을 발견했는데, 특히 불가의 정밀성에 대해서 집중해서, 불교의 자각성을 광범위하게 학습하고 거울로 삼았다. 송대에 선종禪宗과 사대부 사이의 관계는 날이 갈수록 깊어졌고, 불교의 오묘한 이치가 유학에 녹아들면서 송유宋儒의 성리설이 만들어졌다. 성리설과 도가의 태극성은 송유의 인생관과 우주관을 형성했고, 문화의 중요한 구성과 경전해석의 신지식이 되었다. 따라서 유가 의리학의 발전은 불교의 영향과 떨어질 수 없다. 전목錢穆은 『중국문화사개론』(中國文化史導論)에서 중국 신유가는 서원의 자유강학을 토대로 종교를 대신해서 사회로 진입했고…… (서원) 강학의 기풍은 불가의 절에서 전래된 것이라고 했다. 강학은 서원의 가장 중요한 활동으로 강학은 "강회講會"라고 불리기도 했다. 불교는 "선정禪定"을 중요한 수련방법으로 했는데, 수련자들은 마음과 경境에 전념하기 위해서 종종 정사精捨를 산림의 명승지에 만들어서 불학을 수련한 처소로 삼았다. 송대의 서원은 산림과 깊은 못의 사이에 많이 세워졌는데, 이런 환경은 계발적인 사고를 하도록 하고, 자연의 도와 인생의 도를 체득하는 것에 큰 도움이 되었다. 아름답고 고요한 환경은 과거를 준비하는 선비들에게 부지런히 시를 공부하는 것에 외부적 도움이 되었다. 송학의 "존심양성存心養性", "잠사진학潛思進學"의 요구에 따라서 서원은 조용하고 아름다운 곳에 세워졌는데, 악록서원, 숭산서원嵩山書院, 백록동서원 등이 모두 산림명승지에 만들어진 서원들이다. 또한 의리에 대한 변론은 불교의 자유강학의 기풍을 서원에 전파했고, 송대의 서원은 용납과 포용의 개방식 교육을 실행했는데, 이는 한당의 훈고학 영향의 학풍과 확연하게 다른 것이다. 한나라 때 사법과 가법을 중시한 것과 당나라 시기 조정에서 『오경정의』의 주소注疏를 과거시험의 평가기준으로 삼은 것은 학풍에서 창작과 발명의 정신을 억제했고, 옛 학설을 이어 가는 것을 장려하는 현상을 만들었고, 학문에서는 연역적의 특징으로 나타났다. 송학이 의리에 대한 탐구와 학술적 변론을 중시하면서, "유학의 '禮聞來學, 不聞往敎的舊習'을 깨부수고, 관학의 자기폐쇄적인 교육형식을 타파했는데, 이는 서로 다른 학파 간의 자유로운 학술토론을 가능하게 했고, 학생들에게는 다른 학파의 의견을 자세히 들을 수 있는 기회를 제공했다. 이로 인해 서원에는 자유강학의 풍토가 형성되었다."[18] 주목할 부분은 "송유는 산과 물 사이에 서원을 세웠는데, 과거시험에 교육의 목표를 두지 않고, 그들의 강학목표는 사회의 인재를 배양하는 것이었다. 그러므로 사제지간과 동문들

---

18) 曹秀傑, 「試析佛敎寺院對宋代書院發展的影响」, 『開封大學學報』 2012년 제4기, p.23.

사이에서 이루어진 변론이 강학의 중점이 되었다."19) '의리義理'에 대한 섬세한 논의는 '성리'에 층면까지 옮겨져 왔고, 이러한 전환은 학술과 서원의 관계 더욱 강화시켰는데, 이는 북송 말기에서 남송까지 이루어진 리학理學의 발전과정에서 볼 수 있다. "리학의 모든 철학체계와 수련 방법에 불가와 도가의 흔적이 깊게 남아 있는데, 서원이 명산과 깊은 골자기를 선택한 것과 리학이 강조한 성性, 명命, 의義, 리理, 천인합일天人合一의 추구는 불가와 도가의 형이상학체계에 대적하는 정신적 본질을 구축하는 것에 적합했다. 리학의 '하늘과 인간의 관계를 궁리하는 것'을 목표로 하는 이른바 '천인지제天人之際'는 사실상 인간과 사회, 자연, 우주의 관계에서 천인합일을 통하여 인간의 주체정신을 자연적 하늘의 본체론으로 끌어올렸다. 리학자가 추구한 내성內聖의 품격은 심리적 특징과 개인의 자각이 내포되어 있다. 불가와 도가의 자연에 대한 중시와 깨달음은 종종 사람의 사유를 심오하고 유원한 것으로 나아가게 하는데, 유학발전이 리학에 이르러서 명산대천名山大川은 인간과 하늘이 소통하는 것에 새로운 의의를 갖게 되었다."20) 송학의 각 학파 강조한 수신양성修身養性, 함양인덕涵養仁德, "덕으로 인재를 양성한다"(以德育人)의 교육이념은 의리를 추구하는 분위기에서 크게 나타났고, 더욱이 서원교육에서 구현되었다. "유가에서 주창한 덕을 통한 인재양성의 교육이념은 예외권을 누리는 관학에서는 실현되지 않거나 불필요했고 혹은 관학의 밖에서 제외되었다. 시대적 요청에 의해서 남송 서원발전의 절정기에 사상 초유의 관학에 대한 비판이 발생했다."21) 이는 북송 말기와 남송

---

19) 許吟雪, 「試述宋代書院文化與佛敎的關係」, 『宗敎學硏究』 2002년 제4기, p.66.
20) 劉玲娣, 「宋代書院及宋代學術文化的發展」, 『湖北師范學院學報』 2002년 제2기, p.14.

시기에 나타난 과거시험과 훈고학의 내용과 어느 정도 관계가 있지만, 전반적으로는 관학체계와 서원교육이념의 근본적 충돌이 그 원인이다. 관학체계의 교육은 과거시험을 목적으로 하는데, 학생의 학술수준과 학풍은 서원지 지양하는 진정한 재능과 건실한 학문자세를 갖춘 인재 양성과는 일치하지 않았고, 훈고학이 관학체계에서 가지는 영향은 서원보다 컸다. 서원이 관학과 구별되는 가장 큰 특징은 교육과 학술연구를 결합한 것인데, 의리학의 학술적 새로운 조류는 교육이념과 학풍 그리고 교육방법 등의 방면으로 훈고학의 학풍이 남아 있는 관학체계에 큰 활력을 불어넣었다. 요약하자면, "서원이 사고思考, 연구, 발표, 전수하는 것은 진리 탐구결과에 대한 권리인데, 이러한 권리는 이성적인 방법에 의해 생산된 학술적인 규범과 권위의 속박을 제외하고는 기타 규제 혹은 권위의 간섭과 통제를 받지 않는다."[22] 송학의 각 학파들이 서원을 설립한 본뜻은 학술을 전파하고 학문을 연구였지만, 그들이 전달하는 내용은 과거시험이 요구하는 학문과 진사시의 요구와 부합했고, 이러한 이유로 서원은 과거시험의 도움을 통하여 각 학파의 학술들이 대중들로부터 인정을 받을 수 있었다. 이는 다시 송학의 번영을 촉진했는데, 서원에서도 자체적으로 교육의 기능과 학술기능을 겸행했기 때문에 서원은 왕성하게 발전 수 있었다.

---

21) 陳谷嘉, 「中國古代書院敎育理念及人文精神再論」, 『大學敎育科學』 2006년 제3기, p.69.
22) 范立舟, 「論南宋書院與理學的互動」, 『社會科學戰綫』 2008년 제7기, p.87.

4. 결론

학술적으로 보면 송대에 진보적인 문화 정책이 실행되었고, 북송학술의 중심은 민간에 다양하게 분포되어 나타났으며, 송대의 서원은 각 지방의 학술중심으로 활용되었다. 이 때문에 송학 각 학파의 흥기와 학술의 전파는 서원의 발전을 이루는 원인이 되었고, 왕안석의 과거개혁 중 재능과 학문적 소양을 갖춘 인재를 선발하는 이념과 서원교육의 덕과 재능을 겸비하고 백성들을 행복하게 하는 인재를 배양한다는 교육이념은 서로 부합되었다. 아울러 왕안석은 송학의 새로운 이념을 국가역량을 통해서 전국으로 확장시켰고, 이는 국가적 층면에서 송학의 발전시키는 교육을 촉진하였는데, 서원을 기반으로 송학의 각 학파들 그 중에 특히 리학은 다시 학술적 특징을 서원에 덧씌웠고 서원의 발전을 선도했다. 총괄적인 관점으로 보면 송학의 흥기와 과거개혁은 모두 송대 의리학이 한·당의 훈구학에 대해 가진 반동의 반응이었다. 서원은 송학이념의 영향을 받고, 교육기능과 학술기능을 하나로 합쳤는데, 이로 인해서 입지, 교육이념, 학풍 등의 여러 방면에서 모두 훈고학과 다른 면모를 보여 주었다.

8. 북송 태산서원의 문화적 의미에 대한 논의

王月*

　서원은 중국의 고대 교육이 일정한 단계로 발전하면서 나타난 독특한 교육기관으로 초기에는 단지 조정의 서적 편찬과 보관의 장소였으나, 이후 개인이 무리를 모아 강학을 하는 학교의 형식으로 바뀌면서 당에서부터 시작하여 송, 원, 명, 청을 거치며 중국 역사에서 천년을 이어져왔다. 북송왕조가 건국된 이후에 문화교육에 대한 사회적 환경의 필요에 의해서 서원의 발전은 사회의 요청과 부합되었는데, 이때 각 지방의 사대부들이 경쟁적으로 서원을 만들면서 서원창립은 하나의 조류를 이루었고 이에 서원이 전국적으로 퍼지게 되었다. 태안의 태산서원도 이때 건립되었다.

1. 태산서원의 창건과 주요활동

1) 태산서원의 창건

　태산서원은 태산상서원이라고도 불리며, 태산의 남쪽 능한봉凌漢峰

---

* 曲阜師範大學 孔子文化硏究院硏究生. 주요 연구 방향은 漢代 사상과 문화 연구.

아래의 보조사普照寺로부터 서북으로 대략 300미터에 위치하고 있다. 당대에 여기는 서진관栖眞觀이라고 불렸는데, 어느 학자의 고증에 의하면 이곳에서 도사들과 시인 주박周朴이 독서를 하고 수련을 했던 곳이라고 한다. 선통宣統 『산동통지山東通志』 권88 「학교지學校志」에는 "泰山書院, 在城北五里. 宋孫明復偕石守道, 胡翼之講學俗陽始建"라고 기록되어 있다. 송 인종仁宗 경우 2년(1035), 학자 석개의 요청에 의해서 진주晉州 평양平陽의 저명한 학자인 손복이 봉부(현재 태안)로 와서 강학을 했는데, 석개는 손복의 집을 태산의 기슭에 마련해 주고 그가 정착할 수 있도록 도와주었다. 경우 4년(1037)에 동악묘東岳廟에 신도당학사信道堂學捨를 세웠다. 학사는 초기에는 악묘岳廟의 동남쪽에 만들어 졌으나, 나중에 악묘가 확장하면서 학사는 서진관栖眞觀의 터로 이전하였다. 강정康定 원년(1040), 석개는 서원을 위해서 「태산서원기泰山書院記」를 지었는데, 이때부터 태산서원이라고 불리기 시작했다. 경력慶曆 2년(1042)에 손복이 석개의 소개와 범중엄范仲淹, 부필富弼의 대대적인 추천으로 수도로 부임해 왔는데, 이때부터 주관자의 역할이 미비하여 태산서원의 사업은 중지되었다.

북송의 시기에 태산서원은 손복과 석개가 주관을 한 기간이 10년을 넘지 못했지만, 당시 산동지역의 서원을 대표하였고, 전국적으로 소문이 난 서원이 되어 중국의 서원사에서도 자못 중요한 위치를 차지하고 있다. 그 이유는 송초삼선생宋初三先生은 태산서원에 의지하여 제자들을 받고 강학을 하며 유학을 전파하여 송대의 유학부흥과 리학의 싹이 틀 수 있는 기반을 마련했다는 점이다. 청대 초기 학자인 전조망全祖望은 일찍이 "宋世學術之盛, 安定泰山爲之先河, 程朱二先生皆以爲然"[1)]이라고 말했다. 이러한 이유로 후세의 사람들이 태산서원을 중시하였고, 명청 두

왕조 모두 재건의 사업을 추진했다. 명나라 가정嘉靖 11년(1532) 태안지주泰安知州 허응원許應元이 태안서원을 보수하여 태안의 문풍을 되살렸는데, 그 시기에 우수한 인재들을 선발하고 명사들을 초청하여 강의를 하는 동시에 서화와 시문을 중시하면서도 삼현사三賢祠를 건립하여 손복, 석개, 호원의 제사를 모셨다. 청나라 강희康熙 51년(1712)에 산동학정山東學政 황숙림黃叔琳과 태안지주 서조현徐肇顯은 태산서원을 다시 중건했다. 광서光緒 26년(1900), 태안지현泰安知縣 주종기朱鍾琪가 태산서원의 터에 앙덕서원仰德書院을 세웠으나, 설립된 지 얼마 되지 않아 없어졌고, 지금은 '경현석景賢石', '수경대授經臺', '시립석侍立石'의 석각만이 남아 있다.

2) 태산서원의 주요 활동

태산서원은 개인이 만든 강연중심의 서원이며, 교학과 학술연구가 결합된 고등교육 성격의 교육조직으로2) 주로 강학과 강의, 연구와 저술, 도서관, 학술교류 등의 활동을 하였다.

"중국전통사상가가 자신의 사상을 항상 주해注解와 경서에 대한 해석의 방식으로 표현하고 그 사상의 체계를 세웠는데, 송대의 유학자들도 예외가 아니었다. 그러나 송대의 유학자들은 이러한 방법에서 한 걸음 나아갔는데, 경전에 주석을 다는 방식으로 사상체계를 세웠을 뿐만 아니라, 강학의 방식으로 그 사상논리를 전파했다. 강학은 대부분 서원에서 이루어졌다."3) 태산서원의 주요 활동은 강학과 강의인데, 유가경

---

1) [淸] 黃宗羲 原著, 全祖望 補修, 『宋元學案』(北京: 中華書局, 1986), 第1頁.
2) 趙承福, 『山東敎育通史(古代卷)』(濟南: 山東人民出版社, 2001), 第433頁.

전을 가르치는 것이 주요 내용이었다. 이는 「중수태산상서원비重修泰山上書院碑」에 "손복은 성을 회복하는 근본이 되었고, 석개는 의를 지키는 기둥이 되었으며, 호원은 체용에 밝아서 긴요하게 되었으니 모두 문장을 정리하고 공리의 설에 힘써 맹자와 한유를 좇아서 자신의 도를 제창했다"[4]라는 기록을 통해서 알 수 있다. 수업을 통해서 선생들은 명성을 듣고 모인 학생들에게 지식을 전파하여 그들이 경전의 참뜻을 이해할 수 있도록 도와주었다. 이러한 학술적 분위기와 성숙된 교육제도에서 서원은 질 좋은 학술분위기를 조성하여 유학을 더욱 널리 확산시켰다.

교육의 역할 외에도 태산서원은 학술연구와 혁신에 대해서도 중요하게 다루었다. 송나라 초기부터 진종眞宗까지 당시 유학자들은 여전히 문장의 주소注疏와 경의經義의 해석에 빠져 있어서 학술계는 마치 고인 물처럼 진정한 혁신이 없었다. 그러나 손복과 석개는 훈고학에 얽매이지 않고 『오경五經』 등의 유가경전에 대해서 자신의 생각을 제시했는데, 말로만 전한 것이 아니라 주해注解와 강의講義 그리고 어록을 만들었다. 손복의 경우에는 왕백王弼과 한백韓伯의 『주역周易』에 대한 주석, 좌씨左氏와 공양公羊, 곡양谷梁, 두예杜預, 하휴何休, 범녕范寧 등의 『춘추春秋』의 해석, 모장毛萇과 정현鄭玄의 『시경詩經』에 대한 주석, 공안국孔安國의 『서경書經』에 대한 주석을 고증하고 아울러 자신만의 깊이 있는 이해와 깨달음을 얻었다. 석개의 경우는 정현이 주석한 『예기禮記』 「문왕세자文王世子」에 대해서 급진적인 비판을 하였다. 정현의 "文王以憂勤損壽, 武王以安樂延年"의 관점에 대해서 석개는 「우근비손수론憂勤非損壽論」을 저술하여, "憂

---

3) 吳萬居, 『宋代書院與宋代學術之關係』(臺北: 臺北文史哲出版社, 1991), 第86頁.
4) [淸] 程志隆, 「重建泰山書院記」; 『泰山志』, 卷十三, 淸刊本.

勤所以延年, 非損壽也. 安樂所以損壽, 非延年也"라고 날카롭게 지적하고, 이어서 "東漢而下, 至于魏晉梁隋唐五代, 各代國君都沉溺于逸樂, 荒于酒色, 以致傾國喪家, 壽命不張, 究其根源都是鄭玄的罪過, 是鄭玄的言語害了這些國君!"5)라고 하였다. 석개의 언사가 다소 과격한 점이 있지만 권위를 향한 용기는 이미 학술계를 자극하였고, 후대의 의경사조疑經思潮에 중대한 인상을 주었다. 이러한 배경에서 그들은 책을 쓰고 자신의 학설을 세웠는데, 손복의 『춘추존왕발미春秋尊王發微』 12권, 『역설易說』, 『춘추총론春秋總論』, 『요제의堯制議』, 『순제의舜制議』, 『문왕론文王論』, 『동중서론董仲舒論』, 『사호론四皓論』 등의 저작은 모두 태산에서 강학했던 시기에 만들어졌다. 석개도 이 시기에 『역해易解』 5권, 『조래집徂徠集』과 기타 저작을 완성했다. 『오경』 등의 유가경전을 제외하고도 손복과 석개의 저작과 강의講義 등은 모두 서원교재의 중요한 내용이 되었다.

서원의 교육은 서적과 떨어질 수 없는 것이어서 도서를 소장하는 것도 태산서원의 중요한 활동이었다. 송대의 서원은 창설되면서부터 장서藏書사업을 매우 중시하여, 대분의 서원들이 책을 소장하였는데, 적으면 수천여 권, 많으면 수만여 권을 소장했다. 인쇄기술이 계속 발전하면서 서원의 장서사업도 역시 크게 발전했다. 석개는 『태산서원기』에서 "乃于泰山之陽起學捨构堂聚先聖之書滿屋, 與群弟子而居之"6)라고 기술하였는데, 장서사업이 태산서원의 중요한 역할과 활동이었음을 알 수 있다.

태산서원이 한창 번창했을 때, 태산서원은 산동지역의 학술교류의 훌륭한 장소로 역할을 했다. 공자의 45대 후손인 공도보孔道輔는 송대의

---

5) [宋] 石介, 『徂徠石先生文集』(北京: 中華書局, 1984), 卷十一, 120頁.
6) [宋] 石介, 『徂徠石先生文集』(北京: 中華書局, 1984), 卷十九, 223頁.

저명한 학자로 진종眞宗 대중상부大中祥符 5년(1012)에 진사에 급제하였다.[7] 그는 태산서원에 가서 "介執杖屨立侍復左右, 升降拜則扶之, 其往謝亦然"[8]을 보고, 자신의 저작인 『방은거손명복산재訪隱居孫明復山齋』에서 "軻能養浩雄能默, 今復淵源見此君"[9]이라는 시를 지어서 손복의 해박한 지식과 호연지기를 사모하는 감정을 표현하였다. 이러한 다양한 학자들의 문화교류는 당시의 서원발전에서 흔히 볼 수 있었던 것으로, 학파간의 교류, 심지어 사제 간의 토론은 사상문화의 계승을 유발하였다.

2. 태산학파와 초기 리학

1) 태산학파의 사상적 주장

북송 초기에 손복과 석개 등이 태산서원에서 강의와 저술을 하면서 서원의 선생과 수업을 받는 문인들 그리고 후원자들로 구성된 학술단체가 점차 형성되었고, 그들은 송대 리학체계의 형성이 이뤄지던 초기에 선구자의 역할을 했는데, 후대의 사람들은 그들을 태산학파라고 칭하였다. 태산학파는 학술단체로서 뚜렷한 시대적 특징과 뛰어난 학문적 공헌으로 송대 학술사에서 중요한 위치를 차지하고 있다.

---

7) 張宗益,「宋守御史中丞贈太尉孔公后碑」, 見陳鎬 修撰, 『闕里志』(濟南: 山東友誼出版社, 1989年版), 卷二四, 第1771頁;『宋史』(北京: 中華書局, 1977年版), 卷四三一,「孔宜傳」, 第12815頁.

8) 李燾, 『續資治通鑑張編』(北京: 中華書局, 1990), 卷一一四, 第3325頁.

9) [宋] 孔道輔 著, 陸彬良 編, 『全宋詩』(北京: 北京大學出版社, 1991) 第三冊, 第1831頁.

태산학파는 학술연구의 관점에서도 뚜렷한 창조정신을 보여 주었고, 다수의 독창적인 사상을 주장했는데, 이는 주로 손복, 석개, 호원 등의 대표적인 학자들에게서 구체적으로 확인할 수 있다.

태산학파의 창시자는 손복(992~1057)으로 자는 명복明復, 호는 부춘富春, 북송의 진주晉州 평양平陽(현재 산시성 임분) 사람이다. 진사시에 낙방하고 태산에 은거하면서『춘추』를 연구하여『춘추존왕발미春秋尊王發微』12편을 저술하였는데, 이후 '태산선생泰山先生'으로 불렸다. 손복은 박학한 학식으로 스스로 일가를 이루었고 명성이 자자하여 학자들이 잇달아 찾아와 가르침을 청했다.

손복은 북송 경력慶曆 때에 경학의 변화를 추구한 대표적인 인물 중 하나로, 특히 그의『춘추』학 연구는 전통적인『삼전三傳』을 벗어나 자신의 주관으로 경전을 해석하였는데, 그의 학풍은 후세에 큰 영향을 주었다. 정이程頤는 「회례부취문상回禮部取問狀」에서 "孫殿丞復說『春秋』, 初講旬日間, 來者莫知其數. 堂上不容, 然後謝之, 立聽戶外者甚衆. 當時『春秋』之學爲之一盛, 至今數十年傳爲美事"10)라고 하였는데, 이는 당시 학자들의 학문적 방법과 성취에 대한 공감을 잘 보여 준다. 손복이 이러한 분위기를 형성하기 전에『춘추』를 연구하던 학자들이 잇달아 본받았는데, 송대의『춘추』를 연구했던 저명한 학자들로 손각孫覺, 유창劉敞, 구우방䢷于方, 섭몽득葉夢得, 여본중呂本中, 호안국胡安國, 고항高閌, 여조겸呂祖謙, 정공열程公說, 장흡張洽, 여대규呂大圭, 가현옹家鉉翁 등등이 있는데, 그들의『춘추』학은 내용상으로는 손복과 달랐지만, 사전구경捨傳求經과 통학通學으로 변화되

---

10) [宋] 程顥 · 程頤 著, 王孝魚 点校, 『二程集』(北京: 中華書局, 1981), 第568頁.

는 특징은 일치했다.

석개(1005~1045)의 자는 수도守道이고 연주兗州 봉부奉符(현재 산동성 태안) 사람으로 대대로 논업에 종사했는데, 동쪽에 조래산徂徠山을 끼고 서쪽에 의문하依汶河를 두어서 사람들은 '조래선생徂徠先生'이라고 불렀다. 그는 젊은 시절 응천부應天府(지금의 하남성 상구)에 가서 학문을 하고, 26세에 진사갑과에 합격하여 운성관찰추관鄆城觀察推官과 남경유수추관南京留守推官 등을 역임하였다.

석개는 『역』을 연구하는 것에 매우 힘썼는데, 훗날 태학에서 『역』을 주로 하여 경전을 강론했다. "慶曆中, 仁宗皇帝銳意圖治, 以庠序爲敎化之本, 于是興崇太學, 首善天下, 乃起石守道于徂徠, 召孫明復于泰山之陽, 皆主講席. 明復以『春秋』, 守道以『易』學, 士大夫翕然向風, 先經術而后華藻."11) 일반적으로 『역』은 매우 추상적인 학문으로 무미건조하기로 유명한데, 석개의 강의는 학생들로 하여금 주동적으로 찾아와 듣도록 하였는데, 이는 『역』 연구에 대한 석개의 기초와 경지를 충분히 알 수 있다.

호원(993~1059)의 자는 익지翼之이고 태주泰州 해릉海陵(현재 강수성 태주) 사람으로, 산시성 정보定堡에 거주하였는데, 사람들이 '안정선생安定先生'이라고 불렀다. 송나라 천성天聖과 명도明道의 시기에 호원은 태산서원으로 와서 독서하면서, 손복과 석개와 함께 "인의예악 위주의 학문"(以仁義禮樂爲學)의 주장을 주도했고, 밤낮으로 공부하여 오래되지 않아 마침내 송대의 저명한 사상가, 교육가가 되었다.

평생을 교육에 종사했던 호원은 소주蘇州와 호주湖州 등에서 제자들

---

11) [宋] 朱張文,「春秋通志自序」, 曾棗莊 主編,『宋代序跋全編』(濟南: 齊魯書社, 2015), 第366頁.

을 가르치며 태산학파 사상의 적극적인 전파자가 되었다. 오랜 기간 동안 교육활동 중에 그는 엄격한 학규와 효과적인 수업방법을 구성했다. 호원은 유가경학에 통달하여 '성현자기허聖賢自期許'로 '명체달용明體達用의 학문'을 설명하면서, 유가의 강상명교綱常名教를 만세불변의 '체體'로, 유가의 시경과 서경을 후세의 본보기로서의 '문文'으로 여겼다. 체와 문을 실제에 옮기면 "潤澤斯民, 歸于皇極"하여, 민안국치民安國治와 유호통치維護統治의 목적을 달성하는데, 이것이 바로 용用이다.[12] 그의 '명체달용의 학문'은 송대 리학에게 큰 영향을 주었다. 그는 "致天下之治者在人才, 成天下之才者在教化, 教化之所本者在學校"[13]라고 주장하면서, 학교가 과거시험을 준비하는 장소로 인식되는 경향을 바꿔서 인재육성의 기능을 회복하여, 학생을 고상한 도덕과 실제적인 재능을 갖춘 인재로 양성할 것을 강조했다. 이러한 이유로 호원은 송대 '사도師道'확립을 시작한 대표 인물이 되었다. 송나라 말기 황진黃震은 "師道之廢, 正學不明久矣! 宋興八十年, 安定胡先生泰山孫先生徂徠石先生始以其學教授, 而安定之徒最盛, 繼而伊洛之學興矣"[14]라고 평가했다.

요약하자면 학술적으로 그들은 불가와 도가를 배척하고 유학을 추앙했다. 그들은 존왕尊王의 입장에서 왕권을 표방하면서, 불교와 도교의 "거군신지례去君臣之禮"와 "생사화복의 허무와 업보"(死生禍福, 虛无報應) 사상을 반대했다. 손복은 "유학자는 계속하여 풍속을 다스리는 것이 교화를 베푸는 큰 근본"(儒者張世御俗, 宣教化之大本也)[15]이라고 했는데, 유학자는

---

12) [淸] 黃宗羲, 『宋元學案』(北京: 中華書局, 1986), 卷一, 第25頁.
13) [宋] 胡瑗, 『松滋儒學記』; 蒙光承, 『中國古代教育史資料』(北京: 人民教育出版社, 1980), 第339頁.
14) [宋] 黃震, 『黃氏日鈔』, 卷四十五, 「讀諸儒書」.

마땅히 역사의 사명을 맡아서 인의예악으로 치세와 교육의 근본으로 삼아야 한다고 생각했다. 그는 불교와 도교의 허망한 "거군신지례"를 반대하고 '복화보응福禍報應'의 숙명론을 비판하면서 유학의 정통적 입장을 지켰다. 석개도 학문에 근본적 개혁이 필요하다는 것을 절감하고 송대의 지식인들이 정신적으로 의탁할 학설을 지키고자 했는데, 그는 『괴설怪說』과 『중국론中國論』을 저술하여 이하지변夷夏之辨을 통해서 불교와 도교를 단호히 반대하고 유학의 전통적 입장을 강조했다. "堯舜禹湯文王武王周孔之道, 萬世常行不可易之道也. 佛老以妖妄怪誕之敎壞亂之……吾學聖人之道, 有攻我聖人之道者, 吾不可不反攻彼也."[16]

이러한 학술적 주장에 걸맞게 문학 창작에서는 태산학파는 한유의 도통론을 계승하고 고문운동古文運動을 숭상하면서 문풍이 경박하고 화려해지는 것(浮靡文風)에 반대하고 '문장으로써 성현의 도를 밝힐 것'(文以載道)을 주장했다. 당나라 때 한유가 고문운동을 제창한 이후에 유종원柳宗元과 이고李翶 등이 참여하여 확실히 매우 성행되었지만, 이러한 운동은 계속 유지되지 못했고 한유와 유종원 이후의 문학계는 여전히 변려문騈儷文이 지배적이었다. 이는 '송당8대가唐宋八大家'의 명단을 보면 명확하게 알 수 있는데, 송대의 작가가 4분의 3을 차지하고 있다. 고문운동이 실제로는 송대 이후에 이르러서야 크게 발휘되었음을 알 수 있다. 송의 초기에는 양억楊億과 유균劉筠 등을 주축으로 하는 서곤체西崑體가 천하에 유행했다. 이러한 분위기 속에서도 태산학파의 문학 창작은 높은 수준의 독립의식과 혁신정신을 표현하였다. 그들은 수당隋唐 이래로

---

15) [宋] 孫復, 『書漢元帝贊后』; 『全宋文』第十冊(成都: 巴蜀書社, 1990), 第252頁.
16) [宋] 石介, 『徂徠石先生文集』(北京: 中華書局, 1984), 卷五, 63頁.

오로지 사부辭賦로 선비들을 취면서 "天下之士皆奔走致力于聲病對偶之間, 探索聖賢之閫奧者百无一二"[17]의 과장된 문풍이 형성되었다고 생각했다. 그래서 손복은 유가도통론을 힘써 널리 알리고 유가도통의 계승을 자처하였다. 그들은 자신의 창작활동 통해서 고문운동의 깃발을 들어 올리고, 문학작품으로 그 도통사상을 실천했다. 손복과 석개의 문집에서 역사적 인물과 사건을 평가하든, 당시의 정치와 사회폐단을 논의하든, 심지어 여러 사람들과 나눈 편지든지 간에 모든 내용의 궁극적 목표는 유가의 도였다. 이 두 사람의 책을 보면 거의 매 편마다 유가의 강상윤리綱常倫理를 토론하고 있으며, 한유 이후 형성된 도통사상이 문집의 전반에 걸쳐져 있다. 주희는 "本朝孫(復)石(介)輩忽然出來, 發明一个平正底道理自好, 前代亦无此等人. 如韓退之已自五分來, 只是說文章. 若非后來關洛諸公來, 孫石便是第一等人. 孫較弱石健甚硬做"[18]라고 평가했다. 그들은 또한 높은 문학적 성취로 많은 찬사를 받았다. 산동성 조래 석개묘의 묘비 한 측에는 소식蘇軾의 〈곡석조래선생哭石徂徠先生〉 비석이 세워져 있는데, "堂堂世上文章主, 幽幽地下埋今古, 直饒泰山高萬丈, 爭及徂徠三尺土"라고 하면서 석개의 문학을 찬양하였다.

2) 태산학파의 초기 리학에 대한 공헌

전통사학私學의 번영은 항상 신흥 학술사조와 연관되어 있다. 선진시대의 사학이 춘추전국의 제자백가와 연관되어 있는 것과 한나라 때

---

17) [宋] 孫復, 『寄范天章書一』; 『全宋文』第十冊(成都: 巴蜀書社, 1990), 第246頁.
18) 黎靖德 編, 『朱子語類』(北京: 中華書局, 1986), 卷一二九, 第3091頁.

의 정사精捨가 경학사조와 연관되어 있는 것이 그 예이다. 중국의 사학이 높은 단계로 발전한 산물인 북송의 서원은 필연적으로 신흥의 학술사조와 결합되어 있는데, 이러한 조건에서라야 독자적인 존재가치와 왕성한 생명력을 가질 수 있었다. 이러한 신흥의 학술사조가 바로 리학이었다. 심지어 송대 학술발전의 과정에서 서원과 리학은 서로 결합하여 함께 발전하는 독특한 현상이 나타났다. 서원은 당오대唐五代에 만들어지기 시작하여, 북송 초기에 흥성하고 남송 때에 발달했다. 리학 역시 당대에 발생하기 시작하여, 북송 때에 기반을 세우고, 남송 때에 번영을 이루었다. 또한 전체 송대 리학의 발전과정은 서원교육과 연관되어 있다.

북송시대에 중국의 봉건사회가 성숙단계에 들어섰는데, 이때 사상과 문화방면의 표현에 도학道學의 발흥과 고문운동이 깊게 내재되어 있었다. 그 가운데 고문운동의 지도자격인 구양수歐陽修, 왕안석王安石, 삼소三蘇, 증공曾鞏 등은 모두 문화계에서 큰 영향을 끼쳤다. 북송 도학의 발흥은 리학의 선구로 칭해지는 '송초삼선생(손복, 석개, 호원)'을 통해서 이루어졌고, 황종희는 "宋興八十年, 安定胡先生泰山孫先生徂徠山先生始以師道明正學, 繼而濂洛興矣. 故本朝理學雖至伊洛而精, 實自三先生始"[19]라고 그들을 평가했다. 손복, 석개, 호원이 태산서원을 창건한 것은 그들의 심중에 있는 '도道'를 널리 알리기 위함이었는데, 남송의 리학자 원보袁甫는 "甫(袁甫)竊嘆世降俗敝, 學夫師傅. 梏章句者自謂質實, 溺空虛者自詭高明, 二者交病而道愈晦. 書院之建, 爲明道也"[20]라고 명확하게 말했다.

석개가 「태산서원기」에서 "孟子楊子文中子吏部皆以其道授弟子. 旣授弟子,

19) [淸] 黃宗羲 原著, 全祖望 補修, 『宋元學案』(北京: 中華書局, 1986), 第73頁.
20) [宋] 袁甫, 『蒙齋集』(北京: 商務印書館, 1936), 卷十三, 第187頁.

復傳之于書, 其書大行, 其道大耀. 先生亦以其道授弟子, 旣授弟子, 亦將傳之于書, 將使其書大行, 其道大耀"21)라고 했듯이, '송초삼선생'은 공자, 맹자, 동중서, 한유의 유학정통을 자처하면서 전체 학문의 과정에서 "學者學爲仁義"와 "尊孔孟辟佛老"를 주장하였다. '송초삼선생'과 그들이 만든 태산서원은 송대 리학체계의 형성에 가장 기초적인 사상내용을 제공했을 뿐만 아니라, 동시에 후세의 학자들이 리학이론을 창안하는 것에도 중요한 방법론을 제공했다. 그들은 특히 봉건적 윤리도덕을 준수할 것을 강조하면서 리학의 중요한 원칙과 개념을 세우기 시작했는데, 이를 통해 그들은 이론형태 의식의 선구자가 되었다. 이후 리학자들은 도덕규범의 '리理'를 자연과 사회를 관통하는 기본 범주로 삼았다. 그들은 송대 리학의 시작을 열어 주었고 완전한 리학체계를 수립하여, 중국고대의 사상역사와 리학의 발전사에 매우 중요한 역할을 하였고 후세에 막대한 영향을 주었다.

3. 태산학파와 사도 재정립

손복과 석개가 태산서원을 8년 동안 주관하였는데, 그 규모와 학문이 비록 백록서원白鹿書院과 악록서원岳麓書院에 미치지는 못하지만 그들의 신중한 학문태도와 고군분투의 근학정신 그리고 스승을 존경하고 도를 중시하는 인격적 매력은 위진 이후에 오랫동안 쇠퇴되어 온 사도

---

21) [宋] 石介, 『徂徠石先生文集』(北京: 中華書局, 1984), 卷十九, 223頁.

師道의 재정립에 중요한 역할을 하여 후세에 큰 영향을 주었다.

손복과 석개는 빈곤한 출신으로 태산서원에서 강학을 할 때에도 매우 고달픈 나날을 보냈지만, 군자는 도를 근심하고 빈곤은 근심하지 않는다는 생각을 가지고 있었기에 빈곤은 그들의 유학사상의 부흥이라는 천하의 임무에 영향을 주지 않았다. 손복과 석개는 유가의 도가 쇠락하는 것을 근심했고 항상 성인군자의 도를 회복하는 일에 힘을 다했다. 석개는 일찍이 서원의 제자들을 교육하기 위해서 "爾等勤初學, 无恥衣食惡, 仁義足飽袄, 道德堪咀嚼, 二者肥爾軀, 不同奶與酪"22)이라는 시를 지었다. 손복은 일찍이 범중엄范仲淹이 태학에 머물 때 "將俾我宋之學, 爲舜禹文武之學也. 旣俾吾宋之學爲舜禹義武之學, 是將俾石宋公卿大夫之子弟, 爲舜禹義武公卿大夫之子弟也. 旣敎吾宋公卿大夫之子弟爲舜禹文武公卿大夫之子弟, 然後以舜禹文武之道上致吾君爲舜禹文武之君也. 旣致吾君爲舜禹文武之君, 然後以舜禹文武之道, 下躋吾民爲舜禹文武之民也"23)라고 찬양하였다. 사실 이것 역시 손복과 석개가 도를 행하는 목표이다. 이에 대해서 시인들과 후세 사람들이 높이 평가했다. 구양수가 석개의 묘지명을 작성할 때, "所謂堯舜禹湯文武周公孔子孟利揚雄韓愈氏者, 未嘗一日不誦于口. 思與天下之士, 皆爲周孔之徒, 以致其君爲堯舜之君, 民爲堯舜之民, 亦未嘗一日少忘于心"24)이라고 찬양하였는데, 이러한 인격의 풍모와 도를 행하는 정신은 후세에 훌륭한 본보기가 되었다.

태산서원이 설립되고 강학의 활동에서 그들은 앞선 시대의 스승들을 존경하고 도를 중하게 여기는 것(尊師重道)을 실천하며, 위진시대 이후

---

22) [宋] 石介, 『徂徠石先生文集』(北京: 中華書局, 1984), 卷三, 第33頁.
23) [宋] 孫復, 『寄范天章書一』; 『全宋文』第十冊(成都: 巴蜀書社, 1990), 第246頁.
24) [淸] 紀曉嵐 著, 林之滿 主編, 『四庫全書精華』(沈陽: 遼海出版社, 2002), 第102頁.

의 나쁜 학풍을 바로잡고, 사도師道를 재건하는 중요한 역할을 했다. 손복은 선생의 신분으로 서원에 있었는데, 그는 과거시험에서 네 번 낙방하였다. 반면에 당시 석개는 이미 명예와 관직을 얻었었다. 하지만 매번 손복이 강학을 할 때, 석개는 제자의 예로 손복을 대우했다. 석개는 『사설師說』에서 제자들을 훈계하면서 "古之學者急于求師, 孔子大聖人也, 猶學禮于老聃, 學官于郯子, 學琴于師襄, 矧其下者乎? 後世恥于求師, 學者之大弊也"[25] 라고 하였다. 중국 고대의 존사중도尊師重道의 전통학풍을 다시 제창하고 제노齊魯의 학풍을 크게 변화시키면서 당시에 급속도로 전파되었다. 이는 다시 시간과 공간의 한계를 뛰어넘어서 이후에 사도師道의 전승과 건설에 지대한 영향을 주었다.

결론적으로 유학의 발전을 주요 사업으로 한 태산서원은 유학부흥의 중요한 기지이며, 태산지역에 열린 서원교육의 출발점이었다. 당시 전국적으로 유명한 신유가학파인 태산학파는 북송 초기의 사상사를 이끌어간 집단이며, 송대 리학에서 개척자의 역할을 하였다. '송초삼선생'은 태산서원을 통해서 노魯지역에 교육의 새로운 기풍을 열었고, 유래 깊은 노문화魯文化를 더욱 고양하고 발전시켰다.

---

25) [宋] 石介, 『徂徠石先生文集』(北京: 中華書局, 1984), 卷三, 第258~259頁.

제2부

한중 서원의 원규와 교육

1. 17~18세기 문경 근암서원의 변천과 운영
-조선 후기 서원 전승의 한 사례

이병훈*

1. 머리말

서원의 설립 목적은 유생들의 장수藏修와 강학講學을 통한 인재양성에 있었다. 여기에 유생의 분발과 홍기를 위해 사표師表가 되는 선성先聖·선현先賢·명유名儒 등을 제향하는 사묘祠廟를 부설附設하여 제향祭享의 기능을 아울러 갖추었다. 반면 사우祠宇는 처음부터 사현祀賢과 풍화風化만을 목적으로 하였다. 즉 충절인의 공덕을 기리는 보본숭현報本崇賢사상과 해당 지방에 공이 있는 인물에 대한 보답과 사현祀賢을 통한 향촌민의 교화를 주목적으로 하였다.[1] 이처럼 서원과 사우의 건립 목적은 처음부터 달랐다.

조선시대 건립되었던 서원과 사우는 약 1,700여 개소로 파악된다. 이 가운데 서원은 680개소, 사우는 1,041개소로 사우가 사원에 비하여 더욱 많이 건립되었다.[2] 그러나 시기별로 나누어 보면 서원 제도가 도

---

* 영남대학교 민족문화연구소 연구교수.

1) 鄭萬祚, 「17~18世紀의 書院·祠宇에 대한 試論」, 『朝鮮時代 書院研究』(集文堂, 1995), p.91.

입되었던 16세기 초반의 중종中宗 이래로 17세기 후반의 현종顯宗대까지
는 서원이 사우보다 많이 건립되었다. 이러한 상황이 역전된 것은 숙종
肅宗대부터이며 이후 계속 사우의 건립이 서원보다 많았다.

그동안의 연구 성과에 의하면 임진왜란 이후 붕당정치가 본격화되
면서 당쟁이 점차 치열해졌다. 이에 따라 서원 역시 교육과 교화기구로
서 기능하던 것이 점차 정치기구화 되어 갔다. 자파自派 세력의 확산과
유생들의 공론公論을 통한 자파 정론政論의 당위성을 확보하기 위한 수
단으로서 정치권의 지원 하에 서원의 건립과 사액賜額이 17세기 중반이
후 더욱 확산되었다. 그 과정에서 유학적 통치 질서의 확립과 사기士氣
의 진작振作을 위해서라는 명목으로 서원에 대한 면세免稅와 소속 인원
에 대한 면역免役 혜택이 주어졌다. 그러나 양정모입良丁募入, 건립비용
각출 등의 폐단弊端이 나타나면서 국가 재정을 악화시키는 한 요인으로
지목되기도 했다.3) 이러한 문제가 있었지만 현종대까지는 서원과 사우
에 제향하는 인물에 대한 기준이 대체로 지켜지면서 그 구분은 명확하
였다.

숙종肅宗대에는 정치적 이해관계와 향촌사회에서의 기득권 확보라
는 두 측면이 복합적으로 작용하면서 서원과 사우가 폭발적으로 증가
하였다. 그 결과 폐단은 더욱 심화되고, 제향인의 질적 저하를 초래하였

---

2) 尹熙勉, 『朝鮮時代 書院과 兩班』(集文堂, 2004), p.84.
3) 이에 경상감사 林墰은 1644년(인조 22) 서원 신설시 조정의 허가를 얻도록 요청했으
며, 1657년(효종 8) 충청감사 徐必遠 역시 서원 신설시 조정의 허가를 얻도록 요청했
다. 특히 甲戌換局(1694) 이후 西人세력의 집권 하에서 1703년(숙종 29) 서원 신설을
금지하는 명이 내려졌으며, 1714년(숙종 40)에는 동일 인물의 疊設과 賜額을 금지하
였다.

다. 이에 서원 신설과 첩설을 금지하는 금령이 시행되었지만 효과를 보지 못했고, 1741년(영조 17)에는 1714년(숙종 40)의 금령 이후 건립된 서원·사우·영당 및 추향追享서원과 사우 등을 훼철하고, 감독을 소홀히 한 지방관과 금령을 위배한 사림을 처벌하는 조처가 시행되었다. 숙종대 이래로 서원과 사우의 성격은 비슷해졌지만 여전히 서원이 가진 위상은 상대적으로 높았다. 그렇기에 가능하다면 서원을 건립하거나, 금령을 피하여 사우로 건립하였다가 추후 승원陞院하는 사례가 빈번하였다.

문경 근암서원은 앞에서 언급한 시대적 변화에 대응하여 서당에서 사우로, 사우에서 서원으로 변천하였던 조선 후기 서원의 전형적인 모습을 보여 준다. 뿐만 아니라 관련 자료가 일부 남아 있어서 이를 활용한 사례 연구에 적합한 곳이다. 본 연구는 『근암서당창건고적近品書堂創建古蹟』을 주로 활용하였다.[4] 이 자료는 죽림서당 시절부터 1750년(영조 26)까지의 관련 자료들을 필사한 것으로 초창기 변천상을 이해하는 데 중요한 자료이다. 아울러 근암서원 인근에 거주했던 권상일權相一의 『청대일기淸臺日記』는 '창건고적'을 상호 보완하여, 서원 운영의 구체적 모습을 보여 준다.[5] 본고에서는 이들 자료를 활용하여 그 변천 과정과 운영 실태를 개관해 본다.

---

4) 『근암서당창건고적』에 대해서는 「문경근암서원 소장 자료 해제」(『한국서원학보』 8, 한국서원학회, 2019)를 참조 바람.
5) 『청대일기』는 한국국학진흥원의 번역본(2015, 전4권)을 참조하였다.

2. 16~18세기 근암서원의 변천 과정

1) 16~17세기 중반 죽림서당에서 근암서당으로의 변천

현재의 근암서원近嵒書院은 경상북도 문경시 산북면 금천로錦川路 351-5 (書中里 148-1)에 위치해 있다. 이곳은 행정구역 상 조선 후기 상주목 산양 현 수개곡樹介谷이었다.6) 배향인물은 우암寓庵 홍언충洪彦忠(1473~1508)을 주 향으로 한음漢陰 이덕형李德馨(1541~1613), 사담沙潭 김홍민金弘敏(1540~1594), 목재木齋 홍여하洪汝河(1621~1678), 활재活齋 이구李榘(1613~1654), 식산息山 이 만부李萬敷(1664~1733), 청대淸臺 권상일權相一(1679~1759) 등을 병향竝享하고 있다.

근암서원은 1552년(명종 8) 4월부터 1554년(명종 9) 12월까지 상주목사 를 역임7)한 영천자靈川子 신잠申潛(1491~1554)이 1554년(명종 9) 건립한 죽림 서당竹林書堂에서 시작되었다.8) 임진왜란 이후 근암서당近嵒書堂에서 향현

---

6) 산북면은 1018년(고려 현종 9) 이래 상주목 山陽縣에 속하였다. 1906년 상주군에 속하 였고, 1914년 행정구역 개편에 따라 산서·산동·산남·산북면을 폐합하여, 산양면과 산북면으로 나누고 문경군에 소속시켰다. 산북면은 남쪽의 비조산과 월방산을 경계 로 산양면과 나누고, 산서·산동·화장면 일부를 병합하여 산북면이 되었다. 『삼국사 기지리지』에서는 '嘉猷縣은 본래 近品縣(山稟)인데, 신라 경덕왕 대에 지금의 신양현으 로 고쳤다'고 한다. 『신증동국여지승람』에서는 산양의 옛 지명이 近品인데, 近嵒이라 고도 했다. 산북면 남쪽에 위치한 書中里는 본동과 웅창마을로 구분되는데, 본동은 임진왜란 당시 밀양박씨 朴守宗이 청주에서 이거하여 마을 중앙에 세거하면서 후에 서원리 혹은 서중리라 했다. 웅창마을은 인천채씨와 전주이씨들이 임진왜란 이후부 터 본격적으로 세거하였다. 1650년 溝壑齋 權垕(1611~1682)가 입향한 후 안동권씨 후손들이 본동의 남쪽 岬谷과 樹介谷(근암촌)에 세거하고 있다. 1693년에는 부훤당 김해가 입향하여 안동김씨 후손들이 본동 북쪽 가단곡 보가리에 세거하고 있다.

7) 『명종실록』, 권13, 명종 7년(1552) 4월 25일 정축; 권17, 명종 9년(1554) 12월 13일 기묘.

8) 『商山誌』(1928), 「書堂」. 여기에는 모두 24개소가 등재되어 서당별로 위치와 창건연

사鄕賢祠, 근암서원으로 변천하였는데, 이는 17~18세기 서원 금령禁令을 피하여 서당에서 사우를 거쳐 승원陞院하였던 서원들의 전형적인 모습을 잘 보여 준다.[9]

신잠에 의해 건립된 죽림서당은 처음에는 산양현사山陽縣捨 건너편 응암熊巖의 산기슭 아래 옛 영원사鴒原寺 터에 있었다. 당시 4칸의 집을 짓고서 마루(堂)와 방(室)으로 나누고 '죽림'이라 하였는데, 인근에 옛 죽림사竹林寺 터가 있었기 때문이다.[10] 1574년(선조 7) 백담柏潭 구봉령具鳳齡

대 등을 상세히 기록하였다. 이 가운데 상주목사 신잠이 설립하였다는 서당은 18개소로 전하지만 여기에는 霞谷·道谷·石門·首陽·魯東·修善·龍門·瀬濱·梅嶽·梧山·孤峯·鳳城·白華·鳳巖·松巖·智川·竹林 등 17개소만이 기재되어 있다. 뒤이어 鬭翼·礪溪·芝山·修禊所·存愛院·鄕約社·鄕約堂을 수록하였다. 이 중 수계소는 '山陽修禊所'로 추정된다. 부훤당 김해의 「修禊所呈文」에는 산양현사 直南1리(웅창마을) 강(금천) 위에 한 채의 당을 수계소라 하는데, 옛날 사람들은 '蘭亭修禊'의 의미이며, 그것은 실로 風憲所라고 했다. 또한 옛날에 산양현의 耆老所였다고 한다. 그러나 근암서원의 전신이었던 書堂이 무엇이었는지는 각 자료마다 달리 말하고 있어서 혼선이 있다. 1686년(숙종 12)에 작성된 부훤당 김해의 「영빈서당이설기」에는 '竹林書堂'으로 확인된다. 그러나 『상산지』에는 신잠이 건립하였던 '瀬濱書堂'으로 확인된다. 또한 현재의 상주시 은척면 무릉리에는 신잠이 건립하였다는 '죽림서당'이 현전하고 있다. 『근암서당창건고적』에는 서당의 명칭이 나오지 않으며, 서당의 건립 연대도 1544년(중종 39)으로 誤記되어 있다. 이러한 혼선은 김해가 밝히고 있듯이 세월이 오래되고 관련기록들이 남아 있지 않았기 때문이다. 본고에서는 가장 오래된 김해의 記文을 따르데, 이후 변천과정은 『상산지』와 『근암서당창건고적』의 내용을 종합하여 정리한다.

9) 상주목 내에는 서당에서 서원으로 승원한 사례가 많다. 이는 신잠이 16세기 중반 서당을 건립한 이래로 각 면의 유생 교육과 공론 수렴의 장소로 활용되었기 때문이다. 특히 이들 서당은 서원제도가 정착하면서 높은 수준의 道學書堂으로 탈바꿈하였으며, 鄕賢을 제향하면서 추후 서원으로 승원할 수 있는 토대를 갖추고 있었다. 17세기 상주에는 道南·玉城·近嵒書院만이 있었는데, 옥성서원은 首陽書堂이 모태이며, 근암서원은 죽림서당이었다. 18세기 들어서는 봉성서원(봉성서당)이 설립되었다. (송석현, 「17세기 상주지역 사족의 동향」, 『영남학』 27, 경북대학교 영남문화연구원, 2015, p.347)

10) 金楷, 『負暄堂集』, 卷3, 記, 「瀬濱書堂移設記」. 負暄堂 金楷(1633~1716)는 1659년(효종 10) 안동에서 산양현 大道村으로 移居하였으며, 1693년(숙종 19)에는 산양현 근암촌 (현 서중마을)으로 이거하여, 淸臺 權相一의 祖父인 權以偁의 도움을 받아 마을 북쪽

(1526~1586)이 이곳을 지나다 산양 사람들의 요청으로 4일간 머물렀을 때 서당 강당을 '존성당尊性堂'이라 명명하고 시詩를 남겼다.[11] 그러나 죽림 서당은 1593년(선조 26) 왜군에 의해 모두 소실되었다.

1597년(선조 30) 소실된 죽림서당을 옛날 터에 복원하려는 계획을 세우고, 칠봉七峯 황시간黃時幹(黃廷幹, 1558~1642)과 서재西齋 채득강蔡得江(1574~1660)을 유사로 선발하였다.[12] 이들은 옛날의 서당 노奴였던 인희仁希와 윤이倫伊 등 2인을 불러서 옛날 터에 거주하도록 하고, 당시 상주목사에게 둔전屯田의 종자로 이전移轉해 두었던 황조荒租 1섬을 제급題給받았다. 이것을 정두正斗로 헤아리면 11말(斗)이었는데, 기근飢饉으로 어려운 면내面內의 전답에 반을 나누어 가을에 10여 섬을 얻었고, 이듬해에는 20여 섬으로 증가하였다. 이렇게 모은 수익으로 목리穆里에 사는 권씨에게 논을 매득買得하여 서당에 소속시켰다.[13]

이때 서당의 노奴 인희를 송검산宋撿山이란 자가 고소하여 군액軍額에 뽑혀 들어갔다. 매입한 토지를 관리할 노奴가 없었기에 황시간, 월봉月峯 고인계高仁繼(1564~1647), 김진사金進士와 채득강 등이 종사관 조익趙翊(1556~1613), 김광엽金光燁(1561~1610)에게 언급했으나 그를 면역할 수는 없었다. 이에 당시 체찰사 이원익李元翼(1547~1634)에게 정장呈狀하여 노奴 인희를

을 개척하여 '보가리'라 칭하였다.

11) 具鳳齡, 『栢潭集』, 卷3, 五言律詩, 「山陽尊性堂感題」; 『近嵒書堂創建古蹟』, 1면, "萬曆甲戌(1574), 具柏潭鳳齡遇訪有詩……"

12) 『近嵒書堂創建古蹟』, 「蔡西齋得江日記」에 수록된 것이다. 현재 채득강의 일기는 원본이 없어서 확인이 불가능하다. 이하 본문에서는 '창건고적'으로 서술한다.

13) 『근암서당창건고적』에 의하면 이 논은 원래 金億, 金希 형제가 강원도로부터 산양현 樹谷으로 이주하여 縣內의 畓 2곳을 買得한 곳이었다. 그러나 束伍軍에 소속되면서 멀리 도망하였고, 김억의 妻父 權氏가 穆里에 살고 있었기에 그 논을 싼 값에 사서 서당에 소속시켰다.

서당에 환속還屬시키고 영원히 침해하지 말라는 판결을 받았으며, 송검산은 잡아 가두고 형추刑推했다.[14] 당시 서당이 건립된 지 오래 되었고 과거에 급제한 자도 드물어서 면내面內로 옮겨 건립하려는 계획이 있었다. 그러나 수곡樹谷이 길지吉地로 낙점되면서 그곳의 밭을 매입하고 1603년(선조 31)에 먼저 좌우로 재사齋捨를 건립하여 유생의 독서처로 삼았다.[15]

이후 1614년(광해군 6) 인근에 거주하며 함께 서당에서 공부하였던 황시간, 고인계, 김진사 등이 서당이 협소하고, 한쪽으로 치우쳐 있음을 들어서 주봉主峯의 서북변 수개골樹介谷에 개축하고자 했다. 그래서 1615년(광해군 7) 2월 9일 변회진卞懷珍 등과 서당 건립 등을 논의하여, 진사 황시간을 산장山長으로 하고, 서상덕徐尙德을 유사有司, 채득강과 김원성金遠聲을 영조유사營造有司로 하여 4월 15일에 와역瓦役과 공역工役을 동시에 시작하여 수개월 만에 마쳤다. 이때에 이르러 명륜당明倫堂과 동東·서재西齋의 제도를 모두 갖추고, 이곳의 옛 산성山城의 이름을 따라서 '근암近嵒'으로 정하였다.[16] 수개곡으로 이건한 후 죽림에 있었던 건물은 수계

---

14) 李元翼은 1601년(선조 34) 1월 1일 병으로 체직되고, 李德馨이 대신하였다.(『선조수정실록』, 권35, 선조 34년 1월 1일 경자)

15) 면내로 터를 찾고 있을 때 性智라는 승려가 와서 面에서 멀지 않은 곳에 吉地가 있다고 했는데 그곳이 樹谷이었다. 승려가 서원의 터를 가리키며 '上道에서 이만한 吉地가 없다'고 하자 황정간 역시 자신이 보아도 좋은 곳이라고 동의하였다. 이에 여러 어른들이 모여서 그 땅을 살펴보았는데, 그 땅에 옛날에 경작한 흔적이 있었다. 이에 그 땅의 주인을 문의하니 하나는 朴輻, 하나는 張玄의 밭(田)이라고 하였다. 두 사람은 모두 황폐한 돌밭인데 어찌 관계하겠냐고 하므로 그 땅을 서당에서 받는 것을 허락받고(許納) 문서를 작성(成文)하였다.(『近嵒書堂創建古蹟』, 「蔡西齋得江日記」) 한편 『商山誌』, 書堂, 「瀕濱書堂」에는 1603년(선조 31) 영빈서당을 중건하였다고 나온다. 『창건고적』에서 먼저 좌우에 재사를 건립하였다는 것은 이때의 중건을 일컫는 것으로 보인다.

16) 金楷, 『負暄堂集』, 卷3, 記, 「瀕濱書堂移設記」.

小修稧所로 하였다.[17]

이상과 같이 근암서당은 묘우를 제외하고 강당인 존성당과 동재, 서재를 갖추어 이전의 죽림서당 시절보다 규모를 확장했음을 알 수 있다. 규모 외에도 서당의 임원을 산장과 유사라 칭한 것에서도 이미 중건을 하면서 승원陞院을 고려했음을 짐작할 수 있다. 실제로도 산양현 사림들은 1604년(선조 37)에 이미 홍언충을 제향하는 서원을 건립하는 것에 대하여 서애 류성룡에게 품의하여 동의를 받은 바 있다.[18]

---

17) 『상산지』에는 수계소가 1623년(인조 1) 처음 건립하였다고 한다.(『상산지』, 서당, 「修稧所」) 김해의 「영빈서당이설기」에 나오는 내용과 종합하면, 죽림에 있던 서당을 수개곡으로 이건한 후 원래 서당을 改修하여 수계소로 사용한 것으로 볼 수 있다. 즉 서당은 1614년부터 이건을 시작하여 1623년에 완료되었으며, 1623년에 수계소도 운영되었던 것이다. 아울러 1664년(현종 5) 근암서당이 향현사가 되면서 서당은 아래채에 방 하나를 빌려 더부살이를 했으며, 1669년(현종 10) 향현사가 근암서원으로 승원하면서 1687년(숙종 13) 죽림으로 서당을 옮겨 수계소와 합쳤다.(『상산지』, 서당, 「영빈서당」) 당시 서당은 수계소 아래에 5칸의 집을 짓고, 책상을 들이고 임원도 선출하였다. 수계소와 서당의 모임과 자산, 公服도 함께 사용했지만 둘의 성격이 달랐기에 서로 지장을 주게 되었다. 그래서 孤山의 좌측 穎水 물가에 있는 土人 鄭之傑의 살던 집을 논밭과 곡식 수십 석을 들여 매입하였다. 私家였기에 이를 수리하여 學捨로 꾸미고 이에 이름을 '穎濱書堂'이라 하였다.(金楷, 『負暄堂集』, 卷3, 記, 「穎濱書堂移設記」)
18) 『近嵒書堂創建古蹟』, 「道內通文」(1665). 불가피하게 시일을 미루면서 1603년 당시에 이미 詳議하여 '近嵒書院'으로 講定하였지만, 애석하게도 산양현 士友의 의론을 모으는 것이 확실치 않아서 서원으로 하지는 못하였다. 불가피한 사정은 정확히 알 수 없지만 1603년 좌우의 재사를 먼저 건립하였다가, 1614년 수개곡으로 이건을 시작해서는 9년이란 기간이 걸렸다. 이것은 서당의 경제적 기반이 미약하였기 때문이었다. 그렇기에 더욱 비용이 많이 들어가는 서원의 건립은 임란 직후의 당시에는 더욱 어려웠을 것으로 추정된다. 그럼에도 통문에서는 도내의 舊例에 서원을 건립할 때는 반드시 通告하도록 되어 있었기에 이를 알린다고 하였다. 즉 서당에 묘우를 건립하여 향현사로 봉안하는 것을 알리지만 실제 스스로는 서원으로 인식하고 있었음을 알 수 있다.

2) 17세기 중반 근암서당에서 향현사로의 변천

1653년(효종 4) 4월에 산양 사림들을 중심으로 우암 홍언충을 제향하
는 논의가 다시 일어났다. 이에 활재活齋 이구李榘가 '근암서당'에 홍언충
을 제향하는 일로 상주목 내 교원校院에 통문通文을 발송하였다. 그는 홍
언충의 뛰어난 문장과 곧은 도, 삶의 출처와 조수操守를 칭송하고서, 류
성용 역시 향사享祀하기에 합당하다고 칭송하였음을 들어 위패 봉안을
사림에 적극 추천하였다. 그러나 향교, 도남道南·옥성서원玉成書院에서는
한 고을에 3곳의 제향처를 설립하는 것은 옳지 않다고 보았다. 나아가
이미 향현鄕賢을 봉안하고 있는 옥성서원19)이 있으니, 그곳에 합향合享할
것을 제안하였다.20) 이들 교원의 제안은 받아들여지지 않았다. 1664년
(현종 5)에 홍언충 제향 논의가 재발했을 때는 서원 창건을 허락하지 않
는다는 사목事目이 반포된 후였다.21)

---

19) 옥성서원은 首陽書堂을 바탕으로 1630년(인조 8)에 이준 등이 주도하여 1633년(인조
11) 蘭溪 金得培, 靈川子 申潛을 배향하여 서원으로 성격되었고, 1647년(인조 25)에
后溪 金範, 창석 李埈 등을 추배하였다. 이들 네 인물은 당시 상주지역 鄕賢으로서
배향되었다. 김득배의 제향 논의와 김범의 추배 논의 당시에도 반대 여론이 있었기
에 각기 鄭經世와 全湜이 이를 중재 및 변론하면서 배향이 진행되었다. 한편 이러한
모습은 당시 상주지역 향론이 사족 간에 분열되고 있었음을 나타내는 것으로 볼
수도 있다.(송석현, 앞의 논문, 2015, p.351).

20) 『近嵒書堂創建古蹟』, 「癸巳(1653)四月通本州文(李活齋)」; 「答通」. 1653년 5월 19일의 답
통에는 향교 상유사 韓克成·黃霡, 掌議 李命圭, 유사 林有文·郭孝延, 도남서원 원장
全克恬, 옥성서원 원장 鄭憲世 등이 연명하였다. 이들은 모두 16세기 이래로 상주를
대표하는 사족들로서 청주한·장수황·홍양이·옥천전·진양정씨 가문의 인사들이
었다. 도남서원 원장은 全湜의 둘째 아들이며, 옥성서원 원장은 정경세의 사촌형제
였다.

21) 1657년(효종 8) 충청감사 서필원은 서원의 남설로 인해 향교를 등한시하고, 保奴의
冒占, 풍속의 傷敗, 官給 祭需의 과다 등을 폐단으로 지적하였다. 나아가 첩설된 서원
은 철거하고 건립을 하려면 반드시 조정의 허락을 받도록 주장했다. 그리하여 서원
과 향현사를 건립할 때는 반드시 조정의 허락을 받도록 확정되었다.(『효종실록』, 권

그래서 전前 영해부사 전명룡全命龍(1606~1667) 등은 1664년(현종 5) 7월 상주목사에게 상서하여 자신들의 입장을 설명하고, 묘우 건립에 필요한 인력지원을 요청하였다. 이들은 고을의 서당은 이전부터 있었던 것이며, 홍언충을 제향하는 공론은 근래 10년 동안 온전히 갖춰졌던 것이었지만 큰 흉년으로 실행을 하지 못했던 것이라고 했다. 그러면서 기존의 건물에 한두 칸의 사당만을 짓는 것이기에 쉽게 터와 재목은 준비했지만 기와를 굽고 재목을 운반하는데, 필요한 약간 명의 정부丁夫를 요청했다.22) 당시 상주목사 박승건朴承健(1609~1667)은 이들의 요구를 수락하였고, 8월 6일에 개기開基하여 강당의 뒤 터에 묘우를 지어 '향현사鄕賢祠'라 했다. 사우로 명명한 것은 조정에서 서원의 신설을 절대 허가하지 않았기 때문에 이를 어기지 않기 위해서였다.23) 이러한 공역 상황은 홍여하의 '상량문'에서도 일부 확인할 수 있다.24)

마을 어른들은 힘을 보태고 재물을 모으며, 많은 선비들도 책을 내려 놓고 일을 돕네. 재실·부엌·목욕탕을 갖추니, 신후申侯의 옛 모범을 더욱 넓히네. 축문 읽고 천관薦祼하며 성대히 제사 지내며, 이에 서애西

18, 효종 8년 6월 21일 임진)
22) 『近嵒書堂創建古蹟』, 「甲辰(1664)七月日呈牧伯文」; 洪汝河, 『木齋集』, 卷5, 說, 「山陽書堂立社呈文(代儒生作)」. 이 정문의 소수는 前寧海府使 全命龍이었지만, 상서는 목재 홍여하(1620~1674)가 작성하였다. 이 외에도 홍여하는 사당의 상량문도 작성하였다.(홍여하, 『목재집』, 권6, 상량문, 「寓庵洪先生立祠上樑文」)
23) 『近嵒書堂創建古蹟』, 「通本州文」, "……朝家申命, 切不許創建書院, 故不敢違, 愼重之憲, 乃於書堂後址, 規營廟宇, 定以爲鄕賢祠, 上以盡祭社之誠, 下不失黌膠之儀矣. 旣復以此陳告于明府, 而明府嘉之特典, 丁夫以資工役, 玆又吾黨之幸也……"
24) 洪汝河, 『木齋集』, 卷6, 上樑文, 「寓庵洪先生立祠上樑文」, "……鄕老出力而鳩材, 多士釋經而敦事, 齋廬㳼湢之備設, 益恢申侯之舊規, 尸祝薦祼之縟儀, 聿遵匡門之正論, 儼輪奐而創構面勢甚尊, 精肸蠁而降歆, 苾芬旁達, 玆歷吉日, 將擧脩樑……"

匡 문하의 정론正論을 준수했네. 엄연히 빛나고 새롭게 얽었기에 지세
地勢도 매우 받들고, 정결하게 제사지내 내려진 복이기에 향기가 널리
퍼지네. 이에 길일을 지나, 긴 들보 올리기를 시작하네.

이를 보면 향현사(근암서당)가 서애의 학통을 계승했음을 분명히 하였
다. 그리고 사당만 새로 지은 것이 아니라 전반적으로 건물 규모를 확
대했음을 알 수 있다. 이때 향로鄕老들이 재물을 내고 많은 선비들도 공
사를 살폈음을 재확인할 수 있다. 이처럼 향현사는 사림의 노력과 지방
관의 협조로 건립이 이루어졌다. 문제는 향현사를 유지·관리하는 것이
었다. 이를 해결하기 위해서 향현사 측은 재차 지방관에게 의지하였다.
즉 1664년(현종 5) 9월에는 유생들의 거접居接시 공궤供饋와 묘우의 수직守
直을 위해 산동山東의 장정 2명을 특별히 소속시켜 주길 요청했고, 10월
에는 전명룡 등이 수직과 고직庫直하는 연호烟戶 5명의 군역軍役을 면제해
주길 청하였다.25)

한편 홍언충을 제향하면서 향현사라 한 것에 대한 불만이 나오기도
했다. 조고원曹高原은 근암서원에 통문을 보내어 현인賢人을 받드는 것에
서원과 향현사가 있지만 홍언충의 제향처를 사우로 하는 것에 대해서
는 연유를 모르겠다고 의문을 표시하였다. 그는 일찍이 모든 향부로鄕父
老들이 류성용에게 품의하여 홍언충을 제향하는 서원의 건립을 인정받
은 바 있다고 주장하였다. 그렇기에 비록 사우에 제향되지만 사체事體로
보아서 옥성서원의 아래에 있지 않다고 했다.26) 이처럼 향현사를 옥성

---

25) 『近嵒書堂創建古蹟』, 「甲辰九月呈牧伯文」·「甲辰十月呈牧伯文」.
26) 『近嵒書堂創建古蹟』, 「曹高原通文」.

서원과 대등한 것으로 이야기 하는 것은 향현鄕賢이라도 서원과 사우에
제향되는 차이가 곧 해당 인물의 평가를 대변하는 기준이 되었기 때문
이다. 이러한 일련의 과정 속에 향현사에서는 1665년(현종 6)에 봉안식이
거행된다는 것을 상주와 도내의 사림들에게 통보하였다.27) 당시 봉안
제문은 류성요의 고제 학사鶴沙 김응조金應祖(1587~1667)가 썼다.28)

　　이상을 정리하면 17세기 상주지역은 읍치의 도남서원과 남쪽의 옥
성서원을 중심으로 사족들이 분립하고 있었다.29) 이들 입장에서는 향
권이 더 분산되는 것을 막기 위하여 산양현을 중심으로 성장하고 있던
북쪽의 사족들을 견제할 필요가 있었다. 그래서 홍언충의 사당 건립을
반대했던 것이다. 이에 산양 사림들은 재차 사당 건립을 추진할 때에
이전과 달리 독자적으로 상주목사의 허가를 받은 뒤 향내·외에 통보하
였다. 실제 죽림서당의 이건(황정간·서상덕·김원성·채득강)과 홍언충 제향
을 주도(이구·전명룡·채극계·권구)하였던 인물은 산양현과 그 인근에 거주
하던 자들이었다.30)

　　홍언충의 제향 과정에서 상주 사림들이 서원 건립을 반대하는 것을
확인하였던, 산양 사림들은 새로운 방법을 모색하지 않을 수 없었다. 산
양의 사림들은 이를 독자적으로 극복하기는 어려웠기에 상주와 연고가
있고, 지역 내 이견異見이 없을 유현儒賢이 절실히 필요하였다. 그래서 치

　27) 『近嵒書堂創建古蹟』, 「通本州文」·「道內通文」. '도내통문'을 보면 봉안례는 1665년(현
　　　종 6)에 거행되었다. 봉안일은 本月 初3日이라고만 확인된다. 정확한 월은 알 수 없
　　　지만 春享 이전인 1~2월로 추정된다.
　28) 『近嵒書院事蹟』, 「洪彦忠 奉安文」.
　29) 송석현, 앞의 논문(2015), pp.333~360.
　30) 송석현, 앞의 논문(2015), pp.358~359.

열한 논의를 거쳐 이덕형을 봉안하기로 정하였던 것이다. 그 과정에서 이덕형과 직·간접적으로 관련이 있었던 홍여하의 역할이 두드러졌다.

3) 17세기 후반 향현사에서 근암서원으로의 변천

산양현 사림들은 1669년(현종 10) 11월 7일에 이덕형을 병향並享하고, 근암서원으로 승원하였다. 당시 봉안문은 홍여하가, 상향축문은 김해金楷(1633~1716)가 지었다. 이덕형은 그의 진외가陳外家가 상주이며[31], 정경세鄭經世(1563~1633)와 출처를 고민할 정도로 친분이 두터웠다. 이덕형의 사후에 정경세는 그의 행장行狀을 지었으며, 창석 이준은 유고를 정리하여 문집의 발문을 썼다. 이는 이덕형이 활동할 무렵 영남 사림, 특히 퇴계-정경세 문인들과의 유대가 남달랐음을 보여 준다. 이런 분위기 속에서 상주목사로 부임한 이덕형의 아들 이여규李如珪는 1634년(인조 12) 상주에서 『한음집漢陰集』을 간행하였으며, 손자 이상정李象鼎 역시 1668년(현종 9) 상주에서 중간본重刊本을 간행하였다. 이처럼 상주에서의 이덕형 추숭 사업이 진행되면서, 그의 제향에 관한 논의도 꾸준히 제기되어 왔다.

특히 산양현 사림들은 홍언충을 제향한 향현사에 그의 병향을 꾸준히 제기하였는데, 이를 주도한 인물이 홍여하였다.[32] 이덕형을 병향하

---

31) 조부 李振慶은 進士로서, 이덕형이 顯達하여 左贊成에 贈職되었다. 조모는 진사 金胤宗의 女 尙州金氏이다. 조모 墓所가 상주 內西面 開元里에 있었다.

32) 오용원, 「한음 이덕형의 후대 평가와 추숭사업」, 『한음 이덕형의 학문과 사상』(해드림출판사, 2017), pp.550~552. 홍여하는 갑자사화 당시 피화된 洪貴達(1438~1504)의 5대손이며, 향현사에 제향된 홍언충은 홍여하의 高叔祖가 된다. 홍여하의 부친 洪鎬(1586~1646)는 정경세의 문인으로서 관직에 진출한 후 이덕형과 직접 만나기도 했다. 당시 이덕형은 홍호를 단순히 젊은 관료가 아닌 國士로 예우했다.(洪汝河, 『木齋集』, 卷8, 「先考通政大夫大司諫院大司諫府君家狀」) 이로 보아 홍여하 역시 이덕형을 깊

던 당시의 명분은 홍여하가 미수眉叟 허목許穆(1595~1682)에게 보낸 편지
에 잘 드러난다.[33] 상주 특히 산양현 사람들은 상주가 이덕형의 진외가
陳外家로서 그를 상주인으로 인식하고 있었다. 또한 고을의 여러 향현들
과 그의 동방同榜들은 모두 제향하는 곳이 있지만, 이덕형만이 명망에
비해 제향처가 없으니 홍언충과 함께 근암서원에 병향하는 것이 마땅
하다고 여겼다.

　산양 사림들 입장에서는 자신들의 이해를 대변할 기구로 홍언충을
제향하는 향현사를 건립했지만 도남·옥성서원에 비교하여 그 격이 낮
은 것에 불만이 있었다. 그러나 승원하기 위해서는 조정의 허가를 얻을
명분이 필요하였다. 그런 점에서 이덕형은 당대의 명유名儒로써 아직 제
향된 바가 없으며, 상주와는 혈연이 있었기에 향내외의 공론을 형성
하고, 나아가 서원 첩설의 혐의도 피하는데 적합한 인물이었다.

　이에 1669년(현종 10) 산양현 사림들은 승원은 사문斯文의 큰일이므로
일을 시작할 때 뜻을 같이하는 자들과 함께 의논하여 신중히 진행하려
고 상주 사람들에게 가부를 문의했다.[34] 이처럼 향론을 결집한 후 도내
로 통문을 발송하여 11월 7일에 이덕형을 병향한다고 알렸다.[35] 그러나

이 존숭하였음을 짐작할 수 있다. 실제로도 홍여하는 이덕형을 조선 제일의 문장가,
역사가로 인식하고 있었다.(洪汝河, 『木齋集』, 卷4, 書, 「答李大方箋」)

33) 洪汝河, 『木齋集』, 卷4, 書, 「擬上許眉叟」, "某白, 鄕曲疎闊, 未遂納拜之願, 傾嚮則有素矣,
伏惟秋涼, 尊道體起居加衛, 煩恐, 尙州山陽縣近邑地, 有水石之勝, 申靈川牧尙時, 就建書堂
頃年, 構廟屋, 祀寓庵洪先生, 因號近邑書院, 寓庵乃某高叔祖. 玆者, 尙之儒士謂, 漢陰李先生,
亦吾鄕人也. 鄕諸老與李先生同時者, 皆有尸祝之所, 而獨李先生無之, 寔儒林欠事, 與寓庵幷
祀近邑爲宜, 議以克合, 將以今十一月上丁, 擧縟禮, 而侑食之文, 需執事屬筆, 然後慊於多士之
心, 故使某敢再拜以請, 伏惟執事, 特賜肯諾, 惠以高文, 以賁斯文盛擧, 如何, 不勝懇祈之至."
34) 『近邑書堂創建古蹟』, 「奉漢陰先生時通本州文」.
35) 『近邑書堂創建古蹟』, 「道內通文」(己酉, 1669).

묘우 건립에 많은 물력을 소모했던 상황이었기에 서원을 방문하는 인사들을 공궤供饋하는 것이 큰 문제로 부각되었다. 실제 호옹湖翁 조정융曹挺融(1598~?)은 도내의 오랜 친구와 지방관들에게 보낸 통문에서 근암서원은 물력이 부족하여 묘우를 겨우 건립하고, 부엌과 청사에는 아직 그릇과 물건 등을 갖추지 못했다고 전했다. 그러므로 여럿이 서로 면포綿布와 음식·소금을 형편에 맞춰서 보내 주길 요청한 것에서도 그 사정을 짐작할 수 있다.36)

이와는 별도로 향현사 유생들은 관찰사 민시중에게도 협조를 요청하였다. 유생들은 곧 봉안일을 맞이하는데 도구와 전수典守 할 남자종과 밥을 지을(炊爨) 여자종도 없는 상황이라고 밝혔다. 그러하니 관찰사가 미포米布 약간을 상주와 함창, 용궁에서 나누어 주도록 뎨김을 내려서 봉안일에 선비들을 공궤할 수 있도록 하고, 도내 각 읍 가운데 속공노비屬公奴婢 3구口를 내려 주어 장차 서원을 전수하도록 해 주길 요청하였다.37) 이처럼 당시 승원은 향현사의 여력만으로는 어려운 상황이었지만, 여러 인사들과 지방관의 도움으로 봉안례를 거행할 수 있었다.

---

36) 『近嵒書堂創建古蹟』, 「通道內知舊使君文」(己酉, 1669). 조정융의 외조부는 예천에 거주하던 이황의 從孫子 李閱道(1538~1591)이다. 아버지는 梅湖 曺友仁(1561~1625)으로 상주 매호(사벌면 매호리)에 우거하였다. 조정융은 典籍, 刑曹佐郎, 蔚珍縣令, 공조정랑, 旌善郡守, 禮曹正郎, 高原郡守, 成均館司藝 등의 내외직을 역임하였다.

37) 『近嵒書堂創建古蹟』, 「呈方伯文」. 1669년(현종 10) 6월 22일까지는 養拙齋 沈梓(1624~1693)가 재임했으며, 그 이후에는 認齋 閔蓍重(1625~1677)이 재임하였다. 한편 상주목사는 6월 5일까지 李楚老(1603~1678)가 재임하고, 10월 21일 韓壽遠(1602~1669)이 부임하였다. 다만 한수원이 부임 직후 사망함으로써 이듬해 1월 28일 吳始壽가 부임하였다. 『창건고적』에 당시 상주목사에게 올린 정장이 없는 것으로 보아서 관찰사는 민시중으로 보인다.. 민시중은 송시열의 문인이자, 閔鼎重·閔維重의 형이었다. 경상도관찰사 시절에는 전결을 조정하여 백성들의 부담을 덜어주는 등 치적을 올렸다.

승원한 이후 많은 선비들이 찾게 되었지만 기존 건물(齋室·講堂)이 협
소하여 유식遊息하기 어렵다는 지적이 있었다. 그래서 1679년(현종 5) 문
회文會에서 건물을 중수하기로 결정하고, 각자 물력을 부조하기로 했지
만 흉년으로 어려움이 있었다. 이에 부족한 재원을 보충하기 위하여 문
경현 허산許山 기슭에 있는 폐암자의 재목과 기와를 옮겨 와서 서원을
개수하는 데 사용할 수 있도록 상주목사에게 요청하였다.[38]

이상과 같이 근암서원은 상주목의 세 번째 서원으로 승원한 후 산양
현 사람들의 강학과 유식의 공간으로 활용되었다. 그러나 병향 과정에
서 제기되었던 것처럼 빈약한 재정 상황은 향후 근암서원의 운영과 성
장을 저해하는 요소로 남아 있었다.

4) 18세기 근암서원 추향의 정치적 의미

(1) 17~18세기 상주지역 사족 동향

1669년(현종 10) 근암서원이 설립되기 이전 상주에는 읍치의 도남서원
과 남쪽의 옥성서원만이 있었다. 상주 북쪽에 위치한 산양현과 인근의
사림들은 상대적으로 향론을 주도하지 못하였다. 그래서 1653년(효종 4)
홍언충의 제향처 건립 논의에서도 두 서원과 향교에서는 자신들의 영향
력이 축소되는 것을 우려하여 반대하였던 것이다. 한편 그 이전부터 도
남서원의 노수신盧守愼(1515~1590) 추배追配, 옥성서원의 김득배金得培(1312~

---

38) 『近嵒書堂創建古蹟』, 「呈牧伯文」(己未, 1679). 이처럼 폐사찰이나 폐암자의 건물 자재
나 터를 활용하여 건물을 건립하거나 改修하는 것은 당시 일반적인 현상이었다.(이
수환, 「16세기 안동지역 서당의 경제적 기반」, 『조선의 서당에서 배우는 사회적 교
육의 지혜』, 새물결, 2018, pp.219~223)

1362), 김범金範(1512~1566) 등의 제향시에 상주 사림들 간에 이견異見이 나오면서 심각한 분쟁이 발생하기도 했다.[39] 이처럼 17세기 중반 이래로 상주지역 내 사림들은 분열되고 있었다.

상주지역 사족사회는 류성용이 1580년(선조 13) 상주목사로 부임하여 정경세, 이준, 전식全湜(1563~1642) 등과 같은 제자들을 양성한 이래로 17세기까지 퇴계-서애 계열의 남인계 사족들이 향권을 주도하였다.[40] 한편으론 신석번申碩蕃(1596~1675)을 중심으로 그의 문인이었던 황상중黃尙中(1619~1680)과 송시열의 문인 채하징, 창녕성씨昌寧成氏[41]가문 등의 서인계가 공존하고 있었다. 주지하다시피 상주에서 남서인이 공존할 수 있었던 것은 정경세의 사위 송준길이 우거했던 영향이 컸다. 그러나 이들 두 집단은 중앙의 당쟁이 격화되자, 17세기 중반 이후 독자적 노선을 지향하면서 점차 첨예하게 대립하였다.

특히 정경세와 이준의 문인이었던 신석번은 당시 영남 서인을 대표했다. 그는 송준길의 천거로 중앙정계에 등용[42]되었고, 1666년(현종 7)에는 류세철 등의 영남 남인들이 송시열의 예론을 공박한 상소를 반박하

---

39) 송석현, 앞의 논문(2015), pp.349~352.
40) 실제 정경세는 尙州牧 최초의 서원인 道南書院 건립을 주도하였으며, 상주지역에 퇴계-서애 학맥의 道統을 확립하고자 노력했다. 상주목 남쪽에서는 李埈 등이 주도하여 1630년(인조 8) 首陽書堂에 김득배, 신잠을 배향하여 서원으로 승격하였고, 1647년(인조 25)에 김범, 이준 등을 추배하였다. 이들 네 인물은 당시 상주지역의 鄕賢으로서 배향되었다.
41) 창녕성씨는 서경덕과 이이의 문인이었던 성람이 상주에 정착한 이래로 그의 후손들은 서인계라는 기본적인 입장을 견지하면서도 전통적인 남인지역에서 그 기반을 확립해 나갔다. 창녕성씨(청죽공파)의 계보를 보면 다음과 같다. 成灠(서경덕·이이)-성여훈(김상헌)-성호영·호징(송시열)·성진승·진항-성만징·성맹징·성문징·성원징(권상하).(채광수, 「창녕성씨 청죽공파의 상주 정착과 노론계 원우 건립 활동」, 『조선시대사학보』 79, 조선시대사학회, 2016 참조)
42) 『현종실록』, 권1, 현종 즉위년 11월 1일 무오.

는「송시열변무소宋時烈辨誣疏」를 올려 영남 남인들과 대척하였다. 당시 변무소는 성람의 손자인 성진승成震昇이 소수疏首를 담당했다. 아울러 신석번의 제자였던 황상중은 1663년(현종 4)「우율승무소牛栗陞廡疏」의 소수로 참여했다.43) 그의 가문은 대대로 퇴계학통의 남인 집안으로 황시간黃時幹(1558~1642)은 한강寒岡의 문인으로, 정경세·전식·이준과 더불어 상산사노商山四老로 칭송되었다. 그러나 황상중은 일찍부터 서인계와 종유하였고, 상주의 대표적인 서인 가문인 창녕성씨와 통혼하였다.44)

함창에 거주하였던 송시열의 문인 채하징蔡河徵(1619~1687)은 갑인예송(1674, 현종 15) 이후 송시열이 유배되자 그를 옹호하는 상소를 올렸다가 경흥慶興으로 유배되었다.45) 반면 산양 죽림의 채헌징蔡獻徵(1648~1726)은 이현일李玄逸의 문인으로 남인계열에서 활동하였다.46) 18세기에 들어와서는 성람의 현손 성만징이 1701년(숙종 27)「사계변무소沙溪辨誣疏」와 1702년(숙종 28) 송준길宋浚吉(1606~1672)을 제향하는 흥암서원興巖書院 창건을 주도하였다. 흥암서원은 1705년(숙종 31) 사액賜額되고47), 1716년(숙종 42)에 다시 어필사액御筆賜額과 치제致祭가 있었다.48) 어필 사액과 치제는 흥암서

---

43) 『승정원일기』 178책, 현종 4년 4월 5일 임임.

44) 이연숙, 「17~18세기 영남지역 노론의 동향—송시열 문인가문을 중심으로」, 『역사와 실학』 23(역사실학회, 2002), p.96.

45) 『숙종실록』, 권7, 숙종 4년 7월 2일 경자; 7월 3일 신축; 7월 5일 계묘; 7월 22일 경신.

46) 김형수, 「17·18세기 상주·선산권 지역 사회와 서원·사우의 동향」, 『영남학』 7(경북대학교 영남문화연구원, 2005), p.143.

47) 宋浚吉, 『同春堂集』 續集, 卷10, 附錄, 「年譜」, "壬午七十五年, 尙州興巖書院成. 後四年儒生等上疏請額, 時書院疊設有禁, 李相頤命白上曰, 方今朝令雖嚴, 若如宋某大賢, 不宜在此限, 上特命賜額."

48) 『승정원일기』 498책, 숙종 42년 10월 14일 경자; 『숙종실록』, 권58, 숙종 42년 10월 14일.

원에 대한 국왕의 관심이 컸음을 나타낸다.

이를 반영하듯 당시 노론의 영수였던 권상하權尙夏(1641~1721)는 직접 「홍암서원어필비후기興巖書院御筆碑後記」를 작성하고 원장으로 취임하였다. 홍암서원은 영남지역에 서인세력을 확대하는 교두보가 마련되었다는 것을 의미했다. 이후 상주에서는 1708년(숙종 34) 화동면 의미서당義微書堂에 김상용·상헌 형제를 제향하는 서산서원西山書院이, 1711년(숙종 37)에는 화서면에 성람·신석번·조진趙振(1543~1625)·신석형申碩亨·성여훈成汝橞·김삼락金三樂을 제향하는 운계서원雲溪書院이 건립되었다. 나아가 1747년(영조 23)에는 노론계 인사들로만 구성된 향안鄕案이 작성되었다.[49]

이처럼 상주는 17세기 중반 이후 영남지역 서인 내지 노론의 근거지가 되면서, 18세기 들어와서는 그 세력이 크게 신장되었다. 이에 상주지역 남인계의 대응도 유기적 진행되었다. 당시 도남서원은 상주의 수원首院으로서 정치적 문제에 매우 민감하게 반응하였다. 근암서원 유생들은 정치적 현안에 적극적으로 나서지는 않았지만 도암서원과 공조하여 대응해나갔다. 1669년(현종 10) 이덕형의 병향과 승원은 상주 내 남인 세력의 거점을 마련하고, 나아가 자파세력을 더욱 공고히 하려는 노력의 일환으로도 볼 수 있다.[50] 그 이후 도남서원과 근암서원은 상주지역 남인계 유생들의 공론을 취합하는 장소로 기능하며, 남인계 향현鄕賢들을 꾸준히 추향하면서 그 세력을 유지하였다.[51]

---

49) 채광수, 「창녕성씨 청죽공파의 상주 정착과 노론계 원우 건립 활동」, 『조선시대사학보』 79(조선시대사학회, 2016), p.402.
50) 송석현, 앞의 논문(2015) 및 오용원, 앞의 논문(2017) 참조.
51) 도남서원은 1616년(광해군 8) 노수신·류성룡을 추향하고, 1635년(인조 13)에 정경세를 추향하였다. 나아가 1677년(숙종 3)에 사액되면서 상주지역 남인들의 구심체가

근암서원에 이미 제향되어 있는 홍언충은 조선 전기의 인물로 당파와 무관하였다. 그러나 이덕형을 비롯하여 이후에 병향된 인물들은 남인계 학자관료들이었다. 김홍민은 이이를 탄핵하였던 인물이며, 홍여하는 송시열 세력과의 알력으로 관직에서 쫓겨났다. 이구는 이이의 성리설을 강하게 비판했었으며, 퇴계의 학문을 존숭한 이만부는 상주로 이거한 인물이지만 그의 부친 이옥李沃은 송시열의 극형을 주장하였던 대표적 기호남인이다. 권상일은 퇴계를 사숙私淑하고, 『퇴계언행록』을 교열했다. 이만부와 교유가 깊었으며, 기호의 남인들과도 교류하였다. 이러한 성향의 인물들이 제향된 근암서원은 서애의 학맥을 계승하고, 김장생의 승무반대소 소청과 윤지술 등의 노론을 배척하는 유소의 소청이 설치되었던 곳으로서 상주의 대표적 남인계 서원 중 하나였다.

(2) 홍여하·김홍민 추향과 그 의미

홍여하를 추향하기 위한 논의는 1700년(숙종 26) 12월에 사계 김장생의 문묘종사를 반대하는 공론이 형성되어, 1701년(숙종 27) 2월 소청疏廳을 설치한 근암서원의 도회道會에서 발의되었다. 당시 처음 안동 사림들에게서 추향 의견이 나온 후 용궁과 상주(산양현)지역 사림들도 거듭 찬성하였다. 이에 공론을 정하여 근암서원에서 9월 중정中丁에 봉안하는 것으로 도내에 통보하였다.[52] 이와는 별도로 근암서원 측은 3월에 원장

되었다. 한편 상주 내 노론 세력들은 18세기 이래로 도남서원의 운영에 개입하면서 심각한 鄕戰을 유발하였다.(이수환, 「청대일기를 통해 본 권상일의 서원 활동」, 『민족문화논총』 62, 영남대학교 민족문화연구소, 2016)

52) 『近嵒書堂創建古蹟』, 「道內通文 辛巳(1701)二月」. 이 통문은 疏廳 公事員 金俠 등 40여 인과 疏首 金侃 등이 연명하였다.

신필성申弼成, 재임 이천성李天成, 채명구蔡命龜 등이 향교와 도남·옥성서 원에 재차 통보하였다.53) 그러나 이들 세 곳에서의 답통은 바로 오지 않았다. 당시 도회에서 결의한 홍여하의 병향 결정에 대하여 이견이 많 았기 때문이다. 5월 1일의 향교와 옥성서원 품목稟目에서는 고을의 장로 들과 문의한 결과 소청 도회에서의 공론을 존중하지만, 삼위三位(홍언충· 이덕형·홍여하)를 병향하는 막중한 일을 향내에 논의하지 않고 마음대로 처리한 것에 대하여 꾸짖었다.54)

전前 경주부윤 손만웅孫萬雄(1643~1712) 역시 발문跋文을 보내와서 상주 의 사론士論을 듣지 않고 소청에서 한쪽의 의견만을 듣고 결정한 것에 대하여 향내에 물의物議가 있다고 했다.55) 그는 이를 수습하는 방안으로 서 이미 여러 선대의 현인들이 의논하여 정한 김홍민의 옥성서원 제향 이 위차位次 문제로 어려운 상황이니, 그를 근암서원에 병향하는 방안을 제안하였다. 옥성서원에서는 1636년(인조 14) 후계后溪 김범金範(1512~1566) 의 추향 논의56)가 있었지만 1647년(인조 25)에서야 이준과 함께 추향되었 다. 이후 50여 년이 지나서 김홍민(1540~1594)의 추향이 진행되었다. 김범 은 김홍민의 부친이었기에 위차가 문제가 되지 않았지만, 이준은 김홍 민보다 나이가 어렸던 것이다.

---

53) 『近嵒書堂創建古蹟』, 「本院通校院文 (三月)」.
54) 『近嵒書堂創建古蹟』, 「鄕校玉成稟目(5월 1일)」. 당시 향교 上齋는 洪道達, 장의 趙世頊· 蔡夢徵, 옥성원장 李泰到, 재임 韓翼明·金傑 이었다. 도남서원은 임원이 不齊하여 의 견을 낼 수 없었다.
55) 『近嵒書堂創建古蹟』, 「前府尹孫萬雄跋」.
56) 李埈, 『月澗集年譜』, 卷1, 崇禎 9年 丙子(1636) 9月, "會鄕校, 議追享后溪金先生範于玉成."; 肅宗大王三十六年庚寅(1710) 11月 27日 丁巳, "士林奉位版追享于玉成書院." 1710년(숙종 36) 11월 27일에는 李埈(1558~1648)을 추배하였다.

아마도 당시에 향선배였던 김홍민을 나이순에 따라서 앞에 두자는 의견과 이미 배향된 위패를 옮기는 것은 옳지 않다는 의견이 맞섰던 것으로 추정된다. 당시 옥성서원은 흥양이씨興陽李氏가 운영을 주도하고 있었기에 이들이 강력하게 반대했었던 것으로 보인다.[57] 또한 1710년(숙종 36) 이준의 형인 월간月澗 이전李㙉(1558~1648)의 추향追享이 원활히 진행된 것에서도 짐작할 수 있다. 상주 내 영향력이 컸던 상산김씨와 흥양이씨 간의 대립은 결국 새로운 돌파구가 필요하였다. 즉 도남·옥성서원에 추향이 어려운 상황에서 다른 서원의 모색이 필요했고, 근암서원이 유일한 대안이었다.

근암서원은 홍여하 병향의 공론을 수렴하는 절차상의 문제로 상주목 사람들의 불만이 컸던 때였다. 여기에 상주목 내에서 남인계와 서인계 사이의 대립이 첨예한 시기였다. 그렇기에 남인 간 분열은 서인에게 향권을 빼앗길 수 있는 상황이었다. 당시 손만웅이 제시한 절충안은 바로 옥성과 근암 두 서원의 문제를 해결하고, 향후 상주목 내 남인들의 분열을 막을 수 있는 방법이었다. 이에 근암서원 측은 손만웅의 의견을 따라서 재차 상주 교원校院에 통문을 보내었다. 향교와 도남·옥성서원에서는 홍여하·김홍민을 함께 병향하는 것으로 결정하여 답통을 보내왔다. 그들은 소청에서 정한 9월의 봉안일이 급박하므로 행사 준비를 위하여 11월 중 길일을 잡아 거행하고, 그 사이에 한 번 제회齊會하여 향론을 갖추자고 제안하였다.[58]

---

57) 1692년(숙종 18) 산사태로 매몰된 옥성서원은 위판을 修善書堂으로 옮겼다. 당시 수선서당은 흥양이씨가 운영을 주도하고 있었다.(송석현, 앞의 논문, 2015, p.351.)
58) 『近嵒書堂創建古蹟』, 「同年八月鄕校道南玉成答本院通文」. 이때 통문을 보내온 인사들은 향교 上齋 孫景郁, 掌議 趙世頊·李星緯, 齋任 金南紀·蔡命龜, 도남원장은 金楷, 재임

그러나 8월에 인현왕후가 승하하면서 봉안례는 국장國葬 이후로 연기되었다.[59] 상주 사림들은 1702년(숙종 28) 2월 26일 옥성서원에서 향회를 개최한 후 4월 하정下丁에 김홍민과 홍여하를 봉안하기로 정하고 도내에 통문을 발송하였다.[60] 이와는 별도로 근암서원에서는 3월 3일에 제회하여 상주와 인근의 교원에도 봉안일을 재차 통보하였다.[61] 또한 근암서원 회중會中에서는 이현일李玄逸(1627~1704)에게 봉안문奉安文을 촉탁했다.[62] 그러나 이현일이 건강상 문제로 거절하면서, 원장 신필성申弼成이 4월 1일 하곡霞谷 권유權愈(1633~1704)에게 두 추향인의 봉안문을 촉탁하였다.[63] 또한 노주蘆洲 김태일金兌一(1637~1702)에게는 축문祝文과 고유문告由文을 촉탁하면서, 금번 추향이 금령에 저촉되는 것은 아닌지 자문하였다.[64] 어렵게 거행되는 봉안례가 금령으로 인해 문제가 발생하는

蔡似甲·趙涵, 옥성원장 李泰至, 재임 韓翼明·金傑 등 이었다. 또한 김홍민·김홍미 형제는 이덕형의 조모 상산김씨의 먼 친척조카로서 외족으로서의 척연과 지연을 넘어 학문적으로 연계되어 있었다. 특히 이덕형은 이들 형제와 종유하였는데, 특히 김홍미와 친밀하였다.(김학수, 「한음 이덕형의 사우 및 교유관계」, 『한음 이덕형의 학문과 사상』, 해드림출판사, 2017, pp.254~258) 이처럼 김홍민의 근암서원 추향에는 이덕형과의 특수한 관계도 일정한 영향을 주었다.

59) 『숙종실록』, 권35, 숙종 27년 8월 14일 기사; 『近嵒書堂創建古蹟』, 「辛巳八月遭」.

60) 『近嵒書堂創建古蹟』, 「壬午二月二十六日會于玉成書院沙潭金先生奉安事 發道內通文」. 이 날 모임에서는 공사원 李善到, 李天成 등을 선발하고, 會員으로 전부윤 손만웅, 유학 金五益, 高漢犹, 전별검 申弼成, 전참봉 金宇泰, 생원 金時泰, 유학 李泰至, 金是漢, 康世楷, 康汝楷, 韓翼明, 李再潤, 金是澍, 高待望, 李善至, 金世萬, 權游, 李天成, 高必大, 찰방 孫景錫, 유학 蔡允中, 金傑, 宋之奎, 宋之斗 등이 연명하였다.

61) 『近嵒書堂創建古蹟』, 「通本州校院各書堂及隣近學宮文」. 당시 근암서원 회원은 유학 李胄萬, 高待犹, 전별검 申弼成, 전참봉 金宇泰, 유학 蔡荊龜, 高漢瞻, 洪后謙, 權深, 李日成, 高漢望, 高師聖, 權游, 高雲馹, 생원 李師著 등이었다. 이들 외에도 權相一 역시 모임에 참여하였다.(權相一, 『淸臺日記』, 壬午 3月3日)

62) 『近嵒書堂創建古蹟』, 「會中上李南岳書」; 「李南岳玄逸答書」.

63) 『近嵒書堂創建古蹟』, 「別檢申弼成上權判書書」; 「權判書愈答書」; 權相一, 『淸臺日記』, 壬午(1702) 4月 7일.

64) 『近嵒書堂創建古蹟』, 「會中上金司諫書」; 「金司諫兌一答書」; 「會中再書」; 「金司諫再答」.

것을 우려했던 것이다. 이에 김태일은 축문과 함께 금령은 신설과 첩설에 관계된 것으로서, 이번 추향은 금령 이전에 설립된 곳에서 시행되기에 금령과 무관하다는 의견을 보내왔다.[65]

한편 근암서원 임원들은 상주목사 이익저李益著에게 정문하여 4월의 봉안일에 참석하는 유생들을 공궤할 수 있도록 환곡 미조米租를 특별히 제급題給해 주길 요청하였다. 아울러 기존에 사용하던 촛대와 향합이 낡아서 교체하고자 했으나, 경내에 목기를 제작하는 공인工人이 부재했다. 그래서 안동의 공인에게 이를 제작하여 보내 주길 향사당鄕射堂 수석首席에게 부탁하여 촛대 2쌍과 향합 2좌를 제작하여 보내 주길 요청하였다.[66] 원임들은 4월 15일에 봉안례를 점검하고, 4월 23일 각 읍에서 300여 인이 모여 제회를 열고, 25일에 고유제를 거행하였다. 고유문은 김태일이 지었고, 위판은 장대걸張大傑이 썼다.[67] 26일에 봉안제를 지내었다.[68] 이와 같이 1702년(숙종 28)에는 김홍민(1540~1594), 홍여하를 추향하고, 1786년(정조 10)에는 이구, 이만부, 권상일을 추향하였다.[69]

이상과 같이 산양현 유생들은 죽림서당을 근암서당 → 향현사 →

---

65) 金兌一, 『蘆洲集』, 卷3, 書, 「與申退伯弼成書 壬午(1702)」; 祝文, 「近嵒書院追享時告由文 院舊享洪寓庵 李漢陰兩公 壬午夏追配洪木齋 金沙潭兩賢」. 제문은 권상일의 아버지 權深이 받아왔다.(權相一, 『淸臺日記』, 壬午 4월 12일; 4월 23~26일)

66) 『近嵒書堂創建古蹟』, 「呈牧伯文」; 「通安東鄕射堂文」.

67) 權相一, 『淸臺日記』, 壬午 4월 15일(本院奉安已迫, 任員齊會. 金參奉宇泰丈·申別檢丈, 以都辦來留.); 4월 23·25·26일.

68) 『近嵒書堂創建古蹟』, 「禮成祭祝文 金司諫兌一(壬午四月二十六日丁丑)」; 「金沙潭洪木齋兩先生奉安祭文 權判書愈」. 霞谷 權愈(1633~1704)는 홍여하·김홍민의 봉안문과 홍여하의 묘갈명을 지었다. 둘의 상향문은 金楷가 지었다. 김홍민의 행장은 그의 동생 金弘微가 지었다.

69) 『近嵒書堂創建古蹟』에는 이구, 이만부, 권상일의 추향과 관련한 내용이 나오지 않는다. 이들의 추향 과정은 추후 보완할 것이다.

근암서원으로 격상시켜 나갔다. 17세기 당시 상주 내 도남·옥성서원만
이 있었던 상황에서 북부의 근암서원 건립은 산향현과 그 인근 유생들
의 여론을 대변하는 역할뿐만 아니라 장수처로서 기능하였다. 승원과
추향 과정에서 드러나듯 상주 내 기존 교원은 근암서원을 견제한 측면
도 있었다. 이것은 향내의 주도권을 유지하려는 움직임이었다. 그러나
서인(노론)계가 성장하면서 남인계의 분열을 막고, 여론을 결집하기 위
한 필요성이 커지면서 승원과 추향이 진행되었다.

　18세기 말에 추진된 추향은 기존 남인세력에 우호적인 정조의 정책
에 편승하여 진행된 면이 있다. 상주목 내 노론세력과 대립이 커져 가
는 가운데 남인계 향현을 추향하여 재차 남인계의 결집과 분위기를 환
기 시키는 효과가 있었다. 이구와 권상일의 가문은 산양현에 있었으며,
이만부는 상주목 내에 위치해 있었다.[70] 이구는 근암서원의 전신인 향

---

70) 이구는 황시간의 외손으로서 병자호란 이후 산양에 내려와 정착하였다. 그는 홍언
　　충 제향처 건립을 발기하고, 1650년(효종 1) 「우율문묘종사반대소」를 직접 작성하는
　　등 산양에 정착한 이래로 적극적으로 활동하였다.(박인호, 「활재이구의 역사인식과
　　현실비판」, 『조선사연구』 22, 조선사연구회, 2013) 이만부는 1697년 상주 외답 노곡
　　으로 卜居하였다. 그의 조부 李觀徵은 의성에서 태어나 경상도관찰사를 역임하였고,
　　부친 李沃 淸南을 대표하는 인사였는데, 許穆과 柳元之 등에게 배우면서 서애계 학인
　　들과 교류하였다. 이런 인연으로 이만부 역시 柳千之의 딸과 혼인하였으며, 갑술환
　　국이후 그의 처가가 있는 상주로 내려왔다. 이처럼 그의 가계는 근기남인을 대표하
　　였기에 그는 상주 정착 이후 영남남인을 대표하는 역할을 하였다.(김주복, 「식산 이
　　만부의 학문형성과 교류양상 일고찰」, 『한문학보』 19, 우리한문학회, 2008) 또한
　　1725년(영조 1) 덕천서원 원장이 되기 전까지 근암서원(1724~1725)의 원장을 역임
　　하면서 교육과 건물 정비에도 노력하였다. 권상일 가계는 17세기 초반 증조부 權班
　　가 예천 지금곡에서 근암리로 이주하면서 정착하였다. 가학을 통해 학문을 익혔던
　　그는 주변의 서원, 향교의 강화나, 사찰·서원 등의 거점에 참여하면서 수학하였다.
　　권상일은 도산서원·도남서원 원장을 역임하는 등 도내에서의 위상 또한 높았다.
　　(우인수, 「영남 남인 권상일의 정치사회적 활동과 위상」, 『민족문화논총』 62, 영남대
　　학교 민족문화연구소, 2016)

현사 건립을 주도한 인물이며, 이만부와 권상일은 원장을 역임하면서 근암서원의 초창기 기틀을 마련하였던 인물들이었다. 양자는 당대 영남 남인을 대표하는 전직 관료이자, 학자로서 도내에서 위상이 높았다.

근암서원은 이들을 병향함으로써 상주 내 남인계 서원으로서 위상을 제고하고, 서원 운영에 해당 가문들의 협조를 강화했던 것으로 해석할 수 있다. 이들의 후손들 역시 문중원사의 건립이 보편화되던 시기에 신설과 첩설 금령을 어기지 않고, 해당 가문의 지위를 유지하기 위한 수단으로서 누대로 운영에 관여해 온 근암서원의 추향에 찬성한 측면도 있다.

3. 17~18세기 근암서원의 운영 실태

근암서원은 16세기 중반 상주목사 신잠이 건립한 죽림서당이 근원이다.[71] 당시 신잠은 서당 건립과 더불어 운영에 필요한 재원을 마련해 준 것으로 보인다. 근암서원의 경우 인근의 작은 사찰을 속사로 삼도록 했다.[72] 그러나 서원 운영에는 자금뿐만 아니라 인력이 필요하였다. 초창기 서당의 모습은 확인이 불가능하지만 대체적으로 근암서원의 경제적 기반은 지방관에게 절대적으로 의존해 왔다. 유생들이 요청할 때마다 지방관이 형편을 헤아려 노비와 전답 등을 획급하거나 제수祭需를

---

71) 『近嵒書堂創建古蹟』, 「庚戌(1730)呈牧伯文草」.
72) 『近嵒書堂創建古蹟』, 「呈牧伯文(趙泰胤)」.

지원해 주었다. 이와 관련한 산양현 사람들의 기부 등은 확인되지 않지만 거력이 들어가는 건물 중건, 문집 간행 등의 부조는 확인된다.

서원 자체적으로도 재정난을 극복할 방안을 모색하였지만 재원財源이 부실하여 계획을 수립하는 것도 어려웠다. 특히 제향과 유생 공궤에 들어가는 비용이 만만치 않았다. 그래서 춘추향사와 일용日用 자금도 줄이도록 규정하고, 삭망례는 초하루만 진행하되 원임만 참석하도록 했다. 또 서원의 노복奴僕이 거의 없어서 거재 유생들의 공궤를 간략히 줄이고, 유숙하는 장로長老 외에는 점심만 제공하는 등 극단적인 조처를 할 수밖에 없었다.73)

근암서원은 서로 다른 7개 가문의 인사들을 제향하고 있다. 이들은 상주뿐만 아니라 도내에서 존경받는 인물들이었다. 또한 그들의 후손들 역시 산양현과 그 인근에 분포하고 있었다. 『원임안』 등의 자료가 남아 있지 않아서 판단하기는 어렵지만, 대체로 각 인물들이 제향되는 시기에 따라서 해당 가문에서 주도적으로 운영에 참여한 것으로 보인다. 그 결과 근암서원은 19세기까지 특정 가문의 문중서원화가 되지는 않았지만 그로 인해 운영상의 어려움이 건립 이래로 지속되었던 것으로 짐작된다.

근암서원은 서당에서 출발하였고, 특정가문의 소유가 아니었기에 영빈서당, 수계소와 더불어 산양현 유생의 유식처遊息處이자, 강학처로 인식되었다. 서당과 수계소 역시 면내에서의 지위가 낮지 않는데, 특

---

73) 권상일의 일기를 보면 실제 서원을 방문하여 유숙하는 인원이 많았다. 이들은 시험지 채점이나, 향사, 알례를 위해 오는 것도 있었지만, 過客인 경우가 빈번했다. 권상일은 역병이 돌자 이를 피하여 근암서원 재사나 영빈서당에 머무르기도 했다.(『청대일기』, 병재1756] 6월 28일)

히 근암서원 이전의 서당 시기에는 고인계, 이구 등이 산장을 역임하였다. 또한 18세기 초반까지 체례遞禮에 60여 명이 참석하는 등[74] 지역 내에서의 위상이 컸다.[75]

근암서원은 건립 이후 18세기 중반까지 상주 북부의 사론을 대표하는 곳이었으며, 그 이후에는 산양현의 유일한 서원으로서 대외적으로 산양유생들의 여론을 대변하였다. 당시 근암서원의 위상을 제고하는 데에는 원장들의 역할이 컸다. 홍이석, 이만부, 이천여, 오상원, 권상일, 이화국 등과 같이 전직 관료 내지 명망 있는 학자들이 원장을 역임하였다.[76] 이들은 서원 운영에 적극적으로 참여하면서 서원의 건물뿐만 아니라 운영 규정을 정비하여 근암서원의 기틀을 마련하였다. 이처럼 18세기 중반까지 근암서원은 명망 있는 인사들을 구심점으로 결집하여 원내외의 현안을 처리하였다. 또한 이들의 주도로 문풍을 쇄신하기 위한 다양한 강학활동을 펼쳐 나갔다.

---

74) 『청대일기』, 계묘(1723) 2월 15일.
75) 실제 서당과 수계소에 수십 명이 모여 회의를 하거나, 혹은 순제나 거접시의 시권을 채점하기도 했다. 특히 수계소는 산양현 향약을 주관하고, 耆老所 역할을 하면서 敬老會를 열기도 했다.(『청대일기』, 정묘[1747] 3월 2일; 병자[1756] 11월 9일) 특히 수계소 경로회는 1748년 10월부터 개최한 것으로서 근암서원 별소와 영빈서당 별소에서 10섬씩을 내어 봄·가을로 두 번 모임을 가졌다. 회원은 60살 이상으로 제한하였다.(『청대일기』, 무진[1748] 10월 6일)
현재에도 『山陽修稧案』, 『修稧所任員錄』, 『敬老會案目 附完議』, 『鄉約所節目』 등의 자료가 전해지고 있다.(이들 자료는 산북길라잡이 https://blog.naver.com/gumsanh/220471662070 참조)
76) 근암서원은 원장보다는 산장, 도유사, 洞主로 불리었다. 이것은 도산서원을 비롯한 안동권의 서원에서 대부분 도유사, 동주 등으로 원장을 표현하고 있는 것과 동일하다. 즉 근암서원은 퇴계-서애로 이어지는 상주지역 남인계 서원의 성격을 가졌음을 드러낸다. 한편으로는 원장의 역할이 유생들의 강학에 비중을 두고 있었음을 짐작게 한다. 이는 원장과 원유들이 문루 등에서 文會를 열어 시를 짓고, 권상일이 직접 강회를 개최하거나, 시제를 내고 채점하는 데에서 들어난다.(『청대일기』 참조)

본 장에서는 이러한 사정을 염두해 두고 근암서원의 재원확보 노력과 강학 및 정치·사회적 활동 등을 검토해 본다. 이를 통해 근암서원의 규모와 역할에 대해 이해의 폭을 넓힐 수 있을 것으로 본다.

1) 서원 재원의 확보 노력

(1) 노비와 원속의 확보

서원을 운영하는 기본요소는 원임과 원생의 인적 기반과 토지, 노비, 원속院屬 등의 경제적 기반이다. 이중 서원의 제반 사업을 안정적으로 운영하기 위해서는 경제적 기반이 필수적이다. 근암서원은 1597년(선조 30)에 옛 죽림서당을 복원하기 위하여 기존의 노奴 2구를 찾아 부르고, 상주목에서 황조荒租 1섬(石)을 종자種子로 제급 받았다. 이후 수년간 산양현 내에 종자를 제공하고 그 수확물을 식리하여, 토지를 매득할 자금을 마련하였다. 이를 토대로 산양현 내에 논(畓) 2곳을 매득할 수 있었다. 그런 가운데 노 1구가 군역에 차정되면서 이를 환속받기 위하여 체찰사 이원익에게 정서하여 환속과 면역을 받았다.

1603년(선조 36)에는 수곡의 땅을 매입하여 서당을 건립하였다. 이후 1614년(광해군 6)에 이건하여 확대하기로 결정하고, 1623년(인조 1)에 근암서당을 준공하였다. 1664년(현종 5)에는 서당 뒤편에 묘우廟宇를 건립하고, 이듬해에 홍언충을 봉안하였다. 당시 향현사에서는 상주목사 박승건朴承健(1609~1667)에게 수직을 위한 장정 2명의 획급과 원속(수직·고직) 5인에 대한 군역 면제를 요청하였다. 또한 1669년(현종 10)에는 관찰사 민시중에게 서원 전수와 유생 공궤를 위한 속공노비 3구를 요청하였다. 이처럼 승원 당시 근암서원에는 5인의 원속만 있었으며, 소유한 토지 규모와 전래傳來 노비 및 속공노비의 유무는 알 수 없다.

1730년(영조 6) 상주목사에게 올린 정장에서도 노비는 확인되지 않는다. 다만 재직齋直·고직庫直 등 8인의 가속假屬만이 있었다. 이들이 사환 使喚하거나 일을 하지 않으면 서원은 정상적인 업무가 불가능할 형편이었다. 그런 상황에서 이들이 충군充軍되자 서원 측에서는 상주목사에게 군역을 면제해 주길 요청하였다. 이러한 상황은 1734년(영조 10)에도 반복되었다.77) 이때는 원속이 아닌 모입募入한 원생院生들이 그러했다. 근암서원은 답인踏印을 받은 17인의 원생이 충군록充軍錄에 오르자 상주목사에게 다른 충군들과 별도로 분류하여 면제해 주길 요청하였다.

이상을 보면 근암서원은 18세기 초반까지 노비는 없었으며, 양인 가운데 재지기, 고지기, 원생으로 소속된 자들이 있었다. 또한 매번 수령이 교체될 때마다 이들 원속의 군역 문제가 반복되었다. 지방관의 도움이 없다면 운영이 어려울 정도로 경제적 기반이 매우 열악했음을 알 수 있다. 이러한 사정은 다른 부분도 마찬가지였다.

(2) 서원전의 확보

서원전은 노비와 더불어 서원의 양대 경제적 기반이지만, 근암서원은 그러하지 못했다. 앞서 살펴본 대로 임란 직후 1섬의 종자를 바탕으로 산양현 내에 토지를 마련하였다. 「원중완의」에서도 평소 사용하는 돈을 아껴서 알맞게 쓰고, 일정 부분을 들어내어 매년 땅을 사는데 이른

---

77) 『近嵒書堂創建古蹟』, 「庚戌(1730)呈牧伯文草」, 「甲寅(1734)七月呈牧伯文(權相夔)」.

다면 선비를 공궤하는 양식과 반찬 및 상 주는 일에 보탠다고 하였다.[78] 이런 완의가 제정된 것은 역설적이게도 그만큼 전답이 없었다는 것을 나타낸다.

토지를 매입할 대금이 없었던 서원 측은 황무지를 직접 개간하여 쓰는 방법을 택하기도 했다. 1699년경(숙종 25) 근암서원 도유사 조태윤趙泰胤(1642~1707)[79] 등이 상주목사에게 보낸 정문에서 확인이 된다. 이를 보면 서원 건립 당시부터 가진 바가 적어서 향사에 쓸 1이랑(畝)의 밭도 없기에 원사院事를 계획하기도 불가능하다고 하소연했다.[80] 그런데 몇 년 사이 더욱 형편이 어려워져서 가을에 얻는 것은 겨우 추향秋享을 지낼 정도이고, 춘향春享에는 모든 재물이 고갈되어 환곡(官糴)을 꾸어서 매년 지내왔다. 이처럼 어려운 형편이었기에 강학講學은 오래전에 단절되었으며, 서원의 재정을 확대할 계획도 세우기 힘들었다.

이렇듯 원임들은 토지를 매입할 재원이 없었기에 상주목사에게 산양창山陽倉 서쪽 냇가에 있는 한토閑土를 서원에 넘겨주길 요청하였다. 그 땅은 서원과 가깝다는 점을 빼면 돌만 있는 미개간지로서 양안量案에도 없는 버려진 땅이었다. 원임들은 이런 땅이라도 준다면 모든 힘을 동원하여 개간한 후 이곳의 이익으로 춘추향사를 거행하고, 단절되었던

---

78) 『近嵒書堂創建古蹟』, 「院中完議」, "一. 每年, 享祀時用錢, 極其數多, 自今以後, 一依近來所用, 毋得過濫, 常用錢財, 亦撙節除出, 遂歲買土, 以贍供士粮饌及賞格者."
79) 조태윤의 증조부는 광주목사 趙翊이며, 증백조부가 黔澗 趙靖이다. 조태윤의 후처인 양천허씨 백부가 許穆(1595~1682)이다. 趙泰胤은 경상도 관찰사 金演이 행의로 천거하였다.(『숙종실록』, 권43, 숙종 32년 3월 1일 기미) 조정의 현손이 趙濬(1666~1734)이며, 조해는 조태윤(1642~1707)의 9촌 조카다. 또한 맏사위 李弘仁은 李麟佐의 막냇삼촌이다.
80) 『近嵒書堂創建古蹟』, 「呈牧伯文(趙泰胤)」.

강습의 자금으로 삼아 현송絃誦하는 소리가 넘쳐날 것이라 하였다. 이에 상주목사는 뎨김을 내어 원임들이 요구하는 대로 시행하도록 했다.

이들이 요청한 한토의 면적은 확인할 수 없다. 문제는 이 땅을 받아도 이곳을 개간할 인력을 수급하는 것이었다. 앞서 살펴본 대로 18세기를 전후하여 노비는 1구도 없었으며, 가속들만이 있었는데 이들 역시 원내 사환에 종사하고 있었다. 그럼에도 넉넉하진 않지만 원속·원생들의 신공身貢 등으로 향사를 진행해 온 것으로 보인다. 이러한 서원의 형편이 개선되면서 정상적인 운영을 위한 규정 개정 및 강학 재개는 미면사米麵寺를 속사로 환속시키면서부터였다.

(3) 미면사 환속과 소유권 쟁송

상주목사 신잠은 죽림서당을 창건하여 유생들의 장수처로 삼은 후 부근의 작은 사찰을 소속시켜 공궤의 자본으로 삼게 하였다. 이 사찰이 미면사(현 산북면 소야리 공덕산)였다. 그러나 임진왜란으로 사찰 건물이 모두 소실되고, 전답도 망실하였다. 이에 면내의 유생들이 재목을 내고, 몇 명의 승도를 모아서 중건하였다. 또한 사찰 주변 골짜기의 사위전(寺位土)을 영원히 양사養土하는 자본으로 삼기로 계획하고 입안立案을 받았다. 미면사에서 바치는 신공身貢과 위토에서의 수익은 서당 재원의 상당 부분을 차지했던 것으로 추정된다. 실제 노비와 전답도 많지 않았기에 혹 승려들이 도산逃散한다면 신공뿐만 아니라 경작耕作 또한 큰 문제였다. 그렇기에 미면사 승려들이 잡역雜役을 당하면 서당의 유생들이 매번 들고 일어나 정소呈訴하였다. 그래서 전후의 지방관들이 모두 그들의 의

견을 따라 시종 보호해 왔다.

1682년(숙종 8)에는 미면사를 영속永屬하는 완문完文을 성급 받았다. 당시에는 별다른 어려움 없이 서원이 운영될 수 있었던 것으로 보인다. 그런데 1690년(숙종 16) 상주의 풍산류씨豊山柳氏 가문에서 미면사의 주산主山 쪽에 묘를 쓰면서 사찰의 모든 승려들이 짐을 싸서 분산分散하였다. 폐사가 된 미면사는 관에서 법당의 재목과 기와는 대승사로 이건移建하고, 법당 내의 불상과 종경鍾磬은 김룡사로 이속移屬시켰다. 그래서 허물어진 집(捨)만 남아 있었다. 이때부터 근암서원은 물력이 잔폐하고, 강학講學도 폐지된 상태에 있었다. 그런데 1718년(숙종 44) 흘러 들어온 승도僧徒들이 무너진 집을 수즙修葺하고, 점차 좌우의 골짜기에 전답을 일구었다.

그러자 산양 유생들은 상주목사 정사효鄭思孝(재임: 1716.7~1718.9)에게 이전과 같이 미면사를 근암서원의 속사屬寺로 해 주길 요청하였다.[81] 토지와 노비가 없었던 근암서원은 미면사의 환속還屬이 매우 절박하였다. 그래서 처음부터 미면사는 근암서원의 소속이었으므로 서원에서 추심推尋해서 이전처럼 양사養士의 자금에 더하는 것이 온전하며 사리事理에도 당연한 것이라고 주장했다. 그러면서 서원의 절박한 형세를 살펴 미면사를 소속시키는 뎨김(題音)을 내려 주길 요청했다.

비슷한 시기에 근암서원 유생 채구갑蔡九甲 등이 순상巡相 이집李塨에게 올린 정문을 보면, 상주목사 정사효는 유생들의 요구대로 미면사를 영속시키는 판결을 내렸다.[82] 이에 원유들은 관찰사의 뎨김까지 받아 미면사에 대한 소유권을 더욱 확고히 하려고 했던 것이다. 이들은 복원

---

81) 『近嵒書堂創建古蹟』, 「呈牧伯文(山陽儒生)」.
82) 『近嵒書堂創建古蹟』, 「呈巡相文(蔡九甲)」.

한 미면사를 서원에서 추심推尋하는 것이 옳다고 주장하였다. 그러면서 문서를 폐기하여서 감영에 남아 있는 기록이 없다면 미면사를 소속시키는 데 어려움이 있을 것이기에 상주목사의 뎨김을 근거로 제시하였다. 이것에 의거하여 관찰사는 뎨김을 내려 미면사를 근암서원에 소속시키고 문부에 기록(懸錄)하였다. 미면사의 소유권을 상주목과 경상감영에서 모두 인정받고, 그 사실을 기록으로 남기게 된 것이다.

그러나 3년이 지난 1721년경(경종 1) 미면사 위전을 둘러싼 분쟁이 발생하였다. 근암서원은 미면사를 소속시킨 후 「원중완의」를 제정하고, 강학활동을 본격적으로 시행하는 등 서원의 정상화를 위해 노력하던 시기였다. 그러한 시기에 가장 큰 재원이었던 미면사 위전에 대한 소유권 분쟁은 서원의 사활이 걸린 것이었기에 치열하게 전개되었다. 이 쟁송爭訟은 미면사 소속 승려 명작名作이 스스로를 풍산류씨 가문의 산지기임을 자처하고, 근암서원이 소속시킨 미면사와 그 위전位田이 류씨 가문의 소유라고 주장하면서 시작되었다. 당시 풍산류씨 가문이 개입했는지는 확인이 불가능하다. 근암서원 측에서는 두 차례 정소를 통해 승려 명작의 단독 계략임을 주장하면서, 자신들의 반박 근거와 그의 범죄 전력을 제시하였다. 자신들의 주장에 신빙성을 높이고, 명작의 주장이 사욕에 의한 것임을 들어내려는 의도였다.

먼저 근암서원 유생 이석규李錫奎 등이 당시 상주목사 조정만趙正萬 (1656~1739, 재임: 1719~1722)에게 승려 명작의 주장을 반박하는 정소를 올렸다.[83] 이들은 송대宋代 숭안현崇安縣의 지현知縣이었던 조변趙抃(1008~

---

83) 『近嵒書堂創建古蹟』, 「呈牧伯文(李錫奎)」.

1084)이 유생들의 공궤를 위해 경내 사찰 소유의 위답을 학사學捨에 붙여 주어 문풍이 되살아났다는 고사故事를 인용하여 상주목사 역시 그를 따르길 원했다. 그리고 상주의 청학사靑鶴寺와 용궁의 흔천사昕川寺가 각 고을 향교에 속사로 있었다가 승려들이 도산한 후 그 건물과 위전을 몰수하여 향교에 편입했다고 했다. 원유들은 이러한 사례들이 모두 유생 근학勤學을 위한 지방관의 홍학책이었음을 강조함으로써 미면사를 속사로 인정하는 것에 대한 명분을 제시한 것이다.

명작은 관에 의해 미면사가 철거된 후 남아 있던 허물어진 집을 류씨가문의 재사齋捨라 하고, 모입한 승려들을 류씨 가문의 산지기(山直)라고 주장하였다. 그 주장에 대하여 이서규 등은 네 가지 이유를 들어 반박했다. 첫째 미면사가 서원 소속이라는 상주목과 감영의 문서가 있으며, 둘째 미면사의 불상과 건물을 옮겨간 김룡사와 대승사에서도 감히 골짜기의 위토에 대해 쟁송하지 않았다는 것, 셋째 본래 류씨가문의 재사가 있었다고 하지만 그것을 증명할 근거가 하나도 없다는 점, 넷째 명작의 주장이 이치에 어긋남이 많기에 같이 거주하는 승려들이 정소하는데 한 명도 연명聯名하지 않는 점을 들었다. 이외에도 예천 창지암蒼池庵이 소실된 후 그곳의 위토를 사찰의 땅이 아닌 것으로 현록하려고 했던 전력이 명작에게 있다고 했다.

이러한 내용을 들어서 명작의 주장이 허위임을 주장하며, 상주목사가 사목事目의 현록을 살펴보고서 유생들의 뜻을 따라 주길 요청하였다. 이석규 등의 주장에 상주목사의 판결이 어떠했는지 확인할 수는 없다. 다만 근암서원 유생들은 자신들이 주장하는 논리를 더욱 강화하여 재차 상주목사에게 정소하였다.

근암서원 유생들은 상주목사에게 재차 정소하면서 명작의 말이 이치를 곡해하는 이유에 대하여 4개조로 반박하였다.[84] 첫째는 그가 사리를 곡해하는 것이 심하여 같이 거주하는 승려들조차 그가 정소하는 데 참여하지 않는다는 것, 둘째는 김룡사와 대승사도 그 골짜기의 땅이 근암서원 것이라는 것을 여러 문권에서 알 수 있기에 감히 쟁단을 일으키지 않는다는 것, 셋째는 밖으로는 사찰의 위토라고 적었으나, 안으로는 자기 멋대로 경영할 계획이라는 것, 넷째는 스스로 류씨 가문의 묘졸墓卒이라 하며 학궁의 토지를 빼앗으려고 하나, 문적에서 송사를 거는 사유가 하나도 옳은 근거가 없다는 것이다.

그래서 경내 각 사찰의 모든 승려들도 미면사의 소송에 간여하는 데가 없으며, 모두 명작을 배척하여 대승사와 김용사에서는 서원에 스스로 와서 글을 바치고, 남장사南長寺(현 상주시 남장동)·북장사北長寺(현 상주시 내서면 북장리 천주산)·동관암東關菴(현 상주시 화남면 동관리)에서도 글을 보내왔다. 이를 근거로 근암서원에서는 이전의 판결에 의거하여 학궁이 잔폐하는 것을 막아 주길 다시 요청하였다.

이상과 같이 근암서원은 전답의 매득, 노복과 원생·원속의 면역, 속공노비 및 미개간지, 속사의 획급 등을 통해 재정을 보완하였다. 전답을 매득한 자금도 상주목사가 지급한 종자에서 기인하는바, 서원 재원 마련에 상주목사와 관찰사 등 지방관의 역할이 절대적이었음을 확인할 수 있다. 한편 열악한 재정난으로 인해 서원 내의 강학도 단절되었다. 강학이 재개된 것은 1720년(숙종 46) 이후였는데 바로 미면사를 환속한

---

84) 『近嵒書堂創建古蹟』, 「呈本州文(民等)」.

뒤였다. 이를 보더라도 근암서원의 재원 가운데 미면사의 비중이 상당했음을 의미한다.

2) 유생 강학과 정치·사회적 활동

(1) 근암서원과 영빈서당의 강학 분담

17~18세기 초반의 상주지역은 향교-서원-서당이 유기적으로 유생 교육을 담당하였다. 상징적으로 상주목 유생 교육과 교화의 중심은 향교였으나, 그것의 실제적 주체는 도남서원이었다. 여기에 남쪽의 옥성서원과 북쪽의 근암서원이 지원하는 형식이었다. 각 면 단위에서는 서당이 해당 면의 유생 교육과 공론을 취합하는 하부단위로 운영되었다.[85] 이 가운데 신잠이 건립한 서당은 옥성·근암서원과 같이 18세기 들어 승원하는 사례가 많았다.[86] 그러한 서당은 유생 장수를 위한 강학과 과업科業을 준비해 온 곳들이었다. 또한 승원한 후에도 서당을 폐하지 않고 별도로 운영하는 것이 일반적이었다.

---

85) 실제 옥동서원의 승원과 사액 과정에서 서당은 각 면단위의 공론을 형성하는 데 중요한 역할을 하였다. 이는 서당의 위상이 높았고, 유생들의 출입이 많았음을 나타낸다.(김순한, 「18세기 후반 상주 옥동서원 청액활동과 사액의 의미」, 『민족문화논총』 72, 영남대학교 민족문화연구소, 2019)

86) 1749년(영조 25) 淸臺 權相一이 찬술한 『商山誌』(청대본)에는 모두 24개소의 서당이 등재되어 있다. 청대본에 수록한 서당은 霞谷·魯東·道谷·石門·首陽·修善·龍門·穎濱·梅嶽·梧山·孤峰·鳳城·白華·鳳巖·松巖·智川·竹林 등 16개 서당은 신잠 목사 재임 중에 설립하였다고 하고, 뒤이어 鬪翼·碨溪·芝山·修稧所·存愛院·鄕約社·鄕約堂을 수록하였다. 이 가운데 首陽書堂은 玉成書院(1631, 김득배·신잠)으로, 봉암서당은 鳳山書院(1708, 노수신)으로, 봉성서당은 雲溪書院(1711, 성람·신석번 외), 지천서당은 淵嶽書院(1702, 朴彦誠·金彦健·康應哲), 매악서당은 芝岡書院(1745, 鄭國成·趙又新·曺希仁·曺挺融)으로 승원하였다.

산양현에서는 17세기 중반까지 수계소와 영빈서당이 사론 형성과 강학의 중심처였다. 하지만 근암서원이 설립되면서 그 역할을 분담하였다. 서원의 지위가 높았음에도 이처럼 현 내 유생의 교육과 여론 수렴을 분담한 것은 경제적 이유가 가장 컸다. 앞서 살펴본 대로 경제적 기반이 빈약하였던 근암서원은 정기적인 춘추향사와 강학뿐만 아니라 건물의 증·개수, 책판 간행 등을 진행하면서 17세기 말부터 심각한 경영난에 직면했다. 그 결과 강학 활동도 중단되고, 삭망례朔望禮는 초하루에 원임만 분향하도록 했다.[87] 근암서원 설립 후 분리되었던 영빈서당도 2차례 이건을 하면서 이와 비슷한 상황이었던 것으로 추정된다. 그래서 권상일은 면내에서는 강학뿐만 아니라 과문科文을 권장하는 것도 폐지되었다고 탄식했다.[88]

이러한 상황을 타개하기 위하여 산양현 사림들은 거접居接, 거재居齋, 순제旬製, 강회講會 등 다양한 방법으로 문풍을 진작하기 위해 노력하였다. 비용이 많이 들어가는 거접과 거재는 형편에 따라 근암서원과 영빈서당에 나누어서 시행하였다.[89] 서원과 서당은 그 성격이 다름에도 불구하고 산양현에서는 유생 강학에 있어서 별다른 차별을 두지 않았다. 이것은 두 곳의 유래 즉 영빈서당의 전신이 근암서당이었기 때문이다. 근암서당은 향현사를 거쳐 서원으로 승원한 후에도 한동안 서당을 옮기지 않고 함께 존속했다. 그러다가 1687년(숙종 13) 죽림으로 근암서당을

---

87) 一, 每月朔望齊會參謁, 固是學宮盛事而, 顧緣供億之難堪, 只行朔日之焚香, 則揆以事體亦甚未安, 今依他學宮例, 院任焚香時, 勿邀他員以啓, 望日中廢之患.(『近嵒書堂創建古蹟』, 「院中完議」).

88) 『청대일기』, 계묘(1723) 5월 2일.

89) 『청대일기』, 경인(1710) 7월 26일.

옮겨 수계소와 합쳤다가[90] 다시 영수穎水가로 이건하여 영빈서당으로 독립하였다. 이후 1730년(영조 6)에는 출입하는 유생들의 규모가 증가하면서 대대적으로 중건하였다.[91] 이처럼 근암서원과 영빈서당은 함께 운영되기도 했었으며, 분리된 후에도 거리가 가까웠기에 산양현 유생들은 서원과 서당을 오가며 강학과 유식처로 이용하였다.[92]

그러나 권상일은 서원과 서당의 구분이 필요함을 인식하고, 서원에서는 강학을 서당에서는 과문을 위주로 공부할 것을 제안했다.[93] 이는 서원의 건립 본연의 목적을 지키고, 서당의 기능도 유지하는 방법이었다. 또한 과거가 없을 때에는 순제를, 과거가 있을 때에는 거접을 하기로 장로들과 완의完議하였다.[94] 이것은 영빈서당이 주관하고 근암서원

---

90) 『상산지』, 서당, 「영빈서당」.
91) 영빈서당은 산양현 사림들의 거접 활동의 중심처로 진행되었다. 일반적으로 居接이 과거를 준비하는 것이었던 만큼 거접에는 많은 유생들이 참여하였다. 거접 장소는 인근의 대승사·김룡사를 이용하기도 했지만 서당에서 진행되는 경우도 많았다. 그래서 서당을 확장하기로 결정하고, 1730년(영조 6) 10월에 공사를 시작하여 수개월 만에 완공하였다. 당시 정당은 6칸, 동·서협실 각 2칸, 동재 4칸이며, 正門을 세우고 문의 좌우에 廊捨를 두면서, 學捨의 규모를 갖추었다. 양쪽 협실은 좌측을 尊性, 우측을 進修라 하였다.(權相一, 『淸臺集』, 卷11, 記, 「穎濱書堂重修記」). 영빈서당이 산양현 사림들의 강학 중심처로 인정받고 있었다는 것은 1732년(영조 8) 관찰사가 勸奬의 밑천으로 삼도록 영빈서당에 租 2섬을 내려준 것에서도 알 수 있다.(『청대일기』, 임재1732] 5월 4일) 당시 礪溪書堂은 1섬을 받았는데, 이는 유생의 수를 고려한 것으로 보인다.
92) 근암서원과 영빈서당은 단순히 강학의 기능한 것이 아니었다. 유생들이 친목을 위해 결성한 修禊의 장소로도 적극적으로 활용되었다. 인근의 사림들은 근암서원과 영빈서당에서 친목 모임을 갖기도 하고, 詩會(文會)·居接·居齋 등을 열기도 했다. 이는 17세기 상주를 중심으로 활동하였던 黃紃(1600~1670), 鄭道應(1618~1667), 全翼耆(1615~1683), 柳千之(1616~1689), 李英甲(1622~1677), 安道徵(1616~1678) 등의 문집에서도 확인된다. 아울러 權相一(1679~1759)의 『청대일기』에는 보다 구체적인 내용이 수록되어 있다.
93) 『청대일기』, 계묘(1723) 5월 1일·2일.
94) 『청대일기』, 무진(1748) 4월 29일.

이 보조하였는데, 역병 등의 불가피한 상황에서는 근암서원이 주관하기도 했다.

　산양현에서 큰 영향력을 가졌던 권상일의 발언은 이후 서원과 서당의 강학 방법을 구분지었다. 일정기간 동안 유숙하며 경전과 성리서를 강학하는 거재는 서원과 향교에서 시행하였다. 향교에서 주관하는 거재는 상주목 내의 모든 유생들을 대상으로 했다. 그러나 향교 내에 이들을 모두 수용하는 것은 어려워서 유생들의 많고 적음에 따라 숫자와 날짜를 정하여서 각 서당에 배정하였다.95) 서원은 도남서원과 같이 상주를 대표하는 경우에는 전 유생을 대상으로 했지만 근암서원과 같이 소규모 서원은 소재지를 중심으로 시행하였다.

　근암서원 「원중완의院中完議」를 보면, 1719년(숙종 45)~1720년(숙종 46)경부터 정기적으로 거재를 시행한 것으로 생각된다.96) 근암서원은 거재 인원을 20명으로 제한하고, 11월 초부터 12월 20일까지 시행하되, 매회 5일간 진행되었다. 이는 다른 서원의 사례와 같이 윤번하면서 1회에 최대 20명까지 입학入學이 허용되었던 것이다. 입학하는 유생들은 각 가문에서 족세에 따라 가감하여 보내도록 했다.

　특별히 참석을 규제하는 것이 아니었기에 외관상 상주목 전체 가문을 대상으로 한 것으로 보인다. 그러나 현실적으로 당시 서원의 건립이 꾸준히 증가하고 있었고, 유생들의 자율적 수학修學을 강조하고 있었기

---

95) 『청대일기』, 갑진(1724) 9월 24일.
96) 『近嵒書堂創建古蹟』, 「院中完議」. 이 완의는 모두 14개 조항으로 거재, 향사, 원임선발, 유생공궤, 전임예우 등의 내용으로 구성되어 있다. 이 외에도 1732년(영조 8)에 작성된 學規가 있었지만 현전하지 않아서 내용을 알 수 없다.(權相一, 『淸臺集』, 卷11, 跋, 「近院學規跋」)

에 상주목 북부의 외곽에 위치한 근암서원까지 오는 유생들은 제한적일 수밖에 없었다. 그래서 산양현과 그 인근에 거주하는 부림홍씨(홍언충·홍여하)·광주이씨(이덕형)·상산김씨(김홍민) 등의 후손가와 안동권씨(권상일), 인천채씨(채득강), 장수황씨(황시간), 전주이씨(이구), 개성고씨(고인계) 등의 가문에서 참여했을 가능성이 높다. 이들 가문은 근암서원 운영에 직접 관여하며, 족세에 따라 유생들을 보내어 거재했던 것이다.

거재에 참석한 유생들은 단기간의 성과보다는 뜻을 세워 스스로를 단속하는 것을 우선시하였다. 또한 학업에 노력하지 않고 익살스런 말이나 행동으로 주위 사람을 방해하면, 정도에 따라 서로 권면하거나 유벌儒罰에 처하도록 했다. 거재를 마치면 모두가 술을 나눠 마시던 풍습이 있었지만 이를 완전히 금지하고, 입학했던 유생들은 매년 초봄에 한 번 시부詩賦나 논책論策으로서 재주의 높고 낮음을 시험하되 성적에 따라 차등적으로 상을 주어 학업에 집중하도록 했다.[97] 이처럼 근암서원 거재는 개인의 수양뿐만 아니라 그들이 각 가문을 대표한다는 점도 있었기에 경쟁이 치열했을 것으로 보인다.

---

97) 一. 入學儒生, 怕供二十員而始, 自至月初, 至臘月念後罷歸. 一. 凡讀書生, 各自其門中隨族, 多少加減擇送, 而一任怠惰, 不甚留意於文字, 上者不須擧論. 一. 居齋諸生, 須各立志牢固毋求近效, 惟以遠大自期, 而若其治心之方, 持己之要, 則伊山白鹿等規, 昭揭壁上, 垂訓丁寧, 今不待疊床而自有餘師矣. 一. 學徒中, 如有蔑視完議, 不專肄業, 而徒事諧謔, 害及傍人者, 諸生自相, 曉喩以盡, 偲切之義, 又自院中訪問, 其最甚者, 重施儒罰, 使得懲勵後人. 一. 本院自此專主勸課而, 凡于無益之費, 一切掉去, 供士等節, 亦皆務從簡約, 然畧倣館學之例, 間五日, 進呈別味. 一. 罷齋後飮福, 愚伏先生, 昔以俗禮, 禁止黌堂, 而本州各院, 率皆遵依, 無敢設行, 從今本院, 亦一體永罷, 不復崖異. 一. 每年春初, 一度出題, 或以詩賦, 或以論策, 試才高下, 賞給有差, 毋過二十五人. 一. 每年, 享祀時用錢, 極其數多, 自今以後.(『近嵒書堂創建古蹟』, 「院中完議」)『청대일기』에는 거재 시점에서 차이가 있지만, 근암서원 거재가 꾸준히 진행되고 있었음을 알려준다. 1732년에는 10월 28일에 시작하여, 12월 15일에 거재를 마쳤다. 전체 거재 기간은 「원중완의」에서 정한 날수와 동일하다.(『청대일기』, 임자[1732] 10월 28일, 12월 8일)

거접은 주로 과거가 있는 해에 진행되었다. 과거를 앞두고 단기간에 집중적으로 학문을 점검하는 방식이었다. 『청대일기』를 참고하면 산양현에서는 1704년(숙종 30)부터 거접을 시행하고 있었다. 당시에는 근암서원과 영빈서당에서 나누어 시행하였는데, 산양현과 인근 고을에서 30여 명이 참석하였다. 1723년(경종 3)에는 50여 명이 참석하였으며, 1755년(영조 31)의 경우에는 100명 가까이 참여하였다. 이들은 산양현뿐만 아니라 함창·용궁·예천·상주·풍산 등의 유생들로서 점차 참여 범위도 넓어졌다.98) 이를 통해 근암서원·영빈서당에서 주관하는 거접의 수준이 상당했을 것으로 짐작된다.99)

거접은 1710년(숙종 36)의 역할 분담 이후 주로 영빈서당에서 주관하였다.100) 하지만 서당이 협소한 관계로 근암서원과 나누어서 거접 유생들을 받기도 했다. 그러나 거접 유생을 공궤하는 일은 서원과 서당의 소수의 노복만으로는 어려운 일이었다. 그래서 인근의 대승사와 김룡사에서 거접을 시행하기도 했다.101) 거접시 제술製述은 2일에 한 번씩

---

98) 『청대일기』, 기사(1749) 11월 23일.
99) 영빈서당 거접에 꾸준히 참석하였던 권상일도 제술 등을 시험하여 장원을 받았으며, 이렇게 좋은 성적을 거두었던 인사들이 사마시와 대과에 급제하면서 이곳의 거접이 더욱 유명해진 것으로 추정된다.(『청대일기』, 갑신[1704] 5월 26일·27일·28일·29일·30일, 6월 1일·3일·4일·5일·18일) 그러나 처음부터 거접에 참여했던 자들의 성적이 좋았던 것은 아니었다. 거접에 참석했던 인물들이 모두 낙방하기도 했다.(『청대일기』, 임오[1702] 6월 10일)
100) 『청대일기』, 경인(1710) 7월 26일. 작은 면내에서 서원과 서당 모두에서 유생교육을 공통적으로 진행하는 것은 비효율적이었을 것이다. 특히 이 시기에는 두 곳 모두 심각한 경영난에 처한 상태였다. 즉 권상일이 서원과 서당의 역할을 분립한 것은 서원의 강학·장수처로서의 본래 기능을 지키고, 과업 유지를 통해 서당의 존재 가치도 유지하는 방안이었다. 또한 불필요한 비용의 중복을 막는 효과도 있었다.
101) 『청대일기』, 갑신(1704) 5월 26일·28일·29일·30일, 6월 1일·3일·4일·5일; 을사(1725) 6월 7일; 정미(1727) 1월 12일·14일·19·20일; 병인(1746) 7월 12일; 무진

진행되었으며, 그때마다 명망 있는 장로長老에게 시권試券을 보내면, 근암서원이나 영빈서당에 모여서 채점한 후 거접이 끝나는 날 시상을 했다.[102] 전체 거접 기간은 특별히 정해진 것은 아니었지만 거접을 시행하였던 초창기에는 7~20일간 시행되었지만 점차 참여인원이 증가하면서 5일로 축소한 것으로 보인다. 이것은 거접으로 인해 사찰의 부담이 컸기 때문으로 추정된다.[103]

과거가 없을 때에는 순제를 시험하였다. 면내의 유생들을 대상으로 순제를 치르면서 한 달에 시부詩賦 각 10개씩 제목을 내어 채점하고, 성적에 따라 상으로 종이를 지급하였다.[104] 뿐만 아니라 백일장白日場을 개최하여 면학勉學을 장려하기도 했다. 백일장은 관찰사, 상주목사 등의 지방관이 주관하기도 했지만, 향교·공도회·도남서원·영빈서당에서

(1748) 10월 6일; 을해(1755) 7월 7일·10일·16일; 무인(1758) 7월 18일.

102) 『청대일기』, 계묘(1723) 7월 13일~24일; 병자(1756) 6월 28일. 서원에서의 거접은 공궤의 어려움으로 잘 진행되지 않았던 것으로 보인다. 다만 역병과 같이 특수한 경우로 山寺(대승사·김룡사)나 다른 곳으로 가기 어려울 경우 서원에서 진행되었다. 그러나 김룡사, 대승사의 경우 향교나 서원 등의 속사가 아니었기에 官의 紙役을 담당해왔다. 하지만 그 일이 苦役이라서 승려들이 모두 흩어져 사찰이 텅 비는 일이 잦았다.(『청대일기』, 병자[1756] 9월 23일) 상주에서는 김룡사와 南長寺가 재력이 풍부하여 관역에 시달려오다가, 이때에 이르러 두 사찰 모두 승려들이 逃散하는 지경에 이르렀다. 당시 신임목사 元景濂은 이들의 紙役을 줄이고 승려들을 招集하여 사찰이 다시 운영되도록 했다. 근암서원에서는 김룡사와 동로의 天柱寺 승려를 동원하여 건물의 수리, 유생 거접 등을 했기 때문에 당시 목사의 조처에 매우 다행스럽게 여겼다.

103) 『청대일기』, 갑신(1704) 5월 26일, 6월 18일. 영빈서당에서 주관한 거접이 대승사에서 5월 26일 시작하여 6월 18일에 마쳤다. 당시 권상일은 5월 28일부터 6월 4일까지 약 7일간 참석했으며, 그 기간 동안 3차례 제술을 하였으며 이튿날 채점 결과를 받았다. 권상일은 3번째 試製에서 장원이 되었다.; 무인(1758) 7월 18일. 영빈서당에서 주관한 거접이 김룡사에서 7월 11일 시작하여 7월 22일에 마쳤다.; 을축(1745) 8월 5일. "五日, 復孫自寺還, 聞會者百餘人, 蓋面中老少, 爲見白場多往, 而然僧弊甚矣."

104) 『청대일기』, 계묘(1723) 5월 2일, 7월 7일; 무인(1758) 6월 2일.

개최하기도 했다.105)

　근암서원은 1703년(숙종 29) 서원 재사에서 강회를 개설하였다.106) 당시 관찰사 조태동趙泰東이 열읍 유생들의 강경講經과 제술을 계획하였기 때문이다. 그는 지방 관아에 각 면의 훈장이 강경을 담당하고, 제술한 것은 수령이 채점하여 장원壯元한 답안지는 감영에 보내도록 했다. 당시 근암서원 강회는 이러한 연유로 열리게 된 것이다. 영빈서당에서도 강회가 개설되기도 했는데, 근암서원과 이를 조율하였던 것으로 보인다.107) 1748년(영조 24) 영빈서당 강회의 강장講長으로 초빙된 권상일은『소학』강회와 배강背講 실시하였다.108) 같은 해 도남서원에서는 『대학』을 강하였다. 이때 참석한 유생과 동몽童蒙을 구분하여 출제하였다. 이를 보면 서원과 서당에서의 강회는 그 방법이 다소 달랐다. 서원에서는 제술製述을 중심으로 진행되었으며, 서당에서는 배강을 하였다.

　1754년(영조 30) 5월에도 근암서원에서 강회가 개설되었다. 당시 강회는 상주목사 심곽沈钁의 명으로 설행된 것이었다.109) 5월 2일에 원임이 모두 모여 유생이 소재한 면의 서당에 통문을 발송하고, 각 개인에게는 편지를 보내어 17일에 강회를 개최한다고 알렸다. 16일에 상주목사가 산양현 창사倉捨에 이르렀고, 다음 날에 알묘한 후『대학』한 부部를 강하

---

105) 『청대일기』, 임오(1702) 3월 28일; 계미(1703) 9월 29일; 갑신(1704) 6월 17일 · 20일; 계사(1713) 2월 14일 · 20일 · 21일; 신축(1721) 3월 23일 · 25일 · 26일; 을축(1745) 8월 4일 · 5일 · 7일; 병인(1746) 2월 12일 · 15일, 3월 1일; 정묘(1747) 6월 4일; 기사(1749) 6월 6일; 경오(1750) 8월 12일 · 16일, 10월 17일; 신미(1751) 8월 21일; 기묘(1759) 윤6월 13일 · 27일, 6월 2일 · 4일.

106) 『청대일기』, 계미(1703) 1월 5일.

107) 『청대일기』, 계묘(1723) 11월 1일.

108) 『청대일기』, 무진(1748) 4월 29일 · 30일; 기사(1749) 2월 4일.

109) 『청대일기』, 갑술(1754) 윤4월 27일 · 29일; 5월 16 · 17 · 18 · 19일.

였다. 강장은 권상일이 맡았다. 유생 10인이 차례로 돌아가며 읽었는데, 글의 뜻을 간략히 물으면서 진행했다. 18일에는 강서講書 한 권을 다 읽고 의문이 나는 곳은 질문 항목을 쓰고, 각자 견해를 종이에 써서 대답하게 했다. 19일에는 『근사록近思錄』의 「태극도설太極圖說」, 「정성서定性書」, 「서명西銘」 등에서 문장의 어려운 부분에 대해 유생들이 스스로 쓰고, 변석辨釋하도록 했다. 이처럼 근암서원 강회는 경전을 통강한 후 의문나는 구절에 대하여 토론하는 형식으로 진행되었다. 이어서 성리서를 읽고 의문 나는 점에 대해서도 같은 방식으로 진행되었다. 이 방식은 영빈서당에서 책을 읽고 배강하는 것보다 더욱 수준 높은 강학 방식이었다. 즉 서원은 유생의 장수처로서 수기修己를 강조한 반면, 서당은 기초 학문 습득과 과업科業 위주의 교육이 진행되었음을 확인할 수 있다.

(2) 정치·사회적 활동

서원은 일상적 강학 활동뿐만 아니라 각 시기마다 정치·사회적 사안에 대하여 공론을 수렴하여 유소儒疏를 작성하거나, 유벌儒罰·부조扶助 등을 결정하는 것도 중요한 일이었다. 근암서원에서는 17세기 말부터 18세기 초반까지 2차례 소청疏廳이 마련되었다. 당시 상주지역 향론을 주도하는 곳은 도남서원이었다. 이곳은 17세기에 안동의 병산서원110)과

---

110) 정치적 논쟁이 있을 때마다 영남 사림들은 병산서원을 중심으로 공론을 결집시켰는데, 대표적인 것이 1611년의 '晦退辨誣疏'와 1666년의 '服制疏'다. 1611년 北人 정권은 文廟에 배향된 회재 이언적과 퇴계 이황의 위패를 撤享하려는 움직임을 보여 많은 사림들이 반발하였다. 이때 류성룡의 문인이었던 김봉조와 김윤안은 병산서원을 중심으로 여론을 결집하여 '회퇴변무소'를 올렸다. 현종대 자의대비의 복제 문제를 둘러싸고 서인과 남인 간에 펼쳐진 禮訟論爭이 발발하였다. 예송논쟁이 일어나자 전국의 사림들은 각기 자파의 입장을 지지하기 위해 상소문을 올렸다. 이때 봉입된 남인

더불어 영남지역 남인의 공론을 대표하는 곳이었다. 그러나 18세기 들어오면서 노론의 집권과 그들의 지원 하에 상주 내 노론계가 크게 성장하였다. 그 과정에서 향권을 둘러싼 남인과 노론의 분쟁은 불가피한 상황이었다. 노론계는 흥암서원(1702)을 중심으로 결집하여 향교와 도남서원의 임원직을 두고 남인계와 대립하였다.[111] 그로 인해 도남서원은 정상적인 운영이 어려울 정도였다.

첫 번째 소청이 설치된 것은 1701년(숙종 27) 「사계승무반대소沙溪陞廡反對疏」를 올릴 때였다.[112] 1700년(숙종 26) 10월 호남 유생 최운익崔雲翼 등이 상소하여 김장생의 문묘 종사를 청하였고, 임금은 해당 부서에서 품의하여 처리하라는 명을 내렸다. 11월에 안동 사람들은 도내에 통문을 돌려 예천에 소청을 설치하였다가, 다시 안동으로 옮겨왔다. 1701년(숙종 27) 1월 21일에 역할을 나누어 맡겼다. 소수는 김간金侃이었으며, 장의는 진사 남초형南楚衡·남도훤南圖翧이고, 소본은 진사 안연석安鍊石이 지었으며, 사소寫疏는 진사 정천주鄭天周가 담당했다. 2월 11일 소행이 출발하여, 예천, 용궁, 상주 근암 등을 거치면서 각각 4~5일 머물렀다. 이때 소행이 근암서원에 머물렀으며, 소행에 참석한 인원과 이들을 배웅하기 위

의 상소문 중 가장 대표적인 것이 1666년 3월 병산서원을 거점으로 추진된 이른바 '嶺南儀禮疏'라 불리는 '복제소'다. 이 상소는 류성룡의 손자인 류원지와 류운용의 증손인 류세철의 주도로 병산서원에 疏廳을 설치하고, 영남의 70개 고을, 1,100명의 유생이 연명한 상소였다. 이는 종전의 그 어떤 상소문보다 규모가 컸던 것으로서 영남 공론의 중심처였던 당시 병산서원의 사회적 위상을 알려준다.

111) 향교에서는 교임직을 두고 남노 세력이 충돌하였으며, 도남서원 역시 비슷한 상황이었다. 특히 도남서원 원장이 闕位된 채로 향사를 지내기도 했다.(「청대일기」, 을사[1725] 2월 17일; 병인[1746] 9월 1일; 갑술[1754] 12월 6일; 을해[1755] 8월 13일)

112) 『近嵒書堂創建古蹟』, 「道內通文 辛巳(1701)二月」; 金侃, 『竹峯先生文集』, 卷3, 雜著, 「光陽諭行日記」.(한국국학진흥원 소장본)

하여 모였던 유생들이 의론議論하여 홍여하의 추향을 결의하였다.

두 번째 소청이 설치된 것은 1721년(경종 1) 윤지술의 처벌에 관한 유소儒疏를 올릴 때였다.[113] 경종이 즉위한 후 노론계 성균관 장의掌議 윤지술尹志述이 이이명李頤命이 지은 숙종의 지문誌文을 문제 삼아 유소를 올렸다. 그러나 경종이 윤지술을 정배定配하자 성균관과 사학四學의 유생들이 윤지술을 변호하는 등 노론 세력에 의해 파문이 확산되었다. 이에 경종이 처분을 환수하자, 소론 측에서도 정언 조최수趙最壽가 윤지술을 공격한 것을 시작으로 경기와 충청의 유생들이 참형을 주장하는 등 양측의 치열한 공방이 전개되었다.[114] 이때 영남에서도 이 문제에 대한 유소가 준비되고 있었다.

영남에서는 안동의 유생들이 윤지술의 처벌을 요청하는 유소를 결정하고 이를 추진하였다.[115] 도남서원에서도 소회가 열렸는데 소수 류몽서柳夢瑞의 교체를 요구하는 일이 일어났다. 그래서 새로운 소수를 권점하는 과정에서 안동 사림이 주도하던 유소는 중지되었다.[116] 1월 20일 도남서원에서 소청을 설치했을 때 100여 인이 모였다. 이때 소수가 권장하여 근암서원으로 소청을 옮기게 된다. 그러나 40여 고을에서 오는 소행疏行 유생들이 근암서원 소청에 당도하므로, 재차 보다 넓은 용

---

113) 『청대일기』, 신축(1721) 1월 13일·14일·15일·20일·21일.
114) 『경종실록』, 권2, 즉위년 9월 7일·9일·10일·11일·15일·20일; 10월 7일; 11월 4일; 12월 16일·17일·28일; 권5, 경종 1년 12월 6일·10일·11일·12일·13일·15일·16일·17일.
115) 『청대일기』, 신축(1721) 1월 4일.
116) 당시 선발된 소수가 누구인지 확인할 수 없다. 『청대일기』에는 李叔으로만 나오는데, 칠곡에 거주하는 李世瑗(1667~?)과는 친척으로 보인다. 이로 보아서 산양현 일대에 거주하는 광주이씨 일족으로 추정된다.(『청대일기』, 신축[1721] 1월 10일)

궁의 삼강서원三江書院으로 소청을 옮겼다.117) 그곳에서 소수를 포함하여 200여 명이 운집하여, 각처에서 보내온 소본疏本 5~6개 가운데 하나를 선정하였다.

2월 26일 배소配疏 유생들이 출발하여, 함창을 거쳐 문경으로 갔다. 문경에서 이틀을 머물며 유소를 고치고 출발하였다. 당시 장의는 김종만金鍾萬과 이덕겸李德謙이고, 관행管行은 권중시權重時이었다. 거도적인 유소였음에도 불구하고, 이때 각 고을의 배소 유생은 안동이 4인, 예천·진주가 2인, 용궁·함창·선산·영천榮川·영해·영덕·상주·거창·울산 등이 각각 1인으로 모두 30여 인이었다. 상주에서도 처음에는 4인으로 결정하였으나, 수령의 위협으로 산양에서만 2인이 참여하는 데 그쳤다.

이것은 1650년(효종 1) 류직柳稷의 「우율승무반대소」 당시 200여 인의 배소인과 비교하면 크게 줄어든 것이었다. 권상일도 이러한 측면을 지적하며 영남의 유풍이 쇠퇴한 것을 한탄하였다. 그는 이렇게 줄어든 원인을 상도上道의 몇몇 고을 이외에는 모두 새로 임명 된 서인西人 수령들에게 향교와 서원이 점거당하여, 소행의 경비를 마련할 길이 없었기 때문이라고 보았다.118)

문경을 출발하였던 배소일행은 안보安保 - 숭선崇善 - 죽산竹山 - 직곡直谷 - 용인龍仁 - 판교板橋를 거쳐 17일 도성에 들어갔다.119) 소본 내용을 두고 논쟁이 발생하여 이를 고쳐서 한 달을 기한으로 복합伏閤하기로 했다. 3월 26일 소수의 건강이 악화되어 장의 김종만을 새로운 소수로

---

117) 『청대일기』, 신축(1721) 2월 12일.
118) 『청대일기』, 신축(1721) 3월 9일.
119) 『청대일기』, 신축(1721) 3월 23일.

교체하였다.120) 복합한 지 10일이 되었지만 승정원을 통과하지 못하고, 양식이 떨어졌다는 이유로 4월 6일에 안동과 함창 배소유생들이 먼저 돌아오고, 나머지는 9일에 복합을 중지하고 돌아오면서 소행은 해산되었다.121) 이처럼 도남·근암·삼강서원이 주도하여 거행한 유소는 봉입조차 하지 못하고 실패했지만, 실세했던 남인들이 정치적 견해를 집단적으로 표방하는 계기가 되었다. 1723년(경종 3)의 「갈암변무소葛庵辨誣疏」가 그러한 토대에 의한 것이었다.122)

한편, 국상國喪이 있으면 전패殿牌가 있는 객사에 나아가 곡례哭禮를 하는 것이 일반적인 관례였다. 그러나 건강이 안 좋거나 여타 사정으로 가지 못할 경우 서원에 모여 곡례를 행하였다. 이때 전직 관료가 곡반哭班하였는데, 근암서원에서도 수십 명의 유생들이 모여서 국상 때 곡례를 행하였다.123) 1728년(영조 4)의 무신란은 이인좌 가문과 연관된 영남 사족들에게는 큰 반향을 일으켰다. 상주의 사족들도 그러한 관계에서 자유롭지 못했다. 근암서원에서는 향교에 통문을 보내어 관련 정보를 얻고, 대처 방안에 대하여 연락하였다.124)

이 외에도 향내외의 다양한 현안에 대하여 근암서원의 의견을 문의하는 통문이 확인된다. 상주 효곡서원孝谷書院125)에서는 1724년(경종 4) 중

---

120) 『청대일기』, 신축(1721) 4월 3일.
121) 『청대일기』, 신축(1721) 4월 15일.
122) 『청대일기』, 계묘(1723) 3월 8일·9일. 서울로 행하던 소행은 근암서원에 들러 권상일 등을 만나고, 다음 날 올라가서 20일에 복합하였지만 上達되지 않아서 돌아오려고 했다.(4월 6일)
123) 『청대일기』, 정축(1757) 2월 22일·23일·27일; 4월 1일·2일·5일; 6월 2일·3일·4일; 7월 10일; 12월 9일; 기묘(1759) 5월 1일.
124) 『近嵒書堂創建古蹟』, 「戊申四月亂離時文字」.
125) 1685년(숙종 11)에 孝谷書堂을 창건하고, 愚谷 宋亮(1534~1618)을 제향하였다.

건하면서 고인계를 추향하기로 공론이 일어나 병향을 하기로 결정했음을 근암서원에 알려왔다.126) 1819년(순조 19)에는 운재芸齋 채시주蔡蓍疇를 제향하는 일을 논의하기 위해 연악서원에서 글이 왔기에 이를 주변의 서당과 가문에 알리는 통문을 근암서원 원임이었던 권달충權達忠과 김현규金顯奎가 발송하였다.127)

그런가 하면 광범위하게 여론을 모아 유벌儒罰을 시행하기도 했다. 1753년(영조 29)에는 군위 남계서원南溪書院과 성주에서 좌수 신한태申漢台가 선현先賢을 침해하여서 처벌하지 않을 수 없다는 통문을 근암서원에 보내왔다. 월간月澗 이전李墺을 침해하였다는 것이다. 이에 8월 2일 근암서원과 도남서원 원임들이 제회하여 신한태申漢台는 아뢰어 말할 때 가려서 책선責善하지 않았다는 죄목으로 '영삭永削'하고, 유림儒林 이중숙李增淑은 애초에 잘 처리하지 못하여 시끄러운 단서를 초래하였다는 죄목으로 '손도損徒'한다고 결정하고, 각 서원에 통문을 보내었다.128)

또한 근암서원에서는 1753년(영조 29) 3월에 전임목사(金光遇)의 공적을 새겨 거는 일로 향청에 통문을 내기도 했으며,129) 1789년(정조 13) 옥동서원玉洞書院이 사액을 받게 되자 동전 2꿰미를 보내어 축하하기도 했다.130)

---

126) 『近嵒書堂創建古蹟』,「通孝谷文」. 나아가 1725년(영조 1)에는 신재 周世鵬과 開巖 金宇宏을 제향하는 일로 통문을 내고, 권상일에게 주세붕을 주향으로 송량, 고인계, 김우굉을 동서로 배향하는 것을 稟議하였으나, 주세붕과 김우굉 후손들의 반대로 무산되었다.(『청대일기』, 을사[1725] 3월 28일, 4월 7일)

127) 「近嵒書院通文(己卯[1819] 10월 25일). 권달충은 松巢 權宇(1552~1599)의 7세손이며, 운재 채시주는 권상일과 이상정의 문인이었다. 현재 채시주를 제향처하는 곳이 없기에 당시 논의는 무산된 것으로 판단된다.

128) 『청대일기』, 계유(1753) 2월 26일, 4월 9일, 8월 2일.

129) 『청대일기』, 계유(1753) 3월 11일.

130) 『옥동서원 소청일기』, 1789년 3월 28일(영남권역자료센터).

이상과 같이 근암서원은 당대의 정치적 상황에서 영남지역 공론을 형성하는데 일조하였다. 동시에 향촌사회의 다양한 현안에 대하여 의견을 내거나 부조하는 등 당대 현실에 적극적으로 참여하였다. 이러한 활동들은 근암서원이 정치·사회적 현안을 외면하지 않았음을 보여 준다.

3) 『우암집』 간행과 기타 운영

(1) 기타 운영 양상

근암서원의 내부 운영에 관해서는 1719~1720년경에 작성된 「원중완의」가 남아 있어서 참고가 된다.[131] 앞서 언급한 부분을 제외하고 나머지를 소개하면 다음과 같다.

1. 빚을 낸 집이 혹 갚지 않거나 반대로 독촉하는데 불평을 품고 있다. 이것은 임원이 스스로 주어서 다른 사람의 원망과 노여움을 부르거나, 아무런 이유 없이 사람들의 과실을 일으키는 것이다. 지금부터 모두 빌려주는 것을 허락하지 않으며, 이것으로 양쪽의 폐단을 막는다. 만약 혹 죄를 짓는 게 있다면 전수典守하는 자를 꾸짖어 내쫓는다.
1. 원임이 과거를 보러 가는 자는 그곳에 갔다 돌아오는 자금을 헤아려서 모여서 갈 때 양미를 보내고, 시지試紙와 행찬行饌, 마철馬鐵 등의 물품도 더 준다.
1. 원임은 이전 원장의 상喪을 들으면 즉시 백지 2속, 황촉 1쌍, 쌀·

---

131) 一. 出債之家, 或不還報, 反懷不平於催督, 是則任員自與, 而招人之怨怒, 無故而起人之過失也, 自今切不許貸, 杜此兩弊, 而如或有犯, 則責出其典守者. 一. 院任赴擧者, 量其往還資, 送粮米會行, 則加給試紙, 及行饌馬鐵等物. 一. 院任聞, 曾經首席之喪, 卽以白紙二束, 黃燭一雙, 米太眞荏各二斗致賻, 存問.(『近嵒書堂創建古蹟』, 「院中完議」)

콩·참깨(眞荏) 각 2말씩을 부의로 보내고 위문한다.

위 항목에서 확인되는 것은 첫째, 원임이 마음대로 식리殖利를 하면서 서로 간의 피해가 컸기에 앞으로 그것을 금지한다는 것이다. 건립 당시부터 심각한 재정난을 겪었던 근암서원은 다양한 방법으로 재원을 마련하려고 노력해 왔다. 식리도 그 한 방법이었으나 이익보다는 폐단이 컸기에 이를 금지하였다.

둘째는 전현직 원임들에 대한 예우이다. 과거를 위해 종이를 준비하고, 왕복 여비와 유숙하는 비용은 가계家計에 큰 부담이 되었다. 그래서 여타의 서원처럼 근암서원에서도 현직 원임들을 예우하는 차원에서 비용을 보조하였다. 또한 전임 원장이 상喪을 당하면 부의를 보내고, 원임이 직접 위문하도록 했다. 상을 당하지 않더라도 이전 원장의 병환이 심할 시에는 위문하였다. 원장을 역임했던 권상일의 경우에도 영빈서당과 근암서원에서 임원이 술과 안주를 가지고 위문하였다.[132)

근암서원 원임은 원장-유사 체제로 운영되고 있었다. 유사는 2인이었으며, 원장은 동주洞主, 산장山長, 수석首席, 도유사都有司 등으로 불리기도 했다. 비록 도남서원에 비교할 바는 아니지만 일찍부터 상주의 대표적 서원 가운데 하나로 인식되었다. 실제 초창기 근암서원 원장들은 도남서원 원임을 역임하는 경우도 많았으며, 양원을 오가며 향사와 운영에 참여하였다.[133) 그만큼 원장을 역임했던 인사들의 명망이 높았음

---

132) 『청대일기』, 계유(1753) 2월 12일·16일.
133) 근암서원의 건물과 강학 및 운영 규정을 정비하는 것에도 원장들의 역할이 컸다. 일례로 息山 李萬敷는 德川書院 원장으로 부임하기 전까지 근암서원 원장을 역임하였다. 그는 1724년(경종 4) 10월 20일부터 24일까지 서원의 편액을 새겨 거는 일을

을 알 수 있다. 원장의 명성은 곧 서원의 위상에 직결되었다. 그렇기에 서원의 재정 상황과는 상관없이 원임 특히 원장에 대한 예우는 좋은 편이었다.[134]

(2) 『우암집』의 간행

1719년(숙종 45) 근암서원 유생 김명천金命天 등은 관찰사 이집李塨(1664~1733, 재임: 1718.4~1719.2)에게 홍언충의 문집인 『우암집寓庵集』 간행 비용 지원을 요청하였다.[135] 이들은 1582년(선조 15) 충청도관찰사였던 외손서外孫壻인 개암開庵 김우굉金宇宏(1524~1590)이 청주에서 유문遺文을 간행했었지만 이것은 임진왜란으로 산실散失되었고, 그 후 사림이 여러 문집과 『동문선東文選』 등에서 발췌하여 엮은 몇 권卷이 현재 근암서원에 있다고 했다.[136] 그러나 홍언충을 제향한 지 약 60년이 지나자 서원의 물력

주관하였다. 직접 김룡사에 유숙하며 편액 새기는 일을 감독하였다. '근암서당'은 편액은 元震海의 글씨인데, 승원하면서 '당'자를 '완'자로 曺時虎가 고쳐 쓴 것이었다. 그러나 앞의 세 글자와 글씨체가 전혀 다르게 되었기에 '당'자를 새로 고쳤다. 또한 동재는 欲仁齋, 서재는 喩義齋, 문루는 知遠門이라 하였는데 모두 이만부가 정하고 직접 쓴 것이다.(『청대일기』, 갑진1724, 경종 4] 10월 20·21·22·24일) 원장 吳尙遠은 「백록동학규」와 「이산서원원규」 편액을 썼으며,(權相一, 『淸臺集』, 卷11, 跋, 「近院學規跋」) 원장 權瀚은 강당을 중수하였다.(『近嵒書堂創建古蹟』, 「己酉七月日明倫堂重修文」) 1708년(숙종 34)에 명륜당의 한쪽 모퉁이를 수리했기 때문에 1729년(영조 5)에는 나머지 부분을 중수하였다. 당시 원장이었던 권한은 권상일의 叔父였으며, 재임은 高師德, 李寅泰였다. 중수 과정을 보면 7월 10일에 破屋하였으나 農務로 일을 멈추었다가 19일에 서북쪽 2칸을 철거하였다. 서쪽 기와는 새해에 하고, 북쪽 서까래는 補缺하고는 다시 기와를 덮어 마쳤다. 다음으로 동쪽 모퉁이를 수리하여 윤7월 10일에 공사를 마쳤다. 목수는 天柱寺 僧 一淳, 大乘寺 僧 三兼, 天柱寺 僧 省和였다.

134) 근암서원 원장직이 명망이 있고, 예우가 좋았기에 원장 선출을 두고 불미스런 일이 발생하기도 했다.(『청대일기』, 을사1725] 3월 19일)

135) 『近嵒書堂創建古蹟』, 「呈巡相文(金命天)」. 1719년으로 연도를 규정한 것은 실제 문집이 간행된 시기가 1720년이며, 근암서원에서 발송한 부조통문의 내용에서 유추하였다.

136) 김우굉은 충청도관찰사로 나갔을 때 장모인 홍씨의 간곡한 청을 받아 청주목사 金仲

이 잔박殘薄해져서 향사에 공궤할 자금도 부족했기에 개간開刊도 못하는 상황이라고 하소연했다. 근암서원 유생들은 이집의 선조인 용재容齋 이행李荇(1478~1534)이 일찍이 허백당虛白堂 홍귀달洪貴達의 문하에 있었고, 홍귀달의 아들 홍언충 및 눌암訥庵 송세림宋世琳(1479~?)과 도의道義로서 사귀었다고 했다. 원유들은 이러한 관계를 내세워 자신들의 요구를 관철시키고자 했으며, 관찰사는 이들의 요구를 수용하였다.

근암서원에서는 관찰사 이집의 지원으로 1719년(숙종 45) 7월 20일부터 판각을 시작하였지만, 물력이 매우 부족하여 판각을 하다가 중단하는 일이 반복되었다. 그래서 상주와 인근 고을의 각소各所에 도움을 요청하였다.[137] 이후 판각을 이어 나갈 수 있었지만 부조의 규모가 작아서 4~5개월이 지났음에도 공역을 마치지 못했다. 이에 상주의 각 서당書堂에 재차 도움을 요청하였다.[138] 당시 근암서원 측은 『우암집』 책판은 얼마 남지 않았지만, 창고에 다수 보관해 오던 『한음집漢陰集』 책판의 상태가 너무 나빠서 이번에 공장工匠이 모였을 때 아울러 수보修補하고자 했다. 그러나 서원의 물력은 『우암집』을 개간하면서 모두 사용한 상태였고, 공장들이 역시 하던 일을 멈추고 기다리고 있었다. 그래서 이전

<hr/>

老에게 일을 맡겨 遺文에 자신의 跋文을 붙여 간행하였다. 이 초간본은 임란을 거치면서 간본이 거의 유실되었다. 그 뒤 1720년(숙종 46)에 이르러 從女孫 洪相民·洪相勛 형제가 문집을 중간하였다. 이본은 缶溪洪氏 世系를 권두에 싣고 권말에 부록을 실었는데, 부록에는 奉安時祭文(金應祖)·近邑書院常享祝文·海東名臣錄·墓碣 등과 제현들의 애모하는 시문을 모았으며, 여기에 權斗經(1654~1725)의 서와 홍상민의 발을 붙여 간행하였다. 그 후 1925년에 洪傑이 경북 문경에서 간행한 『㝢菴先生文集』은 중간본 목판을 그대로 인쇄한 것이고, 각 책 끝에 大正 14년(1925)의 간행 연기가 있다.(「우암집 해제」, 『유교넷』 http://www.ugyo.net)

137) 『近邑書堂創建古蹟』, 「隣邑及本州扶助通文」.

138) 『近邑書堂創建古蹟』, 「本州各堂通文」.

에 조력助力하지 않았던 서당들을 대상으로 사정을 헤아려서 빨리 도와
주길 요청했던 것이다.

이상에서 18세기 초반까지 근암서원에는 『우암집』을 개간하기 이전
부터 『한음집』 책판이 보관되어 왔음을 알 수 있다. 이 『한음집』 책판
은 상주에서 1634년(인조 12) 간행되었던 초간본과 1668년(현종 9)의 중간본
판목으로 추정된다.139) 『우암집』은 홍언충의 종후손 홍상민洪相民 · 홍상
훈洪相勛 형제에 의해 1720년(숙종 46) 간행되었다. 당시 홍상훈은 근암서
원 원장으로 있었다. 그는 창설재蒼雪齋 권두경權斗經(1654~1725)에게 『우
암집』 서문을 부탁하였다.140) 이 외에 근암서원 장서는 확인되지 않지
만 1976년 간행된 『영남각읍교원서책록嶺南各邑校院書冊錄』141)에는 서원이
아닌 각 후손가에 소장된 것으로 기록되어 있다.

---

139) 『한음집』은 이덕형의 아들 상주목사 李如圭와 선산부사 李如璜이 家藏草稿를 문집으
    로 간행하려고 하였다. 이여황이 사망하자 1634년(인조 12)에 이여규가 이준의 발문
    을 받아 상주목에서 초간본을 간행하였다. 그 뒤 손자 李象震이 『승정원일기』에서
    遺文을 얻어서, 외손 李松齡이 상주목사로서 문집의 간행을 도모하였으나 세상을 떠
    나게 되어 중단되었다. 이에 손자 李象鼎이 다시 간행을 도모하여 1668년(현종 9)
    龍洲 趙絅(1586~1669)의 서문을 받고 상주에서 중간하였다.(김기빈, 「해제」, 『漢陰文
    稿』, 한국고전번역원, 1998)

140) 『近嵒書堂創建古蹟』, 「與權正言[斗經]書(洪相勛)」; 「權正言答書」.

141) 『嶺南各邑校院書冊錄』(규장각 7720). 『漢陰集』 5권, 『淸臺集』 9권, 『黔澗集』 3권, 『虛白
    集』 3권(홍귀달), 『寅菴集』 2권, 『無住集』 2권(洪鎬), 『木齋集』 7권, 『東菴集』 2권(洪大
    龜), 『彙纂麗史』 24권(홍여하), 『東史提綱』 7권(홍여하)─洪錫胤家藏; 『君臣言志錄』 1권
    ─蔡得沂가 瀋陽서 가져온 것임, 본손이 보관 중임; 『梅軒實記』 2권─鄭起龍 사적으로
    본손가에 보관 중; 『瓶窩禮說』 10권─(이형상) 永川 본손 李廷模藏; 『敬齋箴集說』 1권,
    『制養錄』 1권, 『朱子語節要』 2권, 『理氣彙編』 1권, 『退陶書節要』 5권, 文集 29권─以上
    6질은 參議 李象靖 본손 李永運藏; 『大東韻玉』 20권(權文海) 등이 수록되어 있다.

4. 맺음말

이상과 같이 근암서원은 16세기 중반 죽림서당으로 시작하여 이건하면서 근암서당으로 불렸으며, 17세기 중반 홍언충을 제향하면서 향현사가 되었다. 이후 이덕형을 병향하면서 조정의 허가를 받아 근암서원으로 변천하였다. 이처럼 근암서원은 서당에서 서원으로 성장하는 모습과 17~18세기 서원 금령이 시행되던 시기에 이를 피하여 사우에서 승원했던 서원들의 전형을 잘 보여 준다. 아울러 추향된 인물들은 남인계 인사들로서 도남서원과 더불어 상주 남인계를 대표하는 서원으로 자리했다. 사계승무반대소, 윤지술처벌소 등의 거도적인 유소의 소청이 설치되었다는 것은 이를 증명하는 것이다. 나아가 향촌사회의 각종 현안에도 의견을 피력하면서 향촌운영기구로서 역할하였다.

근암서원은 7인의 명현을 제향하면서, 그들의 후손과 지역 유생들의 협조로 운영되어 왔다. 어느 특정 가문이 주도하지 않았기에 여타 서원과 달리 문중서원화되지는 않았지만, 적극적인 지원도 이어지지 않았다. 그로 인해 다양한 노력에도 불구하고 건립 이래로 경제적 기반이 미약하였다. 노복과 전답은 거의 없었고, 원생과 원생으로 받은 이들도 수시로 군역에 침해를 당하였다. 그래서 지방관의 은전恩典에 절대적으로 기댈 수밖에 없다. 그렇기에 죽림서당 시절부터 획급 받은 인근의 미면사는 규모가 작았음에도 서원 재정에 큰 몫을 차지하고 있었다. 그러나 풍산류씨 가문의 묘소가 들어서면서 승려들이 도산하고, 속사인 미면사 역시 폐찰이 되었다. 다시 사찰이 복구된 후에는 그곳의 승려와 토지 소유권을 둘러싼 분쟁이 발생하기도 했다.

이처럼 어려운 경제적 상황에도 불구하고 근암서원은 인근의 영빈서당과 더불어 산양현 유생들의 강학처로서 기능하였다. 유생들의 거재와 강회를 주도하고, 영빈서당과 더불어 거접과 순제를 시행하면서 물력을 보조하는 등 문풍 진작에 일조하였다. 또한 『우암집』과 『한음집』을 간행하면서 그들의 사상과 학문을 계승하는 노력을 경주하였다.

【참고문헌】

『近嵒書堂創建古蹟』(이수환 소장 복사본), 『近嵒書院事蹟』(이수환 소장 복사본), 『玉洞書院 疏廳日記』(이수환 소장 복사본), 『嶺南各邑校院書冊錄』(규장각 7720), 『淸臺日記』(權相一, 한국국학진흥원 번역본), 『商山誌』(1928), 『負暄堂集』(金楷), 『栢潭集』(具鳳齡), 『月澗集年譜』(李㙉), 『木齋集』(洪汝河), 『竹峯先生文集』(金侃), 『同春堂集』(宋浚吉), 『漢陰文稿』(李德馨).

윤희면, 『조선시대 서원과 양반』, 집문당, 2004.
정만조, 『조선시대 서원연구』, 집문당, 1995.

김순한, 「18세기 후반 상주 옥동서원 청액활동과 사액의 의미」, 『민족문화논총』 72, 영남대학교 민족문화연구소, 2019.
김주복, 「식산 이만부의 학문형성과 교류양상 일고찰」, 『한문학보』 19, 우리한문학회, 2008.
김학수, 「한음 이덕형의 사우 및 교유관계」, 『한음 이덕형의 학문과 사상』, 해드림출판사, 2017.
김형수, 「17·18세기 상주·선산권 지역 사회와 서원·사우의 동향」, 『영남학』 7, 경북대학교 영남문화연구원, 2005.
박인호, 「활재이구의 역사인식과 현실비판」, 『조선사연구』 22, 조선사연구회, 2013.
송석현, 「17세기 상주지역 사족의 동향」, 『영남학』 27, 경북대학교 영남문화연구원, 2015.
오용원, 「한음 이덕형의 후대 평가와 추숭사업」, 『한음 이덕형의 학문과 사상』, 해드림출판사, 2017.

우인수, 「영남 남인 권상일의 정치사회적 활동과 위상」, 『민족문화논총』 62, 영남대학교 민족문화연구소, 2016.

이수환, 「청대일기를 통해 본 권상일의 서원 활동」, 『민족문화논총』 62, 영남대학교 민족문화연구소, 2016.

이연숙, 「17~18세기 영남지역 노론의 동향―송시열 문인가문을 중심으로」, 『역사와 실학』 23, 역사실학회, 2002.

채광수, 「창녕성씨 청죽공파의 상주 정착과 노론계 원우 건립 활동」, 『조선시대사학보』 79, 조선시대사학회, 2016.

산북길라잡이(https://blog.naver.com/gumsanh/220471662070)

영남권역자료센터 (http://yn.ugyo.net)

유교넷(http://www.ugyo.net)

2. 서원 원규의 현대 교육적 시사점에 대한 고찰

1. 머리말

본 발표문의 목적은 조선시대 서원書院을 운영하는 근간이 되었던 '원규院規'에서 엿보이는 현대 교육적 시사점을 도출하고, 나아가 이 공간에서 행해졌던 교육방법의 현대적 활용 방안을 고찰하는 것이다. 그리고 이를 통해 궁극적으로는 서원을 포함해 향교鄕校 또는 서당書堂 같은 전통 교육기관들에 대한 교육계의 관심을 고취시키려는 것이다.

주지하는 것처럼, 서원은 국가의 공식적 교육기관(官學)인 성균관成均館이나 사학四學, 향교와는 성격이 다른 사립 교육기관(私學)이었다. 당시 사립 교육기관에는 서당도 포함되지만, 서원의 특이한 점은 선현先賢에 대한 사묘祠廟를 설치해 제향을 지냈다는 점이다.[1] 그렇지만 서원의 주된 기능은 역시 강학講學을 통해 그 시대가 필요로 하는 참된 군자君子를 양성하는 것이었다. 이러한 까닭에 이황李滉은 풍기 군수로 재직할 때 경상도 관찰사 심통원沈通源에게 올리는 글에서, 과거 공부에 몰두하는

---

1) 조무남·피정만·김기수, 『교육사 교육철학 강의』(동문사, 2001), 65면 참조.

국학國學이나 향교 대신 서원에서야말로 선왕先王의 도道를 노래하고 천하의 의리義理를 살필 수 있으며, 덕德을 쌓고 인仁을 익힐 수 있다고 강조했던 것이다.[2]

이후 서원은 전국적으로 건립되어 나름의 순기능을 보여 주기도 하였지만, 건립과 유지 과정에서 발생한 정치적 폐해 및 백성들의 고충으로 인해 영조 17년(1741)과 고종 8년(1871)에 대대적으로 훼철毁撤되는 수모를 겪기도 하였다.[3] 이 같은 서원의 몰락 과정에 대해서는 19세기 조선을 살았던 홍한주洪翰周의 날카로운 비판이 남아 있다.

서원은 송宋나라 때부터 시작되었는데, 서원의 설립 역시 선유들을 받들어 제사지내고 유풍儒風을 돈독하게 장려하기 위함이다. 처음에는 나라에서 유학을 숭상하고 도를 중시하는 좋은 일이었다. ⓐ 중국은 지금 어떠한지를 알지 못하겠지만, 우리나라는 그 폐단이 서원보다 심한 것이 없다. 어찌 서원의 잘못이겠는가? 진실로 선비들이 추구하는 것이 바르지 않기 때문이다.…… 대개 처음은 잘하지 않음이 없었다. ⓑ 이후 서원과 사당이 뒤를 연이어 일어나 지금은 거의 고을마다 서원 없는 곳이 없으며, 한 고을에 간혹 많게는 수십 개에 이르기도 한다. ⓒ 또한 현인賢人 한 분을 수십 개의 서원에 나누어 배향하기도 하는데, 가령 우옹尤翁(宋時烈)을 배향하는 곳은 81개의 서원에 이른다. ⓓ 또한 지명이나 고을의 이름이 우연히 중국과 부합되면 또한 제사를 지

2) 『退溪集』, 卷9, 「書1」, '上沈方伯', "隱居求志之士, 講道肄業之倫, 率多厭世之囂競, 抱負墳策, 思逃於寬閒之野, 寂寞之濱, 以歌詠先王之道, 靜而閱天下之義理, 以蓄其德, 以熟其仁, 以是爲樂, 故樂就於書院."
3) 관련하여, 이만규(『다시 읽는 조선 교육사』, 살림터, 2010, 254면 참조)는 서원의 폐해로는 ⓐ 향교 쇠퇴, ⓑ 유생들의 놀고먹음, ⓒ 均役의 도피처, ⓓ 백성을 괴롭히는 자들의 양성, ⓔ 조세 혜택 악용, ⓕ 사색 파쟁 등을 꼽았다.

내니, 남양에는 제갈무후諸葛武侯(諸葛亮)를 모시는 사당이 있고, 단성의
신안리에는 주자朱子를 모시는 사당이 있다. 이것이 무슨 의리인가?
…… 이렇다면 설사 마을마다 학교를 세우고 고을마다 서원을 세우더
라도 끝내 어찌 나라에 도움이 되겠으며, 어디서 인사人士를 취하겠는
가? 장차 이러한 폐단을 징계하려면 학교를 없애고 서원을 허물어야
할 것인저. 만약 구습을 따르기만 하고 바꾸지 않는다면 뒤에 해로움
이 되어, 끝내 백성들은 삶을 즐거워하지 않고 선비들은 염치를 알지
못하는 것을 면하지 못할 것이다. 하늘을 찌를 듯한 폐단은 이루다 말
할 수 없다.[4]

홍한주는 서원의 폐해가 결코 '서원 그 자체'로부터 비롯된 것이 아
님을 분명하게 지적하고 있다.(ⓐ) 그 책임은 결국 서원을 사리·사욕에
채우는 데 이용한 '가짜 선비들'에게 있다는 것이다. 그는 또한 서원의
무분별한 확장이 불러온 폐해들에 대해서도 실증적으로 밝히고 있다.
(ⓑ~ⓓ) 사실 서원에 대한 홍한주의 비판적 인식은 이 기관에 대한 현대
적 인식과 상당 부분 유사하다고 해도 과언은 아니다. 이 점은 서원에
대한 연구 경향을 살펴보면 보다 뚜렷하게 알 수 있는데, 서원이 특정
시대를 풍미했던 교육기관임에도 불구하고 여기에서 사용되었던 교육
이념이나 방법에 대한 현대적 활용 관련 연구는 거의 없기 때문이다.[5]

---

4) 洪翰周, 김윤조·진재교 역, 『19세기 견문지식의 축적과 지식의 탄생 지수염필(하)』
(소명출판, 2013), 191~193면.
5) ⓐ 물론 당시 서원에서 이루어졌던 교육의 현장을 생생하게 재구축하려는 시도들이
없는 것은 아니다. 관련하여, 김대식, 「조선 서원 강학 활동의 성격」, 『교육사학연구』
제11집(교육사학회, 2001); 최광만, 「19세기 서원 강학활동 사례 연구」, 『교육사학연
구』 제22집 제1호(교육사학회, 2012); 김자운, 「18세기 조선을 새롭게 디자인한 석실
의 학풍과 교육」, 조준호 외, 『석실서원』(한국학중앙연구원 출판부, 2018) 등을 꼽을
수 있다. ⓑ 또한 서원을 관광 및 문화 체험과 연관시켜 교육공간으로서 활용할 것

그러나 한편으로 보면 홍한주도 지적하였듯이, 서원의 폐해는 서원을 이용한 사람으로부터 비롯된 것이지 이 교육기관이 본래적으로 추구했던 바가 아니다. 이에 본 발표문에서는 서원의 교육이념이 녹아 있는 '원규'에서 추출할 수 있는 현대 교육적 시사점들을 살펴보고, '향사亨祀'와 '강회講會'로 압축되는 서원의 교육방법들을 오늘날의 수업 현장에 녹여 낼 수 있는 방안에 대해 시론적인 수준에서 제시해 보고자 한다.

이상과 같은 연구 목적을 위해 본 발표문은 다음과 같은 순서로 전개된다. 우선 제2장에서는 이황의 '이산서원 원규伊山書院 院規', 이이李珥의 '은병정사 학규隱屛精捨 學規', 정구鄭逑의 '도동서원 원규道東書院 院規' 등에서 엿볼 수 있는 학교의 본질과 가치에 대한 시사점을 살펴볼 것이다. 이어서 제3장에서는 서원 원규에 나타나는 공부의 근본적인 목적과 요구되는 자세에 대한 시사점을 논의할 것이다. 그리고 제4장에서는 서원 원규에 도출 가능한 스승과 제자 사이의 관계에 대한 시사점을 고찰할 것이다. 끝으로 제5장에서는 향사와 강회 같은 서원에서 행해진 교육방법을 도덕과道德科 특히 『2015 도덕과 교육과정』에서 신설된 『고전과 윤리』 과목에서 어떻게 활용할 수 있을지를 개괄할 것이다.

을 제안하는 연구들도 있다. 관련하여, 이상호, 「복설될 연경서원의 현대적 활용 방안」, 『퇴계학논집』 제16집(영남퇴계학연구원, 2015); 진성수, 「전북지역 서원의 현대적 활용 방안」, 『원불교사상과 종교문화』 제70호(원광대학교 원불교사상연구원, 2016) 등을 꼽을 수 있다. 하지만 서원이 이 기관을 연구하는 학자들 사이에서만 그 생동성을 인정받거나 혹은 일회적인 교육공간으로만 활용되는 것은 발표자의 관점에서는 여전히 '박제된' 서원으로 보인다. 이에 발표자는 보다 근본적이면서도 적극적인 차원에서 서원의 이념과 방법들을 현대 교육적으로 재해석·활용하려는 것이다. 특히 '敎科'의 차원에서 서원 교육을 조명할 필요가 있다는 것이 핵심이다. 이 점이 본 발표문이 선행 연구들을 계승함과 동시에 구분되는 측면이라고 할 것이다.

2. 학교의 본질과 가치에 대한 시사점

서원의 운영과 교육과정에 대한 자체적 규약의 성격을 지니는 원규는 그 명칭이 학규學規, 학령學令, 재규齋規, 재헌齋憲, 약속約束, 강규講規, 입약立約 등으로 다양하다.6) 이 원규에서는 교수자의 강의로 이루어지는 타율적 학습보다는, 서원에서 공부하는 학습자들이 독서하고 토론하며 이를 통해 깨달은 것으로 마음을 닦고 실천하는 자율적 학습, 즉 '장수藏修'를 강조하고 있다.7) 본 발표문의 이하에서는 이런 원규로부터 추출할 수 있는 현대 교육적 시사점들을 살펴볼 것이다.

그 시사점의 첫 번째는, 학교의 본질과 가치가 무엇인지 재고할 수 있는 기회를 준다는 점이다. 대한민국 학교 교육의 역사를 개괄해 보면, 1990년대 중반까지는 양적 팽창을 중심으로 교육과 제반 정책이 시행되다가, 1990년대 중반 이후부터 질적인 도약을 꾀하였다. 이를 위해 정책적으로 ⓐ 수요자 중심 교육을 표방한 개별화·수준별 교육 및 학교 다양화가 추구되었고, ⓑ 학교 운영의 자율화를 전제로 한 학교 경쟁과 책무성이 강조되었으며, ⓒ 교육 평등을 위한 교육 기회의 확대와 무상화가 순차적으로 추진되었다. 이러한 정책들이 긍정적인 결과들을 산출한 것도 사실이지만, 점수·서열 경쟁 속에서 학생들이 학습된 무기력감을 경험하거나 교사-학생 간의 소통이 어려워지고 공교육의 위기

---

6) 박종배, 「조선시대의 학령 및 학규」, 『한국교육사학』 제28권 제2호(한국교육사학회, 2006), 224면 참조.
7) 정만조, 「한국 서원의 연구현황과 전망」, 경기대학교 소성학술연구원, 『한국의 서원과 학맥 연구』(국학자료원, 2002), 15면 참조.

가 심화되는 등의 어려움은 아직도 진행 중이다.8) 그래서 GDP 대비 공교육비 내지는 청년층의 고등교육 이수 비율 같은 외적 지표들은 상승하였지만,9) 다음과 같은 비판도 여전히 높은 설득력을 가진다.

> 무엇보다 지금의 학교는 절대 다수의 학생들에게 그 어떤 의미도, 전망도, 준비도 제공하지 못하고 있다.…… 졸업하자마자 그 학생 앞에 캄캄절벽이 펼쳐지는 것은 학교가 챙길 일이 아니라는 것이다. 학교도 이들에게 무의미하고, 이들도 학교에게 무의미하다. 그래서 학교는 '가주는 곳'이고 학생은 '와주는 존재'가 되었다.…… 지식 습득의 장으로서도, 계몽의 공간으로서도, 신분 상승의 도구로서도, 다양한 재능을 발견하고 계발하는 곳으로서의 의미도 상실한 학교는, 나아가 다양한 사람을 만나 폭넓은 경험을 하는 '성장의 공간', '삶의 공간'으로서의 역할도 상실하고 있다.10)

급변하는 시대를 이끌어갈 주체로 성장해야 하는 학생들이 실력을 배양하여 '개인의 생존'을 도모하고, 보다 근본적으로는 가치·덕목을 전수받아 '도덕을 함양할 수 있도록 하는 것이 학교의 핵심 역할이다. 이렇게 보자면, 학교와 학생이 서로에게 무의미한 존재로 전락해 버린 현상은 매우 경계해야 할 부분이다. 바로 이 지점에서 '도동서원 원규'에 수록된 다음의 항목을 주목할 필요가 있다.

---

8) 류방란 외, 『제4차 산업혁명 시대의 교육』(한국교육개발원, 2018), 61~65·71~79면 참조.
9) 교육부 보도자료, 「OECD 교육지표 2019 결과 발표」(2019), 1~14면 참조.
10) 엄기호, 『교사도 학교가 두렵다』(따비, 2014), 17~18·25면.

고을 학교는 사실 자신을 수양하는 근본이 되는 곳인데 요즘에는 의식
이 해이해진 정도가 지나쳐 비록 식견이 있는 선비라 해도 스스로 세
속에 휩쓸려 남의 집안일처럼 보고 있으니, 이것이 어찌 나라에서 장
려하는 성현을 존경하고 도道를 보위하는 뜻이겠는가. 앞으로 원임原任
은 항상 정일丁日을 만나면 경내의 유생을 인솔하고 미리 한자리에 모
여 석전釋奠을 행한 뒤에 본원의 향사는 중정中丁에 행함으로써 유생
상호 간에 일체감을 갖게 하고 선현에 대한 향사가 선후의 순서가 있
도록 해야 한다.[11]

위 인용문의 전반부에 나타난 것처럼, 학교는 학생들이 자신의 정체
성을 형성하고 부족한 부분들을 채우는(修) 공간으로서, 이것은 학교가
지니는 본질적 가치이다. 우리 청소년들이 하루의 상당한 시간을 보내
는 장소가 학교라는 점을 고려할 때, 학교의 본질적 가치가 살아나지
못한 채 학교-학생이 서로에게 무의미함으로 전락하는 현상은 교육과
관련된 이들을 포함하여 사회 전체가 '남의 집안일'이 아니라 '나의 집
안일'인 것처럼 경계하고 바로잡기 위해 노력해야 하는 일이다.

그런데 위 인용문의 후반부에는 서원의 특색 중 하나인 '향사'가 등
장한다. 향사는 학교의 본질과 가치라는 측면에서 어떻게 해석할 수 있
을까? 서원에서 선현을 향사한 이유는 단순히 제사 기능에 한정된 것이
아니었다. 이것은 제향이 이루어진 후, 공동체 내부의 유대감을 결속하

---

11) 『寒岡集』 續集, 卷4, '院規 爲道東作', "鄕校, 實爲本原之地, 而近來頹敝太甚, 雖有識之士,
亦不免自混於流俗, 而如視他人家事, 此豈國家之尊聖衛道之意哉. 自今院任, 每値上丁, 率境
內儒生, 先期齊會釋奠後, 本院祀事, 行於中丁, 庶幾彼此一體, 先後有倫也." '도동서원 원
규'와 '이산서원 원규'의 번역은 한국고전종합DB(http://db.itkc.or.kr/)에 수록된 국
역을 활용하였음을 밝혀 둔다.

고 향풍鄕風을 바로잡기 위한 시도이기도 했기 때문이다.[12] 만일 향사를 학생들이 학교에 의미를 부여하고 공동체적 결속을 다지기 위한 일종의 '의식'(ceremony)이라고 해독한다면, 향사의 현대적 형태가 꼭 제사일 필요는 없을 것이다. 학생들이 학교에 의미 부여하는 의식을 스스로 꾸며 보고 자체적으로 그 의식을 진행하는 시간을 가지는 것이야말로, 그들의 마음에 학교에 대한 긍정적 상象이 형성되는 데 필요한 요건이라고 할 수 있다. 이 같은 의식이 성공적으로 수행된다면, 학교의 본질적 가치가 되살아나 학교는 학생이 '가 주는 곳'이 아닌 '가고 싶은 곳'이 될 것이고, 학생은 학교에게 '와 주는 존재'가 아닌 '와야만 하는 존재'가 될 것이다. 그리고 이것이 서원의 원규가 학교의 본질과 가치라는 점에서 현대 교육에 던지는 메시지라고 할 수 있다.

3. 공부의 근본적인 목적과 자세에 대한 시사점

이어서 원규로부터 추출할 수 있는 현대 교육적 시사점의 두 번째는, 공부의 근본적인 목적과 요구되는 자세가 무엇인지 숙고할 수 있는

---

12) 정순우, 『서원의 사회사』(태학사, 2013), 105~107면 참조. 서원의 향사가 정초되고 전개되는 과정에 대해서는, 한재훈, 「조선시대 서원향사례 비교연구」, 『퇴계학논집』 제20호(영남퇴계학연구원, 2017)를 참조할 수 있다. 한편 향사가 야기한 폐단이 많았다는 사실도 간과해서는 안 된다. 시간이 지날수록 서원의 향사는 양반계층이 신분적 위계를 고착시키고 도덕적 권위를 독점하는 폐해를 낳았다. 또한 서원의 濫設로 인한 정치적·사회적 부작용들도 발생하였다.(정순우, 앞의 책, 287면 참조) 향사를 '학생들이 학교에 의미를 부여하고 공동체적 결속을 다지기 위한 의식'으로 해독할 때에도, 의식이 고착화되거나 특정 학년 중심으로 운영되는 것은 매우 경계해야 할 부분이다.

기회를 제공한다는 점이다. 현재 대한민국 교육과정이 공부의 목적으로 추구하는 바는 '역량(competency)이다. 관련하여 현행 『2015 초·중등학교 교육과정 총론』에서는 금번 교육과정이 "학습자의 자율성과 창의성을 신장하기 위한 학생 중심의 교육과정"[13]이며, 자주적이고 창의적이며 교양 있고 더불어 사는 사람을 양성하기 위해, ⓐ 자기관리 역량, ⓑ 지식정보처리 역량, ⓒ 창의적 사고 역량, ⓓ 심미적 감성 역량, ⓔ 의사소통 역량, ⓕ 공동체 역량 등으로 구성된 6가지 핵심역량을 함양하도록 하는 것이 교육과정의 방향임을 제시하고 있다.[14] 이렇게 현행 교육과정을 관통하고 있는 역량이란 무엇일까? 교육과정 해설서에 따르면, 역량이란 "교과와 창의적 체험활동을 포함한 학교에서 이루어지는 모든 교육 활동을 통해 중점적으로 기르고자 하는 능력"[15]을 뜻한다. 과학기술이 하루가 다르게 발전하는 이때 미래 사회에 보다 적극적으로 대응하기 위해서는 이 역량 개념을 중심으로 학교 교육과정을 재편하는 것이 좋은 방향일 수 있다. 그럼에도 불구하고, 도덕성이 전제되지 않은 창의성이 어떤 폐해를 가지고 왔는지 되돌아볼 필요성이 있다.[16] 여기에서 '이산서원 원규'에 수록된 다음의 항목들에 집중할 필요

---

13) 교육부, 『초·중등 교육과정 총론(교육부 고시 제2018-162호)』(교육부, 2018), '교육과정의 성격' 부분 참조.(면 표시 없음)

14) 위의 책, 2면.

15) 한혜정 외, 『2015 개정 교육과정 총론 해설(중학교)』(교육부, 2017), 34면; 총론 해설의 초등학교 및 고등학교 편 역시 역량을 동일하게 定義하고 있으므로, 출처는 생략함을 밝혀 둔다.

16) 물론 교육과정 총론에 도덕성과 관련된 내용이 전혀 없는 것은 아니다. 인성, 全人 등의 용어가 자주 거론될 뿐만 아니라, "미래사회가 요구하는 핵심역량을 함양하여 바른 인성을 갖춘 창의융합형 인재를 양성하는 데"(교육부, 앞의 책, 3면) 중점을 두고 있음을 명확히 하고 있기 때문이다. 그럼에도 현행 교육과정 전반을 관통하고 있는 큰 줄기는 분명히 역량이다. 그래서 교육과정 해설서에서도 창의성이야말로

가 있다.

제생諸生들은 독서하는 데 사서四書·오경五經을 본원으로 삼고 『소학小
學』과 『가례家禮』를 문호門戶로 삼으며, 국가의 인재를 진작시키고 양성
하는 방법을 따르고 성현의 친절한 교훈을 지켜서 온갖 선善이 본래
내게 갖추어진 것을 알고 옛 도道가 오늘날에도 실천할 수 있는 것을
믿어서, 모두 몸으로 행하고 마음으로 체득하며 체體를 밝히고 용用을
적합하게 하는 학문에 힘쓰도록 한다. 여러 사서史書와 자서子書와 문
집, 문장文章과 과거공부 또한 널리 힘쓰고 두루 통달하지 않으면 안
된다. 그러나 마땅히 내외內外·본말本末의 경중輕重과 완급緩急의 차례
를 알아서 항상 스스로 격려하여 타락하지 않게 하고, 그 나머지 사특
하고 요망하고 음탕한 글은 모두 원내院內에 들이어 눈에 가까이해서
도를 어지럽히고 뜻을 미혹하지 못하게 한다.[17)]

발표자의 관점으로는 더불어 살아가는 데 필요한 '도덕성' 및 생존
과 번영을 위한 '역량·창의성'이 모두 요구된다면, 전자가 후자에 전제

___

창의융합형 인재의 중심 가치가 된다고 전제한 다음, 창의적인 사람의 활동이 인간
과 사회에 이로운 것이야 하므로 도덕성을 갖추어야 한다고 언급한 것이다.(한혜정
외, 앞의 책, 38면 참조)

17) 『退溪集』, 卷41, '伊山院規', "諸生讀書, 以四書五經爲本原, 小學, 家禮爲門戶, 遵國家作養之
方, 守聖賢親切之訓, 知萬善本具於我, 信古道可踐於今, 皆務爲躬行心得明體適用之學. 其諸史
子集, 文章科擧之業, 亦不可不爲之旁務博通. 然當知內外本末輕重緩急之序, 常自激昂, 莫令隆
墮, 自餘邪誕妖異淫僻之書, 並不得入院近眼, 以亂道惑志." 흥미로운 점은 원규에 따라 爲
己之學 공부와 과거 공부의 병행을 허락하기도 하고 원천적으로 배제하기도 했다는
점이다. 이황은 본말론의 입장에서 서원에서 두 공부의 병행을 일정 부분 허락한 반
면, 이이는 배제론의 입장에서 서원에서는 위기지학 공부만 해야 한다고 규정하였고
이 점은 '은병정사 학규'에 기록되어 있다. 이후 여러 서원들은 본말론(道東書院, 華陽
書院 등) 혹은 배제론(石室書院, 文會書院 등)의 입장에서 과거 공부를 허용하기도 하고
거부하기도 하였다.(박종배, 「학규에 나타난 조선시대 서원교육의 이념과 실제」, 『한
국학논총』 제33집, 국민대학교 한국학연구소, 2010, 45~52면 참조)

되는 것이 바람직하다고 본다. 그런데 우리가 도덕성을 함양하기 위해 필요한 것이 무엇일까? 그것은 다름 아닌 내가 도덕적인 존재임을 알고 (知) 믿는(信) 것이다. 그래서 이황은 '온갖 선이 본래 내게 갖추어진 것을 알고 옛 도가 오늘날에도 실천할 수 있는 것을 믿으라'고 원규의 시작에서 천명했던 것이다.[18] 스스로가 도덕적인 존재임을 자각하고 신뢰한 다면, 문제 사태에 직면하여 옳은 판단을 내리고 이에 따라 바르게 행동하는 것은 대단히 자연스럽다. 이 과정에서 역량·창의성을 무시하거나 배제할 필요는 전혀 없다. 다만 도덕성과 역량·창의성 사이에는 근본과 말단, 무거움과 가벼움의 구분이 있다는 것을 고려해야 하며, 도덕성의 추구야말로 공부의 근본 목적이라는 점을 서원의 원규는 시사하고 있는 것이다.[19] 그렇다면 이러한 공부의 목적을 추구하는 자세는 어떠해야 할까? 이 물음에 대해 '이산서원 원규'는 다음과 같이 답하고 있다.

제생들 가운데 뜻을 굳게 세우고 나아가는 길을 정직하게 하며, 사업

---

18) 학생들로 하여금 자신이 도덕적 존재임(性善)을 알고 믿게끔 하는 데에서 교육을 시작하는 것이 곧 '전통도덕교육론'의 출발점이라고 할 수 있다. 그간 도덕교육에 대한 담론들은 주로 서구 도덕교육론을 중심으로 하여 이루어져 왔는데, 대한민국의 교육 및 도덕과 교육의 짧지 않은 역사를 고려할 때 이제는 전통도덕교육론의 정립이 필요한 시기라고 판단된다. 이와 관련된 논의는, 김민재, 「전통도덕교육론 연구의 분석 및 방향 탐색」, 『학습자중심교과교육연구』 제16권 제11호(학습자중심교과교육학회, 2016)를 참조할 수 있다.

19) 첨언하자면, 박민정(「역량기반 교육과정의 특징과 비판적 쟁점 분석」, 『교육과정연구』 제27권 제4호, 한국교육과정학회, 2009, 75면)은 역량이란 "과제 수행 상황에 얽혀 있는 복잡한 맥락적 요소들을 읽어 내고, 적합하다고 판단되는 지식, 기능, 전략, 가치 등을 선택, 활용해가는 인지적, 반성적 성찰 능력을 의미"한다고 규정하면서, 여기에 근거한 교육과정은 종래의 교육과정에 대한 대안이 될 수도 있지만, 무차별적으로 적용할 경우 교육을 경제적 논리에 함몰시키는 예상치 못한 결과를 야기할 수도 있다고 경계하였다.(위의 글, 73면 참조)

은 원대한 것으로 스스로 기약하고 행실은 도의를 귀추歸趨로 삼는 자
는 잘 배우는 것이고, 마음가짐이 비천하고 취사取捨가 현혹되며, 지식
은 저속하고 비루함을 벗어나지 못하고 뜻과 희망이 오로지 이욕에만
있는 자는 잘못 배우는 것이다. 만일 성품과 행실이 괴이하여 예법을
비웃고 성현을 업신여기며 정도正道를 위반하고 추한 말로 친한 이를
욕하며, 여러 사람을 괴롭히고 법도를 따르지 않는 자는 원중院中에서
함께 의논하여 쫓아내도록 한다.[20]

우리는 살아가면서 종종 도덕과 이욕 중 후자를 선택하고 일시적
만족감을 느낀 뒤 곧 깊은 후회를 하는 경험을 한다. 또한 반대로 전자
를 선택하고 일시적 후회를 느낀 뒤 곧 큰 만족감을 얻는 경험을 하는
경우도 있다. 어떤 선택의 기로에서 도덕(道心)과 이욕(人心) 중 무엇을 지
각하고 결정하느냐는 내 삶에서 '소외'되지 않기 위한 중대 결단이라고
할 수 있다. 이런 중대한 결단을 잘 내리려면, 평상시 공부의 자세가
항상 도덕을 지향해야 한다는 점은 재론의 여지가 없다. 그래서 대부분
의 원규에서는 공부하는 사람의 마음가짐과 자세를 매우 강조하고 있
으며, 어기는 일이 자주 발생할 경우 쫓아내기도 했던 것이다. 이이가
'은병정사 학규'에서 궤안几案과 서책書冊, 붓과 벼루 등의 도구를 가지런
히 정리하는 일에서부터 식사, 거처, 언행 등에 대한 일거수일투족을
세세하게 규정했던 것도 이러한 맥락이라고 할 수 있다. 그는 하학下學
으로부터 상달上達이 이루어지고, 상달이 다시 일상생활을 통해 구현되

---

20) 『退溪集』, 卷41, '伊山院規', "諸生立志堅苦, 趨向正直, 業以遠大自期, 行以道義爲歸者爲善
學, 其處心卑下, 取捨眩惑, 知識未脫於俗陋, 意望專在於利欲者爲非學. 如有性行乖常, 非笑禮
法, 侮慢聖賢, 詭經反道, 醜言辱親, 敗羣不率者, 院中共議擯之."

도록 노력하는 것이야말로 참된 공부의 자세라고 보았던 것이다.

① 새벽에 기상하여 밤에 잘 때까지 하루 사이에는 필히 일한 것이 있어야 한다. 마음이 잠시라도 게을러서는 안 되며, 혹 독서할 때, 혹 정좌하여 마음을 보존할 때, 혹 강론하여 의리를 밝힐 때, 혹 수업이나 가르침을 청할 때에도, 학문의 일이 아님이 없으니, 이것을 어기는 경우가 있으면 공부하는 사람이 아니다.[21]
② 집으로 돌아가서도, 서원에서의 습관을 잊어버리지 않는 것이 매우 마땅하다. 부모를 모시거나 사람을 대할 때에도, 몸을 유지하고 일에 대처하며 마음을 유지할 때에도, 천리에 따르기를 힘쓰고 인욕을 덜어내기를 힘써야 할 것이다. 만일 서원에서는 마음을 닦고 삼가다가 나가서는 방탕해진다면, 이것은 두 마음을 품는 것으로 결코 받아들일 수 없는 것이다.[22]

유교의 수신修身이 이익이나 욕구(利欲)를 전면적으로 거부한다고 간주한다면 이는 오해이다. 성인聖人도 이욕이 없을 수는 없기 때문이다. 핵심은 이욕의 방향을 분별하는 것이다. 의리義理로 대변되는 도덕과 감각적 이욕 사이에서 오직 이욕만 추구할 것인지, 아니면 의리의 방향에 부합되도록 이욕을 다스릴 것인지는 결국 공부를 대하는 자세와 직결되는 것이며, 공부의 자세가 바를 때에야 비로소 잃어버린 마음도 찾을 수 있고(求放心), 나아가 마음을 다스릴 수도 있는 것이다(治心).[23] 그리고

---

21) 『栗谷全書』, 卷15, ‘隱屏精舍學規’, “自晨起至夜寝, 一日之間, 必有所事. 心不暫怠, 或讀書, 或靜坐存心, 或講論義理, 或講業請益, 無非學問之事, 有違於此, 卽非學者.”
22) 『栗谷全書』, 卷15, ‘隱屏精舍學規’, “有時歸家, 切宜勿忘齋中之習. 事親接人, 持身處事存心, 務循天理, 務去人欲. 如或入齋修飭, 出齋放倒, 則是懷二心也, 不可容接.”
23) 方朝暉, 박찬철 역, 『나를 지켜낸다는 것』(위즈덤하우스, 2014), 143~155면 참조.

이것이 서원의 원규가 공부의 근본적인 목적 및 공부의 자세라는 측면
에서 현대 교육에 던지는 또 하나의 메시지라고 할 수 있다.

4. 스승과 제자 사이의 관계에 대한 시사점

다음으로 원규로부터 추출할 수 있는 현대 교육적 시사점의 세 번째
는, 스승과 제자 사이의 관계, 즉 사도師道와 존사尊師에 대해 생각할 수
있는 기회를 부여한다는 점이다. 스승다움과 제자다움의 구체적인 내
용은 시간과 공간에 따라 달라질 수 있으므로, 획일적으로 단정할 수
없다. 하지만 스승과 제자 사이에서 발생하는 다양한 문제들을 해결하
기 위해 각종 법령이나 조례 등이 제정·개정되는 현상으로만 놓고 보
자면, 현재 엿보이는 사제지간의 형태가 아름답다고 할 수는 없다고 사
료된다. 몇 년 전에는 학생의 인권을 강조한 목소리가 높았다면, 최근에
는 이 문제와 함께 교사의 권리를 내세우는 목소리가 높아 보인다.[24)]
다음과 같은 지적이 설득력이 있는 것도 이런 맥락이다.

---

24) ⓐ 학생의 인권을 강조한 목소리는 「학생인권조례」의 공포로 연결되었다. '차별받지
　　않을 권리'를 포함해 여러 가지 학생인권을 명시한 이 조례는 경기도를 시작으로
　　현재 서울특별시, 광주광역시, 전라북도 등에서 공포한 상태이다. ⓑ 또한 교사의
　　권리를 강조한 목소리는 「교원의 지위 향상 및 교육활동 보호를 위한 특별법」의 개
　　정으로 연결되었다. 이 법이 최초 제정·시행된 1991년에는 13개였던 조문이 현재
　　는 21개로 증가하였다. 이 법령에서 주목해야 할 내용은 교육활동 침해 행위로 발생
　　한 교원의 정신적 피해를 치유·지원하기 위해 교원치유센터를 지정하고(제17조),
　　교육활동을 침해한 해당 학생에 대해 고등학교 이하 각급 학교의 長이 조치를 취할
　　수 있으며(제18조), 교원의 교육활동 보호 및 관련 사항을 심의하기 위해 시·도교
　　육청에 교권보호위원회를 설치할 수 있다(제19조)는 등이다.(국가법령정보센터[http:
　　//www.law.go.kr/] 참조)

오늘날은 '교사 때리기'가 하나의 대중 스포츠가 된 시대이다. 현대생활의 지나친 요구사항에 겁먹은 나머지 우리는 해결할 수 없는 문제, 참아낼 수 없는 죄악에 대한 희생양을 필요로 하는 것이다. 교사는 그중 만만한 타깃이다. 왜냐하면 교사는 아주 평범한 인종이고 또 반격할 만한 힘도 별로 없는 존재이기 때문이다. 우리는 아무도 어떻게 다루어야 할지 모르는 사회적 질병에 대하여, 교사들이 그 치유방법을 모른다며 비난한다. 우리는 만병통치약 제조기가 최근에 만들어 낸 그무슨 '해결안'을 즉각 채택하라고 교사를 윽박지른다. 그 과정에서 우리는 우리에게 길을 가르쳐 주려고 애쓰는 교사들의 사기를 떨어뜨리고 심지어 정신적인 마비를 안겨 주기도 한다.[25]

공교육의 위기나 교권의 추락을 바로잡는 가장 실효성 있는 방안이 '사도'의 정립이라는 점은 부인할 수 없다. 그러나 사도는 스승만 열심히 한다고 될 수 있는 것이 아니다. 스승이 스승다움이 무엇인지 고민하고 실천하기 위해 노력한다면 사회는 그런 스승을 믿어 주어야 하고, 이런 스승과 직접적으로 대면하는 제자는 '존사'의 예로 스승을 따라야 하는 것이다.[26] 이 점을 고려할 때, '도동서원 원규'에 나타난 다음의 항목은 상당한 교육적 시사점을 확보한다.

원장院長은 한 서원의 어른이 되어 서원 유생의 상호 간 유대를 주관하고 앞길을 인도함으로써 많은 벗들의 사기를 진작시키기 위해 있는 것이다. 서원에 들어온 선비는 마땅히 그를 존경하고 모범으로 삼아 소

25) P. J. Palmer, 이종인 · 이은정 역, 『가르칠 수 있는 용기』(한문화, 2013), 37면.
26) 김민재, 「사도 · 존사의 유가적 전통이 지니는 초등도덕교육적 함의」, 『초등도덕교육』 제45집(한국초등도덕교육학회, 2014), 2~3면 참조.

홀히 하지 말아야 하며, 원장이 된 자도 스스로 몸가짐을 단정히 하고 가다듬어 욕을 자초하는 일이 없어야 한다.[27)]

위 인용문은 위기지학을 표방한 서원에서 설정한 스승과 제자 관계의 이상적인(ideal) 형태가 '상호 존중'이었음을 보여 주고 있다. 스승이 존재하는 이유는 대우를 받거나 서원의 이름을 드높이기 위함이 아니라, 서원의 유생들을 바른 길로 인도하기 위해서이다. 따라서 스승은 스스로의 몸가짐을 단정히 할 의무를 가진다. 이처럼 자신의 책임을 다하고 모범을 보인 스승에 대해 제자들은 존경으로 대우하는 것이 마땅하다. 이런 상호성의 사례는 스승이 과오를 범했을 때도 동일하게 적용된다.

원장이 혹시 과오가 있을 때는 같은 또래의 동료들이 남몰래 서로 충고함으로써 빨리 그 과오를 시정할 수 있게 할 것이며, 얼굴을 대놓고 책망하거나 손도損徒하는 벌은 감히 원장에게 가하지 않는다. 혹시 잘못을 범한 정도가 커서 더 이상 원장의 직임에 앉아 있을 수 없을 경우에, 원장은 반드시 자신의 잘못을 인정하고 교체해 줄 것을 요청해야 한다. 원장록院長錄을 비치해 두고 역대 원장들의 성명을 기록하되 임명되고 교체되어 나간 연월을 아울러 기록함으로써 후임 원장이 그것을 열람하고 정신을 가다듬고 경계로 삼을 수 있도록 한다. 유사有司의 성명도 기록한다.[28)]

---

27) 『寒岡集』 續集, 卷4, '院規 爲道東作', "院長者, 所以爲一院之長, 而主盟倡道, 以興起朋徒者也. 入院之士, 所當尊畏矜式, 不敢輕忽, 而爲院長者, 亦自端重飭勵, 無自辱焉."

28) 『寒岡集』 續集, 卷4, '院規 爲道東作', "院長或有過誤, 行輩間密相箴規, 庶幾令不遠而復, 面責損徒之罰, 不敢加於院長. 或所失者大, 不復可安於院長之任, 則院長必自引咎而請改矣. 置院長錄, 錄前後院長, 竝書任遞年月, 令後之任此者, 庶幾有所披閱而欽戒也. 有司亦書之."

과오가 있을 경우 그 과오가 작다면 만회할 기회를 부여하나, 과오가 크다면 스승 본인이 반드시 스스로 잘못을 인정하고 자리에서 물러나야 한다. 스승이 자신의 잘못을 인정함으로써, 그 직접적인 피해자인 제자들에게도 반성의 자세를 보이는 것이다. 또한 서원에 재직했던 스승들의 성명과 임기를 함께 기록해 두어, 후임으로 올 스승들이 도덕적으로 해이해지지 않도록 경계하는 장치를 설정해야 한다는 대목도 주목할 부분이다. 다른 원규들에서도 스승 및 유사의 선택에는 바른 성품 및 청렴 등의 가치·덕목 등을 강조하고 있으며, 동시에 이 같은 스승과 유사에 대해서는 공경과 믿음으로 대우해야 한다는 점을 강조하고 있다.[29)]

스승에게 있어 '권위'란 가르치고 배우는(敎學) 과정에서 반드시 요청되는 것이자, 제자들에게 행사하는 정당한 영향력이다. 그런데 권위의 성질은 본질적으로 상호성을 띠고 있기 때문에, 스승이 지식과 인격, 올바른 행동을 보여 주었을 때, 이에 대해 제자들이 존중의 예를 갖추어야만 비로소 권위가 완성된다.[30)] 이런 점에서 현재 우리 학교에서 발생하는 많은 사건·사고들은 사도와 존사가 관계가 상호적이고 올바르게

---

29) 유사는 서원의 사무를 맡아보는 직책이다. 그러나 유사의 선정에는 덕망과 능력, 나이 등 다양한 요인이 들어가는 까닭에, 어리거나 서원에 갓 들어온 유생에게는 스승과 다름없이 인식되었을 것으로 추정된다. 그래서 이황은 '이산서원 원규'에서, 서원 근처에 사는 청렴하고 능력 있는 사람을 두 사람 선정해 유사로 삼고, 선비들 중에 추앙받을 만한 사람을 한 사람 선정해 특별히 上有司로 삼으라고 언급했던 것이다. 그는 또한 유생과 유사는 예절에 맞는 몸가짐으로써 서로 대하고, 공경과 믿음으로써 상호 대우해야 한다고 강조하였다.(『退溪集』, 卷41, '伊山院規', "一, 院有司, 以近居廉幹品官二人差定. 又擇儒士之識事理有行義衆所推服者一人, 爲上有司, 皆二年相遞. 一, 諸生與有司, 務以禮貌相接, 敬信相待.")

30) J. M. Banner Jr·H. C Cannon, 이창신 역, 『훌륭한 교사는 이렇게 가르친다』(풀빛, 2013), 43면 참조.

정립될 때 해결될 수 있는 여지가 크다. 스승이 제자를 진심으로 인도하고 제자가 이런 스승을 존경함으로써 형성되는 긍정적 학교 분위기는 일차적으로 교권을 향상시킬 것이고, → 학생들에 대한 교사의 권위가 상승함에 따라 심각한 학교 폭력의 문제도 일정 부분 완화될 수 있다. → 이런 선순환 관계가 만들어지면, 공교육의 정상화도 앞당겨질 수 있다. 그리고 이것이 서원의 원규가 스승과 제자 사이의 올바른 관계 형성이라는 차원에서 현대 교육에 던지는 유의미한 메시지라고 할 수 있다.

지금까지 본 발표문에서는 서원의 원규가 지니는 현대적 시사점과 관련해, ⓐ 학교의 본질과 가치에 대한 재고, ⓑ 공부의 근본적인 목적과 자세에 대한 숙고, ⓒ 스승과 제자 사이의 올바른 관계에 대한 고려 등의 기회를 제공한다는 측면에서 논의하였다. 이제 이어지는 장에서는 본 발표문의 마지막 내용으로 서원에서 행해진 교육방법의 현대적 활용 방안에 대해 개괄할 것이다.

【참고문헌】

『栗谷全書』.
『退溪集』.
『寒岡集 續集』.
洪翰周, 김윤조·진재교 역, 『19세기 견문지식의 축적과 지식의 탄생 지수염필(하)』, 소명출판, 2013.

교육부, 『초·중등 교육과정 총론(교육부 고시 제2018-162호)』, 교육부, 2018.
류방란 외, 『제4차 산업혁명 시대의 교육』, 한국교육개발원, 2018.
엄기호, 『교사도 학교가 두렵다』, 따비, 2014.

이만규, 『다시 읽는 조선 교육사』, 살림터, 2010.

정순우, 『서원의 사회사』, 태학사, 2013.

조무남·피정만·김기수, 『교육사 교육철학 강의』, 동문사, 2001.

한혜정 외, 『2015 개정 교육과정 총론 해설(중학교)』, 교육부, 2017.

方朝暉, 박찬철 역, 『나를 지켜낸다는 것』, 위즈덤하우스, 2014.

J. M. Banner Jr·H. C Cannon, 이창신 역, 『훌륭한 교사는 이렇게 가르친다』, 풀빛, 2013.

P. J. Palmer, 이종인·이은정 역, 『가르칠 수 있는 용기』, 한문화, 2013.

교육부 보도자료, 「OECD 교육지표 2019 결과 발표」, 2019.

김대식, 「조선 서원 강학 활동의 성격」, 『교육사학연구』 제11집, 교육사학회, 2001.

김민재, 「사도·존사의 유가적 전통이 지니는 초등도덕교육적 함의」, 『초등도덕교육』 제45집, 한국초등도덕교육학회, 2014.

_____, 「전통도덕교육론 연구의 분석 및 방향 탐색」, 『학습자중심교과교육연구』 제16권 제11호, 학습자중심교과교육학회, 2016.

김자운, 「18세기 조선을 새롭게 디자인한 석실의 학풍과 교육」, 조준호 외, 『석실서원』, 한국학중앙연구원 출판부, 2018.

박민정, 「역량기반 교육과정의 특징과 비판적 쟁점 분석」, 『교육과정연구』 제27권 제4호, 한국교육과정학회, 2009.

박종배, 「조선시대의 학령 및 학규」, 『한국교육사학』 제28권 제2호, 한국교육사학회, 2006.

이상호, 「복설될 연경서원의 현대적 활용 방안」, 『퇴계학논집』 제16집, 영남퇴계학연구원, 2015.

정만조, 「한국 서원의 연구현황과 전망」, 경기대학교 소성학술연구원, 『한국의 서원과 학맥 연구』, 국학자료원, 2002.

진성수, 「전북지역 서원의 현대적 활용 방안」, 『원불교사상과 종교문화』 제70호, 원광대학교 원불교사상연구원, 2016.

최광만, 「19세기 서원 강학활동 사례 연구」, 『교육사학연구』 제22집 제1호, 교육사학회, 2012.

한재훈, 「조선시대 서원향사례 비교연구」, 『퇴계학논집』 제20호, 영남퇴계학연구원, 2017.

http://www.law.go.kr/

http://db.itkc.or.kr/

3. 오시오 주사이의 세심동 학규 연구

이우진*

1. 머리말

오시오 주사이(大鹽中齋)는 일본 역사에서 찾아보기 어려운 막부幕府에 대항하여 봉기를 일으킨 인물이다.[1] 그는 대기근에 죽어가는 민중을 외면한 채 사리사욕私利私慾에 사로잡힌 관리와 상인들을 벌하기 위해 이른바 '오시오 헤이하치로의 난亂'을 일으켰다. 오시오 주사이의 봉기는 비록 실패하였지만, "정치권력을 쟁취하기 위한 봉기가 아니라, 정의가 세상을 다스려야 한다는 신념을 표출하기 위한 행동"이었다.[2] 그는 "진정한 영웅호걸은 생사화복生死禍福에 눈이 멀지 않고 이 모두를 하나로 여기는 '강한 신념'이 있을 때에만 큰일을 이루어 낼 수 있다"고 믿었다.[3] 그 강한 신념은 '양명학의 정신'이었다. 바로 "인간은 타자와

---

* 공주교육대학교 교육학과 조교수.
1) 大鹽中齋(1793~1837): 통칭 헤이하치로(平八郎)라 하며, 諱는 마사타카(正高), 코소(後素), 字는 코키(子起), 號는 주사이(中齋)이다.
2) 시어도어 젤딘(Theodore Zeldin), 문희경 옮김, 『인생의 발견』(어크로스, 2016).
3) 大鹽中齋, 『洗心洞箚記』, 「自述」, "英傑當大事, 固忘禍福生死, 而事適成, 則亦或惑禍福生死矣, 至學問精熟之君子則一也." 『洗心洞箚記』의 원문은 相良亨 外 校注, 『佐藤一齋·大鹽中齋』(日本思想史大系 46, 岩派書店, 1980), pp.633~634에 제시됨. 이후 쪽수는 표기하지 않고 간단히 '上·下, 條目'과 원문만 제시하겠음.

3. 오시오 주사이의 세심동 학규 연구 | 이우진   347

의 감응능력인 양지良知를 바탕으로 금수초목禽獸草木은 물론이고 천지와 귀신마저 나와 한 몸으로 삼아야 한다는 만물일체의 정신"이고,4) 다음 으로 "해야 한다는 것을 알면서도 행하지 않는 것은 이미 사욕私欲에 의해 지행知行이 분리된 것이지 지행知行의 본체本體는 아니라는 지행합 일知行合一의 정신"이었다.5)

특히 오시오 주사이는 왕양명의 태허론太虛論과 치양지론致良知論을 결합시켜 "마음을 태허의 상태로 되돌리자는 귀태허歸太虛의 공부론"을 표방하였다.6) 그에게 있어 '태허太虛는 양지자연良知自然의 영명靈明함'이 다. 따라서 "귀태허는 양지의 영명함에 해악을 끼치는 의견意見과 정식 情識을 제거하여, 양지가 지닌 본래의 영명함이 고스란히 드러나는 상태 로 되돌리는 공부"인 것이다.7) 이와 같은 "귀태허 공부를 온전하게 한 다면 자기중심적인 삶을 사는 소인小人의 껍질을 벗고, 혈기血氣를 지닌 것에서부터 초목와석草木瓦石에 이르기까지 모든 존재물들이 죽거나 꺾 이거나 부서진 것을 보면 내 마음이 아픔을 느끼는 만물일체의 경지에 이를 것"이라고 오시오 주사이는 주장하였다.8) 사실상 그가 일으킨 봉

---

4) 『傳習錄』, 下권, 336條目, "先生曰, 你只在感應之几上看, 岂但禽兽草木, 雖天地也與我同體 的, 鬼神也與我同體的. 只在感應之幾上看, 豈但禽獸草木, 雖天地也與我同體的, 鬼神也與我 同體的." 『傳習錄』의 조목번호는 陳榮捷, 『傳習錄詳註集評』(學生書局, 1983)에 근거함.
5) 『傳習錄』, 上권, 5條目, "先生曰, 此已被私欲隔斷. 不是知行的本體了. 未有知而不行者. 知 而不行, 只是未知. 聖賢教人, 知行正是要復那本體."
6) 『洗心洞箚記』, 上권, 48條目, "非韻陽明先生所訓致良知之實功, 則不可至於橫渠先生所謂太 虛之地位, 故欲心歸乎太虛者, 宣致良知矣."
7) 『洗心洞箚記』, 「箚記跋」, "先生之學, 愼獨乎未發已前, 以痛掃意見情識之害良知者, 故其極, 在歸乎太虛矣. 夫太虛, 則良知自然明也."
8) 『洗心洞箚記』, 上권, 2條目, "軀殼外之虛, 便是天地. 天者, 吾心也. 心葆含萬有, 於是焉可悟 矣. 故有血氣者, 至草木瓦石, 視其死, 視其摧折, 視其毀壞, 則令感傷吾心, 以本爲心中物故 也. 若先有欲而塞心, 則心非虛, 非虛則頑然一小物, 而非天體也. 便與骨肉旣分隔了, 何況其 他耶 名之以小人, 不亦理乎."

기는 이 귀태허의 공부의 결과물이라 봐도 과하지 않다. 1833년 이래 대기근이 지속되었는데도 악덕 상인들은 쌀을 매점매석하여 가격을 올려 폭리를 취하고, 더욱이 이를 감독해야 할 관리들은 그 상인들을 비호하기에 바빴을 뿐이었다. 그들 모두 굶어 죽어가는 민중을 외면하고 있다. 오시오 주사이는 이와 같

오사카에 있는 세심동 학당의 자취

은 상인들과 관리들의 행태에 분노하고 민중의 모습에 가슴 아파하여 자신의 장서藏書 5만 권을 팔아 빈민 구제와 봉기를 위한 자금을 마련하여 봉기를 일으킨 것이다.

오시오 주사이의 봉기에는 세심동洗心洞 학당學堂에서 가르친 양아들 오시오 가쿠노스케(大鹽格之助)를 비롯한 수많은 제자들이 적극적으로 동참하였다. 이 사실에서 세심동洗心洞 학당의 강학이념이 어떠하였는지 짐작해 볼 수 있을 것이다. 아마도 그 곳에서의 강학이념은 '귀태허歸太虛 공부론'에 근간하였을 것이라고 가정해 볼 수 있다. 이 글은 문제의식은 여기에 있다. '세심동에서 시행된 강학의 구체적인 면모는 어떠했는가'를 확인하는 것이다. 이를 위해 세심동 강학의 실상을 확인해 볼 수 있는 「세심동입학맹서洗心洞入學盟誓」를 비롯하여, 「학당동계堂東揭」・「학당서계學堂西揭」・「학당게시學堂揭示」를 검토해 보도록 하겠다.9) 이에 관

---

9) 이 자료들의 출전은 『洗心洞箚記』, 『儒門空虛聚語』, 『增補孝經彙註』 등에서 '세심동 강학과 관련된 자료를 모은 高畑常信・小尾郊一, 『大鹽中齋・佐久間象山』(日本の思想家 38, 明德出版社, 1981), pp.284~292에 근거하였다.

한 연구는 현재 우리 학계에 전무한 상황으로,10) 향후 오시오 주사이의 사상 체계를 온전히 규정하는 데 있어서도 도움이 될 것이다.

2. 세심동 학당의 학규

오시오 주사이가 양명학에 입문하게 된 것은 그의 나이 24세(1816) 때였다. 그는 여곤呂坤(1536~1618)의 『신음어呻吟語』를 읽고 양명학에 접하게 되었다고 고백한다. 그의 표현에 따르면 "당시 유자들의 풍조에 따라 훈고訓詁와 시장詩章에 빠져 마음의 병이 심하여졌는데 우연히 『신음어』를 읽으면서 깨달음이 있게 되고, 생각해 보니 그 연원이 양명학이었다"는 것이다.11) 사실 여곤의 『신음어』는 주자학과 양명학 가운데 어느 입장을 대변하지 않는다. 하지만 오시오 주사이는 그 책을 통해 양명학과의 긴밀한 연관성을 발견하였다고 말한다.12) 양명학에 입문한

---

10) 현재 우리 학계에서 오시오 주사이에 관한 연구는 崔在穆, 이우진 옮김, 『동아시아 양명학의 전개』(정병규에디션, 2016); 임태홍, 「일본 양명학과 오시오 주사이: 太虛論의 사상사적 배경을 중심으로」, 『일본문화연구』 18집(동아시아일본학회, 2006); 임정기, 「오시오 주사이(大鹽中齋)의 太虛에 대해서」, 『다산학』 13호(다산학술문화재단, 2008)가 있다. 하지만 오시오 주사이의 철학에 관한 연구들로, 세심동 학당의 교육에 관한 연구는 전무한 상황이다.

11) 『洗心洞箚記·附錄』, 「寄一齋佐藤氏書」, "其時之志, 則猶以襲取外求之功, 望病去而心正者, 而不能免輕俊之患也. 乃與崔子鐘少年之無適相同, 而非謂材及焉也. 而夫儒之所授, 非訓詁必詩章矣, 僕偸暇以慣習之, 故不覺陷於其窠臼, 而自與之化, 是以聞見辭辯, 掩非飾言之具, 旣在心口, 而侈然無忌憚, 似病却深乎前日矣. 顧與其志徑庭, 能無悔乎, 於此退獨學焉, 困苦辛酸, 殆不可名狀也. 因天祐, 得購舶來寧陵呻吟語, 此亦呂子病中言也, 熟讀玩味, 道其不在焉耶, 恍然如有覺, 庶乎所謂長鐵去遠瘖. 而雖未能全爲正心之人, 然自幸脫於楮衣一間之罪矣. 自是又究寧陵所淵源, 乃知其亦從姚江來矣."

12) 어찌하여 오시오 주사이가 여곤의 『신음어』를 양명학의 서적으로 이해하고 있는지

이듬해(1817), 그는 자기 수양과 제자 강학을 위한 공간으로 세심동洗心洞 학당을 설립하게 된다. 오시오 주사이가 세심동 학당에서 어떠한 강학을 시행했는지는 '세심洗心'이란 그 이름에서부터 유추해 볼 수 있다. 그 세심이란 용어는 『주역周易』 「계사전繫辭傳」의 다음 구절에서 제시된다.

> 성인이 이로써 마음을 깨끗이 씻어 은밀함에 물러가 감추며, 길흉 간
> 에 백성과 더불어 근심을 함께 하니 신통(神)함으로 미래를 알고 지혜
> (知)로 지나간 일을 기억한다.[13]

이를 통해 보자면, 오시오 주사이는 세심동 학당에서 제자들을 '마음에 있는 의견意見과 정식情識을 제거하여 양지자연良知自然의 밝음을 고스란히 실현하도록 하고, 그리하여 백성과 동고동락同苦同樂할 수 있는 인물'[14]로 양성하고자 했음을 짐작할 수 있다. 양지의 가르침에 따라 즉각적으로 실천하는 그러한 인물을 길러 내는 세심동의 교육론은,[15]

는 뒤의 「學堂東揭」 분석에서 제시될 것이다.

13) 『周易』, 「繫辭傳」, "聖人所以崇德而廣業也. 聖人以此洗心, 退藏於密, 吉凶與民同患, 神以知來, 知以藏往."

14) 각주 7~8번 참조.

15) 고지마 쓰요시(小島毅)는 『近代日本の陽明學』(講談社, 2006), p.27에서 오시오 주사이의 '洗心'에 대해 이렇게 설명하고 있다. "오시오 주사이의 '洗心'은 타자나 외계에 윤리 도덕의 규준을 요구하는 것이 아니라 자기 안에 있는 '마음의 자연스러운 기능'을 '도덕성으로 보고자 하는 입장에서 이름 지은 것이다. 양명학의 용어로 말하자면 '良知'의 발동인 것이다. 그에게 학문은 지식 그 자체나 도덕률 자체를 배우는 것도 아니고, 또는 지식과 도덕률을 배우고 지식과 도덕률에 따르는 것이 목적이 아니라, 자신의 마음에 갖추어진 양지의 존재를 깨닫고 그것을 충분히 작동할 수 있도록 하는 것에 있었다. 보잘것없는 지식을 현학적으로 자랑하거나 기성도덕에 대한 순종하는 것을 자랑하거나 하는 일은 학문하는 자로서는 할 일이 아닌 것이었다. 오시오 주사이의 행동주의는 이와 같이 그 '세심동'이라는 私塾의 이름에 담겨져 있었던 것이다."

분명 '오시오 주사이의 독자적인 양명학 공부론' 이른바 '귀태허 공부론'이었을 것이다.

이제부터 오시오 주사이의 세심동에서 시행된 구체적인 강학활동을 살펴보고자 하겠다. 세심동 학당이 본격적인 교육기관으로 체제를 갖추게 된 것은 그의 나이 33세(1825) 때로 짐작된다. 오시오 주사이는 그 해 1월 세심동 학당의 교육론을 제시하는 「학당동계學堂東揭」·「학당서계學堂西揭」·「학당게시學堂揭示」를 작성하고, 이후 4월 세심동의 규칙인 「세심동입학맹서洗心洞入學盟誓」를 작성하였다. 세심동 학당에 입학하는 학생들의 서약인 「세심동입학맹서」를 먼저 살펴보고, 두 번째로 '세심동 학당의 일과'와 '세심동 학당의 게시물들'을 검토하여 세심동 교육의 실상을 추적해 보도록 하겠다.

1) 「세심동입학맹서洗心洞入學盟誓」

오시오 주사이는 세심동 학당에 입학하려는 사람은 몇 가지 서약을 해야 한다고 생각했다. 왜냐하면 "성현의 도道를 배우고자 하는 사람은 '사제師弟의 명분名分'이 바르지 않으면 아니 되기 때문"이라는 것이다.[16] 사실상 스승과 제자는 성현의 도를 행하는 동행자이다. 그는 이와 같이 말하였다.

> 스승과 제자의 명분名分이 바르지 않게 된다면 비록 불선不善하고 추한 행위가 있더라도 어느 누가 그것을 금지하겠는가? 그러므로 스승과 제

---

16) 「洗心洞入學盟誓」, "欲學聖賢之道以爲人, 則師弟之名, 不可不正也."

자의 명분이 진실로 올바로 되어야만 도道가 스승과 제자 간에 행해지게 된다. 또 도가 행해져야 선인善人과 군자君子가 나올 수 있게 된다. 그러므로 (스승과 제자의) 명분은 학문의 바탕이니 어찌 올바로 되지 않을 수 있겠는가? 나(오시오 주사이)는 배운 것도 들은 것도 부족하지만 나이가 조금 위라는 이유로 그 (스승이란) 책임을 떠맡게 되었다. 그래서 감히 스승이란 이름을 쓸 수 없겠지만, 그 스승이란 명분이 무너지고 무너지지 않음은 대개 아래에 제시된 조목條目들을 여러분이 지키느냐 지키지 않느냐에 달려 있다. 그러므로 입학할 때에 굳건히 맹세케 하여 여러분이 나쁜 방향으로 흐르는 것을 예방하고자 한다.[17]

여기서 보듯이, 오시오 주사이는 사제師弟 관계를 정립하는 데 있어 '그 명목과 본분 사이를 일치'시켜야 한다는 '정명론定命論의 입장'을 내세우고 있다. "임금은 임금답고, 신하는 신하다우며, 아버지는 아버지답고, 자식은 자식다워야 하며, 그 이름에 걸맞지 않으면 일이 이루어지지 않는다"는 공자의 사유를,[18] 오시오 주사이는 사제 관계에까지 확대 적용한 것이다. 그에게 있어, 사제 관계는 교유交遊를 통해 도道를 행하고 선인善人과 군자君子를 배출하는 관계이다. 곧 오시오 주사이는 '사제관계의 정명론'을 바탕으로 세심동 학당의 질서를 확립하고자 한 것이다. 그가 제시한 조목은 모두 8가지로서, 그 첫 번째는 다음과 같다.

1조목: 충신忠信을 소중히 여기고 성학聖學의 의미를 잊어서는 안 된다.

---

17) 같은 책, "師弟之名不正, 則雖有不善醜行, 誰敢禁之. 故師弟之名誠正, 則道行乎其間, 道行而善人君子出焉, 然則名問學之基也, 可不正哉. 某雖孤陋寡聞, 以一日之長, 任其責, 則不得辭師之名, 而其名之壞不壞, 大率在下文條件之立不立, 故結盟於入學之時, 以預防于其流不善之弊."
18) 『論語』,「顏淵」, "君君, 臣臣, 父父, 子子.";『論語』,「子路」, "名不正, 則言不順, 言不順, 則事不成."

예컨대 나쁜 습속에 휩쓸려 '학업을 게을리하고'(廢學荒業) 나쁜
짓을 하게 된다면, 그 학생의 가정형편에 맞추어 내가 지정하는
경서經書와 사서史書를 구매케 하여 그 책들을 전부 세심동의 학
생들이 이용하도록 기증하게 할 것이다. 만약 그 사람이 이후
청출어람靑出於藍하여 나보다 더 뛰어나게 된다면, (그 책들을
세심동에 기증하든지 아니면 자기가 다시 가져가든지) 본인 뜻
대로 하면 된다.19)

오시오 주사이는 1조목의 첫머리에 공자의 '주충신主忠信'을 제시한
다. 그것은 "거짓 없는 마음의 충忠과 남을 속이지 않는 신信을 제1의
원칙으로 삼으라"는 것이다.20) 이와 같은 '주충신主忠信'의 강조는 그의
공부론인 '귀태허 공부론'과 긴밀한 관련이 있다. '마음에 어떠한 거짓
도 없도록 해야 한다'는 '주충신主忠信'은, '마음에 어떠한 거짓도 없는
상태로 만들고자 하는 귀태허의 공부'와 동일한 공부이기 때문이다. 또
한 1조목에는 벌칙이 제시되어 있다. 오시오 주사이는 규정한 벌칙은
'세심동 학당에 장서를 기증해야 하는 것'이었다. 하지만 이 기증된 도
서는 세심동 학당에 소속된 재물이 아니라, 학생이 올바로 성장하게 된
다면 기증한 도서를 학생 마음대로 처분해도 된다. 이러한 사실에서 오
시오 주사이는 벌칙을 받은 학생뿐만 아니라 동료들도 함께 성장할 수
있도록 하는 교육적 차원의 수단으로서 벌칙을 활용하고 있음을 확인
할 수 있다.

---

19) 「洗心洞入學盟誓」, "主忠信, 而不可失聖學之意矣, 如爲俗習所率制, 而廢學荒業以陷奸細淫
邪, 則應其家之貧富, 使購某所告之經史以出焉, 其所出之經史, 盡附諸塾生, 若其本人, 而出藍
之後, 各從其心所欲可."
20) 『論語』, 「子罕」, "主忠信, 無友不如己者, 過則勿憚改."

두 번째 조목에서도 동일하게 처벌 규정이 제시되어 있다. 오시오 주사이는 이 처벌규정은 유가의 성인聖人인 순舜황제가 교육적 효과를 이루고자 사용했던 방식이라고 정당화하고 있다.

> 2조목: 학문의 요점은 효제인의孝弟仁義를 힘써 실천하는 데 있을 뿐이
> 다. 그러므로 소설이나 이단사설의 잡서를 읽어서는 안 된다.
> 만약 그런 책을 읽었을 때는 나이의 많고 적음에 관계없이 회초
> 리를 몇 차례 칠 것이다. 이는 순황제가 '교육을 위한 형벌로서
> 회초리로 규정한' 가르침에 따른 것이지, 내가 결코 만든 것이
> 아니다.21)

두 번째 조목은 공자가 강조한 '효제와 인의의 실천'을 요구하면서, 이러한 유가의 덕목을 실천하기 위한 방안으로 '이단 잡설이나 시속의 소설을 독서하는 것을 금지'하고 있다. 오시오 주사이는 이를 어겼을 때에 '회초리를 칠 것'이라 경고한다. 그리고 이 규정은 자신이 만든 것이 아닌 순舜이 마련한 것이라면서,22) 그와 같은 회초리 체벌은 유가 교육의 입장에서 정당한 것이라 주장한다.

이와 같이 오시오 주사이는 1조목과 2조목에서 '주충신과 효제인의 실천이라는 교육목적'과 '장서기증과 회초리 체벌'이라는 처벌 규정을 제시하고 있다. 그리고 이 처벌 규정은 이후 3조목에서 5조목까지 계속 적용되고 있는데, 그 내용은 다음과 같다.

---

21) 「洗心洞入學盟誓」, "學之要, 在躬行孝弟仁義而已矣. 故不可讀小說及異端眩人之雜書. 如犯之, 則無少長鞭朴若干, 是卽帝舜扑作敎刑之遺意, 非某所創也."
22) 『書經』, 「舜典」, "扑作敎刑."

3조목: 매일 학업에 있어서 먼저 유가 경전을 읽고 이후에 시나 문장을 만드는 공부를 해라. 만약 순서를 어길 시에는 몇 차례 회초리를 칠 것이다.23)

4조목: 나쁜 무리들과 몰래 교제하여 기생집에 가고 음주 등과 같은 일탈 행동을 허용하지 않는다. 만약 이를 한번이라도 어긴다면, (1조목에서) '학업을 게을리한 것'(廢學荒業)과 같은 처벌을 받는다.24)

5조목: 일단 기숙 생활을 하게 되면 마음대로 학당을 드나들어서는 안 된다. 만약 나에게 허락받지 않고 제멋대로 외출하였을 경우, 비록 부모님께 다녀왔다고 할지라도 그 죄는 용서되지 않으며 몇 차례 회초리를 칠 것이다.25)

지금까지의 5조목을 검토해 볼 때, 세심동 학당의 처벌규정은 크게 두 가지로 분류할 수 있다. 그 하나는 1·4조목에 해당되는 '학업을 게을리한 것'(廢學荒業)에 따른 '장서 기증'이다. 또 다른 하나는 2·3·5조목에 해당되는 '회초리 처벌'이다. 여기서 2·3조목은 독서와 관련되는 것으로 '학습에 있어서 유가 경전에 대한 우선성'과 관련된다. 그리고 5조목은 '세심동 학당에서 기숙 규정'이다. 이처럼 1~5조목은 다소 엄정하고 차가운 분위기의 규칙이다. 하지만 이후 제시되는 6~7조목은 '깊은 신뢰와 유대를 공유할 수 있는 사제 관계를 만들기 위해 오시오 주사이가 학생에게 부탁하는 내용'으로 앞의 조목들과 분위기가 다르다.

23) 「洗心洞入學盟誓」, "每日之業, 先經業而後詩章, 如逆施之, 則鞭扑若干."
24) 같은 책, "不許陰締交於俗輩惡人以登樓縱酒等之放逸, 如一犯之, 則與廢學荒業之譴同."
25) 같은 책, "一宿中不許私出入塾, 如不請某以擅出焉, 則雖辭之以歸省, 敢不赦其譴, 鞭扑若干."

6조목: 가정에 변고變故가 생기면 반드시 나(오시오 주사이)하고 상담해야 한다. 그 일을 도의道義에 맞게 처리하기 위함으로, 결코 남의 아픈 가정사를 들으려는 것이 아니다.[26]

7조목: 상례·제례·결혼 및 기타 길흉사吉凶事가 있다면 반드시 나(오시오 주사이)에게 보고 해야 하니, 함께 기뻐하고 함께 슬퍼하고자 함이다.[27]

진정한 사제지간은 일방적 지배와 맹목적 복종의 관계가 아니다. 그 관계는 '동고동락同苦同樂하면서 성현聖賢의 도를 닦아가는 우정의 연대체連帶體'인 것. 오시오 주사이가 세심동 학당에서 바로 그러한 연대체로서의 사제관계를 추구하였다.

이제 8조목을 살펴보면, 오시오 주사이는 먼저 '제자들이 직무상 과실을 범하게 되었을 때의 처리방안'을 제시한 뒤, 마지막으로 자신의 제자들에게 마지막 부탁을 하고 있다. 그 부탁은 '조심하고 또 조심하라'(小心翼翼)였다.

8조목: 직무상 과실을 범하였으면, 친족이라고 할지라도 숨기거나 변호해서는 아니 되고, 관청에서 보고하여 조치를 하도록 맡겨야 한다. 부디 여러분들은 작은 일에도 신중하고 주의하여 부모님께 걱정 끼치지 않도록 해야 할 것이다.[28]

지금까지 살펴본 「세심동맹서팔조洗心洞盟誓八條」에는 세심동 학당의

---

26) 같은 책, "家事有變故, 則必諮詢焉, 以處之有道義故也, 非某欲聞人之陰私也."
27) 같은 책, "喪祭嫁娶及諸吉凶, 必告於某與同其憂喜."
28) 같은 책, "犯公罪, 則雖親族不能掩護, 告諸官以任其處置, 願儞們小心翼翼, 莫貽父母之憂."

교육원칙과 내용, 처벌의 대상과 기준, 학당 기숙 생활의 규칙이 제시되어 있다. 그뿐만 아니라 오시오 주사이가 지향했던 사제관계의 양상도 확인해 볼 수 있었다. 세심동 학당의 사제관계는 명목과 실제가 부합하는 관계였다. 다시 말하면 '성현의 도를 실행하고 그 기쁨과 아픔을 같이하는 동반자로서의 사제관계'였다. 아마도 "이와 같은 측면들이 오시오 헤이하치로의 난亂'의 처음부터 끝까지 세심동 문인을 중심으로 이루어졌으며, 그 과정 동안 단 한 번도 붕괴되지 않을 수 있었던 기반"이라고 보아도 무방할 것이다.29)

2) 「학당게시」

세심동 학당의 일과는 아침 다섯 시경에 시작하여 저녁 여섯 시경에 마무리된다. 아침 5시경 기상과 함께 자리정돈을 하고 세수와 양치를 용모를 바로 한다. 이후 스승 오시오 주사이 앞에서 '양명학 서적'(新理書)을 읽는다. 다 읽고 난 뒤 물러나 자기 방으로 와서 열 번 더 읽고, 의심나는 것이나 잊은 것이 있으면 반드시 스승인 오시오 주사이에게 묻고 바로잡도록 한다. 양명학 서적을 공부한 다음에는, '주자학 서적'(舊理書)을 공부하도록 한다. 그 방법은 앞의 양명학 서적을 공부할 때와 같다. 책을 읽은 뒤에 글자를 쓰고, 글자를 쓴 뒤에 시를 읽고 암송하며, 이후 운을 맞추어 시를 짓는다. 그리고 저녁 6시경이 되면 취침을 하여 하루의 마무리 짓는다.30)

---

29) 高畑常信, 『大鹽中齋・佐久間象山』(日本の思想家 38, 明德出版社, 1981), p.23.
30) 「兒童日課大略」, "每曉卯上刻, 收枕席, 皆盥漱梳櫛, 讀新理書, 讀終退而讀其書十過, 疑忘不

이와 같은 세심동의 일과에서 제시된 학업 순서는, 「세심동맹서팔
조洗心洞盟誓八條」의 3조목에 제시된 "선경업先經業 후시장後詩章의 공부 순
서"와 일치한다.[31] 주목할 만한 점은 유가 경전의 독서에서 '양명학 서
적에 대한 학습을 주자학 서적보다 우선하였다'는 것이다. 이는 당연히
오시오 주사이가 양명학을 자신의 학문적 종지로 삼았던 이유에서 기
인한 것이라 말할 수 있다.

오시오 주사이는 세심동 학당을 위해 세 개의 게시물을 작성하였다.
그 가운데 두 개는 「학당동계學堂東揭」·「학당서계學堂西揭」로서, 그 이름
에서 알 수 있듯이 세심동 학당의 동쪽 벽과 서쪽 벽에 걸기 위한 것이
었다. 그리고 나머지 하나인 「학당게시學堂揭示」는 어디에 걸려 있던 것
인지 확인하기 어렵다.[32]

이 세 개의 내용을 살펴보면, 모두 '오시오 주사이가 양명학적인 가
르침이라 여겼던 문장들'이다. 「학당서계」는 왕양명의 문장이고, 「학당
게시」는 왕양명의 제자인 전덕홍錢德洪(1496~1574)의 문장이기에 당연히
양명학적 특징이 담겨 있다. 반면 「학당동계」는 여곤呂坤의 『신음어呻吟
語』에서 발췌한 18개의 문구로서, 양명학적인 가르침으로 보기 어려울
수 있다. 그러나 오시오 주사이는 여곤의 『신음어』를 읽고서 그 학문적
연원이 양명학이라고 파악하고 있었다.[33] 그 점에서, 이 세 개의 게시물

許放過, 必就正焉, 然後讀舊理書十簡, 疑忘亦復然, 習書而後寫字, 寫字而後誦詩背誦, 而後韻
字平仄就正焉, 酉中刻就寢."

31) 각주 22번 참조.
32) 다카하타 쓰네노부(高畑常信)는 현재 유적이 남아 있지 않아 확인하기 어렵지만, 이
3개의 문건들은 세심동 학당의 뒤쪽에 게시된 것으로 추정하고 있다. 이에 대해서는
高畑常信, 앞의 책(1981), p.25 참조.
33) 각주 11번 참조.

모두 오시오 주사이가 보건대 '양명학적인 가르침'이었다.

「학당서게」는 양명학의 종주宗主인 왕양명이 작성한 「교조시용장제생教條示龍場諸生」이다. 이는 왕양명이 용장오도龍場悟道를 한 뒤 설립한 용강서원龍岡書院에서 제자들에게 제시한 교육 조목이다. 그 조목은 '입지立志 · 근학勤學 · 개과改過 · 책선責善'의 총 네 개이다. 왕양명은 "이 네 개의 교육 조목을 바탕으로 제자들이 서로가 살펴 주고 격려하면 학문이 크게 성장할 것"임을 주장하였다.34) 곧 개인적 학습보다는 공동체적 학습을 강조하였던 것이다. 세심동 학당의 운영에 있어서 이 점을 중요한 원칙으로 삼았을 것이라고 짐작할 수 있다.

뒤이어 오시오 주사이는 「세심동맹서팔조」의 1조목에서 언급한 '주충신主忠信'을 재차 언급하는데, 그 문장은 다음과 같다.

> 우리 문하에 들어와 도를 배움에 있어서는, 충忠과 신信으로서 자신이나 다른 사람을 속이지 말 것을 근본으로 삼는다. 양명 선생이 용장에서 학생들에게 가르친 문장을 써서 게시할 것이니 마땅히 가슴속에 새기도록 하라.35)

그리고 「학당게시」는 왕수인의 제자 전덕홍錢德洪(1496~1574)이 쓴 「천성편天成篇」이다. 세 개의 게시물에서 볼 수 있듯이, 오시오 주사이의 세심당 학당의 이념은 철저히 양명학의 교육 철학에 기반하고 있었다.

---

34) 吳光 外 編校, 『王陽明全集』(上海古籍出版社, 1992), 26卷 , 「敎條示龍場諸生」, "諸生相從於此, 甚盛. 恐無能爲助也, 以四事相規, 聊以答諸生之意: 一曰立志; 二曰勤學; 三曰改過; 四曰責善. 其傾聽, 毋忽!" 이하 간략히 『王陽明全集』으로 표기한다.
35) 「學堂西揭」, "入吾門學道, 以忠信不欺爲主本, 乃記陽明先生龍場諸生語以揭示, 宜服膺."

이제 이 3개의 게시물의 구체적인 내용을 살펴보도록 하겠다. 하지만 「학당서게」에 제시된 「교조시용장제생」은 이미 선행연구에서 상세히 논의된 바 있다.[36] 따라서 「학당동게」와 「학당게시」만을 검토해 보도록 하겠다.

이 「학당동게」와 「학당게시」에는 오시오 주사이가 주창한 '귀태허 공부론의 이념'이 오롯이 담겨 있다. 이러한 만물일체의 정신은 바로 오시오 주사이가 강조하는 귀태허의 공부론과 일치한다. 따라서 귀태허 공부론의 특징에 대해 간략하게 논의해 보도록 하겠다. 오시오 주사이는 '듣는 이'(청자)의 말을 빌려 자신의 귀태허 공부론 소개하는데, 그 공부론은 아래와 같은 다섯 가지 특징이 있다고 말한다.

> 선생님이 논한 학문은 세상의 보통 상식과 맞지 않는 것이 다섯 가지가 있습니다. 그 하나는 '태허太虛'이며, 두 번째는 '치양지致良知'이고, 세 번째는 '기질변화氣質變化'이며 네 번째는 '생사를 하나로 여기는 것' (一死生)이며, 다섯 번째는 '허위를 떨치는 것'(去虛僞)입니다.[37]

여기서 '태허太虛'와 '치양지致良知'는 '만물일체萬物一體의 이념'에 포괄된다. 오시오 주사이에게 '마음을 태허의 상태로 만든다'는 것은 '양지를 실현한다'는 것과 같으며, 그 상태가 되면 이기적 존재로서의 소인小人을 탈피하여 '타자와 공생·공존·공감하는 만물일체의 경지'에 이르

---

36) 「教條示龍場諸生」에 대한 자세한 논의는 이우진, 「王陽明 書院講學의 理念과 實際」, 『한국서원학보』(한국서원학회, 2011), pp.181~212 참조 바람.

37) 『洗心洞箚記』, 「箚記自述」, "先生論學, 有不協於人情者五焉. 一曰太虛, 二曰致良知, 三曰變化氣質, 四曰一死生, 五曰去虛僞."

게 될 것이라고 언급한 바 있다.[38] 그가 보기에 "마음의 허와 입·귀의 허도 본래 하나로 통하며, 또한 이 입·귀의 허는 또 외부의 태허와 하나로 통하기에 간격이 존재하지 않는 것"이다.[39] 여기서 '마음을 허로 만드는 것은 우주의 태허와 하나가 되는 것'이기에, 이 또한 천인합일天人合一로서의 만물일체가 되는 것이고 '삶과 죽음을 하나로 여기는 것'이다. 하지만 '기질을 변화시키지 않고 사욕私欲을 지닌 채로 머물러 있으면서 마음을 태허로 되돌릴 수 없다'고 오시오 주사이는 생각하였다. 그 사욕을 벗어던지는 것은 바로 '내 마음의 허위를 떨쳐내는 것'이다. 이렇게 보자면, 귀태허 공부론은 '마음을 태허로 돌려 만물일체의 경지에 이르는 것을 그 중심에 놓는 공부론'인 것이다. 「학당동계」와 「학당게시」에는 이와 같은 귀태허 공부론의 특징이 담겨져 있다.

오시오 주사이가 「학당동계」에 제시한 문장은 『신음어』 7장인 「문학問學」에서 발췌 인용한 스무 구절이다. 그는 이 문장들을 제시하면서 제자들에게 "우리 문하에 들어와 사람다운 사람이 되고자 한다면 도문학道問學하여 존덕성尊德性하는 것이 요체이기에, 여곤 선생의 말을 적어 학자들에게 게시하니 마땅히 잘 살펴 이해해야 할 것"이라고 언급하였다.[40] 오시오 주사이가 「학당동계」에서 발췌 인용한 문장 순서는 여곤이 지은 『신음어』의 본래 조목 순서와 다르다.

---

38) 각주 8번 참조.

39) 『洗心洞箚記』, 上卷, 42條目, "方寸之虛, 與口耳之虛本通一, 而口耳之虛, 卽亦與太虛通一, 而無際焉. 包括四海, 含容宇宙不可捉捕者也."

40) 「學堂東揭」, "入吾門欲爲人, 則要道問學以尊德性, 誌新吾先生之語, 及學者以揭示, 宜識察焉."

순서[41]	문장	『신음어』의 본래 순서
1	堯舜事功, 孔孟學術, 此八字是君子終身急務. 或問, 堯舜事功, 孔孟學術, 何處下手? 曰, 以天地萬物爲一體, 此是孔孟學術. 使天下萬物各得其所, 此是堯舜事功. 總來是一個念頭.	10
2	脫盡氣習二字, 便是英雄.	26
3	學必相講而後明, 講必相宜而後盡. 孔門師友不厭窮問極言, 不相然諾承順, 所謂審問明辨也. 故當其時, 道學大明, 如撥雲披霧, 白日靑天, 無纖毫障蔽. 講學須要如此, 無堅自是之心, 惡人相直也.	1
4	上吐下瀉之疾, 雖日進飮食, 無補於憔悴. 入耳出口之學, 雖日事講究, 無益於身心.	11
5	只人人去了我心, 便是天淸地寧世界.	13
6	自德性中來, 生死不變. 自識見中來, 則有時而變矣. 故君子以識見養德性, 德性堅定則可生可死.	14
7	昏弱二字是立身大業障, 去此二字不得, 做不出一分好人.	44
8	世間無一件可驕人之事, 才藝不足驕人, 德行是我性分事, 不到堯舜周孔, 便是欠缺, 欠缺便自可恥, 如何驕得人?	48
9	天下至精之理, 至難之事, 若以潛玩沉思求之, 無厭無躁, 雖中人以下, 未有不得者.	52
10	讀書能使人寡過, 不獨明理. 此心日與道俱, 邪念自不得乘之.	56
11	古之學者在心上做工夫, 故發之外面者爲盛德之符. 今之學者在外面做工夫, 故反之於心則爲實德之病.	59
12	事事有實際, 言言有妙境, 物物有至理, 人人有處法, 所貴乎學者, 學此而已. 無地而不學, 無時而不學, 無念而不學, 不會其全 不詣其極不止, 此之謂學者. 今之學者果如是乎?	60
13	留心於浩瀚博雜之書, 役志於靡麗刻削之辭, 耽心於鑿眞沉俗之技, 爭勝於煩勞苛瑣之儀, 可哀矣! 而醉夢者又貿貿昏昏, 若癡若病, 華衣甘食而一無所用心, 不尤可哀哉?是故學者貴好學, 尤貴知學.	61
14	天地萬物, 其情無一毫不與吾身相幹涉, 其理無一毫不與吾身相發明.	62
15	凡字不見經傳, 語不根義理, 君子不出諸口.	63
16	古之君子病其無能也, 學之. 今之君子恥其無能也, 諱之.	64
17	有志之士要百行兼修, 萬善俱足. 若只作一種人, 硜硜自守, 沾沾自多, 這便不長進.	81
18	學問之道, 便是正也, 怕雜. 不一則不眞, 不眞則不精. 入萬景之山, 處處堪遊, 我原要到一處, 只休亂了腳. 入萬花之蔟, 朶朶堪觀, 我原要折一枝, 只休花了眼.	106
19	心得之學, 難與口耳者道. 口耳之學, 到心得者前, 如權度之於輕重短長, 一毫掩護不得.	85
20	『大學』一部書, 統於明德兩字. 『中庸』一部書, 統於修道兩字.	82

표에 나타난 것처럼, 오시오 주사이가 인용하여 제시한 1~2번 문장은 『신음어』의 본래 조목순과 완전히 어긋나 있다.[42] 그렇다면 왜 오시오 주사이는 1~2번 문장을 『신음어』의 본래 조목순에 배열하지 않았던 것일까? 이는 귀태허 공부론의 이념에 따라 인용문의 순서를 재배열한 것이라 할 수 있다. 그 처음과 두 번째 인용한 문장은 다음과 같다.

첫째 문장: '요순사공堯舜事功, 공자학술孔孟學術' 이 여덟 글자는 군자 평생의 급선무이다. 누군가 "요순사공과 공자학술은 어디에서 시작해야 하는가?"라고 묻자, 나는 "천지만물을 한 몸으로 여기는 것은 공맹의 학술이요, 천지만물이 그 각각 자기의 올바른 자리를 얻게 하는 것은 요순의 사공으로, 이 모두는 결국 같은 것"이라 답하였다.[43]

둘째 문장: 기습氣習 이 두 글자를 완전히 탈피할 수 있다면 바로 영웅이다.[44]

첫 번째 인용문은 '요순의 사공事功과 공맹의 학술이 동일하게 만물일체萬物一體의 원리에 기반하고 있음'을 언급하고 있다. 만물일체론은 오시오 주사이는 귀태허 공부론의 중심축으로 삼은 것으로, 귀태허 공부론의 다섯 가지 특징 가운데 '첫 번째 태허'와 '두 번째 치양지'와 연

---

41) 「學堂東揭」에 제시된 순서.
42) 비록 18~20번 구절이 『신음어』의 본래 조목순을 따르지 않는다 해도, 3~17번 구절이 『신음어』의 본래 조목 순서를 대체로 따르고 있다.
43) 「學堂東揭」, "堯舜事功, 孔孟學術, 此八字是君子終身急務. 或問, 堯舜事功, 孔孟學術, 何處下手? 曰, 以天地萬物爲一體, 此是孔孟學術, 使天下萬物各得其所, 此是堯舜事功, 總來是一個念頭."
44) 같은 책, "盡氣習二字, 便是英雄."

결되는 논의이다. 두 번째 인용문은 귀태허 공부론의 세 번째 특징인 '기질변화'와 연결된다.[45] 곧 이 두 인용문은 귀태허 공부론에서 우선순위를 차지하고 있는 세 가지 특징을 말하고 있는 것이다. 이 사실로 볼 때, 오시오 주사이가 여곤의 『신음어』 문장을 인용하고 있지만, 인용문의 우선순위는 자신의 귀태허 공부론에 비추어 재배열한 것이었다.

이와 같은 귀태허 공부론에 대한 강조는 「학당게시」에서도 나타난다. 오시오 주사이는 「학당게시」에서 "전덕홍은 「천성편天成篇」을 가의서원嘉義書院에 게시하여 문인들이 읽도록 하였는데, 나도 이를 세심동에 게시하니 제자들은 매일 이를 읽고 마음에 깨달음이 있다면 직접 왕양명 선생에게서 배운 것이나 마찬가지일 것이다"[46]고 언급하였다. 이 「학당게시」에 인용된 전덕홍의 「천성편」은 그 서두에 '양지자연良知自然의 영명함'에 대해 논의하고 있다.

나는 천지 가운데 만물과 섞여 살고 있지만, 천지만물의 주재자가 될 수 있으니, 이는 나의 몸 때문이 아닐까? 나의 몸이 천지만물의 주재자가 될 수 있음은 나의 마음 때문이 아닐까? 그렇다면 마음은 어떻게 천지만물을 주재할 수 있는 것일까? 천지만물에는 소리가 있는데 그 소리를 알아챌 수 있는 이는 누구일까? 천지만물에는 색상이 있는데

---

45) 특히 두 번째 문장에는 '영웅'이란 용어가 나오는데, 오시오 주사이에게 "영웅이란 生死를 모두를 하나로 여기는 인물"(각주 3번)이다. 어쩌면 이 두 번째 인용문을 통해 귀태허 공부론의 세 번째 특징인 '기질변화'뿐만 아니라 네 번째 특징인 '생사를 하나로 여기는 것'(一死生)을 함께 제시하고자 한 것이라 생각해 볼 수 있다. 그리고 세 번째 문장부터 마지막 스무 번째 인용문까지'학문의 태도, 마음가짐, 학문 대상, 『대학』・『중용』의 핵심 등'과 같이 다양한 주제를 담고 있다.

46) 「學堂揭示」, "錢緒山天成篇, 揭嘉義書院, 示諸生, 吾亦謹書揭洗心洞, 弟子日讀而心得焉, 則猶夙親學於陽明先生." 이 「學堂揭示」에 제시된 「天成篇」의 원문은 『王陽明全集』, 36卷, 「年譜附錄一」에서도 확인할 수 있다.

그 색상을 알아챌 수 있는 이는 누구일까? 천지만물에는 맛이 있는데 그 맛을 알아챌 수 있는 이는 누구일까? 천지만물은 변화가 있는데 그 변화를 감지하는 이는 누구일까? 천지만물의 소리는 그 자체로 소리가 있는 것이 아니라, 내 마음에 그것이 들림으로써 소리가 있게 되는 것이다. 천지만물의 색상은 그 자체로 색상이 있는 것이 아니라, 내 마음에 그것이 보임으로써 색상이 있게 되는 것이다. 천지만물의 맛은 그 자체로 맛이 있는 것이 아니라, 내 마음에 그것이 맛보임으로써 맛이 있게 되는 것이다. 천지만물의 변화는 그 자체로 변화가 있는 것이 아니라, 내 마음에 그것이 감지됨으로써 변화가 있게 되는 것이다. 그러므로 천지만물은 나의 마음이 아니라면 영명할 수 없는 것이다. 그리고 내 마음의 영명함이 훼손된다면, 소리·색·맛·변화를 알아챌 수 없는 것이다. 소리·색·맛·변화를 알아챌 수 없으면, 천지만물은 없는 것과 마찬가지다. 그러므로 말하기를 "사람은 천지의 만물이요, 만물의 영장이니, 이로서 천지만물을 주재하는 것이다."[47]

위의 인용문에서 언급하는 '영명靈明'은 '귀태허 공부론'에서도 핵심적인 용어이다. 오시오 주사이는 모든 '인간이 영명함의 발동發動으로서 양지'를 지니고 있다고 파악한다. 또한 그는 이 양지가 삼라만상森羅萬象을 포괄하며 존재하지 않는 곳이 없고, 양지로 인해 사물이 사물일 수 있으며 삼라만상이 존재할 수 있게 된다고 주장한다.[48] 귀태허 공부란

---

47) 같은 책, "吾人與萬物混處於天地之中, 爲天地萬物之宰者, 非吾身乎? 其能以宰乎天地萬物者, 非吾心乎? 心何以能宰天地萬物也? 天地萬物有聲矣, 而爲之辨其聲者誰歟? 天地萬物有色矣, 而爲之宰辨其色者誰歟? 天地萬物有味矣, 而爲之辨其味者誰歟? 天地萬物有變化矣, 而神明其變化者誰歟? 是天地萬物之聲非聲也, 由吾心聽, 斯有聲也; 天地萬物之色非色也, 由吾心視, 斯有色也. 天地萬物之味非味也, 由吾心嘗, 斯有味也. 天地萬物之變化非變化也, 由吾心神明之, 斯有變化也. 然則天地萬物也, 非吾心則弗靈矣. 吾心之靈毁, 則聲色味變化不得而見矣. 聲色味變化不可見, 則天地萬物亦幾乎息矣. 故曰, '人者, 天地之心, 萬物之靈也, 所以主宰乎天地萬物者也.'"

이와 같은 '양지자연良知自然의 영명함을 되살리는 공부'인 것이다. 앞서 살펴보았듯이, 그 공부는 "양지자연의 밝음에 해를 끼치는 의견意見과 정식情識을 제거하여 양지자연이 지닌 본래의 영명함이 온전히 드러나는 상태로 되돌리는 공부"이다.[49] 뒤이은 「천성편」에서는 '내 마음의 영명인 양지의 가르침대로 고스란히 따르는 공부'를 논의한다.

> 나의 마음이 천지만물의 영명靈明이라 할지라도, 오직 성인聖人이어야 그 영명함을 온전하게 발휘할 수 있다. 그렇다고 오직 성인만이 이 영명함을 온전히 발휘할 수 있는 것은 아니며, 모든 사람은 그리할 수 있다. 성인이 색을 보는 것은 내 눈이 하는 것과 같다. 하지만 성인의 눈은 색에 이끌리지 않고 하늘이 보는 대로 본다. 성인이 소리를 듣는 것은 내 귀가 하는 것과 같다. 하지만 성인의 귀는 소리에 현혹되지 않고 하늘이 듣는 대로 듣는다. 성인이 맛보는 것은 나의 입이 하는 것과 같다. 하지만 성인의 입은 맛에 이끌리지 않고 하늘이 맛보는 대로 맛본다. 성인의 사려思慮하는 것은 나의 마음(心知)과 같다. 하지만 성인의 마음은 사려에 흐트러지지 않으니, 신명神明에 통하는 것이다. 나의 눈이 색에 이끌리지 않으면 온전히 나는 밝아져 성인이 보는 것처럼 볼 것이고, 나의 귀가 소리에 현혹되지 않으면 온전히 총명해져 성인이 듣는 것처럼 들을 것이며, 나의 입이 맛에 이끌리지 않으면 성인이 맛보는 것처럼 맛볼 것이고, 나의 마음에 사려에 의해 흐트러지지 않으면 나의 신명神明이 통하여 성인과 같이 변화를 알게 될 것이다. 그러므로 말하기를 "성인의 경지는 공부를 통해 도달할 수 있다고 함은, 이른바 내 마음의 영묘함이 성인과 같기 때문이다. 하지만 이는

---

48) 이에 대한 자세한 논의는 최재목, 이우진 옮김, 『동아시아 양명학의 전개』(2016), 제2부 제3장 2절 참조 바람.
49) 각주 7번 참조.

성인을 배우는 것이 아니라, 나의 하늘의 명령대로 따르는 것이다."50)

성인과 나의 차이는 영명함의 소유여부와 무관하다. 그 영명함은 모든 인간의 마음에 자리하고 있기 때문이다.51) 다만 성인은 그 영명함을 온전히 발휘할 수 있으니, 이는 하늘이 시키는 대로 보고 듣고 맛보고 생각하기 때문이다. 여기서 말하는 '하늘'은 바로 내 마음의 양지이다. 곧 성인이란 양지의 명령에 고스란히 따르는 존재이다. 그러므로 학자의 공부는 다른 것에 있지 않다. 나의 눈과 귀와 입과 심지를 가리고 있는 색과 소리와 맛과 사려를 제거하고 극복하는 공부인 것이다. 나에게 있는 하늘의 본래 상태 그대로 현현顯現하도록 하는 공부인 것이다.52) 바로 '귀태허 공부'이다. 그 공부를 온전히 수행한다면 나의 하늘 즉 양지의 영명함이 모든 삶의 부면에서 발현되는 것이다.53) 전덕홍은 그 공부에 대해 다음과 같이 정의하면서 「천성편」을 마무리 짓는다.

---

50) 「學堂揭示」, "吾心爲天地萬物之靈, 惟聖人爲能全之, 非聖人能全之也, 夫人之所同也. 聖人之視色與吾目同矣, 而目能不引於色者, 率天視也. 聖人之聽聲與吾耳同矣, 而耳能不蔽於聲者, 率天聽也. 聖人之嗜味與吾口同矣, 而口能不爽於味者, 率天嘗也. 聖人之思慮與吾心知同矣, 而心知不亂於思慮者, 通神明也. 吾目不引於色, 以全吾明焉, 與聖人同其視也. 吾耳不蔽於聲, 以全吾聽焉, 與聖人同其聽也. 吾口不爽於味, 以全吾嗜焉, 與聖人同其嘗也. 吾心知不亂於思慮, 以全吾神明焉, 與聖人同其變化也. 故曰, '聖人可學而至, 謂吾心之靈與聖人同也. 然則非學聖人也, 能自率吾天也.'"

51) 이후 「天成篇」의 문장에 구체적으로 "吾心之靈與聖人同"이라고 언급하고 있다.

52) 「學堂揭示」, "吾心之靈與聖人同, 聖人能全之, 學者求全焉. 然則何以爲功耶? 有要焉, 不可以支求也. 吾目蔽於色矣, 而後求去焉, 非所以全明也. 吾耳蔽於聲矣, 而後求克焉, 非所以全聽也. 吾口爽於味矣, 而後求複焉, 非所以全嗜也. 吾心知亂於思慮矣, 而後求止焉, 非所以全神明也."

53) 같은 책, "吾率吾靈而發之於目焉, 自辨乎色而不引乎色, 所以全明也; 發之於耳焉, 自辨乎聲而不蔽乎聲, 所以全聽也; 發之於口焉, 自辨乎味而不爽乎味, 所以全嗜也; 發之於思慮焉, 萬惑萬應, 不動聲臭, 而其靈常寂, 大者立而百體通, 所以全神明也."

남이 한 번에 할 수 있다면 나는 백 번을 하고, 남이 열 번에 할 수
있다면 나는 천 번을 한다. 반드시 이 영명함을 따라야 하니 욕망에
의해 가로막힘이 있어서는 아니 될 것이다. 이것은 하늘이 만든 것으
로, 사람이 회복하는 것이다. 이를 일러 '하늘의 완성'(天成)이라 하고
'치양지(致知)의 학문'이라 한다.[54]

여기에서 말하는 '치양지의 공부'는 바로 '귀태허 공부'이다. 이 공부
는 욕망에 가로막히지 않고 '하늘이 지은 바대로 회복하는 공부', 다시
말해 '하늘이 부여한 영명함을 그대로 현실에 현현顯現하게 하는 공부'
이다.

정리하면, 오시오 주사이가 세심동 학당에 게시한 「학당동게」와 「학
당게시」는 모두 자신의 '귀태허 공부론'의 틀과 부합하고 있었다. 그는
여곤의 『신음어』 문장들은 '귀태허 공부론'의 우선순위에 따라 문장의
순서를 재배열하였으며, 「학당게시」를 통해 '양지영명을 가리는 의견意見
과 정식情識을 제거하는 공부'가 귀태허 공부임을 재확인시키고 있었다.

3. 결론

이 글은 일본 양명학의 거두巨頭인 오시오 주사이가 세심동 학당에
서 어떠한 교육을 했는지를 살펴보고자 했다. 특히 그의 독자적인 '귀태

---

54) 같은 책, "人一能之, 己百之, 人十能之, 己千之; 必率是靈而無間於欲焉, 是天作之, 人複之,
是之謂天成, 是之謂致知之學."

허 공부론'과 세심동 학당의 교육과 어떠한 관련을 맺고 있는지에 대해 검토하고자 했다.

서론에서 오시오 주사이의 귀태허 공부론에 대해 간략히 논의한 뒤, 세심동 강학의 실상을 검토하여 보았다. 다음으로 '세심동洗心洞'이라는 명칭에 대해 검토하였다. 이를 통해, 오시오 주사이는 세심동 학당에서 '마음에 있는 의견과 정식을 제거하여 양지자연의 밝음을 고스란히 실현하도록 하고, 그리하여 백성과 동고동락同苦同樂할 수 있는 인물'로 길러 내고자 했음을 확인할 수 있었다.

세심동 학당이 본격적인 교육기관으로 체제를 갖추게 된 것으로 짐작되는 1825년 즈음이다. 이해에 오시오 주사이는 「세심동입학맹서洗心洞入學盟誓」와 「학당동게學堂東揭」·「학당서게學堂西揭」·「학당게시學堂揭示」를 작성한다. 세심동 학당에 입학하는 학생들의 서약인 「세심동입학맹서」에는 세심동 학당의 규칙이 제시되어 있었다. 오시오 주사이는 '사제관계라는 정명론적 입장'을 통해 세심동 학당의 질서를 확립하고자 하였다. 그는 「세심동맹서팔조洗心洞盟誓八條」에서 교육적인 원칙과 내용, 처벌의 대상과 기준, 학당 기숙 생활의 원칙 등을 규정하고 있었다. 세심동 학당의 교육과정은 '선경업先經業 후시장後詩章'으로, 양명학 서적을 가장 우선하는 독서 대상으로 삼고 있었다.

마지막으로 「학당동게」·「학당서게」·「학당게시」를 살펴보았다. 「학당동게」는 여곤의 『신음어呻吟語』에서, 「학당서게」는 왕양명의 「교조시용장제생教條示龍場諸生」에서, 전덕홍의 「천성편天成篇」에서 오시오 주사이가 발췌 인용한 것이다. 「학당서게」를 통해, 오시오 주사이가 세심동 학당을 운영함에 있어 '입지立志·근학勤學·개과改過·책선責善'이라는 왕양

명의 교육 이념에 기반하고 있었으며, 공동체적 학습을 강조하였음을 짐
작해 볼 수 있었다. 다음 「학당동게」를 통해, 오시오 주사이의 교육이념
이 '귀태허를 통한 만물일체 실현을 중심에 놓는 공부론'을 바탕으로 구
축되었음을 확인할 수 있다. 특히 오사이 주사이는 「학당동게」를 작성
하는 데 있어, 『신음어』 문장들을 '귀태허 공부론'의 우선순위에 따라 재
배열하고 있었다. 이러한 '귀태허 공부론'에 근간한 사유는 「학당게시」
에서도 나타나는데, 바로 세심동의 교육이념은 '양지의 영명을 가리는
의견과 정식을 제거하여, 양지가 고스란히 현실에 현현顯現케 하는 공부'
였다.

【참고문헌】

『論語·附諺解』, 學民文化社, 1990.
『書傳·附諺解』, 學民文化社, 1990.
『周易·附諺解』, 學民文化社, 2015.

시어도어 젤딘(Theodore Zeldin), 문희경 옮김, 『인생의 발견』, 어크로스, 2016.
崔在穆, 이우진 옮김, 『동아시아 양명학의 전개』, 정병규에디션, 2016.

高畑常信·小尾郊一, 『大鹽中齋·佐久間象山』(日本の思想家 38), 明德出版社, 1981
相良亨 外 校注, 『佐藤一齋·大鹽中齋』(日本思想史大系 46) 岩派書店, 1980.
小島毅, 『近代日本の陽明學』, 講談社, 2006,
吳光 外 編校, 『王陽明全集』, 26卷 , 「敎條示龍場諸生」, 上海古籍出版社, 1992.
陳榮捷, 『傳習錄詳註集評』, 學生書局, 1983.

이우진, 「王陽明 書院講學의 理念과 實際」, 『한국서원학보』, 한국서원학회, 2011.
임정기, 「오오시오 주사이(大鹽中齋)의 태허太虛에 대해서」, 『다산학』 13호, 다산학술
        문화재단, 2008.
임태홍, 「일본 양명학과 오시오 주사이: 太虛論의 사상사적 배경을 중심으로」, 『일본문

화연구』 18집, 동아시아일본학회, 2006.
최재목, 「공허의 실학: 태허사상의 양명학적 굴절」, 『哲學論叢』 11호, 새한철학회, 1995.
_____, 「일본 양명학의 전개: 中江藤樹에서 大鹽中齋까지」, 『陽明學』 1호, 한국양명학
    회, 1997.

4. 무성서원의 역사와 홍학 활동

진성수*

1. 머리말

서원은 향교와 함께 한국 유교문화의 중요한 자산이다. 특히, 서원은 정치·교육·문화적으로 조선사회에 큰 영향을 주었다는 점에서 사료적 가치가 매우 높다. 이 점에 착안하여 2012년 4월 18일, 한국 서원을 세계에 알리기 위해 국가브랜드위원회, 문화재청과 등재 대상 9개 서원이 소재한 14개 지방자치단체, 사)한국서원연합회, 관련 민간전문가 등이 참가하는 '한국의 서원 세계유산 등재추진단'이 발족하여 2015년 1월 소수서원을 비롯한 9개 서원을 '한국의 서원'으로 유네스코(UNESCO) 세계유산 등재에 신청했다.

2015년 6월 1~2차 예비실사 후, 같은 해 9월에는 세계유산으로서의 완전성과 진정성, 보존·관리·활용 현황 등을 점검하는 현지 실사가 진행됐다. 국제기념물유적협의회(ICOMOS)는 실사 결과와 이미 제출된 세계유산등재신청서에 대한 서면심사 결과를 근거로 2016년 중에 등재권고(Inscribe), 보류(Refer), 반려(Defer), 등재불가(Not to inscribe) 등 4가지의 권고

---

* 전북대학교 인문대학 철학과 교수.

안 중 1개를 결정하여 유네스코 세계유산센터와 한국에 전달할 예정이었
다.[1] 그러나 현지 실사결과 보완의 필요성이 제기되어 3년간의 준비과정
을 거쳐 2019년 7월 6일, 아제르바이잔 수도 바쿠에서 진행된 제43차 세
계유산위원회(WHC) 회의에서 서원書院 9곳을 묶은 '한국의 서원'(Seowon,
Korean Neo-Confucian Academies)을 세계유산 중 문화유산(Cultural Heritage)으로
등재하기로 결정했다.[2]

　　무성서원武城書院은 전라북도의 서원 중 유일하게 국가문화재로 지정
되어 세계문화유산에 등재된 서원이다.[3] 1615년에 건립된 무성서원은

---

1) 외교부 공식블로그(http://mofakr.blog.me/220520967968)에 따르면, 2015년도 10월
　　26일에 한국국제교류재단(KF) 초청으로 세계유산위원국 주유네스코 대사들이 세계
　　유산 등재를 신청한 안동 병산서원과 도산서원, 영주 소수서원 등을 방문했다. 당초
　　계획은 한국 서원의 세계유산 등재여부가 2016년 7월, 터키 이스탄불에서 개최될
　　'제40차 유네스코 세계유산위원회'에서 국제기념물유적협의회의 권고안을 토대로
　　최종 결정될 예정이었다. 그러나 2015년 12월 1차 전문가 패널 심사를 통해 '한국의
　　서원'에 대해 '탁월한 보편적 가치'(OUV)에 충족하는 잠재적 가치를 갖추었다고 판
　　단하고 있으나, '국내·외 유사 유산과의 비교분석'과 '연속유산의 선택방법' 그리고
　　'완전성 맥락 속 유산경계의 선택' 등에서 보완이 이루어져야 한다며 반려(defer) 의
　　견을 알려 왔다. 이에 문화재청은 (재)한국의서원통합보존관리단과 함께 지방자치단
　　체의 협조 속에 9개 서원의 유산구역을 조정·확대하고, OUV 등을 보완한 자료를
　　추가 제출하고 ICOMOS 평가단을 방문하여 설명하는 등 2차 전문가 패널 심사에서
　　긍정적인 평가를 받기 위해 노력했다. 그러나 ICOMOS의 심사제도 변경 등으로 '보
　　완된 유산구역의 현지실사'는 당해 연도인 2016년도 실시가 불가능하고 등재기준에
　　따른 타당성 설명을 충실히 보완하기 위한 충분한 시간 확보와 철회 시 ICOMOS의
　　직접 자문 등 세계유산의 등재 가능성을 높이기 위해서는 일단 신청을 철회하는
　　것이 바람직하다는 판단에 따라 철회하기로 결정했다. 2016년 4월 11일 KBS뉴스(제
　　목: 문화재청, '한국의 서원' 세계유산 등재 신청 철회…"향후 재신청") 참조. http://
　　news.kbs.co.kr/news/view.do?ncd=3262360&ref=D(검색일: 2019.10.10.)
2) 대한민국의 14번째 세계유산에 등재된 한국의 서원은 소수서원(경북 영주), 도산서
　　원(경북 안동), 병산서원(경북 안동), 옥산서원(경북 경주), 도동서원(대구 달성), 남
　　계서원(경남 함양), 필암서원(전남 장성), 무성서원(전북 정읍), 돈암서원(충남 논산)
　　이다. 연합뉴스 2019년 7월 6일 기사 내용(제목: '한국의 서원' 유네스코 세계유산
　　등재 확정) 참조. https://news.v.daum.net/v/20190706204328669?f=o(검색일: 2019.
　　10.10.)

초기부터 일반적인 서원과는 달리 지방관에 의해 향촌의 흥학興學과 교화敎化를 목적으로 운영되었다. 1868년(고종 5)에는 흥선대원군의 서원철폐령에도 훼철되지 않은 47개 서원4) 중 하나였던 무성서원은 일찍이 정극인丁克仁(1401~1481)이 창시한 고현동향약古縣洞鄉約이 시행된 곳이었다.5) 구한말에는 호남 최초의 의병운동이었던 병오창의丙午倡義가 일어났던 역사적 장소이기도 하다.6)

호남지역의 서원은 전라북도에 무성서원武城書院 외 98개, 전라남도에 필암서원筆巖書院 외 55개, 광주광역시에 월봉서원月峯書院 외 4개 총 160개이다. 조선시대에 제향과 교육 기능을 담당했던 호남지역의 서원・사우祠宇・향교鄉校의 현황은 다음 〈표 1〉과 같다.

---

3) 전라북도 정읍시 칠보면 원촌 1길 34 소재(사적 제166호, 1968.12.19 지정).
4) 서원철폐령에서 제외된 호남의 서원은 전남의 筆巖書院, 광주광역시의 褒忠祠, 전북의 武城書院이다.
5) 고현동향약에 관련된 문헌의 명칭은 洞案・洞中座目・古縣洞座目・修正洞案・洞禊座目・泰山鄉約案・洞學堂修禊案・古縣洞閣修禊案・洞閣禊案・古縣洞約 등 여러 종류가 있다. 洞案 관련 자료는 丁克仁이 司諫院 正言을 사임하고 태인현 고현동에 은둔하여 살면서 현지 주민의 道義宣揚・상호친목・권선징악의 미풍양속을 권장하고 교육하려는 목적으로 鄉飮禮를 시행하고 1475년(성종 6)에 작성한 『泰仁縣洞中鄉飮序』에 의해 계승된 향약 문헌을 가리킨다. 현재에는 정극인이 처음 작성한 원본이 失傳되었으나, 1510년(중종 5)에 예조좌랑을 지낸 宋世琳이 향음주례를 續行하면서 跋文을 지어 옛 문헌의 傳存과 규약의 제정 등을 밝혔다. 정극인의 만든 「泰仁古縣洞鄉約」은 이황과 이이의 향약보다 90여 년 앞선 것으로서 현재 보물 1181호로 지정되어 있다.
6) 병오창의는 乙巳勒約(1905)이 체결된 이듬해(1906) 6월 4일에 무너져 가는 국권을 회복하기 위해 당시 泰仁(지금의 칠보)에 있는 무성서원에서 崔益鉉(1833~1907)과 林炳贊(1851~1916)을 중심으로 800여 의사가 참여한 의병활동이다. 당시 의병은 태인과 정읍을 거쳐 순창으로 진출하였으나, 조선 鎭衛隊가 진압하러 오자 동족끼리 싸울 수 없다며 자진 해산했다. 이때 붙잡힌 최익현과 임병찬은 對馬島로 유배됐다. 최익현은 끝내 그곳에서 단식으로 순국하고, 임병찬은 고국으로 돌아와 독립운동을 하다가 巨文島에 유배되어 그곳에서 숨을 거두었다. 무성서원 蔡賢會는 항일구국 의병들의 호국정신과 희생정신을 기리기 위해 매년(6월 4일) 병오창의 추모제를 개최하고 있다. 정읍시는 1992년 무성서원에 丙午倡義紀蹟碑를 세워 선열들의 애국정신을 기리고 있는데, 2019년은 병오창의 113주년이 되는 해이다.

〈표 1〉 호남지역 서원·사우·향교 현황[7]

구분	서원	사우	향교	합계
전라북도	99	27	26	152
전라남도	56	76	28	160
광주광역시	5	20	1	26
계(전국)	160(581)	123(233)	55(234)	338(1,048)
비율(%)	27.5	52.7	23.5	32.2

2000년대 이전의 서원에 대한 연구는 교육공간, 교육내용, 건축물과 자연경관, 지역사림과 정치문제 등을 중심으로 한 연구가 위주였다.[8] 그러나 최근에는 문화재로서 문화유적조사, 보존·정비 관리방안, 문화콘텐츠로서의 활용방안 등 다양한 분야에서 서원 문화재가 새롭게 주목받고 있다.[9] 문화재청(http://www.cha.go.kr)은 서원관련 사업으로 서원

---

7) 「유교문화체험 프로그램 활성화 방안 연구(2009.12)」(문화체육관광부가 의뢰하여 국민대학교 한국학연구소가 제출한 보고서; 2008년 문화체육관광부의 연구용역 『한국의 종교현황』 IV)와 「한국의 종교현황(2012.3)」(2011년 문화체육관광부가 의뢰하여 한국학중앙연구원의 문화와 종교연구소가 제출한 보고서; 2012.3. 한국서원연합회 자료와 동일함) 참고.

8) 해방 이전부터 1990년대까지 서원연구의 연대별 동향에 대한 연구를 보면, 대체로 '교육관계', 정치관계', '사회관계'(향촌, 문중, 향전), '경제관계', '기타' 등으로 분석한다. 구체적으로는 ① 해방 전: 교육과 정치관계 중심 연구, ② 1945~1960년대: 경제관계 관련 연구 시작, ③ 1970년대: 본격적인 서원에 대한 연구 진행, ④ 1980~1990년대: 각 분야별 연구가 진행되고 있음으로 요약할 수 있다.(정만조, 「최근의 서원연구 동향에 대한 검토」, 『조선시대 서원 연구』, 집문당, 1997, pp.330~334 참조)

9) 박종수의 「포은선생 배향서원의 문화콘텐츠 활용 방안」(『포은학연구』 14, 2014), 한상우의 「경남지역 유교·선비문화유산 활용 제고를 위한 정책 방안」(『정책포커스』 2014-7, 2014), 김영모의 「서원 경관의 보존·관리의 문제점 및 개선방안에 관한 연구」(『전통문화논총』 11, 2013), 최종희·문영숙·김동현의 「세계유산 등재대상 함양 남계서원의 경관보존간리방안」(『한국전통조경학회지』 31-2, 2013), 조현중 외의 「문화재청, 문화재 유형별 활용 길라잡이─잠자는 문화재를 깨우는 방법 22가지」(『문화재청, 서원 보존·정비 관리방안 연구보고서』, 2010), 진성수의 「전북지역 서원의 현대적 활용 방안」(『원불교사상과 종교문화』 제70집, 2016) 등이 있다.

문화재를 기존의 보존·관리 대상이 아닌 활용할 수 있는 유교문화재 유형으로서 적극적인 활용사업을 시행 중이다. 대표적으로는 2015년도부터 시행 중인 '살아 숨 쉬는 향교·서원문화재 활용사업'이 있다.[10]

이 점에 착안하여 본 연구에서는 먼저 한국 서원의 성립과정과 역사적 배경을 살펴보고, 조선조 전라우도全羅右道의 수원首院이었던 무성서원의 성립과 변천과정, 강학활동 등을 검토할 것이다. 특히, 그동안 연구되지 않은 『무성서원원지武城書院院誌』(1884)에 들어 있는 「원규院規」의 내용 전체를 분석하여 향학鄉學의 중심지로서 무성서원의 강학 활동의 구체적인 내용과 특징을 살펴볼 것이다. 이를 통해 무성서원의 흥학 활동이 갖는 역사적 의의를 재조명하고 향후 보존 및 활용방안 등을 제시할 것이다.

2. 한국 서원의 성립과 특징

조선왕조는 건국 초기부터 유교이념에 입각한 학교교육을 중시했다. 이에 중앙에 성균관成均館과 사학四學을 두고, 지방에는 향교를 설립하여 관학官學 체계를 완비했다. 정도전鄭道傳(1342~1398)은 『조선경국전朝鮮經國典』에서 "학교는 교화의 근본이니, 여기에서 인륜을 밝히고, 여기에서 인재를 양성한다. 삼대三代(夏·殷·周) 이전에 학교 제도가 크게 갖

---

10) 진성수, 「전북지역 서원의 현대적 활용 방안」, 『원불교사상과 종교문화』 제70집(2016), pp.264~266 참조.

추어졌었고, 진秦·한漢 이후로도 학교 제도가 비록 순수하지는 못하였으나 학교를 중히 여기지 않음이 없었으니, 일대의 정치 득실이 학교의 흥패에 좌우되었다. 그러한 자취를 오늘날에도 역력히 살필 수 있는 것이다. 우리나라에서는 중앙에 성균관을 설치하여 공경公卿·대부大夫의 자제 및 백성 가운데서 준수한 자를 가르치고, 부학교수部學敎授를 두어 동유童幼를 가르쳤다. 또한 이 제도를 확대하여 주州·부府·군郡·현縣에도 모두 향학鄕學(鄕校)을 설치하고 교수와 생도를 두었는데, 병률兵律·서산書算·의약醫藥·상역象譯(通譯) 등도 역시 교수를 두고 때에 맞추어 가르치고 있으니 그 교육이 또한 지극하다"[11]라고 말한다.

조선 초기 사학私學의 핵심기관인 서원에서는 향사享祀보다는 강학講學에 중점을 두었다. 『세종실록』(18년 10월)에 "평안도관찰사가 보고하였는데, 함종현咸從縣의 강우량姜友諒이라는 생원이 사사로이 서원을 만들어 학도를 가르친다"[12]라는 기록이 있다. 이처럼 당시 기록에 서재書齋·사재私齋와 같은 개인이 만든 강학처講學處가 나타나는 것으로 보아 조선 초기의 서원은 개인이 독서하면서 학생을 가르치는 서당의 기능을 넘지 않는 수준이었음을 짐작할 수 있다. 그러나 16세기 연산군燕山君의 비정秕政을 계기로 관학이 쇠퇴하고, 중종반정中宗反正(1506) 이후 정치의 전면에 등장한 조광조趙光祖(1482~1519)를 비롯한 사림士林들의 건의로

---

11) 『三峯集』, 卷之七, 「朝鮮經國典(上)」, 禮典, 學校, "學校, 敎化之本也, 于以明人倫, 于以成人才. 三代以上, 其法大備, 秦漢以下, 雖不能純, 然莫不以學校爲重, 而一時政治之得失, 係於學校之興廢, 已然之迹, 今皆可見矣. 國家內置成均, 以敎公卿大夫之子弟及民之俊秀, 置部學敎授, 以敎童幼, 又推其法, 及於州府郡縣, 皆有鄕學, 置敎授生徒, 曰兵律曰書筭曰醫藥曰象譯, 亦倣置敎授, 以時講勸, 其敎之也亦至矣."

12) 『世宗實錄』, 18年 10月條, "平安道觀察使啓, 咸從縣人生員姜友諒, 私置書院敎授學徒."

향촌 사학私學의 필요성이 대두되었다.

1541년 풍기군수豊基郡守로 부임한 주세붕周世鵬(1495~1554)은 1542년 안향安珦(1243~1306)의 옛 집터가 있는 백운동白雲洞(順興)에 안향의 사당인 회헌사晦軒祠를 세우고, 1543년(중종 38)에는 주자의 백록동학규白鹿洞學規를 본받아 최초의 서원인 백운동서원白雲洞書院(紹修書院)을 건립했다.[13] 이후 백운동서원은 이황李滉(1501~1570)의 노력으로 1550년(명종 5) 2월 소수서원 紹修書院으로 사액을 받아 한국 최초의 사액賜額 서원이 되었다. 이를 계기로 지방 사림들의 사회적 역할이 강화되면서 서원이 증가했으며,[14] 국가의 서원장려책 실시 후에는 서원건립이 더욱 활발해졌다. 명종(1545~1567) 재위 시기 17개였던 서원이 선조(1567~1608) 재위 시기에는 사액서원만 100개가 넘을 정도였다. 서원이 가장 번성했던 18세기에는 전국에 700여 개의 서원이 건립되었다. 특히 조선 후기에는 동성촌락同姓村落에 기반을 둔 서원이 난립하면서 서원은 폭증하게 되었다.

서원의 본래 목적은 성현聖賢 · 명유名儒에 대한 제향과 사문진흥斯文振興 및 인재양성이었으며, 주요 기능은 장수藏修(修養) · 강학講學 · 사현祀賢이었다. 한편 사우祠宇의 설립 목적은 지역에서 배출한 충절인忠節人의 공덕功德 추모와 보본숭현報本崇賢 및 교화敎化이며, 주요 기능은 사현祀賢

---

13) 김창욱, 「16세기 초기서원의 강학활동에 관한 연구」(경상대학교 박사학위논문, 1996), pp.1~2 참조. 정순목은 조선시대 書院의 등장을 官學에서 私學으로의 전환기에 등장한 역사적 산물로 보았으며, 政敎志向的 講學體系가 禮敎指向的으로 전환되는 과정에서 등장한 일종의 문화적 '길드'(guild)라고 보았다. 서원의 등장배경에 대해서는 관학의 쇠퇴, 선비상의 정립, 士林의 연합, 道統淵源의 확립과 士禍 등으로 보았다. 자세한 내용은 정순목, 『한국 서원교육제도 연구』(영남대학교 민족문화연구소, 1979) 참조.

14) 이수환, 『조선후기 서원 연구』(일조각, 2001, pp.6~19); 김학권, 「한국 서원의 기원과 발달」(『원광대학교 인문학연구소 논문집』 10-2, 원광대 인문학연구소, 2009, p.221); 정만조, 「조선서원의 성립과정」(『조선시대 서원 연구』, 집문당, 1997, pp.37~42) 참조.

이다. 서원과 사우의 설립 초기에는 제향하는 인물의 위상에 따라 사회 관념상 서원이 다소 우월한 지위를 가졌다. 그러나 18세기에 이르러 탕평책의 시행과 사림의 몰락으로 인해 서원과 사우는 명칭 외에는 큰 차이가 없게 되었다.[15]

조선 중기 이후 서원 중 강학 기능만 있던 서당이 발전하여 서원으로 변한 경우도 많았다. 대표적으로 도산서원(경북 안동), 덕천서원(경남 산청), 필암서원(전남 장성), 돈암서원(충남 논산), 노강서원(충남 논산) 등이 있다. 이와는 반대로 서원의 본래 목적인 향사享祀와 강학講學 중 강학기능이 축소되어 심지어는 사묘祠廟만 건립하고 서원이라는 명칭을 붙이는 경우도 있었다. 이처럼 향사享祀 기능만 가진 서원은 문중門中의 권세를 과시하려는 의도로 건립된 경우도 많아 그 폐단이 적지 않았다. 또한 서원을 중심으로 당론黨論이 격화되고 군역軍役의 폐단이 나타남에 따라 1741년(영조 17)에는 상당수의 서원이 철폐되었다. 결국 1871년(고종 8) 홍선대원군은 학문과 충절이 뛰어난 인물에 대해 일인일원一人一院 외에 첩설疊設된 서원을 대상으로 철폐령을 내리고,[16] 전국의 서원을 47개로

---

15) 정만조, 「17~18세기의 書院·祠宇에 대한 試論」, 『韓國史論』 2권(1975), pp.215~219 참조. 서원은 설립 초기와는 다르게 점차 ① 黨人의 조직, ② 학파의 인적네트워크 구축, ③ 黨論의 확산을 위한 거점으로서 역할에 치중하여 講學보다는 祭享을 중시하는 경향을 띠게 되었다. 특정 인물에 대한 제향을 통해 관련 있는 士林들을 조직화했던 것은 한국 서원의 중요한 특징 중 하나이다. 자세한 내용은 한국서원연합회, 『한국의 서원유산 1』(2014), pp.18~22 참조.

16) 조선시대에 건립된 서원은 1,000개 정도였으나 몇 차례 禁令으로 인해 300여 곳이 훼철되고, 1871년(고종 8) 홍선대원군에 의해 47개소만 남게 되었다. 그러나 홍선대원군이 1873년 최익현에 의해 탄핵되자 훼철된 서원이 상당수 복원되었다. 2011년 8월 현재, 한국의 서원은 701개(남한 637, 북한 64)가 있다. 한국서원연합회, 『한국의 서원유산 1』(2014), p.17과 p.24 참조. 이 밖에 『韓國書院總覽(上·下)』(한국서원연합회, 2011) 참조.

축소하게 된다.[17]

한편, 한국 서원은 중국 서원에 비해 매우 엄격한 입학 기준이 있었다. 중국 명대明代에는 사대부士大夫의 지위를 유능한 자제가 물려받기도 하지만 상인이나 농민 출신도 학문과 문예 분야에서 능력을 인정받을 경우 사대부가 될 수 있는 기회가 주어졌다. 반면 조선의 사림士林은 사족士族이라는 양반계층을 기반으로 이루어져 있기 때문에 극히 예외적인 경우가 아니라면 사족이 아닌 평민이 사림에 편입될 수는 없었다. 이 때문에 평민이 사림 자제들을 위한 교육기관인 서원에 입학하는 경우는 거의 불가능에 가까웠다. 이처럼 한국의 서원은 사족을 위주로 운영되는 일종의 후속 사림들의 양성소 역할을 했다. 실제로 서원을 통해 배출된 당대의 인재들은 사회·정치적인 핵심계층이 되었다. 이 과정에서 서원은 특정 인물에 대한 제향祭享을 매개로 학맥學脈이나 붕당朋黨 등 인적 네트워크를 형성하는 구심체가 되었다. 예컨대 조선 중기 남인南人이 퇴계학파 위주였다면, 서인西人은 율곡栗谷·우계牛溪의 문인이었다는 사실이 이를 증명한다. 따라서 예송禮訟과 같이 남인과 서인이 첨예하게 대립한 사안에 대해서는 각 당파의 주장을 옹호하는 상소上疏가 서원을 거점으로 만들어지기도 했다.

---

17) 진성수, 「전북지역 서원의 현대적 활용 방안」, 『원불교사상과 종교문화』 제70집(2016), pp. 267~268 참조.

3. 무성서원의 역사적 변천

　무성서원의 역사는 통일신라 정강왕定康王 때 태산泰山(지금의 태인) 군수로 선정善政을 베풀었던 최치원崔致遠(857~?)에서 시작한다.[18] 당시 태인 사람들은 최치원의 덕행을 기리고 후세에 전하기 위해 월연대月延臺(지금의 무성리 성황산 서쪽 능선)에 생사당生祠堂을 지었다. 그러나 최치원의 생사당은 고려 말에 폐지되어 현재는 자세한 기록을 확인할 수 없다. 다만 고려시대에 지역마다 인물신人物神을 성황신으로 모신 풍습의 일종으로 추측할 뿐이다. 이러한 무성서원의 역사는 대원군의 서원철폐를 면하게 된 이유가 되기도 했으며, 오랜 역사를 간직한 무성서원을 배알한 인사들은 최치원의 행적을 추모하는 글을 남겼다. 이런 역사적 배경으로 인해 무성서원에 최치원의 영정이 봉안되고, 그의 시문집詩文集인 『계원필경집桂苑筆耕集』이 소장되어 후세에 전해지게 되었다.

　무성서원에 최치원의 영정이 봉안된 것은 1783년(정조 7)에 낙안향교樂安鄕校와 흥양향교興陽鄕校 유생들이 무성서원에 통문을 보내 쌍계사雙磎

---

18) 태산이란 지명에 대해서는 "【건치연혁】 太山郡은 본래 백제 大尸山郡이었는데, 신라 때 태산으로 고쳤다.(太는 泰로도 통한다) 고려 때 古阜郡에 붙였다가 후에 監務를 두었고, 공민왕 3년에 현사람으로서 元나라 사신인 林蒙古不花가 나라에 공이 있어서 郡으로 승격시켰다. 仁義縣은 본래 백제 賓屈縣(賦城이라고도 함)이었는데, 신라 때 武城으로 고쳐 태산군의 領縣으로 만들었다. 고려 때 仁義로 고쳐 고부군에 붙였고, 泰山監務에게 와서 겸하게 하였으며, 현종 10년에 각각 감무를 두었다. 본조 태종 9년에 또 합치어 한 고을로 만들고, 지금 이름으로 고쳐서 현을 居山驛에 옮겼다"라고 기록되어 있다. 『新增東國輿地勝覽』 제34권, 「全羅道·泰仁縣」, "【建置沿革】 太山郡, 本百濟大尸山郡, 新羅改太山(太通作泰). 高麗屬古阜郡, 後置監務, 恭愍王三年, 以縣人元使林蒙古不花, 有功於國, 陞爲郡. 仁義縣, 本百濟賓屈縣(一云賦城). 新羅改武城, 爲太山郡領縣. 高麗改仁義, 屬古阜郡, 以太山監務來兼, 顯宗十年, 各置監務本朝. 太宗九年, 又合爲一縣, 改令名移治于居山驛."

寺에 봉안된 최치원의 영정을 옮겨 오기를 권유한 것이 직접적인 계기가 되었다.[19] 당시 무성서원은 먼저 사당祠堂을 중수한 뒤 이듬해(1784)에 쌍계사로부터 영정을 옮겨왔다. 반세기가 지난 후 태인 현감 서호순은 영정의 훼실을 염려하여 1831년(순조 31)에 최치원의 영정을 개모改摹(현재 국립중앙박물관 소장)했으며, 1923년에는 채용신에 의해 다시 그려져 현재 정읍시립박물관에 보관 중이다.

한편, 『계원필경집』이 무성서원에 소장된 것은 1834년(순조 34) 호남관찰사로 재직 중이던 서유구徐有榘(1764~1845)가 무성서원을 배알한 것이 계기가 되었다. 당시 홍석주洪奭周(1774~1842)는 자신이 소장하고 있던 계원필경 구본舊本을 서유구에게 보냈다. 서유구는 그것이 귀중한 문헌임을 알고 곧바로 교정 작업을 진행하여 전주에서 간행 후 무성서원에 보관하도록 했다. 당시 상황에 대해 서유구는 다음과 같이 기록하고 있다.

계사년(1833, 순조 33) 가을에 내가 호남을 안찰하며 순시하다가 무성武城에 이르러 공의 서원을 배알拜謁하고는 석귀石龜와 유상대流觴臺 사이를 배회하면서 유적을 둘러보노라니 감개가 새로웠다. 그때 마침 연천淵泉(洪奭周) 홍공洪公이 이 문집을 부쳐 주면서 말하기를 "이것은 천 년 가까이 끊어지지 않고 실처럼 이어져 온 문헌이다. 그대는 옛글을 유통시킬 생각이 없는가?"라고 하였다. 이에 나는 큰 구슬을 얻은 것처럼 기뻤으나 시간이 오래 흐를수록 잃어버릴 가능성이 더욱 커질까 걱정되었다. 그리하여 얼른 교정을 하여 취진자聚珍字로 인쇄한 뒤에 태인현泰仁縣의 무성서원武城書院과 합천군陝川郡의 가야사伽倻寺에 나누어 보

---

19) 최치원의 영정을 무성서원에 봉안하는 과정은 『重修日記』(1책 17장)에 자세하게 기록되어 있다.

관하였다.20)

   최치원은 전라북도 옥구沃溝에서 태어나 당唐나라 진사시進士試에 급
제한 인물이다. 서유구는 『계원필경집』 서문에서 "『계원필경집』 20권
은 신라의 고운孤雲 최공崔公이 당나라 회남淮南 막부幕府에 있을 때 공적
으로나 사적으로 응수하여 지은 것으로서 동방으로 돌아온 뒤에 직접
편집하여 조정에 표문表文을 올려 바친 것이다. 공의 이름은 치원致遠이
요, 자字는 해부海夫요, 고운은 그의 호號이다. 호남湖南 옥구 출신이며 어
려서부터 뛰어나게 총명하였다. 나이 12세에 상선商船을 타고 중국에 들
어가서 18세에 진사시에 급제하였으며, 한참 뒤에 율수현위溧水縣尉에 임
명되었다가 임기를 마치고 그만두었다.…… 그로부터 4년 뒤에 국신사
國信使에 충원되어 동방東方으로 돌아와서 헌강왕憲康王과 정강왕定康王을
섬기며 한림학사翰林學士와 병부시랑兵部侍郎이 되고, 외직으로 나가 무성
태수武城太守가 되었다.…… 대저 바닷가의 외진 지역에서 태어나 어린
나이에 중국에 유학하여 과거에 급제하고 벼슬살이하는 것을 마치 지
푸라기 줍듯이 하였으며, 끝내는 문장으로 한 세상을 울리면서 당시에
빈공賓貢한 사람들이 아무도 앞을 다투지 못하게 하였으니, 이 어찌 참
으로 호걸스러운 선비가 아니겠는가"21)라고 기록하고 있다.

---

20) 『桂苑筆耕集』, 「校印桂苑筆耕集序」, "癸巳秋, 餘按察湖南, 巡到武城, 謁公書院, 裵徊乎石龜
流觴臺之間, 俛仰遺躅, 有餘慨焉. 會淵泉洪公以是集寄曰, 此近千年不絶如線之文獻耳, 子其
無流通古書之思乎. 餘如獲拱璧, 懼其愈遠而愈佚也. 亟加証校, 用聚珍字擺印, 分藏諸泰仁縣
之武城書院陝川郡之伽倻寺."

21) 『桂苑筆耕集』, 「校印桂苑筆耕集序」, "桂苑筆耕集二十卷, 新羅孤雲崔公在唐淮南幕府時公私
應酬之作, 而東還之後, 手編表進于朝者也. 公名致遠, 字海夫, 孤雲其號也. 湖南之沃溝人, 幼
穎慧絶倫. 年十二, 從商舶入中原, 十八, 擧進士第, 久之, 調溧水縣尉, 任滿而罷.……後四年,
充國信使東歸, 事憲康王定康王, 爲翰林學士兵部侍郎, 出爲武城太守.……夫以海隅偏壤之産,

최치원의 행적에 대해서는 다양한 설이 있다. 이에 대해 이규경李圭景(1788~?)은 역사서와 잡기雜記 등에 보이는 모순적인 내용들을 밝히기 위해 『계원필경집』에 수록된 최치원의 시문詩文을 참고하여 검증을 시도했다. 그 결과 이규경은 『오주연문장전산고五洲衍文長箋散稿』에서 최치원의 사적事蹟에 대해 다음과 같이 정리하고 있다.

공公이 신라 헌안왕憲安王 원년(857)에 났으니 당唐 선종宣宗 대중大中 11년이다. 공이 당나라에 갈 때는 12세로 신라 경문왕景文王 8년(868)이니 당唐 의종懿宗 함통咸通 9년이다. 공이 당 나라 배찬裴瓚이 장원했던 방榜에 합격했을 때가 18세로 당唐 희종僖宗 건부乾符 원년(874)이니 신라 경문왕 14년이다. 공이 회남도통淮南都統 고변高騈의 순관巡官이 되었을 때는 25세로 당 희종 중화中和 원년(881)이니 신라 헌강왕憲康王 7년이다. 공이 고변의 막부幕府에 있었을 때는 28세로 당 희종 중화 4년이니 신라 헌강왕 10년이다.…… 당나라에서 출발할 때는 공의 나이 29세로 당 희종 광계光啓 원년(885)이니 신라 헌강왕 11년이다. 본국으로 돌아왔을 때는 공의 나이 30세로 신라 헌강왕 12년(886)이니 당 희종 광계 2년이다. 그해 정월에 『계원필경집』 1부 20권을 표문表文과 아울러 바쳤다. …… 공의 나이 40세 때에는 신라 진성여주眞聖女主 10년(896)이니 당唐 소종昭宗 9년이다. 이때에 무성武城(지금 태인면) 태수太守로 나갔다가 스스로 불우不遇를 개탄하여 가족들과 함께 강양군江陽郡(지금 합천군) 가야산伽倻山에 들어가 일생을 마쳤다.…… 공의 자는 고운孤雲 또는 해부海夫인데, 혹자는 해운海雲과 고운이 그의 호號라고 하였다. 그리고 호남 옥구沃溝 사람인데 경주慶州 사람 혹은 사량부沙梁部 사람이라 하였다. 맨 처음에 진한辰韓 6부部의 족속은 모두 하늘에서 내려준 인물들인데,

---

而弱齡北學, 取科宦如拾芥, 終以文章鳴一世, 同時賓貢之流, 莫之或先, 豈不誠豪傑之士哉."

고허촌高墟村의 장長 최씨崔氏는 형산兄山에 탄생하였다. 그 뒤 신라 유리왕 9년(32)에 6부의 이름을 고치고 성姓을 하사했는데, 고허촌을 사량부로 삼고 최씨의 성을 하사했기 때문에 사량부 사람이라고 칭한 것이다.[22]

고려 말에 처음 건립된 최치원의 생사당은 1485년(성종 16)에 이르러 현재의 무성서원 자리로 옮기고 태인의 옛 지명을 따라 태산사泰山祠로 불리게 되었다.[23] 이때 생사당이 옮겨진 곳은 1483년(성종 14) 정극인丁克仁(1401~1481)이 향학당鄕學堂을 열었던 곳이었다. 정극인은 경기도 광주에서 태어나 1429년(세종 11) 사마시에 합격한 인물이다. 그러나 세종이 흥천사興天寺의 사리전捨利殿을 수리하고 법회를 개최하자 이에 반대하는 상소를 올리고 처가妻家가 있는 태인으로 내려와 불우헌不憂軒을 짓고 은거했다. 이후 정극인은 천거로 다시 관직에 나갔으나 세조가 왕위를 찬탈하자 다시 태인으로 내려와 고현동향약을 만들고 향촌교육에 힘쓰다

---

22) 『五洲衍文長箋散稿』, 「經史篇·崔文昌事蹟辨證說」, "公生於新羅憲安王元年丁丑, 卽唐宣宗大中十一年也. 公入唐時, 十二歲, 景文王八年戊子, 卽唐懿宗咸通九年也. 公中唐裵瓚榜下時, 十八歲, 唐僖宗乾符二年甲午, 卽新羅景文王十四年也. 公爲淮南都統高騈巡官時, 二十五歲, 唐僖宗中和元年辛丑, 卽新羅憲康王七年也. 公居高騈幕府四年時, 二十八歲, 唐僖宗中和四年甲辰, 新羅憲康王十年也.……將啓行也, 公二十九歲, 唐僖宗光啓元年乙巳, 卽新羅憲康王十一年也, 歸國時, 公三十歲, 新羅憲康王十二年丙午, 卽唐僖宗光啓二年也, 正月, 以《桂苑筆耕集》一部二十卷,……公四十歲, 新羅眞聖女主十年丙辰, 卽唐昭宗九年也. 出爲武城太守, 自傷不遇, 挈家入江陽郡伽倻山以終.……公字孤雲, 而海夫其字, 一作海雲孤雲, 其號也. 湖南沃溝人, 或作慶州人, 或稱沙梁部人. 厥初辰韓六部姓, 皆從天降, 高墟村長崔氏, 降于兄山, 新羅儒理王九年, 改六部之名, 仍賜姓, 以高墟村爲沙梁部, 姓崔, 故稱沙梁人也."

23) '태인'이란 지명에 대해 『신증동국여지승람(1530)』 「태인현」조에서는 " 【궁실】 객관(鄭坤의 記에, "泰仁縣은 곧 옛날의 太山과 仁義 두 고을이었는데, 우리 조정에서 두 고을의 이름을 합쳐서 태인이라고 하였다)"라고 기록되어 있다. 『新增東國輿地勝覽』 제34권, 「全羅道·泰仁縣」, " 【宮室】 客館(鄭坤記, 泰仁縣卽古之太山仁義兩縣也. 我朝倂兩縣號曰泰仁)."

가 생을 마감했다. 황윤석黃胤錫(1729~1791)은 향학鄕學의 발전에 기여한 정극인의 업적에 대해 그의 행장行狀에서 다음과 같이 말하고 있다.

을미년乙未年(1475, 성종 6) 10월에 또 마을에 향음주례를 마련하고 규약을 세워 서序를 지었는데, 그 말은 다음과 같다. "예禮의 문文·기器·용用은 비록 다 고례古禮에 합하게 할 수 없지만, 경敬·예禮·결潔·효孝·제悌·손遜은 준수하여 잃지 말아야 할 것이고, 치侈·음淫·욕慾은 경계하고 삼가야 할 것이니, 어찌 다만 고을의 친목에 그칠 뿐이겠는가? 그 효험은 천리天理가 얻어지고 인심人心이 바로잡히게 되어 충신이 나오고 효자가 나오고 사람들과 사귀기를 잘 하는 것이 계속 이어져 끊어지지 않게 되어 결국 주周나라의 풍속과 교화를 오늘에 다시 볼 수 있을 것이다."[24]

1510년(중종 5)에는 송세림宋世琳(1479~1519)이 정극인의 향약을 더욱 발전시키고 향학당을 정비했다. 송세림은 1503년(연산군 9)에 이조좌랑에서 사직하고 정극인이 창설한 향학당을 중흥시킨다. 이에 대해 『신증동국여지승람新增東國輿地勝覽』·「태인현泰仁縣」조에는 " 【학교】 향교(현의 서쪽 3리에 있다.) [신증新增] 향학당鄕學堂(현의 동쪽 20리에 있다. 정언正言 정극인이 처음에 가숙家塾을 설치하였는데, 후에 현縣 사람 송세림이 그 제도를 확장하여 강당을 세웠고, 동·서쪽에 재사齋捨가 있는데, 항상 학도들을 모아 가르치고 훈계하였다)"[25]이라고 기

---

24) 『不憂軒集』, 卷首, 「附錄·有明朝鮮國故通政大夫行司諫院正言不憂軒丁公行狀」, "乙未十月, 又設洞中鄕飲酒禮, 立約而序之曰, 禮之文, 禮之器, 禮之用, 雖未能盡合於古, 而敬也禮也潔也孝也悌也遜也, 則遵而勿失, 侈也淫也慾也, 則戒之愼之, 豈但親睦鄕閭而已. 其效至於天理得人心正, 而忠臣也孝子也善與人交也, 源源而不竭, 周之風化, 復見於今日矣."

25) 『新增東國輿地勝覽』 제34권, 「全羅道·泰仁縣」, " 【學校】 鄕校(在縣西三里). [新增] 鄕學堂(在縣東二十里, 正言丁克仁, 始設家塾, 後縣人宋世琳, 重恢其制, 建講堂, 東西有齋捨, 常

록되어 있다.

이후 1543년(중종 38) 신잠申潛(1491~1554)이 태인 현감으로 부임하면서 태산사는 더욱 발전했다. 신잠은 태인의 동서남북 네 곳에 학당學堂을 짓고 향학鄕學의 기반을 마련하는 등 재임하는 동안 많은 치적治績을 쌓았다. 소세양蘇世讓(1486~1562)이 지은 「태인현감신잠선정비泰仁縣監申潛善政碑」26)에는 그의 업적에 대해 다음과 같이 기록하고 있다.

학문을 일으키고 풍속을 변화시키려는 뜻을 가지고 방리坊里(고을)에 각각 서당을 설치하고 서책을 인쇄하며, 관아의 곡식을 넉넉하게 하고 마을의 준수한 자제들을 모아 스승을 데려다가 가르치며, 고아나 과부들을 돕고 절의節義와 예양禮讓을 숭상하고 염치를 기르며, 몸소 순수하고 돈독하게 행하여 교화敎化의 길을 밝히니, 사치하고 교활한 향리鄕吏들도 몸을 움츠리고 마음을 고치지 않는 이가 없이 모두 즐거이 선善을 행하게 되어 1년이 되지 않아 온 고을이 잘 다스려졌다. 일찍이 퇴식지당退食之堂(숙소)에 삼사三事를 편액扁額으로 만들었는데, 대개 옛사람들이 관직에 나갔을 때의 법도를 취한 것으로 '오직 청淸·신愼·근勤이 있을 뿐이다'하고 세 글자의 뜻을 해석하여 크게 써서 벽에 붙이고 스스로 몸을 닦고 또한 뒤에 오는 군수郡守들에게 더욱 힘쓰게 하였다. 숙소의 동쪽에 초가草家 몇 칸을 지어 놓고 여가餘暇가 있는 날에는 거문고를 타고 즐기며 고요히 세상일을 잊고 지내는 생각을 했다. 옛날 신라 말기 최문창崔文昌 고운孤雲이 일찍이 우리 고을의 군수로 있을 때

聚學徒敎誨焉)."
26) '申潛碑는 태인현감을 마치고 떠난 신잠의 善政과 治績을 추모하여 1549년(명종 4)에 세운 비석으로서 蘇世讓이 지었다. 현재 전북 정읍시 태인면 태창리 披香亭(보물 제289호) 동쪽 인근에 세워져 있으며, 1984년 4월 1일 전북문화재자료 제105호로 지정되었다.

의 그 치적治績의 여운이 지금까지 사람들의 입에 오르고 있다. 우리 군수의 문장과 도량을 고운과 함께 천년 동안 아울러 논의될 수 있지만, 사람들이 아끼고 추모하는 정도가 매우 깊으니 최고운崔孤雲이라 하더라도 어쩌면 신후申侯(신잠)를 앞지르지 못할 것이다.[27]

신잠은 7년의 임기를 마치고 1549년(명종 4) 간성杆城 군수로 자리를 옮기게 되었다. 이때 태인에 살던 김원金元과 백삼귀白三龜 등의 요청으로 그의 선정비善政碑가 세워졌다. 한편 이를 계기로 최치원과 마찬가지로 생사당이 건립되었다.

이처럼 태산사는 정극인과 송세림·신잠 등 지방관의 선정善政과 향촌 사림의 향약과 홍학興學 활동을 계기로 점차 완비되었다. 태산사는 태인으로 옮겨진 지 130여 년이 지난 1615년(광해군 7)에 드디어 태산서원으로 발전하게 되었다. 당시 태산사에 모셔져 있던 최치원과 생사당에 모셨던 신잠을 함께 배향함으로써 사묘祠廟인 태산사와 향촌교육 기관인 향학당이 결합하는 독특한 역사를 갖게 된 것이다. 이후 1630년(인조 5)에는 태산서원에 정극인과 송세림을 추배하게 되는데, 정극인이 창설한 향학당을 송세림이 중흥시켜 향촌 교육을 발전시킨 공로를 인정받았기 때문이다. 또한 태산서원은 1675년(숙종 1) 청액請額 상소를 올리기전까지 이항李恒과 함께 향학 부흥에 기여한 태인 출신의 정언충鄭彦忠과

---

27) 『陽谷集』 제40권, 「記·申泰仁(潛)善政記」, "慨然以興學變俗爲意, 令於坊里, 各設局堂, 印藏書冊, 豊其餼廩, 聚鄕子弟俊秀者, 擇師而敎之, 以至郵孤宴, 崇節義尙禮讓礪兼恥, 躬淳篤之行, 而闡化道之方, 豪胥猾吏, 亦莫不縮頸革心而樂趨於善, 不朞年闔境大治. 嘗扁退食之堂曰三事, 蓋取古人當官之法, 唯有淸愼勤勤而已, 大書注解三字之義於壁上, 旣飭其躬, 又勗後來之君子. 堂之東, 搆草捨數楹, 暇日則鳴琴玩鶴, 蕭然有出塵之想. 昔新羅之季, 崔文昌孤雲, 曾宰吾邑, 其流風餘韻, 至今爽人牙頰, 吾侯之文藻襟期, 可與孤雲, 竝論於千載之上, 人之愛慕歆艶之深者, 則孤雲或未之先也."

양주목사楊州牧使를 지낸 김약묵金若默, 태인 출신으로서 향학당에서 교육에 힘썼던 김관金灌 등을 추배하여 모두 칠위七位를 제향하게 되었다.

태산서원의 청액상소는 전라도 유생 202명이 참여하여 1695년 11월에 발의하고, 이듬해 1월 5일에 올려졌다. 1696년(숙종 22) 2월 9일, 숙종은 무성武城·태산泰山·남천藍川 등 3개의 명칭 중 '무성武城'이란 이름으로 사액을 내렸다.28) 서원의 명칭이 무성으로 정해진 것은 신라시대 태인의 옛 지명이 무성이었다는 점이 고려된 것으로 보인다. 그러나 또 한 가지 사실은 일찍이 태인 현감을 지낸 신잠이 공자의 제자 자유子游가 예악禮樂으로 백성을 다스린 것에 착안하여 자신도 공자의 덕치를 실현하고자 했던 뜻을 보인 것과도 관련이 있다. 소세양이 지은 「태인현감 신잠선정비」에 보면, 이러한 신잠의 다짐을 알 수 있다.

신후는 말하기를 아직 미흡하다. 옛날 자유子游가 무성武城의 읍재로 다스릴 때에 예악禮樂으로 백성을 가르치니 공자가 기뻐했다. 이것은 예나 지금이나 백성을 다스리는 좋은 법인데, 후세에 덕치德治의 은택이 시행되지 않고, 형벌로만 백성을 속박하고 다스림으로 인해 순수하고 아름다운 풍속을 찾아보기가 드물게 되었다. 내가 부질없이 백성들

---

28) 황윤석이 쓴 정극인의 行狀에는 무성서원의 사액에 대해 "대개 崇禎 이후 호남의 사림이 文昌侯 崔致遠을 주벽으로 모신 무성서원에 公(정극인)을 배향하면서 靈川 申潛, 訥庵 宋世琳, 黙齋 鄭彦忠, 誠齋 金若默, 鳴川 金灌을 또한 선후로 배향했고, 숙종 22년인 병자년(1696)에 본도 생원 柳之春 등의 소청으로 賜額과 致祭가 있었으니, 公이 돌아가신 때로부터 이에 이르기까지 216년이었는데, 朝野에서 높이 받드는 일이 비로소 다시 유감이 없게 되었다."(『不憂軒集』 卷上, 「附錄·有明朝鮮國故通政大夫行司諫院正言不憂軒丁公行狀」, "蓋崇禎以後湖南士林, 配享于崔文昌致遠武城書院, 而申靈川潛, 宋訥庵及鄭黙齋彦忠, 金誠齋若默, 金鳴川灌, 亦先後腏食, 我肅宗二十二年丙子, 以本道生員柳之春等疏請, 賜額致祭, 自公卒至是二百一十六年, 而朝野崇奉之擧, 始無復遺憾矣")라고 기록되어 있다.

을 정치로 다스리는 것에만 얽매이겠는가!²⁹⁾

공자가 제자 자유와 덕치德治에 대해 이야기를 나눈 곳도 무성이었다. 그 내용은 『논어』에 있는데, 다음과 같다.

공자가 무성에 가서 현악에 맞추어 부르는 노래를 들었다. 공자가 빙그레 웃으며 말했다. "닭 잡는 데, 어찌 소 잡는 칼을 쓰느냐?" 자유가 대답했다. "예전에 제가 선생님께 들었는데, 군자가 도道를 배우면 사람을 사랑하고 소인이 도를 배우면 부리기가 쉽다고 하셨습니다." 공자가 말했다. "제자들아, 언偃(자하)의 말이 옳다. 방금 내가 한 말은 농담이다."³⁰⁾

위의 내용은 제자 자유子游가 무성武城의 관리가 되었을 때 공자가 그곳을 방문한 일화다. 공자가 무성을 방문했을 때, 아름다운 거문고와 비파 연주 소리를 들었다. 백성에게 선한 풍속이 있는 것은 어진 정치의 결과였다. 공자는 기쁜 마음으로 빙그레 웃으며 "무성은 작은 고을인데 큰 도道로 다스리는 것이 마치 작은 닭을 잡는 데 큰 소를 잡는 칼을 쓰는 것과 같다"고 말했다. 그러자 자유는 "이전에 제가 선생님의 말씀을 들으니 군자가 도를 배워서 이치에 밝으면 어진 마음으로 사람을 사랑하게 되고, 소인이 도를 배워서 이치를 깨닫게 되면 윗사람을

---

29) 『陽谷集』, 제40권, 「記·申泰仁(潛)善政記」, "侯曰, 未也. 昔子游氏之爲武城也, 以禮樂爲敎, 而夫子喜之. 此古今牧民之良法, 而後世, 德敎之澤不流, 率以刑法束縛而操切之, 故醇風美俗, 罕或見之, 吾但規規, 於治道之末而已乎."

30) 『論語』, 「陽貨」, "子之武城, 聞弦歌之聲. 夫子莞爾而笑曰, 割鷄, 焉用牛刀. 子游對曰, 昔者, 偃也聞諸夫子曰, 君子學道則愛人, 小人學道則易使也. 子曰, 二三子, 偃之言, 是也, 前言, 戱之耳."

섬기고 복종하니 부리기가 쉽다고 하셨습니다. 무성이 비록 작은 고을
이지만 군자도 있고 소인도 있는데, 어찌 작은 고을이라고 해서 예악禮
樂으로 가르치지 않겠습니까?"라고 말했다. 공자는 이치에 맞는 말을 하
는 제자 자유의 모습을 칭찬하며 제자들에게 "자유의 말이 옳다. 내가
방금 한 말은 농담이었다. 자유가 자신이 있는지를 시험해 본 것이다.
어찌 나라가 작고 백성이 적다고 해서 소홀히 하겠는가?"라고 말했다.
이러한 고사故事에서 등장한 현가絃歌라는 단어는 고스란히 무성서원의
외삼문外三門에 해당하는 2층 누각인 현가루絃歌樓(1891)의 명칭으로 귀결
되었다.[31]

4. 무성서원의 강학 활동

한국 서원문화의 발전은 조선 중기 사림들이 주도한 문묘종사文廟從
祀와 향촌사학鄕村私學의 혁신운동과 관련이 있다. 당시 사림들은 도학정
치道學政治를 주장하며 위기지학爲己之學 중심의 새로운 교학체계 확립에
노력했다.[32] 따라서 무너진 예교禮敎를 재정립하고 쇠미해진 사풍士風의
진작을 위해 관학官學을 대체하는 서원 설립에 적극적이었다. 이에 서원

---

31) 무성서원은 대원군의 서원철폐령 이후에도 湖南右道의 首院으로서 講習禮를 통하여 활
   발한 활동을 벌이는 한편 1887년에는 일반적인 서원의 東·西齋에 해당하는 講修齋를
   건립하였다. 자세한 내용은 『한국의 서원유산 1』(한국서원연합회, 2014), pp.401~
   413 참조.
32) 정만조, 「조선 서원의 성립과정」, 『한국사론』 8(국사편찬위원회, 1980), pp.29~30
   참조.

의 교육이념은 인간 심성에 내재한 천리天理를 실현하여 법성현法聖賢하는 도덕적 완성을 추구하는 것이었다. 이러한 교육이념은 중국 송대宋代의 서원이 과거科擧를 위한 일종의 관리양성소 성격이 강했던 것과는 분명히 구분되는 특징이라고 말할 수 있다.[33] 물론 조선의 서원도 17~18세기를 거치면서 초기 서원의 교육목표에서 벗어나 정치지망생들의 입신양명 수단이나 붕당의 공론公論을 결집하는 창구로 점차 변질되기도 했다. 그러나 이것은 지방 교육기관으로서 양리養吏 기능을 완전히 배제할 수 없는 당시 현실을 반영한 것이기도 했다.[34]

조선시대 서원의 역할은 대략 5가지로 요약할 수 있다. 첫째, 성리학을 학습하는 교육기관으로서 기초적인 이론서의 강학講學을 통해 선비의 내적수양을 도모하는 곳이었다. 둘째, 지방 사림들의 집결지로서 다양한 지식과 정보를 공유·결집하여 공론公論을 생산하는 곳이었다. 셋째, 특정 인물에 대한 정례적인 제향祭享 및 문묘제례를 통해 의례儀禮를 수련하는 곳이었다. 넷째, 미풍양속을 보존하여 지역사회를 지적知的·도덕적道德的 공통체로 통합하는 곳이었다. 다섯째, 유교경전 및 주요 서적을 보존하고 지방 사림들의 고문헌을 출판·배포하는 곳이었다.[35] 이처럼 서원은 중앙정계와 지방사림을 연결하고 동시에 사족士族과 평민을 문화적으로 결속시키는 중요한 매개체였다.

33) 김창욱, 「16세기 초기서원의 강학활동에 관한 연구」(경상대학교 박사학위논문, 1996), pp.16~20 참조.
34) 김학권, 「한국 서원의 기원과 발달」, 『원광대학교 인문학연구소 논문집』 10-2(원광대 인문학연구소, 2009), p.222 참조.
35) 김광억, 「전통 교육기관의 문화유산적 가치: 콜로기움과 서원을 중심으로」, 『한국의 서원—세계유산 등재를 위한 국제학술회의 자료집』(사)한국서원연합회 한국의서원 세계유산등재추진단, 2014), 32~33쪽.

조선시대 서원의 교육이념과 강학내용은 원규院規·학규學規를 통해 이해할 수 있다.[36] 원규(학규)란, 서원 운영 및 활동의 기본 규칙을 말한다. 조선시대 서원의 원규(학규) 중 가장 대표적인 것은 이황의 「이산서원원규伊山書院院規」(1558)와 이이의 「은병정사학규隱屏精舍學規」(1578)이다. 이황과 이이가 지은 원규와 학규에서는 위기지학을 근본으로 하고 과거科擧는 부차적인 것으로 규정했다.[37] 이 중에 「이산서원원규」가 「백운동서원원규白雲洞書院院規」[38]와 함께 대체로 영남지역 남인계 서원 원규의 모범이 되었다면, 「은병정사학규」는 서인계열 서원 원규의 모범이 되었다. 이렇게 볼 때, 무성서원의 「원규」는 「은병정사학규」를 따르고 있음을 알 수 있다.[39]

무성서원 「원규」의 저작연대와 작성자는 현재 누구인지 알 수 없다.

---

36) 서원 강학 관련 자료는 그 내용과 성격에 따라 크게 ① 규약류, ② 강학 시행 기록, ③ 의례 기록, ④ 강학 재정 관련 기록 등으로 구분할 수 있다. 이 중 규약류가 강학의 규범적 성격을 띤다면, 강학 시행 기록은 강학의 실제 내용을 담고 있다. 의례 기록은 제향의례뿐만 아니라 庭揖禮·相揖禮와 같은 공식적 의례와 開接禮·罷接禮 등 관습적 의례를 포괄한다. 김자운, 「조선시대 서원 강학 관련 자료의 유형과 특징」, 『유학연구』 제48집(2019), pp.132~137 참조.

37) 함정현·양옥평, 「조선시대 서원 교육과 현대 대학 교양 국어교육의 융합 방향의 일 모색」, 『동방학』 26(한서대 동양고전연구소, 2013), p.231 참조.

38) 현존하는 16세기 서원의 학규는 모두 9종이다. 그중 시기적으로 가장 앞선 것이 백운동서원(소수서원)의 『竹溪誌』「雜錄後(院規)」 5개조이다. 『죽계지』는 周世鵬이 1545~1548년경에 편찬했기 때문에 「잡록후(원규)」 역시 비슷한 시기에 작성한 것으로 추정된다.(옥영정, 「『竹溪誌』의 編纂과 板本에 관한 書誌的 연구」, 『書誌學硏究』 제31집, 2005, p.302 참조) 그러나 『죽계지』의 5개조 학규 내용에는 별도의 제목이 없기 때문에 李仁亨(1436~1504)의 『梅軒先生實記』에 있는 '院規'라는 제목을 따랐다. 한편, 權鼈(1589~1671)의 『海東雜錄·本朝三』에서는 「白雲洞紹修書院立規」라는 명칭으로 5개 조항(謹祀, 禮賢, 修宇, 備廩, 點書)의 내용이 자세하게 수록되어 있다. 자세한 내용은 임근실, 「16세기 書院 學規에 대한 검토와 그 특징」, 『한국서원학보』 제6호(2018), pp.159~162 참조.

39) 김자운, 「조선시대 서원 강학 관련 자료의 유형과 특징」, 『유학연구』 제48집(2019), p.134 참조.

다만 내용적으로 이이의 「은병정사학규」(20개항)와 김원행金元行(1702~1772)
의 「석실서원학규石室書院學規」40)(21개항)를 종합하여 17개항으로 요약하고
있는 점으로 볼 때, 대략 18세기 말경으로 추정할 뿐이다.41) 무성서원
원규의 내용을 요약하면 다음과 같다.

〈표 2〉무성서원 「원규」 내용

구분	핵심 내용	비고	글자수
1	〈입학〉: 장유長幼 · 귀천貴賤에 구별 없이 독서와 학문에 뜻을 둔 자는 입학할 수 있음.42)	「은병정사학규」와 「석실서원학규」에서는 1개 조항으로 되어 있음.	22자
2	〈처벌〉: 언행과 처신에 잘못이 있으면 회의를 거쳐 퇴교시키고, 과오를 반성한 경우에는 입학을 허가할 수 있음.43)		74자
3	〈분향〉: 삭망朔望에는 분향焚香하고, 신입 학생이나 하직하는 사람이 있으면 반드시 묘정廟庭에서 재배함.44)		58자
4	〈새벽〉: 새벽에 일어나 침구를 정리하고, 방안과 뜰을 쓸고, 모두 세수하고 머리 빗고 의관을 정제함.45)		22자
5	〈아침〉: 이른 아침에 묘정에 나아가 재배하고, 외정外庭에서 상호 읍례揖禮를 행한 후 각자 재실齋室로 감.46)		33자
6	〈독서〉: 독서할 때는 용모를 가다듬고 똑바로 앉아서 마음과 뜻을 다하여 의미를 궁구하고, 잡담해서는 안 됨.47)	〈독서〉항 아래에 식사 조항이 생략됨.	22자
7	〈거처〉: 거처할 때는 편하고 좋은 자리를 연장자에게 양보하고, 연장자가 출입할 때 연소자는 반드시 일어남.48)		29자
8	〈정돈〉: 책상 · 서책 · 붓 · 벼루 등은 항상 정돈하고, 담배 · 타액 · 콧물 · 낙서로 창이나 벽을 더럽혀서는 안 됨.49)		38자

---

40) 『渼湖集』 제14권, 「雜著 · 石室書院學規」 참조.
41) 무성서원의 고문서는 『武城書院誌』를 비롯하여 총 8종이 남아 있으며, 대부분 19세기 말 이후에 간행된 것이다. 한국의서원세계유산등재추진단, 『한국의 서원: 고문서, 고서, 책판』(2014), p.20 참조.
42) 『武城書院誌(下)』, 「院規」, "入齋之規, 無論長幼貴賤, 有志讀書爲學者, 皆可入院事."

9	〈의관〉: 의관을 정제하되 너무 사치스런 옷을 입어서는 안 되며, 구용九容·구사九思를 지켜 생활해야 함.50)	구용九容의 구체적인 내용이 생략됨.	40자
10	〈서적〉: 성현聖賢의 글이나 성리설性理說·사서史書 외에는 서원에서 읽어서는 안 됨.51)		32자
11	〈작문〉: 글은 의리義理에 바탕을 두고 이단異端의 설을 배제해야 하며, 글씨는 또박또박 바르게 써야 함.52)		32자
12	〈언어〉: 언어는 공자를 본보기 삼아 괴력난신怪力亂神을 말하지 말고, 범씨范氏의 칠계七戒를 명심해야 함.53)		112자
13	〈붕우〉: 붕우는 서로 화목하고 공경하며 서로 책선責善해야지 교만하거나 비난하거나 모욕을 주어서는 안 됨.54)	붕우와의 구체적인 생활 내용이 생략됨.	38자
14	〈금지〉: 서적은 서원 밖으로 가지고 나갈 수 없고, 주색酒色은 들일 수 없으며, 잡기雜技와 형벌을 금지함.55)		22자
15	〈저녁〉: 저녁에도 글을 읽다가 늦은 밤에 취침함.56)		10자
16	〈학업〉: 하루 종일 모든 일에 마음이 해이해지면 안 됨.57)		46자
17	〈귀가〉: 귀가해서도 서원에서 배운 것을 실천해야 하는데, 실천하지 않고 방탕하다면 서원에서 함께 지낼 수 없음.58)		48자

---

43) 『武城書院院誌(下)』, 「院規」, "旣入而如有不修威儀, 不謹言動, 甚至失身敗行, 玷辱儒風者, 齋任與諸生會議, 隨其輕重, 或揭罰或黜院. 若有前日悖戾之人願入, 則使之先自改過飭行, 熟視所爲, 決知其改過, 然後許入事."

44) 『武城書院院誌(下)』, 「院規」, "每月朔望, 齋任率諸生, 具巾服詣廟, 開中門焚香, 再拜若齋任不在, 則齋中年少長者爲之. 雖非朔望, 諸生若自外新至或自院辭歸, 則必於廟庭再拜."

45) 『武城書院院誌(下)』, 「院規」, "每日晨起, 整疊寢具, 灑掃室中, 使齋直掃庭, 皆盥櫛衣冠."

46) 『武城書院院誌(下)』, 「院規」, "平日, 皆以巾服詣廟庭, 不開中門, 只再拜, 出外庭, 分立東西, 相向行揖禮, 各就齋室."

47) 『武城書院院誌(下)』, 「院規」, "凡讀書, 必整容危坐, 專心致志, 務窮義理, 無得相顧談話."

48) 『武城書院院誌(下)』, 「院規」, "凡居處, 必以便好之地, 推讓於長者, 無得先自擇占. 長者出入時, 少者必起."

49) 『武城書院院誌(下)』, 「院規」, "凡案書冊筆硯等物, 頓置皆有常處, 無或散亂. 不得以煙茶睡咦戲事, 點汙窻壁, 亦不得着屨升堂."

50) 『武城書院院誌(下)』, 「院規」, "常時恒整衣冠, 無得褻衣自便, 亦不得着華過近奢之服. 必以九容持身, 九思存心, 如對嚴師, 終始不懈."

51) 『武城書院院誌(下)』, 「院規」, "非聖賢之書性理之說, 則不得披讀于院中, 史冊許入. 若欲做科

무성서원 「원규」의 17개 주제어를 「원규」와 함께 실려 있는 주자의 「백록동오규白鹿洞五規」로 구분해 보면, 다음과 같다. ①오교지목五教之目에는 〈붕우〉 1개 항목, ②위학지서爲學之序에는 〈분향〉·〈독서〉 등 2개 항목,59) ③수신지요修身之要에는 〈처벌〉·〈새벽〉·〈아침〉·〈거처〉·〈정돈〉·〈의관〉·〈금지〉·〈저녁〉·〈학업〉·〈귀가〉 등 10개 항목, ④처사지요處事之要에는 〈서적〉·〈작문〉·〈언어〉 등 3개 항목, ⑤접물지요接物之要에는 〈입학〉 1개 항목이 해당한다. 이처럼 무성서원의 「원규」는 주로 수신修身에 초점을 두고 있음을 알 수 있다. 무성서원의 교육목표는 '위기지학爲己之學을 통해 성인聖人이 되는 것'임을 잘 보여 주고 있는 것이다.

무성서원 「원규」 내용 중 가장 눈에 띄는 것은 입학 자격에 대해 특정한 조건이나 신분적 차별이 없었다는 점이다. 〈입학〉 항목을 보면, '재齋에 들어가는 규정은 장유長幼·귀천貴賤을 막론하고 독서에 뜻을 두어 학문을 하는 자는 입학할 수 있음'을 명시하고 있다. 다만, '선비로서

업者, 必習於他處."
52) 『武城書院院誌(下)』, 「院規」, "凡作文, 必皆本之義理, 無得雜以異端詭怪之說. 作字, 必端嚴楷正, 無得放意潦草."
53) 『武城書院院誌(下)』, 「院規」, "凡言語必愼重, 非文字禮法則不言, 以夫子不語怪力亂神爲法. 且以范氏七戒, 存心寓目." '七戒'란 『小學』「嘉言」에 나오는 "一不言朝廷利害邊報差除. 二不言州縣官員長短得失. 三不言衆人所作過惡. 四不言仕進官職趨時附勢. 五不言財利多小厭貧求富. 六不言淫媟戱慢評論女色. 七不言求覓人物干索酒食"을 가리킨다.
54) 『武城書院院誌(下)』, 「院規」, "朋友, 務相和敬, 相規以失, 相責以善, 無得挾貴挾賢挾富挾多聞見以驕儕輩. 且不得譏侮以相戱謔."
55) 『武城書院院誌(下)』, 「院規」, "書籍不得出門, 酒色不得入門, 雜技不得行, 刑罰不得用."
56) 『武城書院院誌(下)』, 「院規」, "昏後明燈讀書, 夜久乃寢."
57) 『武城書院院誌(下)』, 「院規」, "自晨起至夜寢, 一日之間, 必有所事, 心不暫怠. 或讀書或靜坐存心或講論義理, 無非學業上喫緊, 有違於此, 卽非學者."
58) 『武城書院院誌(下)』, 「院規」, "有時歸家, 切宜勿忘院中之習, 治心檢身, 應事接物, 須要一一務盡道理. 如或入齋修飭, 出齋放倒, 則是懷二心也, 不可容接."
59) 『武城書院院誌(下)』, 「白鹿洞五規」에는 '爲學之序'가 '窮理之要'로 되어 있음.

위의威儀·언동言動을 삼가지 않고, 처신을 잘못한다면 전체회의를 통해 서원에서 내쫓을 수 있음'을 밝히고 있다. 그러나 '만일 과거의 잘못을 고치고 다시 입재入齋를 원한다면, 고친 것을 분명하게 확인한 뒤에 재입학을 허락한다'는 융통성과 포용력을 갖추고 있다. 이러한 내용은 18세기 이후 사회적 변화에 따라 중인과 서얼층이 경제적으로 성장하여 양반들의 서원 명부인 『원임록院任錄』이나 『입원록入院綠』에 입록入錄을 요구하자 소수서원에서는 모든 『입원록入院綠』의 첫머리에 "중인과 서얼들은 비록 대소과에 합격했더라도 참람되게 기재하는 것을 허락하지 않는다"라고 기록하여 입학 자격에 엄격한 차별을 둔60) 것과는 분명한 차이가 있다.

또한 〈새벽〉·〈아침〉·〈거처〉 항목에서도 알 수 있듯이 무성서원 「원규」에서는 수신修身의 출발점을 '근면勤勉'과 '경장敬長'에 두고 있다. 이것은 선비의 모범적인 생활태도와 존현정신이 지역사회에 미치는 영향을 고려한 것으로 볼 수 있다. 이 밖에 서원에서 읽을 수 있는 책을 '성현의 글'(經書)이나 '성리설·역사서' 등으로 엄격하게 한정하면서도 '과거시험을 준비하는 사람은 반드시 다른 곳에서 익히도록 하라'는 내용을 보충하여 향학鄕學의 주요기관으로서 양리養吏와 홍학興學의 역할을 동시에 인정하고 있다. 이를 통해 서원의 양대 기능인 제향과 강학을 홍학興學이라는 관점에서 사회적 파급효과까지 염두에 두고 있음을 알 수 있다. 특히 〈귀가〉 항목에서 '서원에서 익힌 것은 귀가해서도 실천해야 하며, 만일 귀가해서 제멋대로 행동한다면 서원에서 함께 지낼 수 없음'을 명

---

60) 자세한 내용은 한국서원연합회, 『한국의 서원문화』(2014), pp.173~178 참조.

시함으로써 사풍士風의 진작을 통한 예교 정립과 향촌 교화의 중심이 서원임을 강조하고 있다.

서원이 향학鄕學의 중심기관이라는 것은 율곡의 『해주향약海州鄕約』에서도 확인할 수 있다. 율곡은 「입약범례立約凡例」에서 "처음 향약을 정할 때 약문約文을 동지同志에게 두루 보이고 그 마음을 바로잡고 몸가짐을 단속하고, 착하게 살고 허물을 고치기 위해 약계約契에 참례하기를 원하는 자 몇 사람을 가려 서원書院에 모아 놓고 약법約法을 의논하여 정한 다음 도약정都約正, 부약정 및 직월直月·사화司貨를 선출한다. 여러 사람들은 나이와 덕망德望과 학술學術이 있는 한 사람을 추대하여 도약정都約正으로 삼고, 학문과 덕행이 있는 두 사람을 부약정으로 추대한다. 약중約中에서 교대로 직월直月과 사화司貨를 맡는데, 직월은 반드시 부릴 노복이 있어 사령使令이 가능한 사람으로 삼고, 사화는 반드시 서원 유생儒生으로 삼는다.…… 처음 규약을 정할 때 서원에 모여서 예를 행하는 의식은 뒤에 보인다"[61]라고 말한다. 이처럼 향약을 만들기 위해 구성원이 집결하는 장소가 서원이며, 향약을 집행하는 책임자도 서원 유생 중에서 선출하고, 향약의 내용을 완성한 뒤에는 서원에서 제례의식을 통해 확정하는 과정을 거치는 것이다. 무성서원 역시 이러한 향약 시행을 위한 중심기관으로서 기능했다.

무성서원은 정극인이 조선 최초로 향약鄕約을 시행했던 곳이다. 정극인은 만년에 고현동古縣洞에서 가숙家塾을 만들어 향촌 교화에 노력했

---

61) 『栗谷先生全書』제16권, 「雜著(三)·海州鄕約·立約凡例」, "初立約時, 以約文徧示同志, 擇其願操心檢身, 遷善改過, 以參約契者若干人, 會于書院, 議定約法, 選定都副約正及直月司貨, 衆推一人有齒德學術者, 爲都約正, 以有學行者二人副之. 約中輪回爲直月司貨, 直月必以有奴僕可使令者爲之, 司貨必以書院儒生爲之.……初立約時, 會于書院."

다. 정극인은 도의道義를 선양하고 미풍양속을 권장하기 위해 향음례鄉飮禮를 시행하고, 효친孝親·경로敬老·목린睦隣을 통해 향촌 교화를 이룩하는 데에 서원이 중심이 되어야 한다고 생각했다. 정극인은 「태인향약계축泰仁鄉約契軸」이란 시에서 오륜五倫 중에서도 특히 붕우朋友의 도리를 강조하며 다음과 같이 읊조리고 있다.

인륜人倫 5가지 가운데 붕우가 그 하나인데, 이 세상에 함께 살면서 얻기 어렵다는 말이 있지. 하물며 같은 고을에서 아침저녁으로 서로 어울림에 있어서랴. 벗으로서 인仁을 보충함을 곧 유익한 세 벗이라 하네. 정성과 믿음으로 계契를 이루니 끈끈한 정이 아교칠과 같네. 경사에는 반드시 축하하고 우환에는 반드시 도와주네. 안회와 자로 관중과 포숙이 책에 빛나는 이름을 남겼듯이 산이 닳고 바닷물이 마르도록 시종始終 변하지 말아야 하랴. 우리 모든 계원은 마땅히 공경하고 본받아야 하니, 말로는 뜻을 다하지 못하여 거듭 약속을 하네. 자신의 부귀함을 믿고 뒤에서는 미워하고 면전에서 기뻐하랴. 교묘하게 속이는 갖은 행위들 그 덕을 돌아보지 않음이로다. 어찌 정성과 믿음일까, 신명神明이 벌하리라. 어찌 정성과 믿음일까, 죄가 있으면 마땅히 축출당하리라.[62]

이처럼 정극인은 장유長幼의 질서 확립이 향촌사회의 상부상조와 상호친목에 매우 중요한 요건이라고 생각했다. 이에 정극인은 향학鄉學을 창설하고 향촌규약을 제정함으로써 자신의 구상을 실현하고자 했던 것

---

62) 『不憂軒集』 제1권, 「詩·泰仁鄉約契軸」, "人倫有五, 朋友居一, 竝生斯世, 號曰難得. 矧同一鄉, 從遊朝夕. 以友輔仁, 是謂三益. 作契誠信, 猶膠與漆. 吉慶必賀, 憂患必恤. 回路管鮑, 輝映簡策, 山礪海帶, 終始不貳. 凡我同盟, 最宜矜式, 言不盡意, 重爲之約. 挾富挾貴, 背憎面悅. 多般巧詐, 不恤其德. 豈曰誠信, 神明其殛. 豈曰誠信, 罪當黜伏."

이다. 이후 송세림은 1510년(중종 5)에 정극인의 향약을 더욱 발전시키고 향학당鄕學堂을 정비했으며, 신잠은 향학을 고현동뿐만 아니라 태인현 전체로 확장시키고 제도화하는 데에 기여했다. 특히 신잠은 1543년(중종 38) 태인 현감으로 부임한 후 태인의 동서남북 네 곳에 학당을 짓고 향학鄕學의 기반을 마련하였다.

지금까지 살펴본 바와 같이 고려 말 최치원의 선정善政에서 유래한 생사당生祠堂은 이후 태산사泰山祠로 이름이 바뀐 후, 정극인·송세림·신잠 등에 의해 향학당을 거쳐 무성서원으로 발전했다. 이 과정에서 무성지역 사림들은 서원을 중심으로 향약을 실시하고 향학당을 발전시키는 등 향촌교화에 노력했다. 무성서원을 중심으로 실시된 향약은 오륜五倫 중에서도 붕우와 경장의 도리를 강조한 것이 특징이다. 한편, 무성서원의 강학 활동은 「원규」를 통해서도 확인할 수 있듯이 수신修身 덕목을 매우 중시했다. 이것은 한국 서원이 건립 초기부터 도학道學 전통에 바탕을 두고 위기지학을 교학목표로 삼은 것과 같은 맥락에서 이해할 수 있다. 이처럼 사풍士風 진작과 예교禮敎 확립을 통해 향촌사회를 도덕공동체로 만들고자 했던 무성지역 사림들의 흥학興學 활동은 고현동향약 시행(1475), 향학당 건립(1483), 무성서원 사액(1696), 헌가루 건립(1891), 병오창의(1906) 등으로 이어지면서 향촌교화의 구심체로서 기능했음을 알 수 있다.

5. 맺음말

한국 서원 가운데 가장 오랜 역사를 가지고 있는 무성서원은 그 유래와 역사, 건립과 변천과정, 입지조건과 규모면에서 매우 독특한 특징을 가지고 있는 서원이다. 역사적으로 볼 때, 무성서원은 통일신라 시기 최치원의 생사당에서 유래하여 조선시대에 이르러 태산사와 정극인의 향학당이 결합하여 건립되었다. 최치원과 정극인이 모두 유학자였으며, 태인 지역과의 인연으로 성립된 무성서원은 향촌 사림의 정신적 구심점이었다. 이로 인해 지역 유림이 주축이 되어 무성서원을 중심으로 한국 최초의 고현동향약을 실시하기도 했다.

입지조건으로 볼 때, 무성서원은 대부분의 서원이 수려한 자연경관을 찾아 백성들의 생활공간과 일정한 거리를 두고 있는 것과는 달리 향촌사회 중심부에 위치한 것이 특징이다. 이로 인해 무성서원은 향촌사회와 자연스럽게 어우러지는 경관을 갖게 되었으며, 현가루에서 내려다보이는 모습도 자연경치가 아닌 백성들의 진솔한 삶의 현장이었다. 이러한 입지적 특징은 서원의 역사적 유래와도 관련이 있으며, 지방관의 선정善政을 기리는 활동에 지역 주민도 동참할 수 있는 계기가 되었다. 이러한 지역 친화적 입지조건은 정극인·송세림·신잠 등을 비롯한 사림들이 향약을 통해 향촌사회의 교육·문화적 수준을 제고하는 데에도 영향을 주었다. 무성서원의 「원규」 내용 중 입학 자격에서 신분적 차별이 없었다는 점과 일제 강점기에 사림이 주축이 되어 호남지역 최초의 의병활동인 병오창의가 일어난 것도 이와 무관하지 않다.

무성서원의 공간 배치

　규모면에서 볼 때, 무성서원은 건축물의 개수나 크기에서 세계문화유산에 등재된 9개 서원 중 가장 간결한 구조로 되어 있다. 무성서원의 건축적 특징은 최소한의 건물로 서원의 품위를 지키면서도 소박하고 검소한 선비정신을 상징적으로 보여 준다. 전학후묘前學後廟의 형식으로 지어진 무성서원의 사당인 태산사는 자연석을 초석으로 하여 앞면과 옆면이 모두 3칸으로 되어 있다. 명륜당에 해당하는 강당 역시 정면 5칸, 측면 3칸이며, 외삼문에 해당하는 2층의 현가루는 정면 3칸, 측면 2칸의 작은 규모로 지어졌다. 이 밖에 동재東齋에 해당하는 강수재講修齋, 부속 건물인 고직사庫直捨와 비각碑閣 정도가 있을 뿐이다.

　지난 9월 5일, 문화재청은 세계유산 「한국의 서원」 등재기념식을 개최하여 각 서원과 서원이 위치한 지자체들에 등재인증서를 전달하고,[63] 〈서원 중장기 보존·관리 및 활용계획(2019~24)〉을 발표했다. 이번 발

---

63) 〈시사매거진〉 2019년 9월 6일 기사 내용(제목: 문화재청, 세계유산 「한국의 서원」 등재기념식 개최) 참조. http://www.sisamagazine.co.kr/news/articleView.html?idxno =226708(검색일: 2019.10.10.)

표는 유네스코에서 한국의 서원을 세계유산으로 등재하면서 서원에 대한 통합관리계획 및 해설 방안을 수립할 것을 권고한 바에 따른 것이다. '예학의 공간, 세계유산 서원의 가치 제고'를 비전으로 '세계유산 서원의 탁월한 보편적 가치증진'·'서원을 세계적 브랜드로 육성'을 목표로 하는 문화재청의 〈「한국의 서원」 보존·관리 및 활용 계획〉을 요약하면 다음과 같다.

「한국의 서원」 보존·관리 및 활용 계획[64]

【6대 추진전략】

1. 세계유산의 체계적 보존체계 구축
   — 2020년까지 9개 서원의 통합관리체계 마련
   — '세계유산의 보존·관리 및 활용을 위한 특별법' 제정
   — 2021년까지 세계유산 영향평가(HIA) 세부기준 배포
2. 서원의 진정성·역사성 증진을 위한 보수정비
   — 2021년부터 서원 수리 기준 의무 적용
   — 2023년까지 종합정비계획 수립
3. 서원의 기록유산 조사연구 및 DB구축
   — 2023년에 서원의 기록유산목록 조사보고서 발간/공개

---

64) 문화재청 홈페이지(http://www.cha.go.kr).

4. 문화재 안전관리체계 구축
  ― ICT(정보통신기술)를 활용한 재난대응/예방체계 구축
5. 활용·홍보 다각화를 통한 국가 브랜드화 실현
  ― 2020년부터 세계유산 축전 개최 및 대표 관광상품으로 육성
  ― 2021년부터 실감형 콘텐츠 제작/초·중·고교에 제공
6. 서원의 세계적 위상 강화
  ― 해외 유사 관리주체와 협력 체계 구축, 국제적 인지도 제고
  ― 서원에 대한 공동조사·학술교류를 통한 남북문화재 교류

　위의 내용을 통해서도 알 수 있듯이 문화재청이 제시한 종합계획은 세계유산의 '탁월한 보편적 가치'(Outstanding Universal Value, OUV)가 훼손되지 않도록 보존·관리하는 데에 초점을 두고 있다. 물론 9개 서원을 통합 관리할 주체와 홍보·활용방안 등을 포함한 통합관리체계를 마련하고, 안내판과 누리집·홍보영상물·해설사 양성 등을 통합해 추진하는 일은 중요한 과제이다. 또한 2019년까지 세계유산 보호를 위한 법적 기반 마련을 위해 '세계유산의 보존·관리 및 활용을 위한 특별법' 제정하고, 이후 시행령을 마련하여 5년 단위의 보존·관리 및 활용에 대한 종합계획(문화재청)과 시행계획(지자체)을 수립한다는 계획 역시 의미 있는 일이다.

　그러나 최근 10여 년간 서원에 대한 각종 지원사업에도 불구하고, 여전히 대다수의 서원이 실제 기능을 담당하지 못하고 있는 실정에 주목해야 한다. 여기에는 세계유산으로 등재된 9개 서원도 예외는 아니다. 이러한 문제를 해결하기 위해서는 서원의 활용방안이 하드웨어 중심에서 소프트웨어 중심으로 전환할 필요가 있다. 즉 새로운 인적자원(human resources)의 확충과 활용에 초점을 두어야 한다. 거시적 관점으로

볼 때, 한국 서원의 지속가능한 보존·관리·활용을 위해서는 실질적인 관리·운영인력, 나아가 새로운 프로그램을 기획할 수 있는 주체가 안정적으로 확보되어야 하기 때문이다. 이를 위해서는 기존 방식대로 퇴직인력을 활용하는 방안에서 과감하게 탈피하여 재능과 열정을 겸비한 신진인력이 진입할 수 있도록 각종 지원 및 유인책 마련이 필요하다. 이러한 정책적 전환은 한국사회의 청년실업 문제를 조금이나마 해결하고 고용증대를 통해 사회·경제적 파급효과를 제고하는 데에도 어느 정도 기여할 수 있을 것이다.

아울러 최근 '근로시간 단축과 여가생활 증가'로 인해 확산되고 있는 '워라밸'65) 문화에 주목할 필요가 있다. 거의 모든 분야에 가성비價性比를 따지며 합리적 소비를 추구하는 호모 에코노미쿠스(Homo economicus)의 등장은 서원뿐만 아니라 전통문화에 대한 새로운 요구(needs)로 표출될 가능성이 매우 높다. 이 점에 착안하여 그야말로 '살아 숨 쉬는 서원'으로서 지역의 역사·문화에 특화된 다양한 아이템 개발이 필요하다. 서원 관련 원형자료와 로컬리티(locality)에 기초한 스토리텔링이나 문화상품(goods) 개발을 통해 새로운 소비계층을 창출하는 방안도 고려해 볼 만하다. 전북지역에 적용하여 생각해 보면, 조선의 마지막 선비인 전우田愚(1841~1922)와 조선 후기 어진화가인 채용신蔡龍臣(1850~1941)이 그린 송

---

65) 워라밸은 '일과 삶의 균형'을 뜻하는 '워크 앤 라이프 밸런스'(Work and Life Balance)의 줄임말이다. 장시간 노동을 줄이고 일과 개인적 삶의 균형을 맞추는 문화의 필요성이 대두하면서 등장한 신조어로서 거창한 성공을 꿈꾸기보다 일상을 즐기려는 젊은 직장인 세대의 라이프 스타일을 가리키는 말이다. 영미권에서 1970년대 등장한 개념이지만, 한국에서는 2010년대 들어 새롭게 주목받고 있다. 김난도 외, 『트렌드 코리아 2018』(미래의 창, 2017) 참조.

정십현도松亭十賢圖·칠광도七狂圖, 최익현 초상·황현 초상과 같은 한국유림들의 항일운동을 매개로 한 애국지사 콘텐츠도 활용 가능하다. 이러한 기획을 가지고 전북지역의 거점대학이나 전문기관이 협력하여 공동연구에 착수한다거나 전북지역 문화유산을 활용한 관광문화벨트 개발을 위해 지자체 전문인력과 기업들이 참여하는 서원관광 문화산업콘텐츠 추진단 구성도 모색할 수 있을 것이다. 이를 통해 서원문화의 활용을 현대사회의 요구에 부응하기 위해 '전통문화계승형', '인성리더십형', '마음치유형', '동양고전교육형', '지역문화관광연계형', '선비문화 오감五感체험형' 등 다양한 방안들도 마련될 수 있을 것이다.

【참고문헌】

『論語』, 『桂苑筆耕集』, 『三峯集』, 『世宗實錄』, 『不憂軒集』, 『新增東國輿地勝覽』, 『栗谷先生全書』, 『陽谷集』, 『渼湖集』, 『五洲衍文長箋散稿』, 『武城書院誌(下)』(1884).

김난도 외, 『트렌드 코리아 2018』, 미래의 창, 2017.
이수환, 『조선후기 서원 연구』, 일조각, 2001.
정순목, 『한국 서원교육제도 연구』, 영남대학교 민족문화연구소, 1979.
한국서원연합회, 『韓國書院總覽(上·下)』, 2011.
_____, 『한국의 서원문화』, 2014.
_____, 『한국의 서원유산 1』, 2014.
한국의서원세계유산등재추진단, 『한국의 서원: 고문서, 고서, 책판』, 2014.

김광억, 「전통 교육기관의 문화유산적 가치: 콜로기움과 서원을 중심으로」, 『한국의 서원-세계유산 등재를 위한 국제학술회의 자료집』, 사)한국서원연합회 한국의서원세계유산등재추진단, 2014.
김영모, 「서원 경관의 보존·관리의 문제점 및 개선방안에 관한 연구」, 『전통문화논총』 11, 2013.
김자운, 「조선시대 서원 강학 관련 자료의 유형과 특징」, 『유학연구』 제48집, 2019.

김창욱, 「16세기 초기서원의 강학활동에 관한 연구」, 경상대학교 박사학위논문, 1996.

김학권, 「한국 서원의 기원과 발달」, 『원광대학교 인문학연구소 논문집』 10-2, 원광대 인문학연구소, 2009.

박종수, 「포은선생 배향서원의 문화콘텐츠 활용 방안」, 『포은학연구』 14, 2014.

옥영정, 「『竹溪誌』의 編纂과 板本에 관한 書誌的 연구」, 『書誌學研究』 제31집, 2005.

임근실, 「16세기 書院 學規에 대한 검토와 그 특징」, 『한국서원학보』 제6호, 2018.

정만조, 「17~18세기의 書院·祠宇에 대한 試論」, 『韓國史論』 2권, 1975.

_____, 「조선 서원의 성립과정」, 『한국사론』 8, 국사편찬위원회, 1980.

_____, 「최근의 서원연구 동향에 대한 검토」, 『조선시대 서원 연구』, 집문당, 1997.

조현중 외, 「문화재청, 문화재 유형별 활용 길라잡이—잠자는 문화재를 깨우는 방법 22가지」, 『문화재청, 서원 보존·정비 관리방안 연구보고서』, 2010.

진성수, 「전북지역 서원의 현대적 활용 방안」, 『원불교사상과 종교문화』 제70집, 2016.

최종희·문영숙·김동현, 「세계유산 등재대상 함양 남계서원의 경관보존간리방안」, 『한국전통조경학회지』 31-2, 2013.

한상우, 「경남지역 유교·선비문화유산 활용 제고를 위한 정책 방안」, 『정책포커스』 2014-7, 2014.

함정현·양옥평, 「조선시대 서원 교육과 현대 대학 교양 국어교육의 융합 방향의 일 모색」, 『동방학』 26, 한서대 동양고전연구소, 2013.

「유교문화체험 프로그램 활성화 방안 연구(2009.12)」, 2008년 문화체육관광부 연구용역 / 국민대학교 〈한국학연구소〉 제출 보고서 『한국의 종교현황』 IV.

「한국의 종교현황(2012.3)」, 2011년 문화체육관광부 연구용역 / 한국학중앙연구원 〈문화와 종교연구소〉 제출 보고서.

한국고전번역원 한국고전종합DB(http://db.itkc.or.kr)

문화재청(http://www.cha.go.kr)

KBS뉴스 2016년 4월 11일 [제목: 문화재청, '한국의 서원' 세계유산 등재 신청 철회…"향후 재신청"] 참조. http://news.kbs.co.kr/news/view.do?ncd=3262360&ref=D (검색일: 2019.10.10.)

연합뉴스 2019년 7월 6일 기사내용 [제목: '한국의 서원' 유네스코 세계유산 등재 확정] 참조. https://news.v.daum.net/v/20190706204328669?f=o(검색일: 2019.10.10.)

「시사매거진」 2019년 9월 6일 기사내용 [제목: 문화재청, 세계유산 「한국의 서원」 등재 기념식 개최] 참조. http://www.sisamagazine.co.kr/news/articleView.html?idxno=226708(검색일: 2019.10.10.)

5. 백록동서원의 공자행교상 석각에 대한 고찰

陳東*

강희康熙 23년(1684) 첨사부소첨사겸한림원시강학사詹事府少詹事兼翰林院 侍講學士 왕사정王士禎(1634~1711)은 명을 받고 남해에서 제고祭告한 뒤, 다음 해 4월 초 북경으로 돌아왔고 5월 9일에 백록동서원을 방문했다. "拜禮聖殿, 殿廡皆聖賢像. 張孚敬毁像時獨未及此. 旁有石刻至聖像, 吳道子筆, 有陳澔 「碑記」. 東爲彝倫堂, 堂後卽白鹿洞."1) 또한 그의 저서 『황와기문皇華紀聞』에 진호陳澔의 「부자석각상비기夫子石刻像碑記」를 베껴 적었는데, 그 전문은 아래와 같다.

> 白鹿洞禮聖殿有夫子石刻像, 陳澔記略云: 癸亥(元至治三年, 1323年)仲春, 沔陽 景陵簿靳良叔以公務抵江陵, 遊玄妙觀, 觀唐吳道子圖形碑, 筆勁而古, 貌恭而 安, 摩挲審視, 知爲先聖燕居之像. 詢其由, 黃冠曰: 近有當道羅封者, 過水梁, 馬嘶伏不進, 鞭策數四, 愈退卻, 命隸識之, 報梁石有像. 遂筆致於此. 靳歸以告 僚屬. 幕佐陶景山力請移文取置江陵崇文閣. 任回, 打碑像以歸. 越四歲丙寅(元 泰定三年, 1326年)秋, 予寓梅庠, 陶君言事之本末甚悉. 一日於李和甫家塾得其 像, 呈令尹景山李君, 躍然以喜, 而感亦隨之, 曰: 仲尼, 日月也, 孰得而逾焉? 吳 生, 神筆也. 千載陸沉, 復見今日. 抑先聖之靈昭昭赫赫, 遺像所在自有神物守護

---

* 곡부사범대학 공자문화연구원.

1) 王士禎, 「北行志」, 『王士禎全集』(齊魯書社, 2007年版), 第2632頁.

而撝呵. 隋文鎮石之語亦固甚矣. 於是捐俸錢, 命工勒像於石. 俾人人瞻仰乎申
申夭夭之容, 如獲親炙之者焉. 噫! 盛哉! 周宣王岐陽石鼓, 復見於鳳翔之宣廟,
餘慶之力也. 今景山勒石之心, 餘慶之心也. 澔謹序其事而爲之記.[2]

　　진호陳澔(1261~1341)의 자는 가대可大, 호는 운장雲莊으로 도창현都昌縣(현
재 강서성의 구강시) 사람이다. 주희의 사전제자四傳弟子로 오랫동안 은거하
다가, 황매현黃梅縣의 교유敎諭로 원나라 때(1335~1340) 백록동경사로 임관
했다. 저작으로는 『예기집설禮記集說』 등이 있다.[3] 진호가 백록동서원의
경사로 임관한 것은 확실한데, 왕사진王士禎이 직접 봤다고 명백하게 말
했고, 백록동서원의 부자상夫子像 석각과 진호가 쓴 「비기碑記」가 명백한
증거로 존재하고 있다.

1. 공자행교상 계성전양식

　　현재 백록동서원에서는 이미 「비기」를 찾아 볼 수 없지만, 선사공자
행교상先師孔子行敎像([그림1]) 석각은 확인이 가능하다. 학자 중에는 현재
존재하는 선사공자행교상이 바로 진호의 「비기」에서 말한 부자석각상
夫子石刻像이라고 하였다.[4] 선사공자행교상을 자세히 보면, 이 석각상이

---

2) 王士禎, 「皇華紀聞」, 卷四"聖像", 『王士禎全集』(齊魯書社, 2007年版), 第2760~2761頁.
　　[淸] 曾王孫 修, 康熙三十三年刻本『都昌縣誌』, 卷九藝文志"碑碣""宣聖遺像碑記序" 錄其文,
　　最後多"時丁卯年(泰定四年, 1327)菊節前三日東匯澤(彭蠡)陳澔謹誌".
3) 蘇成愛, 「陳澔生平考辯」, 趙生群‧方向東 主編, 『古文獻硏究集刊』 第二輯(鳳凰出版社,
　　2008年版), 第357頁.
4) 吳國富‧黎華, 『白鹿洞書院』(湖南大學出版社, 2013年版), 第112~113頁.

[그림1] 백록동서원 선사공자행교상   [그림2] 공묘계성전 선사공자행교상

공자행교상계성전 양식에 속한다는 것을 쉽게 알 수 있다.

공덕평孔德平의 『공자행교상의 형상 출처와 양식』(孔子行教像的圖像來源與樣式)에서는 검을 차고 있는 모습에 근거하여 공자행교상을 구주양식衢州樣式, 성적전양식聖跡殿樣式, 계성전양식啟聖殿樣式의 세 가지 양식으로 구분했다. 곡부曲阜 공묘孔廟 계성전啟聖殿의 선사공자행교상先師孔子行教像([그림2])은 구체적 제작연도는 알 수 없다. 전체 돌은 높이는 160cm, 너비는 55cm로 되어 있고, 공자상은 높이 135cm, 너비 53cm이다. 비액碑額은 "先師孔子行教像"이라고 되어 있고, 서명署名은 "唐吳道子"라고 되어 있다. 비석의 오른쪽 상단에는 비기碑記가 있는데, "德侔天地, 道冠古今, 刪述六經, 垂憲萬世"라고 되어 있다. 공문孔文은 공자행교상 계성전양식의 특징을 5가지로 정리했다. 첫째, 검을 차는 방식에서 칼자루가 앞을 향하고 있다.

둘째, 초상화의 왼쪽 아래에 "唐吳道子筆"라는 글자와 오도자吳道子의 인장印章이 있다. 셋째, 비기碑記가 "德配天地"에서 "德侔天地"로 변화되었다. 넷째, 공자의 손모양은 오른쪽 손등과 왼쪽 손바닥이 포개져 있고, 왼손은 밖으로 오른손은 안쪽으로, 손바닥은 가슴을 향하고 손등은 앞을 향해 있다. 다섯째, 관식冠飾과 옷의 무늬는 못과 쥐꼬리 등을 이용해서 여러 화법으로 새겼고, 그림의 선은 기복이 크고, 소밀疏密의 대비가 강하고, 조세粗細가 명확하고, 돈좌頓挫는 힘이 있고, 옷의 무늬는 대부분 음각으로 처리했다. 화상畵像은 기세가 있고, 역동적이며 비교적 시각적 흡입력을 갖추고 있다.5)

곡부 공묘 계성전의 앞에 있는 선사공자행교상은 동일한 양식 중에서는 가장 오래된 비석으로, 그림의 둘레에는 용무늬 장식이 있고, 무늬 장식 중에 "萬世師表"라는 글자가 있다. "萬世師表" 네 글자는 강희 23년(1684)에 황제가 직접 내린 것으로, 이 비석의 제작년도가 청나라 초기 강희의 시기보다는 빠를 수 없음을 증명한다.

"德配天地, 道冠古今, 刪述六經, 垂憲萬世"라고 제기題記로 썼는데, 과거에는 명나라 진봉오陳鳳梧(1475~1541)의 "孔子贊"에서 유래되었다고 알려졌다. 공문은 그보다 더 빠른 홍무洪武 26년(1393) 석전축문釋奠祝文에서 유래되었다고 고증했다. 아직 정설은 없지만, 확실한 것은 모두 명나라 이후에 그 유래를 두고 있다.

공자행교상 계성전은 아마도 명나라 만력萬曆시기에 출현했을 것이다. 광서光緒 때의 『자계현지慈溪縣志』에 의하면 자계현학慈溪縣學의 대성

---

5) 孔德平,「孔子行敎像的圖像來源與樣式」, 賈磊磊 等,『第四屆世界儒學大會論文集』(文化文藝出版社, 2012年版), 第190~199頁.

전에 지성선사상至聖先師像 석각이 있는데, 비석 뒷면에 풍정馮梃이 만력 경자庚子(1600)에 쓴『선성고신록宣聖考信錄』이 새겨져 있다. 비문에 따르면 이 비석의 그림은 아래에 진술한 공자행교상 강릉양식江陵樣式과는 같지 않은데, "及馬驚橋石事, 世儒目以季路", 사람들은 강릉양식의 그림이 공자가 아닌 자로를 그린 것이라고 추측하고 있다. 또한 "曲阜二像"(跡殿樣式) 과도 다른데, 황생黃生은 "家固有端木子貢傳吳道子臨者, 向不示人"[6]이라고 했다. 비석이 이미 소실되어 사실을 확답하기 어렵다.

계성전의 공자행교상은 청나라 때에 가장 유행한 공자 도형양식으로, 현재까지도 여러 방식으로 번각翻刻과 복제複製가 이루어지고 있는데, 현재 시중에 판매되는 것은 모두 이 양식을 그 본보기로 하고 있다. 계성전 공자행교상은 주로 탁본을 통해서 세상에 전파되고 있는데, 탁본은 대부분 목각에서 나온다. 공자행교상 목각은 계성전 비석에서 모사한 것으로 제작연도는 분명하고, 길이는 110㎝, 너비는 52㎝이다.[7]

곡부공부문화재기록보관소에서 소장하고 있는 청나라 초기의 목본 「공자행교상」에 따르면, 관식款識이 없고, 머리를 빗고 건책巾幘을 쓰고 있으며, 포복袍服을 두르고, 흰색 옷과 검은 신발을 신고, 허리에 검을 차고 있다. 그림의 양식으로 볼 때, 이는 계성전의 선사공자행교상을 원본으로 하거나 혹은 참고하여 제작한 것이다.

계성전공자행교상 석각은 드물다. 백록동서원에 있는 공자행교상은 계성전 약식에 속하는 것으로, 진호가 기록한 부자석각상이 아니고 후

---

6) [淸] 馮可鏞 修, 楊泰亨 撰,『慈溪縣志』(光緒二十五年刊本, 成文出版社有限公司, 1975年影印版), 卷五十二"金石下(明下)", 第1127頁.

7) 圖見北京圖書館善本部金石組 編,『北京圖書館藏畫像拓本彙編』第六冊(書目文獻出版社, 1993年版), 第169頁.

세의 사람이 보충해서 새긴 것이라고 단정할 수 있다.

2. 공자행교상 강릉양식

그렇다면 진호가 기록한 부자석각상은 어떤 양식이었을까? 진호의
「부자석각상기夫子石刻像記」에 의하면, 이 석각은 적어도 진호가 황매현
의 교유로 임관했을 때에 새겨졌을 것이고 백록동서원의 경사經師로 임
관한 뒤에 모사하여 만들었을 것이다. 그 양식은 호북湖北 황매현에 새
겨진 공자상과 같았을 것이다.

『황매현지黃梅縣誌』를 살펴보면, 진호의 「비기」와 부자상석각은 명나
라 말기에 훼손되었다. 건륭 때의 『황매현지』에도 다만 명나라 정덕正德
3년(1508)의 「순대사조선기巡臺謝朝宣記」만 남아 있다.[8] 글에서는 다음과
같이 말했다.

> 於戲, 宣聖此像筆於道子, 得於江陵, 傳之黃梅. 陳可大記之詳矣. 嘗見世傳吳道
> 子畫本有三, 此其一也……至此重瞻所謂遺像, 欣欣若有感焉. 二處圖跋相沿,
> 以爲燕居, 引申申夭夭之語爲證, 緣不冕而巾, 似亦可據. 但玆鑴上衣下裳, 腰帶
> 足履, 蔽膝有飾, 衛身有具, 側焉若趨, 其體非立, 拱焉若翼, 其容非舒. 當時欲
> 道之行, 周流天下, 畏於匡, 微服過宋, 曾不微服耶. 膰肉不脫冕而行, 顧不當脫
> 冕耶. 若此, 謂之行像亦可也, 必以爲燕居則隘矣.

---

8) 見 [淸] 沈靑峰 修, 『雍正陝西通志』(四庫全書本), 卷五十七上, 第33~34頁, "謝朝宣, 字汝爲,
   西安左衛人, 弘治癸丑進士. 任監察御史, 巡按雲南, 監鄕試. 令土官鹹得觀聽鹿鳴, 遠人感化.
   陞浙江副使, 因忤權宦, 謫黃州同知. 招流移恤貧乏, 陞四川副使, 征剿有功, 斷獄無滯."

황매현의 부자석각에 대해서 묘사했는데, 여기서 유상遺像에 대해서 "燕居"라고 이름붙인 것은 적절하지 않으며, "行敎"라고 하는 것이 더 적절하다.[9]

황매현의 공자상석각은 이미 소실되었기에 확인할 방법이 없다. 그렇다면 여전히 진호의 「부자석각상기」를 단서로 더 앞으로 거슬러 가보자. 진호가 보았던 공자석각상의 탁본은 강릉江陵 숭문각崇文閣에서 나왔는데, 『형주부지荊州府志』와 『강릉현지江陵縣誌』를 살펴보면, 면양沔陽 경릉부근景陵簿斳 양숙良叔이 유람한 현묘관상玄妙觀尙은 남아 있고, 그 후에 선성연거상宣聖燕居像은 숭문각에 옮겨졌으나 이미 소실되었고, 공자상석각도 역시 종적을 알 수 없다.

현재 유일한 단서는 현묘관에 남겨진 공자석각상의 기록으로 이는 세간에 떠도는 전설과 같은 기록이다. 이러한 전설을 살펴보던 중에 뜻밖에 여러 개의 공자석각상을 발견했다. 연대순으로 살펴보고자 한다.

1) 광주 문묘 선성유상宣聖遺像([그림3])

광주廣州시 월수공원越秀公園 진해루鎭海樓 앞에 북쪽 통로 밑에 위치해 있는데, 비석의 높이는 대략 180㎝, 너비는 60㎝이다. 공자상의 높이는 168㎝, 너비는 42㎝이다. 비석 오른쪽에 새겨진 글은 아래와 같다.

---

9) [淸] 薛乘時 修, 沈元寅 纂, 『黃梅縣誌』(乾隆五十四年重刊, 海南出版社, 2001年影印版), 卷四學校上, 第101頁. 又 [淸] 申毓來 修, 『南康縣志』(宋王郞纂康熙四十九年刊), 卷十五藝文二文類, "重修南康縣學記附錄宣聖燕居像碑記"所記碑文與王士禛『皇華紀聞』所載基本相同, 署名爲"元泰定丙寅湖廣黃梅縣敎喩陳可大記. 明嘉靖南康縣知縣倪民望傳刊. "又錄有"康熙庚寅瑞月南康縣知縣申毓來跋". 說明南康縣學亦有石刻孔子像, 名爲"宣聖燕居像".

[그림3] 광주시 월수공원 선성유상

宣聖遺像. 前景陵簿靳氏傳云: 昔埋驛梁, 有執政者過之, 其馬嘶伏, 策亦不進, 遂得此石刻於橋之下, 乃唐吳道子筆也. 尋興置郡之崇文閣. 予時都運山東計府使, 得玆本藏之. 歲在甲申(1344年), 調官宣帥東廣. 視政之暇, 出是刻及所繪尼山, 孔林二圖, 示椽劉從龍摹臨, 將立石郡庠, 以新士人之瞻. 乃請建置於憲長君雪西元素正議. 公曰: 信哉! 聖人之貌, 威而不猛, 恭而安, 其道如日月之麗天也. 然沮雖而彌彰, 畏匡而彌光, 抑焉得而毀歟? 今神宇陸沉於雜還蹄涔之間, 曾不知其後千百年, 彼驥之有識, 一嘶之頃, 宛然儼出於殿陛, 以昭我皇元文明之聖. 宜壽於石, 以廣公傳. 時憲副子謙徐公, 知憲事東甫何公, 照磨彦文許公僉曰可. 乃命廣庠文學陳元謙伐越山之石, 鑴碑三, 居聖像於中, 左山右林, 立於文廟天章之閣. 俾郡之士人君子, 荒服島夷, 崇仰聖人高堅前後之風, 河嶽光靈之輝, 廟林文蔚之氣, 如在鄒魯之邦, 豈不有助於風化也歟? /至正五年(1345)歲次乙酉正月望日/中奉大夫, 廣東道宣慰使都元帥僧家奴記/承直郎, 廣東道宣慰使司都元帥府經歷貢師謙篆額/廣東憲曹天臺張湮書/承直郎, 都事沈思誠, 奉議大夫, 都事張哈剌臺立石. 10)

승가노僧家奴가 얻은 선성유상의 탁본도 강릉 숭문각에서 따온 것인데, 그 출처가 진호가 황매현에서 본 탁본과 동일하다. 지정至正 5년 (1345), 승가노는 이를 곡부에서 얻은 니산도尼山圖, 공림도孔林圖와 함께

---

10) [淸] 阮元主 修, 梁中民 校點, 『廣東通志 · 金石略』(廣東人民出版社, 1994年版), 第389~390 頁. 又 李修生 主編, 『全元文』(鳳凰出版社, 2004年版) 第46冊 卷1424, 第208~209頁.

광주廣州 문묘文廟에 옮겨 새겼는데, 진호와 시간적 거리가 태정泰定 4년 (1327) 이후로 20년이 안 되고, 진호의 백록동서원에 새겨진 부자석각상 과 기본적으로 일치된다.

2) 광서廣西 전주全州 황계서원璜溪書院 선성유상

전주현 양하향兩河郷 대전촌大田村 남쪽으로 1km지점으로, 비석의 높 이는 250cm, 너비는 138cm, 두께는 25cm이며, 공자상의 높이는 165cm이다. 상단에는 가로로 "宣聖遺像"의 전자篆字가 새겨져 있고, 좌측에는 세로로 "唐吳道子筆"이 새겨져 있고, 오른쪽은 글씨가 희미해서 읽기가 어렵다. 청대의 장려상蔣勵常(1751~1838)의 「황계서원성상고璜溪書院聖像考」가 있는 데 그 내용은 아래와 같다.

嘉慶甲戌(1814年), 餘以不才主本州書院講席. 有鄧某居大田村, 以石刻孔子像 一軸來. 自言去其村四五里曰桐木村者, 相傳昔人曾於村旁建書院, 雖頹廢已久, 而舊址猶依稀可認. 其下有池, 村人因取土得一石碑甚鉅, 視之則宣聖遺像也. 卽呼眾昇至昔人所建書院舊址中立之. 此紙乃數年前所拓. 敞居卑陋, 懼不足妥 先聖之靈, 而反以褻越致戾也, 故齎而至此. 請先生留之而懸諸中堂, 朔望則率 諸生謁之, 俾各知所尊仰, 而時有以生其敬畏之心, 不遠勝於一人之藏之乎? 餘 敬受之. 見像左大書唐吳道子筆五字, 其右則小字五六行, 中有璜字竝書院二字. 餘俱模糊不可讀. 隨取州志所載古跡證之. 雖有璜溪書院在大田村一說, 至建於 何人與始於何時則不及詳也. 遂以是而疑其無據. 今年夏時, 初齎同年以元曾舅 所作『璜溪書院記』示餘, 始知志非誣, 而餘之無識而妄疑前人爲可嗤也. 其首曰: 璜溪書院, 爲柳侯仲塗(948~1001)建也. 又曰柳侯當宋端拱間來刺全州, 築室讀 書於山中. 嘉定八年(1215)郡守林岊(1168~1249)卽其地爲讀書堂. 寶慶三年(1227)

賜額曰淸湘書院, 而旁爲柳侯立祠焉. 因知記中所謂讀書山中, 卽今城東北之柳
山中. 所謂讀書堂, 卽淸湘書院, 卽今相傳之柳山書院. 而又謂之淸湘書院者, 以
賜額而得名也. 凡此皆原柳山書院事. 其後則曰元統元年(1333), 楊公廷鎭撤而
新之, 新柳侯祠也. 學賓鄧華夫實相其役, 載新柳侯之像, 而舊像無所於捨, 乃迎
以歸所居璜溪之地. 又曰: 璜溪發於高山, 而遠赴於灌陽之會湘橋. 溪之左地可
數十畝, 卽其地而築室焉, 號璜溪書院. 正堂以貯先聖遺像之碑, 而柳侯舊像居
房之右, 而東向厭於所尊也. 卽此考之, 則所謂璜溪書院, 卽今桐木村所遺書院
故址無疑. 而桐木村之聖像石碑, 則當時正堂所貯之碑也. 蓋鄧氏世居大田, 桐
木二村, 華夫其先世之卓卓者, 事以久而失傳. 使無曾記以爲之證, 卽華夫璜溪
書院之設, 尙無由考其實況. 此碑旣久離故所, 又誰得於遙遙數百年後而詳其所
在乎? 則甚矣.[11]

이에 따르면 원나라 지정 4년(1347)에 등화부鄧華夫 옛터에 서원을 중
건하고 황계서원이라고 이름을 고쳤다. 그 건물의 규모는 정당正堂과 두
개의 낭방廊房이 있었고, 본당에는 "선성유상비"가 모셔져 있다. 그 공
자상석비의 출처는 불분명한데, 현지에 전해져 온 이야기가 하나 있다.
남송 때 한 장군이 병사를 이끌고 영남嶺南의 반군을 평정하기 위해서
호남으로부터 광서를 향해서 출발하여, 상계湘桂 옛길을 따라서 행진하
다가 대전촌 황계璜溪의 물가에 이르자, 말들이 무릎을 꿇은 채 일어나
지 않았다. 장군은 이를 매우 기이하게 여기고 병사들에게 근방을 수색
하게 했는데, 개울 속에서 비석을 발견하고 뭍으로 꺼내서 서원의 가운
데에 세우고, 그 저수지를 성인당聖人塘이라고 이름 지었다. 성인당은 현
재까지도 남아 있다. 이 전설을 통해서 봤을 때, 이 비석은 앞서 본 승가

---

11) [淸] 蔣勵常, 『嶽麓文集』(廣西人民出版社, 2001年版), 卷二"璜溪書院聖像碑考", 第11~13頁.

노가 새긴 선골유상과 그 출처가 같다고 할 수 있다.

3) 상해上海 송강松江 화정현학華亭縣學 선성유상([그림4])

현재 송강현박물관에 있다. 탁본은 높이가 180㎝, 너비는 92㎝이다.[12] 명나라 정통正統 5년(1440) 9월, 비석의 머리에 "宣聖遺像"이라고 새겨져 있고, "吳道子作"의 네 글자가 있으며, 측면에는 명나라 길수吉水 양정楊政의 발어跋語가 있는데, 전자篆字로 쓴 비갈碑碣로 김둔金鈍이 적었다. 그 그림은 앞서 본 강릉공자상과 양식이 같다. 청대의 동함董含(1624~1697)의 『순향췌필尊鄕贅筆』에 다음의 내용이 있다.

距松郡西十里, 陳陀橋積雨基陷, 居民運土築之, 不數尺見一巨碑. 拭視乃先聖遺像, 有大字曰唐吳道子作. 衣冠帶配, 極爲古雅……士大夫相與迎入靑浦縣學宮.[13]

『공택지孔宅志』에 이 일이 더 상세하게 기록되어 있다.

明崇禎間重修瞻在軒, 陳濟賢迎供唐吳道子臨摹夫子碑像, 吳爾成題像贊, 因改額爲子之燕居, 董其

[그림4] 상해 송강 선성유상

12) 拓片見北京圖書館善本部金石組 編, 『北京圖書館藏畫像石拓本彙編』一(書目文獻出版社, 1993年版), 第97頁.
13) 董含, 『尊鄕贅筆』中 "先聖遺像"; 『說鈴』(嘉慶乙卯版), 卷三十四, 第34頁.

昌書. 康熙八年, 郡南陳渡橋葭菼中夜發異光, 土人浚河, 得碑高六尺許. 爲宣聖像, 系唐吳道子筆. 諸生朱元勳, 孫鐩, 孫鉽, 諸宏詵, 方大輿, 孫錕, 陸緯等具呈署府, 通判傅爲霖迎歸, 諸宏謐置石趺, 供燕居堂中.[14]

그러나 모두 강희 8년의 일이며, 송강의 화정華亭과 정통의 시기에 선성유상은 서로 같은 일이 아니다. 이와 같다면, 청포현학에도 한 폭의 부자상이 있었음을 알 수 있지만, 지금은 종적을 확인할 수 없다.

4) 곤명 문묘 선성유상

현재도 남아 있다고 하는데, 필자는 보지 못했다.

명나라 정통 7년(1442) 5월, 당나라 때 오도자가 그린 공자상을 안찰사按察使 뇌손賴巽(1385~1446)이 소장하고 있었는데, 그림의 우측에 "立石於郡庠. 以新士人之瞻仰"이라고 적혀 있었다. 정덕正德 15년(1520) 5월 학궁學宮을 중수하고 순무巡撫 하맹춘何孟春(1474~1536)이 제기題記를 썼는데, "工匠鄭信, 高源, 蕭清, 汪海"라고 비석의 좌측에 새겨서, 문묘의 존경각尊經閣에 세웠다. 하맹춘의 「선성유상기先聖遺像記」에 그 기록이 있다.

吳道子畫. 先聖遺像入石刻者, 春嘗見於河南開封及諸府學, 而今獲拜瞻於此. 以較他凡墨本, 大抵相同, 豈一皆摹自闕梁者與? 傳稱先聖生有異質, 凡四十九表, 事舉甚悉, 特未及舌與髮鬚耳. 舌內藏不得爲表, 緯書乃云仲尼舌理七重, 餘如"鉤文在手, 及胸應矩"等處, 概之四十九表. 言亦多異, 亦不記及鬚髯也. 今世傳遺像, 頷頰間鬚髯甚盛. 聖人儀觀果誠有之, 紀記不應獨遺. 於戲! 覆載之德,

---

14) [清] 孔毓圻 等 撰, 『孔宅志』(清雍正間刻本), 卷之五"古跡 · 碑像", 第2頁.

照臨之容, 雖親炙高第善言之士弗能盡, 而況繪史意匠依稀仿佛千歲而下, 類非
當時目擊之所擬乎? 吾儒欲識聖人, 幸求之聖人之言, 深體力察, 而有以得其心
焉. 則所謂四十九表之在遺像者, 夢寐可覿. 印證茲圖, 庶乎其不差矣. 正德庚辰
(1520)年月吉, 巡撫雲南等處地方督察院右副都御史彬陽何孟春百拜謹誌.[15]

하맹춘의 『연천집燕泉集』에는 「선성유상기」를 수록하고 그 뒤에 다
음과 같이 덧붙여 적혀 있다.

> 春旣跋聖像, 嘗以拓本寄故友黃鞏伯固. 伯固復書云: 承聖像見示, 疑鬚鬣事, 偶
> 考元儒黃四如先生所爲記: 孔聖遺像惟宗廟小影爲眞. 聖胄亦云先君生無鬚眉,
> 而天下王侯不以此損其敬. 後世偶塑轉異, 美鬚長髭, 未審何據. 太史公所謂鈞
> 之未睹容貌者也. 得此錄上, 奉備一說. 蓋四如乃生族祖, 今家集猶存. 春因記『
> 孔叢子』子思告齊君, 實有吾先君生無鬚眉之說. 取而閱之, 信如四如之所指者.
> 蓋吳道元傳寫旣誤, 後世據爲偶塑, 遂弗加考正爾. 今闕里有行敎圖, 是小影. 他
> 如凭几, 乘輅及司寇等像, 亦畫鬚鬣. 殆亦踵世本傳誤之故, 無所謂宗廟小影
> 也.[16]

하맹춘의 「선성유상기」는 명대에 유행했던 수많은 "皆摹自驛梁者"가
모두 같은 출처임을 증명하는데, 이를 '강릉양식'이라고 이름 붙였다.
그 밖에도 하맹춘의 부기附記는 정덕의 시기에 공묘에 이와 같은 "선성
유상"이 없었음을 증명한다.

---

15) 何孟春, 『燕泉何先生遺稿』(乾隆二十四年刻本), 卷五, 第15~16頁.
16) 沈乃文 主編, 『明別集叢刊』第一輯 第93冊; 『燕泉何先生遺稿』(黃山書社, 2013年版), 卷五,
第619頁.

5) 계림 부학府學 선성유상

현재 계림桂林의 삼중三中에 있는데, 그 높이는 65㎝, 너비는 41㎝이
다. 왼쪽에 진서眞書로 적힌 글이 있다. 비석의 이마에는 동욱童旭이 전
서篆書로 되어 발문했다.

宣聖遺像. 旭調守桂林, 會慶元守蘄易陳君大中, 因談天下文廟聖像得其眞者鮮.
陳遂出所藏元黃梅令陶景山刻唐吳道子所筆宣聖遺像. 旣而詳閱碑記, 乃先至治
(實爲至正)初, 因沔陽景陵簿靳良識爲宣聖燕居之像, 人始知重. 至泰定(1324~
1328), 景山方刻於石. 至治迄今, 幾二百年矣. 然此像古今崇重, 人人瞻仰, 良叔
之功豈可少耶. 旭, 沔人, 守魯時嘗築城徙縣, 殫力廟庭, 玆幸得眞像於殊方, 邂
逅中似有不偶然者. 雖古碑尙存黃梅, 然刻畵漸至磨滅, 慮恐愈久失眞, 非細故
也. 乃白於提學憲付陳公伯獻, 遂命工重刻, 立於桂庠大成殿中. 數百年後脫遇
此石複蠹, 吾黨君子再一新之, 繼繼繩繩, 俾聖像與天地同於悠久. 亦學者尊崇
報本之萬一也. 皇明正德戊寅(1518)孟冬月前進士桂林府知府童旭頓首謹跋/嘉靖
乙卯(1555)仲春前進士桂林府知府顧充揚頓首重刻.[17]

강희시기에 『안육부지安陸府志』의 기록은 다음과 같다.

童旭, 字賓暘, 其先隨人, 元季徙家於沔. 弘治己未(1499)進士, 除知上高, 三月
而芝生, 遷戶部主事. 正德辛未(1511), 兩河盜起, 朝廷出師討之. 督理糧儲於河
南江北間, 以功擢知兗州府. 正直, 忤魯藩, 調桂林. 三年遂歸.[18]

---

17) 桂林市文物管理委員會 編, 『桂林石刻』 中(桂林市文管會, 1978年版), 第170頁.
18) 〔淸〕 張尊德, 『安陸府志』(康熙八年刻鈔本), 卷二十二, 第30頁.

공상림孔祥霖이 편찬한 『곡부비석고曲阜碑碣考』에는 "兗州知府童旭昭告
先聖碑, 正書, 孔聞韶立. 正德十一年(1516)正月, 大成門前東"[19]이라고 하였고,
강희시기의 『산동통지山東通志』에는 "曲阜縣城……正德七年, 流寇猖獗, 驚犯
孔廟, 巡撫都御史趙璜奏請徙築於此. 僉事潘珍, 知府童旭督成之"[20]라고 기록되
어 있다. 정덕 10년 전후로, 공묘에는 오도자가 글을 지은 선성유상이
없었음을 증명한다.

6) 산서 장자현 문묘 선성유상([그림5])

현재 장자현長子縣 문묘의 대성전 안에 있다. 비석의 높이는 256㎝,
너비는 78㎝이다.

명나라 가정嘉靖 25년(1536) 11월 1일에 새겨
진 정서正書로 된 작은 글씨의 발문跋文이 있다.

> 古傳昔有執政者過煙驛梁, 其馬嘶伏, 策而不前, 遂
> 得此石碑於橋下. 此唐吳道子筆也. 至正辛巳, 廣東
> 宣尉都元帥僧家奴以摹刻於廣州學庠. 歷傳已久, 餘
> 於長子獲見茲像, 復命工勒於石. 明嘉靖丙申秋進士
> 文林郎鄮城後學徐固謹識.

비석의 뒷편의 비문碑文은 가정 10년(1531)
「어제정공자사전설御制正孔子祀典說」이다. 『노안

[그림5] 산서 장자현 선성
유상

---

19) 孔祥霖 編, 『曲阜碑碣考』(上海廣智書局鉛印本, 民國四年版), 卷二, 第14頁.
20) [淸] 趙祥星, 『山東通志』(康熙四十一年刻本), 卷十三, 第6頁.

현지『潞安縣誌』에는 다음과 같이 실려 있다.

先師像. 舊傳昔有執政於橋下掘得一石, 上鐫夫子像, 唐吳道子筆也. 元至正辛
巳摹刻廣州學捨, 明嘉靖中縣令徐固得搨本重刻. 今在先師廟碑陰.[21]

7) 호북 천문현 선성유상

명나라 가정 시기에 제작된 것으로, 청대에는 확인이 되지만, 지금
은 그 종적을 찾을 수 없다. 만력시기의 『승천부지承天府志』에 다음과 같
은 기록이 있다.

(景陵縣)先師像, 系吳道子筆, 在學中. 先是縣庠在城內, 嘉靖壬寅(1542)有督學
使者柯行部至邑, 見東西湖中有□風氣所聚. 行邑改遷學址, 親爲定向, 馬伏地
不行. 柯以爲其下必有異物, 掘地得石碑, 乃唐吳道子先師像也. 文雖稍剝蝕, 而
古意猶存.[22]

강희시기의 『안육부지安陸府志』에 다음과 같은 기록이 있다.

(景陵縣)先師像, 系吳道子筆, 在學中. 嘉靖壬寅(1542), 有兵巡使者柯行部至邑.
馬伏地不行, 柯以爲其下必有異物, 掘地得石碑, 乃所刻道子先師像也. 文雖稍
剝蝕, 而意猶在.[23]

---

21) [淸] 張淑渠 修, 『潞安縣誌』(乾隆三十五年刻本), 卷十"古跡", 第6頁.
22) [明] 孫文龍, 『承天府志』(萬曆三十年刻本), 卷十九"古跡·景陵縣", 第29頁.
23) [淸] 張尊德, 『安陸府志』(康熙八年刻鈔本), 卷三景陵, 第32頁.

왕감王械의 『추등총화秋燈叢話』에 천문현天門縣 문묘 재건에 관한 기록이 있다.

天門文廟, 內建城內西北隅, 前明僉事柯公喬始改建北郭外. 先是有直指某行部,
至城北倉基地, 馬忽鳴伏不進, 異而掘視, 得石砷, 鐫"先聖遺像", 吳道子筆也.
後柯公至邑, 見殿廡頹圮, 地址湫隘, 欲徙治之, 而無基可蔔. 邑人以倉基地請,
且告前直指事, 柯曰: 數也. 遂改創於此. 碑立尊經閣內, 今現存.[24]

이미 근대화가 이루어졌지만 아직 강릉전설의 영향이 남아 있음을 확인할 수 있다.

8) 제남 문묘 선성유상[그림6]

비석의 높이는 215㎝, 너비는 95㎝, 현재 제남박물관에 소장되어 있다. 비석의 머리에 "宣聖遺像"의 전서篆書가 있고, 비석의 몸체 우측 상단에 오유악吳維嶽의 제행題行이 새겨져 있다.

卽崇闢濟南郡庠, 一日於方伯朱公衡處獲瞻是像. 濟南爲齊魯首地, 先師所嘗遊,
因摹勒於石, 以永瞻仰. 嘉靖庚申(1560)歲孝豐吳維嶽識.

주형朱衡(1512~1584)의 자는 사남土南이고 만안萬安 출신이다. 가정 11년에 진사가 되었다. 역지歷知의 우계尤溪와 무원婺源에서 임관하여 치성

---

24) [清] 王械著, 華瑩 校點, 『秋燈叢話』(黃河出版社, 1990年版), 第242頁.

[그림6] 제남 문묘 선성 유상

治聲을 들었다. 천형부주사遷刑部主事과 역랑중歷郎中을 역임하였다. 복건제학부사福建提學副使로 나아가서 공을 세워서 산동포정사山東布政使가 되었다.

오유학吳維嶽(1514~1569)의 자는 준백峻伯이고 호는 제환霽寰이다. 명나라 때 효풍孝豐(현재 안길) 장오촌鄣吳村 출신이다. 가정 16년(1537)에 향시에 합격하고, 17년(1538)에 진사로 합격하여 강음현령江陰縣令을 제수받고, 탁형부주사擢刑部主事, 승병부랑중升兵部郎中, 역산동안찰부사歷山東按察副使, 산동학정山東學政, 호광참의湖廣參議, 하남안찰사河南按察使를 지냈다. 시문에 뛰어났고, 왕세정王世貞과 함께 시사詩社를 만들었다.

9) 태원太原 부학 석각성상

도광 『양곡현지陽曲縣誌』와 광서 『기주지沂州志』에 모두 "明太原府同知蘭陽楊士魁撰"라고 기록되어 있다. 「부학석각성상발府學石刻聖像跋」의 발문은 아래와 같다.

> 古傳昔有執政者過煙驛梁, 其馬嘶伏, 策而不進, 遂得此石像於橋之下. 乃唐吳道子筆也. 至正辛巳, 廣東宣尉都元帥僧家奴摹刻於廣州學庠, 歷傳已久. 予於沂州王進士家獲瞻斯像, 精神儼然如生, 油然起敬, 語所謂溫而厲, 威而不猛, 恭而安, 信可想見也. 因命介山郭海重勒於石, 以傳不朽.25)

위의 기록을 통해서 명대에 태원의 부학에도 석각선성유상이 있었음을 알 수 있다. 하지만 그 후의 종적은 알 수 없다. 강희『난양현지蘭陽縣誌』권7에 양사괴楊士魁의 자는 언부彦夫로 정덕正德 3년(1508)에 임관하여 관직이 장사長史에 이르렀다고 기록되어 있다. 그가 태원부太原府 동지同知가 된 것은 가정의 시기이다.

10) 항주 부문서원 선성소상각석先聖小像刻石

원래는 부문서원敷文書院에 있었으나, 지금은 항주비림杭州碑林에 있다. 높이는 97㎝, 폭은 33㎝, 두께는 11.5㎝로, 만력 20년(1584)에 오도자가 만들고 새겼다. 이 비석의 중간에는 선성공자입상先聖孔子立像이 있고, 우측 상단에는 "先聖小像"의 글자가 직렬형식의 전서로 새겨져 있다. 좌측 상단에는 "唐吳道子筆"의 해서楷書가 직렬로 새겨져 있는데, 좌측 하단에는 글을 새긴 탁명경卓明卿(1538~1597)의 낙관이 찍혀 있다.[26]

11) 하남 내향현內鄕縣 문묘 선성유상([그림7])

현재 문묘 대성전 안에 있는데, 비석의 높이는 200㎝, 너비는 77㎝, 공자상은 높이가 154㎝이다. 미석의 머리에는 "宣聖遺像"이라고 새겨져 있고, 우측에는 다음과 같이 새겨져 있다.

---

25) [淸] 李培謙, 『陽曲縣誌』(道光二十三年修, 民國重印本), 卷十五 "文徵", 第31頁; [淸] 方冒昌, 『沂州志』(光緖六年刻本), 卷三十七 "藝文", 第28頁.

26) 杭州市地方誌編纂委員會 編輯, 『杭州市志』(中華書局, 2000年版) 第11卷, 第716頁.

[그림7] 내향현 문묘
선성유상

古傳昔有執政者過煙驛梁, 其馬嘶伏, 策而不前, 遂得此
石像於橋之下, 乃唐吳道子筆也, 至正辛已, 廣東宣慰都
元帥僧家奴摹刻於方州學庠. 歷傳已久.

　　우측 아래쪽에는 "萬曆丁亥(1587)冬日內鄕李衷謹
識"라고 새겨져 있다.[27)]

12) 영천현 문묘 선성유상비

　　장학성章學誠(1738~1801)이 편찬한 『영청문징永
淸文徵』에 영청현永淸縣과 '선성유상비宣聖遺像碑'에
대한 기록이 있는데, 지금은 전해지지 않는다.

　　碑在文廟明倫堂後, 正刻聖像, 左刻宣聖遺像四字, 下刻萬曆十□年辛卯夏四月
朔□日, 右刻明桐城阮鄂傳, 永淸縣知縣王衍義, 敎喩□□, 訓導陳彬, 典史陳
□□立石, 邊刻康熙六十一年壬寅季春, 知縣郭惺, 敎喩崔爾倫, 訓導陳明揚. 碑
陰刻先師遺像, 勒石通州, 世傳唐吳道子筆, 下有聖像並四賢遺像及像贊, 右側
刻萬曆辛卯(1591)邑侯王公諱衍義者創立, 至我朝康熙壬寅(1722)歲, 計一百三十
二年云云, 後學賈埈謹記.

　　또 '선성유상비'에 대한 기록은 다음과 같다.

　　右碑在像亭旁, 嵌入牆內, 末屬康熙二十七年歲次戊辰仲冬月穀旦. 邑令楚鄂陳

---

27) 內鄕縣地方史志編纂委員會 編, 『內鄕縣誌』(生活·讀書·新知三聯書店, 1994年版), 第680頁.

國祝謹撰. 敎諭交河及繡. 訓導靜安韓同範, 典史山陰郎應璧, 生員高鈺, 賈堞, 張璞, 何邦忠同立.28)

13) 하남 문향현閩鄕縣 문묘 선성유상

비석은 중화민국시기에 문묘 대성전에 있었는데, 지금은 소재를 알
수 없다. 비석의 상면에 전문으로 "宣聖遺像"이라고 새겨져 있고 가운데
에는 공자의 전신이 새겨져 있다. 좌측에 발문은 다음과 같다.

古傳昔有執政者過煙驛梁, 其馬嘶伏, 策而不進, 遂得此石像於橋之下. 乃唐吳
道子筆也. 至正辛巳, 廣東宣慰都元帥僧家奴摹刻於廣州學宮, 歷傳已久. 予尹
閩, 得之陰學博家, 幸瞻斯像, 精神儼然如生, 油然起敬, 語所謂溫而厲, 威而不
猛, 恭而安, 信可想見也. 遂命工重刻於石, 以傳不朽雲. 萬曆庚子(1600)孟春之
吉, 知閩鄕縣事吉水黃方重立石.29)

14) 절강 구주 공묘 선성유상([그림8])

비석은 현재 구주衢州 공묘 사로각思魯閣에 있는데, 높이는 207cm, 너
비는 85cm이다. 비석 뒷면에는 아주공묘도衢州孔廟圖가 있고, 앞면에는 선
성유상이 있다. 아래쪽에는 전서로 "德配天地, 道冠古今, 刪述六經, 垂憲萬
世"라고 되어 있고, 우측 아래쪽에 작은 글씨로"護蹕南渡四十七世孫兵部尙

---

28) [淸] 章學誠, 『章學誠遺書』(文物出版社, 1985年版), 外編卷十五 "永淸文徵", 第548頁中, 第
551頁.
29) 韓嘉會 等, 『新修閩鄕縣誌』(民國二十一年鉛印本), 卷十九 "金石", 第24頁; 成文出版社, 1968
年影印版, 第744頁.

[그림8] 구주 공묘
선성유상

書傳, 四十八代世襲衍聖公孔端友立"이라고 관제款題가
되어 있다. 민국시기 『구주지衢州志』에 만력시기 교
수教授 여증견呂曾見의 「제선사상비題先師像碑」가 실
려 있는데, 그 내용은 다음과 같다.

餘初至三衢學宮, 祇謁先師, 隨偕聖裔子弟員瞻拜家廟塑
像. 其世襲博士公諱聞音者, 更出其墨刻聖像相示. 其右
志曰唐吳道子筆, 鬚眉面目慢然躍燃. 餘千百載後及見夫
子, 豈不厚幸矣乎. 已而考之. 『孔叢子』曰: 子思告齊君,
先君生無鬚眉, 天下侯王不以損其敬. 夫『孔叢子』, 乃先
師八世孫孔鮒字子魚者所論集也, 去孔子未甚遠也. 豈其
言直誕而無稽乎. 抑筆於書者猶未得其眞乎? 『孔叢子』又曰: 心之精神是爲聖.
則門弟子之授受必在傳其精神, 略其形體. 如子溫而厲, 威而不猛, 恭而安及『鄕
黨』一篇, 分明畫出一個聖人. 後世文廟不以像而以主者, 良有以也. 區區鬚眉之
有無, 又胡足論耶. 陽明先生詩曰: 個個人心有仲尼, 自將聞見苦遮迷. 而今指與
眞頭目, 只是良知更不疑. 信乎夫子眞像至今在人方寸間, 自識眞心方能識先師
眞像.[30]

구주의 선성유상은 만력시기에 새겨졌는데, 이를 통해서 "護蹕南渡四
十七世孫兵部尚書傳, 四十八代世襲衍聖公孔端友立"이라고 한 것은 거짓임을
알 수 있다. 비제碑題는 "德配天地, 道冠古今, 刪述六經, 垂憲萬世"로, 이는 명
나라가 건국된 이후에 제작되었음을 증명한다.

---

30) 鄭永禧 纂, 『衢縣誌』(民國二十六年鉛印本), 卷三"建築志上·學校", 第16~17頁.

15) 호남 침주郴州 지성유상至聖遺像([그림9])

청대 순치順治 30년(1656) 4월에 비석이 새
겨졌다. 비석의 높이는 236㎝, 너비는 106㎝,
두께는 18㎝이고, 공자상의 크기는 160㎝이
다. 비석은 이미 훼손되었고, 탁본만 전해지
고 있다. 좌측에는 등원천鄧源瀳의 발문이 새
겨져 있는데 그 내용은 다음과 같다.

[그림9] 호남 침주 지성유상

先聖德配天地, 道冠古今, 萬世帝王之師也. 前代
允名臣議, 國子鄉學俱奉木主. 惟闕里有聖像. 蓋
聖人之居, 固宜因其形, 容俎豆之爾. 楚之黃梅邑

庠, 獨有石刻造像. 瀳宰縣時, 厥像來得甚奇. 北至縣治五里, 舊有橋, 石覆其上.
爲風雨塵泥者不知幾何年, 人皆未之察也. 偶有良驥經此, 跪弗前. 乘者曰必有
神物. 亟扶石以水拭之, 則上篆至聖遺像, 旁書吳道子筆. 移石歸而奉之學宮, 安
寢藏之未果. 自是南任郴郡, 郡之司訓武陵胡虞孫經黃梅來, 捧是像於瀳. 聽對
之間, 適遂初心. 欣然曰: 聖人之道南矣. 爰鳩工勒之石, 以永其傳. 夫郴之山水
秀峙, 人文素會, 鼎新在日, 接聖人靈氣, 峥冠劍佩, 有不應運興起者乎? 郡之敎
其自茲振焉. 是爲記. /大淸順治拾三年(1656)歲次丙申孟夏月吉旦奉直大夫治郴
州事鄧源瀳/同知孔東周判官薛兆潛, 吏目王興邦, 儒學學正江陵許師邵, 訓導武
陵胡虞孫.31)

가경시기 『침주총지郴州總志』「명환지名宦志」의 기록에 의하면, 등원

─────────────────

31) 劉專可, 「追尋孔廟聖像碑」, 『藝術中國』(2013年 03期).

천의 자는 종원宗源이고 강남의 공생貢生으로, 순치 병신(1656)에 침주로 부임했다. 청렴결백하고 너그럽고 온화하였고 여유가 있으면 시 읊기를 그치지 않아서 사람들은 그를 "풍아태수風雅太守"라고 칭했다. 건륭시기 『황매현지黃梅縣誌』에 의하면, 등원천은 순치 10년과 11년에 황매현령이 되었다. 침주지성유상의 출처는 황매인데, 원나라 때 새겨진 비석이 전사傳寫되어 전해져 온다. 그러나 이 시기에는 이미 진호의 「비기」가 없었고, 비석과 관련된 신비로운 설화가 있다.

16) 녹문서원 선성유상비

비석은 청석靑石에 새긴 것으로, 높이는 171cm, 너비는 83cm, 두께는 9cm이다. 가운데에는 공자유상이 새겨져 있는데, 관과 도포와 대수大袖를 입고 허리에 보검을 차고 있다. 좌우로 나누어 전자로 "宣聖"과 "遺像"이라고 새겨져 있고, 좌측 아래에는 "吳道子寫"라고 새겨져 있다. 1987년 4월 10일에 시인민정부행관국이 공사를 하던 중 녹문서원鹿門書院의 옛터에서 선성유상비괴宣聖遺像碑塊를 발굴했다. 그 전의 비석보다는 조금 큰데, 그 높이는 230cm 너비는 86.5cm 두께는 21cm이다. 그림은 이전의 비석과 동일한데, 공자상은 조금 더 크다. 우측 아래에 "乾隆辛丑長至日, 吳門陳大文敬摹"라고 새겨져 있다. 진대문陳大文(1742~1815)의 「중수녹문서원첨건선성유상전기重修鹿門書院添建宣聖遺像殿記」에 내용은 다음과 같다.

餘於己亥(1779)冬奉命分守襄, 安, 鄖三郡, 下車後, 力謀改造. 迨過宜城, 値是邑募葺文廟. 餘親往相度, 於堰道間掘得唐吳道子所繪宣聖遺像碑. 邑之人列之

木主之旁. 會新修鹿門書院, 復於講堂之後添建正殿, 命學博舒君敬迎崇奉. 而
碑石漸泐, 難以遠移. 遂擇貞石, 謹自手摹, 正位於中.[32]

이 비석은 진대문이 수모手摹한 것으로 이 앞의 비석은 진씨가 의성
宜城에서 본 비석일 것이다.

17) 호북 의성 언영서원 선성유상

원래는 의성현宜城縣 언영서원鄢郢書院에 있었으나, 지금은 양번시박
물관襄樊市博物館에 보존되어 있다. 비석의 높이는 54㎝, 너비는 24㎝이고,
공자상의 크기는 50㎝이다. 청대의 양수경楊守敬의『호북금석지湖北金石志』
에 다음과 같이 기록되어 있다.

宣聖遺像, 吳道子筆. 右碑在宜城縣鄢郢書院中, 高五尺四寸, 寬二尺五寸二分, 上
兩旁篆書宣聖遺像, 左角下行書吳道子筆四字. 聞曩有直指過郭外鯉魚橋, 馬驚不
前, 遂拂拭, 得之於橋下. 歷年久遠, 埋沒於荒階斷礎間. 乾隆壬寅(1782), 宜人修
鄢郢書院, 復於堰道中掘出, 象高五尺, 衣冠俱常服, 腰佩劍, 通身完好. 信奇筆也.
按書畫譜, 道子無宣尼像, 新舊唐書又不載道子傳, 不知宜城何以有此. 俟考.[33]

위를 근거로 보면 언영서원은 강희 36년(1697)에 창건되었고 건륭 22
년(1757)에 중건되었으며, 46년(1781)에 현재 위치로 옮겨졌다. 양수경의
기록은 근거가 있다. 새로 편찬된『의성지宜城志』에서는 "原湮於城郊鯉魚

---

32) 陳穀嘉・鄧洪波 主編,『中國書院史資料』中冊(浙江敎育出版社, 1998年版), 第1735~1736頁.
33) [淸] 楊守敬,『湖北金石志』(民國十年朱印本), 卷二"金石七", 第26頁.

橋下, 光緒三十二年(1906)修橋發現"이라고 했는데, 그 근거는 알 수 없다.[34]

이상의 1~17의 비석들은 백록동서원에서 진호가 봤던 부자상석각과 같은 유형에 속한다. 공덕평은 그의 문장에서 이러한 유형을 "구주양식"이라고 명명했는데, 그 이유는 구주공묘의 선성유상이 아직 보존되어 있는데, 아마도 공단우孔端友(1078~1132)가 같은 해에 모사한 선성유상의 연도가 가장 빠르기 때문이다. 이 이론은 가설을 통해서 만들어진 것으로 완벽하게 검증하기는 한계가 있다. 만약에 공단우가 남으로 내려와 오도자의 "공자패검도孔子佩劍圖"를 소장하고 그것을 비석에 새긴 것이 사실이라면, 모사하여 만든 석각이 뛰어난 원본을 버리고 엉뚱한 것을 보고 만들었을 리가 없으며, 아울러 허황된 설화에 의지해서 출처를 찾을 필요도 없다. 위에서 고증한 것과 같이 구주선성유상이 제작된 시기는 빠르지 않기 때문에 이러한 유형을 대표하기에는 충분하지 않다.

진호의 「비기」에 의하면 이러한 유형의 비석은 강릉에서 가장 먼저 볼 수 있고, 그 이후에 황매와 광주로 전해졌으며 황매와 광주에서 점차 전파되었기 때문에, "강릉양식"이라고 하는 것이 더욱 합당하다.

"강릉양식"의 출처는 송나라 말기로 추측할 수 있다. 청대 대함필戴鹹弼의 『동구금석지東甌金石志』 권9에 온주부학溫州府學 대성전의 성좌 뒤에 "대성선사상석갈大成先師像石碣"이 있다고 하면서, "碣高三尺六寸六分, 寬二尺六寸二分, 像佩劍左向恭立, 高二尺四寸"이라고 기록했다. 비석의 아래쪽에는 온주총관溫州總管 조봉의趙鳳儀의 발문이 있는데 그 내용은 아래와 같다.

34) 湖北省宜城市地方誌編纂委員會 編, 『宜城志』(新華出版社, 1998年版), 第648頁.

鳳儀來牧三年，儒人林堯出示其祖式之所藏摹本宣聖像，乃宋開禧乙丑(1205)典教嚴陵日於大成殿前劚土所得古碑也．德容之盛，春溫秋肅，與造化竝，他本皆不及．敬鐫於石，置之黌頖．至治初元(1321)二月甲子亞中大夫溫州總管兼管內勸農事趙鳳儀謹識．

이 밖에도 만력 18년(1590) 노성우盧性愚와 만력 29년(1601) 여상우餘尙友 등의 발문이 있다. 노대여勞大輿의 『구강일지甌江逸志』와 완원阮元의 『양절금석록兩浙金石錄』 등은 모두 유실되었다. 현재 원래의 비석은 그 소재를 알 수 없는데, 도상圖像과 탁본 역시 없어서, 이러한 기록들은 확실하지 않다.

공자행교상 강릉양식은 원과 명의 시기에 유행하고 청대에 모사되었다. 그 특징은 다음과 같다. 첫째, 모두 "시마복교嘶馬伏橋"와 같은 설화가 있다. 이러한 전설의 가장 빠른 판본은 진호의 「부자석각상비기」인데, 시간과 장소 그리고 인물에 관련하여 모두 정확하게 기술되어 있다. 후에 광주주학廣州州學의 "선성유상"에서 승가노가 기록한 시간, 장소, 인물 모두 앞의 것과 약간의 차이가 있다. 설화는 거듭 전해질수록 기이한 이야기들이 덧붙여졌고, 역사적 사실과도 점점 멀어졌다. 둘째, 초기에는 비제碑題가 없었다. 원대 지치 3년(1323)에 경릉박근景陵薄靳 양숙이 강릉 현묘관에서 처음으로 비석을 봤을 때, 손으로 만지면서 유심히 오래 보고서야 선성연거상先聖燕居像인 줄 알았다. 이러한 기록은 그 비석에 비제가 없었음을 알 수 있다. 태정泰定 4년(1327)에 황매현령 이경산李景山 황매에서 탁본한 것을 근거로, 진호의 「비기」를 「부자석각상비기」로 여겼는데, 이는 황매현석각비에도 비제가 없었음을 증명한다. 백록동서원의 "부자석각상"도 역시 비제가 없다는 것을 알 수 있다. 이후에 "宣聖遺像", "先聖遺像", "至聖遺像"으로 비제가 쓰였다. 명나라 건국 이후에 어떤 비석의 비제로 "德配天地, 道冠古今. 刪述六經, 垂憲萬世"라고 쓰기도 하였다. 초기에 새겨진 비석에는 화가의 서관署款도 없었는데, 명나라 이후에 모사된 일부 비석에서 "吳道子筆" 등의 서관이 발견되었다.

셋째, 이전의 "行敎小影"(孔行顏隨)과 비교했을 때, 공자상의 눈썹과 수염이 풍성해졌는데, 사십구표四十九表가 두드러지고 칠루七漏(입술, 눈구멍, 콧구멍, 귓구멍, 혀, 치아, 눈썹)의 특징이 명확해졌으며, 그 모습이 비교적 추해지기 시작했다.

넷째, 송대의 "行敎小影"(孔行顏隨)의 손 모양과 비교했을 때, 계성전양식의 봉수捧手는 차이가 있는데, 강릉양식 공자행교상의 양손은 무수撫手의 형태로 되어 있고, 오른손은 위로 왼손은 아래로 되어 있다. 다섯째, "行敎小影"(孔行顏隨), 성적전양식聖迹殿样式, 계성전양식과 패검佩劍의 방식에 차이가 있는데, 검은 공자의 좌측 허리에 차고, 칼자루는 짧으며, 방향은 앞으로 향하고 검신은 마치 없는 것처럼 보였다.

3. 부론附論: 공자행교상 성적전양식

18) 곡부 공묘 성적전 공자행교상([그림10])

곡부曲阜 공묘 성적전聖跡殿에 보존되어 있다. 비석의 높이는 195cm, 너비는 63cm이며, 공자상의 높이는 110cm, 너비는 40cm이다. 비액碑額이 없고, 위쪽에는 "德配天地, 道冠古今, 刪述六經, 垂憲萬世"라고 정서正書로 새겨져 있고, 좌측 하단에는 "吳道子筆"이라고 새겨져 있다. 청대 가경 11년(1806)에 곡부 공묘 성적전에 큰 보수공사를 시작할 때, 공묘의 「공자행교상」과 남송 1118년에 새겨진 「안자종행상顔子從行像」 그리고 옹정 13년(1735)에 새겨진 「부자소상夫子小像」 등 모두 성적전 서쪽으로 새로 정비되었다. 이 석각의 제작년도는 불분명하다. "德配天地, 道冠古今, 刪述六經, 垂憲萬世"의 제사題辭는 홍무洪武시기의 석전축사로 이것을 통해서 명나라 홍무 이후라고 단정할수 있다. 앞에서 언급했던 하맹춘의 「선성유상

[그림10] 공묘 성적전 공자행교상

기」와 동욱 「선성유상발」을 근거로 명나라 정덕의 시기에도 이 비석은 없었다고 추측할 수 있다. 이 비석의 뒤의 모든 비석들은 대부분 청나라가 건국되고 나서 만들어졌는데, 이를 통해서 그 제작시기를 명나라 말기로 추측해 볼 수 있다.

성적전의 「공자행교상」에 새겨진 공자는 포복袍服을 입고, 공수拱手하고 일어서 있으며, 좌측에 검을 차고 있다. 이러한 모습은 앞서 살펴본 강릉양식과 비슷한데, 손의 모양과 수염이 비슷하고, 검을 차고 있는 모습은 조금 다른데, 검의 머리가 앞으로 향해 있고 검신은 더욱 길다. 공덕평은 이러한 모양을 "성적전공자행교상양식"이라고 하였다.

[그림11] 사천 남계 공자행
교상

[그림12] 미불 공자찬상

19) 사천 남계 공자행교상([그림11])

사천 남계南溪의 공자행교상은 강희 60년(1721) 10월 1일에 새겨졌다.
이 비석의 우측 아래에 "此唐人吳道子筆也……闕里廟堂求得摹本……"이라고
발제되어 있다. 그 탁본은 크기가 194cm, 너비가 96cm이다. 송감宋鑒이 정
서正書로 "唐吳道子繪"라고 발문했다.[35] 그 존재에 대해서는 불분명하다.

20) 미불米芾 공자찬상孔子贊像[그림12]

곡부 공묘 성적전에 있는데, 일반적으로 "부자소상夫子小像"이라고

35) 圖見北京圖書館善本部金石組 編, 『北京圖書館藏畫像拓本彙編』 第一冊(書目文獻出版社, 1993
年版), 第174頁.

불린다. 비석의 높이는 163㎝, 너비는 90㎝이며, 공자상의 크기는 42㎝, 너비는 25㎝이다. 우측에 미불이 전서로 공자를 찬송한 것이 있는데, 그 내용은 아래와 같다.

孔子孔子, 大哉孔子. 孔子之前既無孔子, 孔子之後更無孔子. 孔子孔子, 大哉孔子.

성적전 공자행교도孔子行教圖와 같은 양식으로, 모두 유상遺像 혹은 행교상을 명시하지 않았다. 제작 시기는 성적전공자행교상과 같거나 그 이후로 명나라 말기 혹은 청나라 초기로 추측된다.

21) 태산 공묘 지성선사상([그림13])

태산泰山의 꼭대기 남천문南天門의 북쪽에 공자묘가 있는데, 사당의 동쪽 벽에 공자상이 있다. 높이는 96㎝, 너비는 42.5㎝이다. 윗부분에 태안현 지현知縣 서종간徐宗幹(1796~1866)의 지어識語가 있는데 그 내용은 다음과 같다.

道光辛巳(1821), 攝篆闕里, 得宋米芾所繪聖像一幅. 敬謹重勒於岱頂之殿壁間, 以永仰止之思.

22) 대남 공묘 지성선사상([그림14])

대만 대남臺南의 공묘 대성전에도 한 폭의 지성선사상이 있는데, 비

[그림13] 태산 공묘 지성선
사상

[그림14] 대남 공묘 지성선사상

석의 크기는 94cm, 너비는 46cm이고, 공자상의 높이는 60cm, 너비는 28cm
이다. 서종간이 대남으로 갔을 때 새겨진 것으로 미불의 것과 같다.(기타
유상판과 구별되는 점은 검의 손잡이와 검을 차고 있는 모습이다.) 대남의 「지성선사
상」의 측면에 발문이 있는데 그 내용은 다음과 같다.

道光辛巳(1821), 仕曲阜時珍藏; 甲申(1824), 官泰安, 敬刊岱頂. 後守蜀, 復撫立
闔中郡學. 戊申(1848), 奉拓本渡臺, 授石生耀祖, 敬謹重鐫, 與海外人士共瞻仰
之. 江南通州徐宗幹謹記.

18~22는 현재 알려진 공자행교상성적전양식의 대표적인 비석들이
다. 성적전양식은 강릉양식의 공자도상과 기본적으로 일치하는데, 공자
가 차고 있는 검의 머리 부분이 앞으로 향하고 있는 것과 검신이 더욱
길다는 점에서 차이가 있다. 이 양식은 강릉양식이 공부孔府로 전파된

뒤에 강릉양식을 기초로 하고, "聖行顏隨"의 공자패검자세의 영향을 받았는데, 즉, 성적전양식은 이 둘이 융합되어 형성되었다. 형성시기는 대략 명나라 말기 혹은 청나라 초기로 추측된다. 이 양식이 나오고 얼마 되지 않아서 계성전양식으로 대처되었는데, 그로 인해서 유행시기와 범위가 매우 한정적이다.

6. 복주 역산서원에 관한 세 가지 문제

王勇*

복주濮州는 수문제隋文帝 개황開皇 16년(596)에 조성되었고 소재지는 견성현鄄城縣(현재 산동성 하택시)에 있었다. 양제煬帝 대업大業(608~618) 초년에 폐해졌다가 당고조唐高祖 무덕武德 4년(621)에 다시 설치되었다. 원나라에 이르러 견성鄄城, 조성朝城, 범현范縣, 임청臨清, 관도館陶, 관성觀城의 여섯 곳의 현을 관할하였다.

역산歷山은 순경역산舜耕歷山(『史記』「五帝本紀」)의 전설로 인하여 유명해졌는데, 그 소재는 확실하지 않다. 가장 유력한 두 가지 중 하나의 주장은 산동성 제남시 남쪽의 순경산舜耕山과 천불산千佛山으로『수경水經』「제수주濟水注」에 "山上有舜祠, 山下有大穴, 謂之舜井"이라고 기록되어 있다. 다른 하나는 산동성 하택시 동북쪽의 견성현으로『수경水經』「호자하주瓠子河注」에 "雷澤西南十許里有小山, 孤立峻上, 亭亭傑峙, 謂之歷山"이라는 기록이 있다. 도허陶墟(도자기를 굽는 가마)가 있었는데, 이는 순임금이 경작을 하고 질그릇을 구운 곳이다. 이 밖에도 산시山西의 원곡垣曲 동북쪽, 영제시永濟市 동남쪽과 절강浙江의 여요시餘姚市 서북쪽, 영강시永康市 남쪽 그

---

* 중국 산동성 淄博, 산동사범대학 문학원 교수. 주요 연구 방향: 중국고대문학예술 및 齊魯전통문화의 교육과 연구.

리고 호남湖南 상식桑植 서북 등에 역산이 있다.

중국 고대에 역산서원은 두 곳이 있는데, 모두 지금의 산동성 내에 있었다. 한곳은 복주濮州로, 원나라 때에 천노千奴가 창건한 것인데, 일반적으로 '복주 역산서원'으로 불렸다. 또 다른 한곳은 제남으로, 명나라 때 순염어사巡鹽御史 필무강畢懋康이 선종神宗 만력 42년(1614)에 창건한 것인데, '제남역산서원'이라고 불렸다.

1. 복주 역산서원의 창건자—천노

천노(1254~1324)는[1] 몽고인으로 천려千廬, 천노千努, 천농千農, 제낙齊諾, 천로千魯, 걸노乞奴, 천노淺奴 등으로[2] 적혀 있으며, 옥이별리백아오태씨玉耳別里伯牙吾台氏 또는 백악오씨伯岳吾氏, 파약특씨巴約特氏로 기록되어 있다. 그는 무장의 가문에서 태어났는데, 증조부는 합랄찰인哈剌察兒으로 부족을 이끌고 원태조元太祖에게 귀순했다. 조부는 홀도사忽都思로 고도사固都斯라고도 기록되어 있으며, 원태종元太宗 4년(1232)에 타뢰拖雷(元睿宗, 툴루이)를 따라서 균주鈞州 삼봉산三峰山에서 금대장합달군金大將合達軍을 물리치

---

1) 『元史・千奴傳』(載: 元仁宗延祐五年), "(千奴)退居濮上……家居七年而卒, 年七十一". 延祐五年(1318)起第七年爲泰定元年(1324), 由此上推七十一年(古人以虛歲計)爲元憲宗四年(1254). 范鳳書『中國私家藏書史(修訂版)』(武漢大學出版社2013年版)第三章第五節定千奴卒年爲1325年, 恐誤

2) [明] 宋濂 等 撰 『元史』, 嘉靖『濮州志』, 嘉靖『山東通志』, [淸] 錢大昕 撰 『元史氏族表』, 柯劭忞 撰『新元史』, 屠寄 撰『蒙兀兒史記』, 曾濂 撰『元書』, 嘉慶『大淸一統志』 等, 均作"千奴"; [淸] 邵遠平 撰『元史類編』作"千廬", 康熙『濮州志』作"千努", 康熙『山東通志』作"千農", 畢沅 撰『續資治通鑑』作"齊諾", 魏源 撰『元史新編』作"千魯", 另有作"乞奴" "淺奴"者(見『欽定遼金元三史國語解』): 它們當因音近, 避諱或書寫習慣所致. "千奴"爲蒙古語, 意思是狼.

고, 발도로拔都魯라는 호를 받았다. 태종 7년(1235)에 관군백호管軍百戶에 제수되어, 여러 차례 전공戰功을 세워서 하사품을 받았다. 원헌종元憲宗 5년(1255) 한상철漢上鐵의 성채를 공격하는 전투 중에 전사하였는데, 갈충선력공신竭忠宣力功臣, 자덕대부資德大夫, 중서우승中書右丞, 상호군上護軍 연국공沈國公, 익무민謚武愍으로 추증되었다. 부친의 이름은 화상和尙으로 화선華善이라고도 기록되어 있는데, 아버지의 직위를 물려받아서 원세조元世祖 중통中統 3년(1262) 반란군을 물리쳐서 이 공으로 아랄한만호부경력阿剌罕萬戶府經歷이 되었다. 지원至元 10년(1275)에 평장平章 아리해아阿里海牙를 따라 강릉江陵을 공격하여 송宋 안무사安撫使 고달高達의 항복을 받는 공을 세웠고, 성랑중省郎中으로 진급했다. 후에 병사를 인솔하여 수개월 동안 악전고투하여 담주성潭州城을 함락했는데, 여러 장수들이 성의 백성들을 학살하려 하자 화상이 "우리에게 대적한 자는 송나라의 장수일 뿐인데, 그 백성들에게 어찌 죄를 묻겠는가? 그들은 이미 항복해서 우리의 백성이 되었으니 어찌 그들을 죽이려 하는가?"라고 말하며 극구 말렸다. 사령관이 화상의 말을 들어 주었고 세조는 그에게 상을 주었고, 그를 성단사관省斷事官으로 임명하고 태중대부太中大夫, 상덕로달로화적常德路達魯花赤, 영남광서도제형안찰사嶺南廣西道提刑按察使, 강남절서도제형안찰사江南浙西道提刑按察使를 수여했다. 그는 벼슬을 하는 중에 죽었는데, 선충수정공신宣忠守正功臣, 은청영록대부銀靑榮祿大夫, 사도司徒, 상주국上柱國, 추봉연국공追封沈國公, 익장숙謚莊肅으로 추증되었다.[3] 천노는 선조들의, 특히 아버지의 영향을 많이 받았을 것으로 생각된다.

---

3) 參閱明宋濂等『元史』, 柯劭忞『新元史』, 屠寄『蒙兀兒史記』.

천노의 행적은 『원사元史』 열전을 통해서 살펴볼 수 있다. 전傳에서 그는 어사대부월로나연천御史大夫月魯那延荐으로 세조로부터 사랑을 받았고, 강절행어사태江浙行御史台에 임하여 항주杭州로부터 "요편지소要便之所"를 강동도江東道로 옮기기를 건의하였고, 황제에게 당시 권세가인 상가桑哥를 주살할 것을 간언했으며, 혼란스러웠던 동평東平과 대명大名을 잘 다스렸고, 사사로운 정으로 법을 어긴 중서평장中書平章 백안伯顏을 탄핵하는 등의 정치적 업적을 전하고 있다. 『원사元史』에 다음과 같이 기록되어 있다.

(大德)七年, 授嘉議大夫大都路總管, 兼大興府尹. 馭吏治民有方, 以暇日正街衢, 表里巷, 國學興工, 尤盡其力. 俄進通議大夫同僉樞密院事. 上疏言"蒙古軍在山東河南者, 往戍甘肅, 跋涉萬里, 裝橐鞍馬之資, 皆其自辦, 每行必鬻田産, 甚則卖妻子. 戍者未歸, 代者當發, 前後相仍, 困苦日甚. 今邊陲无事, 而虛殫兵力, 誠爲非計, 請以近甘肅之兵戍之. 而山東河南前戍者, 官爲出錢, 贖其田産妻子, 庶使少有瘳也." 詔從之. 未几, 遷參議中書省事, 贊決機務, 精練明敏. 凡干祿之人由他道進者, 一切不用, 時論翕然稱焉.……
延祐五年, 乞致仕, 帝憫其衰老, 從其請, 仍給半俸終其身. 退居濮上, 筑先聖宴居祠堂于歷山之下, 聚書萬卷, 延名師敎其鄕里子弟, 出私田百畝以給養之. 有司以聞, 賜額"歷山書院". 家居七年而卒, 年七十一. 贈推忠輔治功臣光祿大夫河南江北等處行中書省平章政事上柱國, 追封衛國公, 諡景憲.

이를 통해서 천노千奴는 많은 버슬을 하고 고위관직까지 올라갔지만, 맡은 직무에 충실했으며, 명민하고 강직한 인품을 가지고 백성들의 고통에 공감했고, 노년에는 세상을 떠날 때까지 서원을 창건하는 일에 힘썼음을 알 수 있다. 『신원사新元史』의 「천노전千奴傳」과 『몽올인사기蒙兀兒史記』의 「천로전千魯傳」에 기록된 그의 행적은 기본적으로 일치한다. 그러나 『신원사』에서 "천노는 제남에서 은거했다"(千奴屛居濟南)라고 했는데, 그 중에 넷째 아들과 첫째 아들의 "龍寶, 監察御史洪澤屯田萬戶"라고 한 것은 잘못된 것이다.

천노에게는 다섯 명의 아들이 있었는데, 첫째는 용보龍寶로 감찰어사監察御史를 지냈고, 둘째는 수동壽童으로 홍택둔만호洪澤屯萬戶를 지냈지만 일찍 죽었다. 셋째는 불란해不蘭奚로 남대어사南臺御史를 지냈고, 넷째는 관음보觀音保로 홍택둔만호를 물려받았고, 다섯째는 패안홀도孛顔忽都로 진사進士가 되어 정주鄭州를 다스렸는데, 치행治行의 제일第一로 한림국사원翰林國史院의 경력經歷으로 들어갔다.

2. 정문해와 「역산서원기」

정문해程文海(1249~1318)는 송宋 이종理宗 보우寶祐 원년(1253)에 5살 취학就學하면서 이름을 유지鉅之로 쓰고, 자字를 주한周翰이라고 하였다. 송宋 단종端宗 경염景炎 원년(1276)에 28살 때에 문해文海라고 이름을 고치고, 자를 거부鉅夫로 하였다. 원元 성종成宗 대덕大德 11년(1307) 11월에 무종武宗 해산海山이 즉위하면서 피휘避諱(황제의 이름에 있는 글자를 피함)하기 위해서 이름을 행세行世로 바꾸었다.[4] 호號는 설루雪樓, 원재遠齋이다. 건창建昌 노

---

4) 정문해의 『雪樓集』 서문과 程世京의 『雪樓程先生年譜』를 참고하고, 부록으로 게혜사

남성路南城(지금의 강시성) 사람이다. 원나라가 남하하자, 정문해는 건창성에서 항복하고 귀순하여 선무장군宣武將軍과 관군천호管軍千戶를 수여받았다. 원 세조의 총애를 받아서 한림응봉翰林應奉, 한림수찬翰林修撰, 집현직학사겸비서소감集賢直學士兼秘書少監으로 부임했다. 지원至元 24년(1287)에 배시어사拜侍御史와 행어사태사行御史台事로 조서를 받들어 강남에 인재를 구하러 갔고, 조맹부趙孟頫 등의 20여 명을 추천했다. 지원 30년(1293)에 민해도숙정閩海道肅政 염방사廉訪使가 되었고, 대덕大德 4년(1300)에 강남 호북도숙정 염방사로 옮겨 갔는데, 정치적 업적을 남겼다. 대덕 8년(1304)에 배한림拜翰林 학사學士가 되었고 지대至大 원년(1308)에 『원성종실록元成宗實錄』을 정비했다. 지대 3년(1310)에 배산남강북도숙정拜山南江北道肅政 염방사를 지냈고, 황경皇慶 원년(1312)에 『원무종실록元武宗實錄』을 정비하고 과거시험을 집행했다. 연우延祐 3년(1316)에 노환으로 벼슬을 떠나 귀향을 청했는데, 3년 후에 세상을 떠났다. 태정泰定 2년(1325)에 초국공楚國公, 익문헌謚文憲으로 추서되었다. 저작으로는 그의 아들인 정대본程大本이 엮고 계혜사揭傒斯가 교정한 문집 45권이 있는데 필사본이 집에 소장되어있다. 혜종惠宗 지정至正(1341~1370) 말년에 정세경程世京과 계굉중揭汯重이 30권을 엮고, 판각하여 세상에 퍼뜨렸는데, 서점에 불이 나서 훼손되고다만 10권이 전해지고 있다. 명明 태조太祖 홍무洪武 28년(1395) 전서全書가 간행되었는데 『설루집雪樓集』이라고 하였다.

정문해는 원나라부터 중국 고대에 이르기까지의 서원 연구에서 주목

의 『程公行狀』와 危素의 『程公神道碑銘』을 살펴보았는데, 정문해가 行世를 자로 썼을 때가 이미 59세였다. 이는 『全元詩』에서 "程鉅夫"라고 시인의 이름을 대신하였는데, "原名程文海"라고 통칭하는 것은 정확하지 않다.

할 만한 인물이다. 그는 서원에서 독서와 교육활동을 하였고 서원과 의학
교육 등에 관련된 문장과 시가詩歌를 남겼다. 그 예시로「유입노재서원論立
魯齋書院」,「남양서원비南陽書院碑」,「학교學校」,「고봉서원기高峰書院記」,「중수
남양서원기重修南陽書院記」,「남호서원기南湖書院記」,「주일서원기主一書院記」,
「청전서원기靑田書院記」,「역산서원기歷山書院記」,「영신주의학제전기永新州醫
學祭田記」,「행산약실기杏山藥室記」,「노재서원기魯齋書院記」,「동암서원기東庵
書院記」,「대백운산인송이요주귀백조산건장경서원기代白雲山人送李耀州歸白兆
山建張庚書院記」,「증왕태의서贈王太醫序」,「낙서서원비洛西書院碑」,「중수남양
서원고성문사수重修南陽書院告成文四首」,「송왕의보환황피중건하남서원送王義
父還黃陂重建河南書院」등이 있다. 그 중에「역산서원기」는 복주 역산서원의
사료로 매우 귀중한 자료이다.

歷山書院, 歷山公所建也. 山在古東郡鄆城, 相傳舜嘗耕之, 民因祠之. 尙矣! 公
大父國初來居其下, 有斬將搴旗之功, 没于王事, 慶鍾其子, 是爲提刑公.
提刑公少張戎行, 克肖先正, 嘗以郞中佐征南軍. 衆議屠張沙, 公獨争之, 强曰
"殺降不義, 且皆吾民也." 由是活且百萬人, 終浙西提刑按察使.
歷山公以名臣子奉宿衛, 受世祖皇帝眷知. 起家持憲節, 历七道, 入尹神皐參有
府, 勤于勸學, 所至必先之. 莅官之餘, 且淑于其鄉, 而歷山書院以成. 聚書割田,
繼以廩粟. 以曹人范秀爲之師, 其子弟與鄉隣凡愿學者皆集. 又慮食不足, 率昆
弟藏捐粟麦佐之. 提刑公之封樹在焉, 則爲書與昆弟約, 謹烝嘗護松檟, 相與爲
忠信孝弟之歸. 又與子侄約, 凡勝衣者悉就學, 暇日習射御備顏, 行曰"毋荒毋逸,
毋爲不善, 以忝所生也." 又曰"再捨而謁醫, 若疾何?"復藏方書, 聘定襄周文勝爲
醫師, 以待愿學者與鄉之求比劑者. 于是郡邑上其事, 有司乃定名曰"歷山書院".
就俾范秀爲學官, 而督教事焉.
廣平程某聞而嘆曰"斯古人之事也, 有三難焉, 非得其時而爲其事, 難也. 崛然特

爲于衆所不顧, 又難也. 矧資非有餘而黽勉爲之, 噫! 難哉!" 其慮之周者, 愛之厚
也. 愛之厚者, 以君之所仁親之所親也. 推親親仁民之心以及是, 忠孝之道備焉.
且彼知舜之當祀, 必知舜之當法故也. 鷄鳴而起, 孳孳爲善, 獨非舜之徒歟! 顧善
敎善繼何如! 范秀聞而請曰"是固我公建學之志也, 請以告而刻之." 某曰"諾哉!"
若夫棟宇簡編畎畝之大凡, 則碑陰在.
公大父諱固都斯, 姓巴約特氏, 爲百夫張. 其先以北方君張歸國, 世有戰功. 提刑
公諱華善, 治法征謀, 聞望甚偉. 歷山公名齊諾, 篤于學問, 博通古今, 有經濟之
具, 其家方大云.

위 문장에서는 복주 역산서원의 창설자와 환경에 대해서 간략하게
소개한 후, 역산공 제낙齊諾(천노) 3대의 뛰어난 업적을 차례대로 추서하
고, 서원의 창설과정과 경비의 자급자족, 교사의 초빙, 학업에 힘쓰는
동시에 활쏘기와 말타기를 익히고, 의과를 개설했으며 진료소를 설치하
는 등의 특색을 상세히 기술했다. 문장의 끝에는 감회를 토로하며, 천노
가족의 정치상과 군사상의 공적에 대해 다시 칭찬하였다. 정문해는 복
산역산서원과 견성鄄城에 대해서 특별한 감정을 가지고 있었던 듯한데,
「견성진경신진속사상鄄城陳景新賑粟辭賞」에서 "見說鄄城諸邑子, 近來相尙起廉
風"라는 시를 짓고 청렴한 그곳의 풍속을 찬미하였다.

3. 복주 역산서원에 관한 연구

중국 서원발전사에서 복주 역산서원은 중요한 비중을 차지하고 있
다. 첫째, 복주 역산서원은 고대에서 최초이자 유일하게 의과교육을 실

행하고 진료소를 운영하였던 서원이다. 둘째, 유교문화와 의학에 대한 교육과 연구 그리고 실천 및 군사훈련을 결합시켜 전통서원의 혁신과 발전을 구현하였다.[5] 안타깝게도 최소 10년의 역사를 지닌 규모가 꽤 큰 서원임에도 불구하고, 충분한 흔적을 남기지 못했다. 필자는 『전원문全元文』, 『전원시全元詩』, 『전금원사全金元詞』 등의 기록을 살펴보았지만 복주 역산서원에 관한 사료는 많지 않았다. 심지어 후세 사람들이 시가 작품은 다만 섭창치葉昌熾의 송 초기의 장서가 곽연택郭延澤과 천노를 함께 주제로 한 「장서기사시藏書紀事詩」뿐이다. "濠梁水闊知魚樂, 濮上祠堂對鵲華. 同是投簪歸去也, 随身皆有惠施車." 그 원인은 정문해의 「역산서원기」에서 "삼난三難"을 개탄한 것 외에도, 기록이 많지 않고, 명칭의 불분명과 문헌의 소실과도 연관이 있다. 역산공 천노의 경우만 해도 적어도 8개의 이름을 가지고 있다. 이 밖에도 같은 사람이 여러 이름을 가지고 있는 경우는 천노뿐만이 아니라 『원인전기자료색인元人傳記資料索引』에 두 명이 더 있는데, "패란해孛蘭奚"는 이 색인에 10명이나 달한다.

청대에 저명한 역사학자인 장학성章學誠은 "夫家有譜, 州縣有志, 國有史, 其義一也"[6]라고 하였는데, 국사國史와 지방지(方志) 그리고 가보家譜의 세 가지 방면을 두루 중시하였는데, 그러나 현실적으로는 국사를 중시하고 지방지나 가보는 경시되고 있다. 사실 세 가지 사료는 모두 각각의 장점이 있으므로 하나라도 빠뜨릴 수 없다. 등홍파鄧洪波는 『중국서원사中國書院史』(증정판) 제4장 제5절에서 "(濮州)歷山書院的創建時間爲千奴以嘉議大夫

---

5) 參閱 鄧洪波, 『中國書院史(增訂版)』, 第四章 「書院的推廣與官學化」, 第五節 '元代書院空間的拓展'.
6) 「爲張吉甫司馬撰大名縣志序」, 見『章學誠遺書』(文物出版社, 1985年版), 卷十四, 第129頁.

身份參知中書省的大德七年(1303年)或稍後"라고 추측해서 말했다. 화중사범대학 2011년 석사생 공수孔帥는 자신의 학위논문 「송원시대에 산동지역 서원 연구」(宋元時期山東書院硏究)에서 "역사서원의 창건 시기는 천노가 복주에 은거한 연우延祐 5년(1318) 혹은 그 뒤이다"라고 이의를 제기하였는데, 『원사』「천노전」에 "(大德)七年, 授嘉議大夫……贊議機務, 精練明敏"을 근거로 "이는 단지 천노의 벼슬에 대한 이야기며, 역산서원의 창건시기를 증명할 수 없다"라고 하였다. 가정嘉靖의 『복주지濮州志』 8권 「예문藝文」에 담겨 있는 정문해의 「역산서원기」는 문자가 『설루집』과 많이 다른 부분이 있는데, 관건은 문장의 끝에 "延祐元年三月望"이라고 기록되어 있다. 이를 근거로 복주 역산서원의 창건시기는 연우 원년(1314) 혹은 그보다 빠를 것으로 판단할 수 있다. 지방지를 다시 재정비하고 교감하는 가치는 이러한 문제를 해결하는 것에 필수적이다.

가보家譜는 각 성씨(姓)의 가계家系와 중요한 인물의 행적 및 가교, 가풍, 가훈 등의 내용을 기록한 책이다. 이는 부계사회에 근원하여 국가에서 편찬되었는데, 한나라 때 사마천司馬遷의 『사기』「태사공자서太史公自序」에 "維三代尙矣, 年紀不可考, 盖取之譜牒舊聞, 本于玆, 于是略推, 作三代世表"[7]라고 하였다. 위진남북조의 시기에 이르러 흩어져 있던 각각의 가보자료를 기록하였는데, 『세설신어世說新語』에 양유효梁劉孝가 가전家傳되어오던 40여 부에 주석한 것이 그 예이다. 당나라 때에 개인이 편찬하는 족보가 생겨났는데, 『신당서新唐書』「예문지藝文志」에 '보첩류譜牒類'가 추가되었다. 송나라 때에 이르러 국가에서 편찬하는 가보보다 개인이 편

---

7) [漢] 司馬遷, 『史記』(中華書局, 1959年版), 第10冊, 第3303頁.

찬한 가보가 더욱 많았다. 원나라 이후에는 개인이 편찬하는 가보가 날로 보편화되어 종종 정기적으로 재차 편찬되었다. 복주 역산서원의 창시자인 천노 및 그 가족 구성원, 교사 조인曹人 범수范秀, 의학교사인 정양定襄 주문성周文勝 등의 행적은 다량의 가보를 통해서 단서를 찾을 수 있다. 근대의 유명한 사상가이자 역사학자인 양계초梁啓超는 "將來有國立大圖書館, 能盡集天下之家譜, 俾學者分科硏究, 實不朽之盛業也"8)라고 하면서 가보연구의 장래를 깊게 전망했다. 최근 백 년 동안 사회의 진보와 문화의 발전 그리고 중국과 타국의 교류가 끊임없는 확대되고 있는데, 수많은 족보의 잇따른 발견 및 『중국가보총목中國家譜總目』 등의 대형족보의 목록편찬이 완성하고 총괄적이며 부분적인 탐색을 통해서 가보연구의 여건을 나날이 성숙시켜서, 현대의 학자들은 양계초가 바랐던 "불멸의 큰 사업"(不朽之盛業)을 건립하고, 중국과 한국 서원문화의 공동발전을 촉구하여 전대미문의 견고한 토대를 마련해야 한다.

---

8) 梁啓超 著, 夏曉虹, 陸胤校, 『中國近三百年學術史』(商務印書館, 2011年版), 第十五講「淸代學者整理舊學之總成績(三)—史學, 方志學, 地理學, 傳記及譜牒學」, 第395頁.

7. 중국 현대서원제 교육의 현실적 반성과 미래

盧文麗*

현대의 서원제는 중국고등교육에서 최근 몇 년간 구조체계개혁을 심화하고, 교양교육을 실행방안을 넓히고, 인재육성의 경로를 모색하는 중요한 조치이다. 불완전한 통계에 따르면 2005년부터 현재까지 10여 년의 기간 동안, 동서남북으로 60여 곳의 고등교육기관에 대략 200개의 다양한 형태와 양식을 가진 현대서원이 잇따라 설립되었고(劉海燕, 2019), 현대서원제現代書院制 설립이 인기를 끌었다. 이러한 후발적인 "매입식"의 교육조직형태는 중국고등교육관료체계의 단일형태를 타파하고, 중국고등교육이 오랫동안 전업교육을 강조하고 교양교육을 홀시한 것, 지나치게 지식을 위주로 하여 이상적 인격을 배양하는 것을 홀시한 것, 학생 관리에만 중점을 두고 문화적 인재양성을 홀시한 것 등의 폐단에 대해서 적극적으로 대답하고 고등교육제도의 혁신에 대해서 공감을 불러일으켰다. 그러나 현대서원제는 새롭게 만들어진 것으로 그 본질과 내용에 더 깊은 연구가 필요하고, 그 기능과 가치는 더 명확해져야 하고, 그 발전방식에 더 많은 탐색이 이루어져야 한다. 서원제의 인재양성 효과가 확연히 드러나기 위해서는 현대서원제교육의 발전과정에 대한

---

* 靑島大學敎師, 浮山書院創始人.

체계적 분석이 필요하고, 다방면에서 실천 중에 존재하는 문제를 되돌아보고, 나아가 미래대학서원제교육의 청사진을 찾아야 한다.

1. 중국 현대서원제 교육발전의 역사배경

저명한 문학자이자 사학자인 진평원陳平原은 「大學之道: 書院與二十世紀中國敎育」에서 20세기 중국대학교육의 문제에 대해서 "서양의 교육제도가 성공적으로 도입되었지만 중국인의 오래된 '대학지도大學之道'는 계승되지 못했다"[1]라고 지적하고, "오늘날 중국의 대학은 여전히 유럽과 미국의 방식으로 변화될 것이다"[2]라고 하였다. Ruth Hayhoe(캐나다 토론토대학 교수)은 백 년의 중국대학교육과정을 묘사하면서 "유럽대학의 승리"[3]라는 놀라운 표현을 하였다. 천년의 역사를 지닌 중국서원교육전통을 방치하고서는 중국대학에 충만한 열정과 상상력을 지닌 제도적 혁신이 이루어지기는 어렵다.

진평원 교수의 평가와 우려는 19세기 말 20세기 초로 거슬러가서 중국대학의 출현부터 언급한다. 중국에 대학이 생겨난 것은 '중국의 삼천년 역사에서 동안 없었던 대변화'에서 비롯됐는데, 1898년 5월 광서제光緒帝는 각 성省, 부府, 청廳, 주州, 현縣의 크고 작은 서원들을 일률적으로

---

1) 陳平原, 『大學有精神(修訂版)』(北京: 北京大學出版社, 2016), p.65.
2) 陳平原, 『大學有精神(修訂版)』(北京: 北京大學出版社, 2016), p.66.
3) Ruth Hayhoe, *China's University, 1895-1995: A Century of Cultural Conflict*(Garland Publishing, Inc., New York, 1996), chapter 1.

학당으로 개편했고 그 중에 주와 현의 서원은 소학당으로 개편했다. 1905년, 청 정부는 과거제를 폐지하고 신학新學을 주창했는데, 전면적으로 서양의 현대화교육제도를 도입하여 학교를 설립하고 그 목적을 '서양의 선진기술로 서양의 침략을 물리치자'(師夷之張技以制夷)는 것에 두고, 부국강병과 과학기술의 발전에 힘썼다. '실업구국實業救國'을 임무로 삼은 중국대학은 그 건립과 동시에 짙은 공리주의와 실용주의의 색채를 띠고 실학을 최우선으로 하였는데, 과학을 중시하되 인문학을 경시했고, 지식을 중시하되 인격을 경시했고, 전공을 중시하고 교양을 경시했고, 주입식 교육을 중시하고 깨달음은 경시하였으며, 천년 동안 이어져 온 서원의 문화정신과 교육정신을 이어 가지 못했다.

특히 1950년대에 국가의 중고등교육은 소련의 고교제도를 맹목적으로 답습하고, 전국 고등교육기관에 대규모 학부조정을 시행했는데, 공학대학을 독립적으로 설치하는 것으로부터 인문계를 약화하는 것까지 소련식 체제를 계속 사용하였다. 이때의 학부조정은 당시에 국민경제 발전의 절박한 요청에 부합되는 것이긴 했지만, 전공을 세분화와 공과, 이과, 문과 등의 전공을 분리설치로 인해서 대학교육발전은 편협하게 이루어져서 심각한 후유증을 남겼는데, 그 부정적 영향은 날이 갈수록 분명하게 드러났다.[4] 인간 중심의 대학은 전공 중심으로 바뀌면서 교敎를 중시하되 육育은 경시하는 현상이 특히 두려워졌고, 전공교육은 더욱 중시되었고 문화적 감화와 인격배양, 정서의 수양은 홀시되었다. 교육의 '육'은 모두 생명의 성장과 관련이 있는데, '잉육孕育', '양육養育', '화

---

4) 江沛, 王洪學, 「50年代高校院系調整述評」, 『當代中國史研究』 1998년 제3기.

育化育' 등 '육'이라는 단어는 모두 생명을 보살피고 기른다는 의미를 포함하고 있다. 즉 획일적인 전공교육과 관료적 관리로는 생명을 윤택하게 하는 목적이 실현되기 어렵다는 것을 명심해야 한다.

당국자 및 교육자들은 이러한 부분을 묵과해서는 안 되고, 강한 우환의식을 가지고 위기를 돌파할 조치를 적극적으로 탐색하고, 아울러 대학의 문화소양교육과 교양교육 및 학식을 넓히고 성품을 수양하는 교육을 강하게 주창하여, 대학교육의 도덕품성교육을 높여서, 덕을 쌓고 인재를 키우는 교육의 근본 취지로 돌아가야 한다. 국가의 '13.5'계획 요강에서 교양교육을 처음으로 국가전략으로 작성했고, "교양교육과 전공교육이 결합된 인재배양 방식을 강구하고 표준화된 교양교육을 실행하여 문과와 이과의 융합을 촉진한다"라고 명확하게 밝혔다. 그러나 문화소양교육이든 교양교육이든 보아교육博雅敎育이든 단지 교육과정만 바꿔서 교실과 실내에 머무른다면, 청소년들의 일상생활에는 영향을 주지 못하고, 교사와 학생, 학생과 학생의 사이에 교류의 부족으로 여전히 전인교육의 목표가 달성되기 어렵다. 그렇기 때문에 문화적 교화와 인적교류, 생활 속 습관화를 중시하는 서원제교육은 시대적 요구이며, 중국고등교육제도의 혁신을 위한 중요한 길이다.

2. 현대서원제 교육의 발전 과정

중국현대서원제교육는 2005년에 처음 시행되었다. 시안교통대학西安

交通大學에서 2005년에 문치원文治苑이 시범적으로 운영되면서 현대대학에서 서원의 설립을 모색하기 시작했고, 2006년에 팽강서원彭康書院이 설립되었고, 그 후 7개의 서원이 계속 만들어지면서 서원설립의 양식은 끊임없이 발전했다. 복단대학復旦大學에서는 2005년에 복단학원이 설립되고 그 이후에 5개의 서원이 더 설립되었는데, 2012년부터 본격적으로 서원을 운영하기 시작했다. 화동사범대학華東師範大學은 2007년에 맹헌승학원孟憲承書院을 설립하여 "과정교육課程敎育과 양성교육養成敎育"을 융합하는 새로운 패러다임을 모색했고, 창의적 사범대학생을 배양하는 체제의 혁신에 힘썼다. 북경항공항천대학北京航空航天大學은 2012년에 4개의 서원을 잇달아 건설하였는데, 서원설립으로 교육교학敎育敎學의 개혁을 추진하고, 창의적 인재양성을 위한 문화수업을 개설해서 학생들의 인문학적 소양과 종합적 능력을 높이고, 교실 밖의 학술공동체를 만드는 것에 지속적으로 노력하였다. 소주대학蘇州大學은 2011년에 경문서원敬文書院을 설립했고 이후에 당문치서원唐文治書院을 설립하여 탁월한 인재를 배양하는 모식을 적극적으로 모색했다. 청화대학淸華大學은 2014에 신아서원新雅書院을 설립하여 "교양교육＋소양교육"의 종합적 교육개혁을 실시하여 "지향적이고, 이과와 문과를 겸비하고, 능력이 특출하고, 혁신적인" 우수한 인재를 배양하는 것을 목적으로 했는데, 이는 중국의 대학들이 창의적이고 뛰어난 인재를 배양하는 모식을 탐색하는 일에 모범적 사례로 평가되었다. 교육개혁의 사명을 맡은 남방과기대학南方科技大學은 설립 초기부터 서원을 인재양성의 중요한 방법으로 여겼는데, 한 단계 높은 수준과 기술의 서원설립으로 사람들의 이목을 끌었다.5)

　　10여 년의 발전 끝에 중국대학서원의 수는 해마다 늘어나고 있고 그 양식도 다양해지고 있으며 서원들 사이의 발전차이도 점차 분명해지고 있다. 불완전한 통계에 따르면 2005년 9월부터 2015년 3월까지 중국의 49곳의 고등교육기관에 105개의 서원이 설립되었다.(宮輝 等, 2016)[6] 현재까지 이미 60여 곳의 고등교육기관에 대략 200개의 서원이 설립되었다.(劉海燕, 2019) 2014년 7월 해협양안海峽兩岸(대륙과 대만)과 홍콩, 마카오는 고교서원연맹高校書院聯盟을 성립했다. 해당 연맹들은 매년 '현대서원제교육포럼'을 개최하여 대학서원제교육의 개혁과 발전에 대해서 논의했는데, 현재까지 총 6회의 포럼이 개최되었다. 2017년 국무원國務院에서 배포한 〈심화교육체계개혁에 관한 의견〉(關于深化教育體制機制改革的意見)에는 "교사와 학생의 활발한 교류와 탐구적 학습생활에 도움이 되는 서원제와 주숙학원제住宿學院制의 건립을 탐구해야 한다"라고 명시되어 있다. 같은 해에 "기초학문우수학생배양계획"(基礎學科拔尖學生培養計劃) 업무세미나에서 교육부고교사사장敎育部高敎司司張 오암吳巖도 "서원제는 우리가 모색해야 할 인재양성 모델 중 하나로, 서양의 서원과 중국의 서원을 잘 결합하고, 배양되는 학생들이 재능은 물론이고 도덕, 훈도熏陶, 침윤浸潤을 가져야 한다"라고 하였다. 서원제개혁은 정부차원의 긍정적 평가를 얻은 동시에 현재에도 끊임없이 심화되고 있지만, 전업화대학교육체제의 속에서 감입식嵌入式 시스템으로 시행되어 여전히 모색의 과정 중에 많은 곤란과 해결해야 할 문제들이 남겨져 있다.

---

5) 餘東升, 彭遠威, 「我國現代大學書院發展: 特征, 困境與展望」, 『深圳大學學報』 2019년 제1기(人文社會科學版).

6) 宮輝, 尚春陽, 蘇玉波, 顧蓉, 「面向2020—書院制内涵建設的挑戰, 機遇與實踐方向」, 載甘陽, 孫向晨, 『通識教育評論』(2017年春季號: 總第3期)(上海: 復旦大學出版社, 2017), p.27.

3. 현대서원제 교육의 연구종합

1) 현대서원제의 개념에 대한 연구

현대서원제가 이미 중국고등교육의 핵심이 되었음에도 불구하고, 현대적 의미에서의 서원 개념은 현재 공인된 명확한 정의가 없다.[7]

현대서원 개념에 대한 여러 연구 중에서 하문대학廈門大學의 별돈영 別敦榮 교수의 설명이 비교적 타당하고 전면적이다. 그는 서원을 중국대학내부의 하나의 조직설계로, 대학이 운영하는 학생생활과 문화활동 조직이라고 하였다. 성격의 관점으로 보면, 대학서원은 명확한 교육이념을 표방하는 조직이며, 다양한 활동을 조직하고 전개하여 학생들의 주동성과 자아교육, 자아관리에 기반을 두는 사회조직이며, 학생의 심리와 정신을 배양하여 학과전업교육에서 중요한 보조역할을 하는 특수한 교육조직이다. 일종의 혁신적인 학생생활과 문화교육서비스조직으로 대학서원은 생활지원의 기능, 교육보조의 기능, 문화교육의 기능, 행정협조의 기능, 자치단체의 기능을 갖추고 있다. 서원의 본질은 숙소로서의 건물적 기능에 있는 것이 아니라 그 문화정신에 있다. 이러한 문화정신은 서원이 가진 생명의 원천이다. 서원의 교육은 단체생활과 학생 간의 상호 영향을 통해서 이뤄지는데, 그 교육은 학과전공을 위한 학업발전이 아니라 주로 학생의 도덕성, 사회성, 정신과 심리에 대한 것으로, 서원교육의 주된 내용은 마음의 도야와 정신의 성숙이라고 할 수

---

7) 崔海浪, 「我國高校書院制建設研究綜述」, 『山西師大學報』 2015년 제9기(社會科學版).

있다. 대학서원은 학과전업학원學科專業學院과 함께 대학교육의 책임을 함께 지고 인재육성의 사명을 완수한다.[8]

곽준郭俊은 현대서원제는 중국고대서원전통을 계승할 뿐만 아니라 아울러 국외주숙학원제도國外住宿學院制度를 모방하여 그 목적을 학생들에게 교양교육을 실행하는 것에 두고, 학생들의 사상과 품성, 행동습관에 대한 책임을 지는 것이라고 하였다.[9] 양국동梁國棟은 서원제를 "교양교육과 전문교육의 실현을 위해서 서로 결합하고 균형잡인 교육의 목표를 달성하기 위해 설립된 일종의 교육관리제도"라고 하였다.[10] 하의何毅는 "현대대학서원은 국내의 고등교육기관이 최근 유럽과 미국대학의 주숙학원제의 기초를 참고하고, 중국고대서원의 특징을 살려 건립한 혁신적인 학생관리조직이다"[11]라고 하고, 이어서 "현대대학서원은 인재배양의 혁신적 조직으로, 서로 다른 조직형태는 각각 다른 성질과 기능을 반영했는데, 그 배후에는 서로 다른 교육이념이 지탱하고 있다"라고 하였다.[12]

종합해서 말하면, 현대서원제는 고대서원을 통해서 중국고대서원교육전통과 정신문화의 부흥을 염원하고, 이념과 시행의 측면에서 영미의 고교주숙학원모델을 차용하는 동시에 중국의 모든 지방에 설립된 서원의 성공사례를 적극적으로 모방하고, 통상적인 교육과정과 교양교육의

---

8) 別敦榮, 「大學書院的性質與功能」, 『高校教育管理』 2015년 제4기.
9) 郭俊, 「書院制教育模式的興起及其發展思考」, 『高等教育研究』 2013년 제8기.
10) 梁國棟, 呂經緯, 齊建立, 「淺析書院制與精英人才培養的關係」, 載張軍, 武立勛 主編, 『現代高校書院制研究』(北京航空航天大學出版社, 2015), p.49.
11) 何毅, 「現代大學書院的內涵, 産生背景及存在邏輯」, 『現代教育管理』 2016년 제6기.
12) 何毅, 「現代大學書院的性質定位及其教育理念」, 『大學教育科學』 2018년 제2기.

추진, 전면적 인재양성을 모두 주축으로 삼아서 문화적 교화, 사제동행, 학생자치 등의 방법으로 학생에게 이상적 인격교육과 생활습관교육을 진행해야 한다.

2) 현대서원제의 가치에 대한 연구

학계에서는 현대서원제의 가치에 대해서 깊게 파고들었다. 곽준은 최근 발전하기 시작한 본과생의 서원제학생교육모델이 중국전통서원과 영미대학의 주숙학원제도의 기초를 기반으로, 서원을 그 핵심으로 하는 학습과 생활의 공동체를 세우고, 사제동행의 새로운 인재양성 플랫폼을 구축하고, 전통의 학생관리모델을 개선하여 이념의 혁신을 실현한다고 생각했는데, 그 내재적 논리는 사회의 발전을 이끄는 인재는 반드시 학술능력과 사회융합능력을 갖추고 있다는 것이다. 서원제개혁은 인재성장의 규범과 부합하고 국내의 본과교육에 내포된 향상요구에도 순응하여 보급될 만한 가치가 있다.[13]

용약군龍躍君은 "서원제와 현대대학의 융합은 중국교육전통에 대한 창조적 계승이며, 서양대학의 주숙학원제를 참고하여 만든 전공학원을 넘어선 학생관리제도로, 중국대학제도혁신에서 한 부분을 차지하고 있다. 이는 중국대학의 문화적 자신감을 물론이고 중국현대대학들로 하여금 대학의 초심과 인재양성의 근본을 회복하게 하고, 대학교양교육의 효과적인 경로를 대대적으로 확장하여 우리나라의 고교학생업무에 전

---

13) 郭俊, 「書院制敎育模式的興起及其發展思考」, 『高等敎育硏究』 2013년 제8기.

인교육의 이념과 인재양성을 근본으로 하는 사상의 수립을 촉진하고, 나아가 학생업무모델의 개혁을 촉진한다"라고 하였다.[14]

하의何毅와 유해봉劉海峰은 수많은 교양교육의 조직모델 중에서 서원제개혁을 시행하는 것은 제도변혁의 의의가 있다고 하였다. 서원제교육은 대부분 전인교육의 이념에 따르기 때문에, 교외활동을 통한 비형식화 교육과 비정식적 교육으로 학생을 전면적 인재로 양성하는 공간과 환경을 조성하는 것에 중점을 두고, 전통적인 교양교육의 패러다임을 개선하여 교양교육을 하나의 지식체계로 유입시켰는데, 교양교육이 마땅히 가지고 있는 실천적 형식과 실행매체의 방법은 중시하지 않았다. 서원제교육은 서원이라는 교육공간을 통해서 교양교육의 목표와 이념을 일생생활에 통합하고 교양교육에 더욱 효과적인 형식을 부여하는, 즉 교양교육제도의 혁신을 탐색하는 것에 가치가 있다.[15]

3) 현대서원제의 실천적 모델

오늘날 현대서원제의 실천적 모델은 백화제방百花齊放과 다양한 공생의 특징을 보인다. 서원은 대학교육의 매체로서 그 조직의 형식은 대학교육이념이 운영되는 범위의 내에서 구체적으로 나타난다. 조직 분류의 차원에서 현대대학서원은 이념조직, 문화조직, 교육조직, 학생관리조직, 우수한 인재양성의 복합적 교육조직 등으로 분류할 수 있고, 서로

---

14) 龍躍君, 「書院制融入我國現代大學的價值探討」, 『大學教育科學』 2018년 제2기.
15) 何毅, 劉海峰, 「現代大學書院興起的意義與挑戰─基于本科教育組織模式的視角」, 『中國高教研究』 2019년 제6기.

다른 조직의 형태는 서로 다른 교육이념을 가지고 있다. 종합해서 말하면, 현재의 대학서원교육은 주로 보아교육博雅敎育, 교양교육, 인격교육, 인재교육, 양성교육養成敎育 등의 교육이념의 영향을 받았다. 교육이념은 교육주체가 교육실천 및 교육 사고활동 중에 형성된 "교육의 희망사항"(敎育應然)에 대한 이성적 지식과 주관적 요구로, 서원의 교육이념은 대학이념과 내재적으로 일치한다. 서원의 교육이념은 서원의 특징과 형식을 결정하고 인재양성의 체계와 융합되어야 하고 또한 교육실천에 내재되어야 한다.

궁휘宮輝는 중국 내 각 대학서원을 구조와 규모에 따라서 현재의 서원설립모델을 전면적 모델, 단계적 모델, 실험적 모델, 특정집단모델로 요약하였다.16) 다른 연구자들도 서원이 여러 형태의 발전모델과 서로 다른 발전요인을 가지고 있다고 생각했다. 어느 특정한 학부에 소속되어 있는 단과형單科型의 서원도 있고, 여러 학부에 걸쳐있는 학제적(跨學科) 서원도 있었고, 엘리트적인 특징이 뚜렷한 소형의 서원도 있었으며, 모든 학생들을 포함하는 전원성全員性의 서원도 있었다.17) 유해연劉海燕은 "서원은 단지 숙박을 위한 생활공간이 아니라, 생활, 교육, 문화기능이 집약된 복합공간이다. 중국대학서원의 설립과 발전으로 고등교육기관은 일반적으로 서원교육기능의 발휘를 중시하고 서원에 지도교사 제도, 교양교육, 생활과 양성교육 등의 세 가지 교육요소를 부여했다. 이 세 가지 교육요소 중에 어느 부분에 중점을 두는지에 따라서 서원은

---

16) 宮輝, 尙春陽, 蘇玉波, 顧蓉, 「面向2020—書院制内涵建設的挑戰, 機遇與實踐方向」, 載甘陽, 孫向晨, 『通識敎育評論』(2017年春季號: 總第3期)(上海: 復旦大學出版社, 2017), p.27.
17) 徐珂, 李會春, 「如何建立高品質的書院敎育體系—以復旦大學爲例」, 載甘陽, 孫向晨, 『通識敎育評論』(2017年春季號: 總第3期)(上海:復旦大學出版社, 2017), p.42.

엘리트교육 모델, 교양교육 모델, 생활교육 모델로 나뉜다. 세 가지 서원교육 모델의 특징을 분석해보면, 각 모델의 서원이 가지고 있는 문제는 모두 같지 않지만, 모두 학교에서 스스로 특색을 접목해 관련 모델을 탐색하였고, 이러한 활동은 모두 학생들의 성장과 발전에 근거한다는 것을 알 수 있다"[18]고 하였다.

4) 현대서원제의 현실적 문제

중국고등교육기관의 현대서원제 설립을 총체적으로 보면 그 문제들을 쉽게 확인되는데, 영미와 중국, 홍콩, 마카오, 대만지역에 실행하고 있는 주숙학원제의 현지화 실천과정에서 천년의 역사를 지닌 서원전통과 현대대학제도가 어떻게 유기적 결합을 했고 어떠한 교육적 문제가 나타나는지는 여전히 고등교육 운영자와 연구자들의 장기적 운영과 탐구가 필요한 문제이다. 현대대학서원은 근래에 나타난 새로운 제도로 아직 많은 방면에서 미숙하고 불완전하다.

한동안 서원은 사람들에게 '여전히 텅 비어 있는' 느낌을 주었는데, 이러한 현상은 서원문화의 내재된 문제, 즉 껍데기만 있고 문화의 알맹이는 비어 있다는 문제를 지적하고 있다. 대학서원이 풍부한 문화소양과 정신적 본질의 서원문화를 형성하기 위해서는 장기적 과정이 필요하다.[19] 유해연劉海燕은 현대서원제를 실천하는 과정에 "교육관리 모델

---

18) 劉海燕, 陳曉斌, 「中國大學三種書院敎育模式討論」, 『大學敎育科學』 2018년 제2기.
19) 餘東升, 彭遠威, 「我國現代大學書院發展: 特征, 困境與展望」, 『深圳大學學報』 2019년 제1기(人文社會科學版).

과 학생관리 모델은 서로 호환되지 못하고, 서원과 학원은 협동되기 어렵고, 지도교사 제도는 추진되기 어렵고, 서원문화의 특색은 형성되기 어렵다"[20] 등의 여러 가지 어려움이 있다고 했다.

하의는 9곳의 고교서원제교육에 대한 조사를 통해서 성격기능이든 가치위치든 모든 관점에서 대학서원제개혁은 시급하게 해결해야 할 문제를 가지고 있다고 판단했다. "서원의 성격기능의 관점에서 서원은 관리기능에 비교적으로 뚜렷하게 나타나고, 교육기능과 문화기능, 자치기능 등의 방면은 아직 부족하다. 대부분의 대학서원은 실천의 과정에서 아직 획일적 학생교육관리의 기틀에서 벗어나지 못하고 있다. 서원개혁의 실상은 제도설계의 이상과 큰 괴리가 있다. 가치를 기준으로 보면 현대대학서원은 중서융합의 산물로 유럽과 미국대학의 주숙학원의 특징이 있을 뿐만 아니라 중국전통서원의 특색도 함께 가지고 있다."[21] 별돈용은 서원이 설립된 이후 학과전업학원과의 분업과 협력, 상호간의 관계를 어떻게 처리할 것인지는 개혁이 당면한 새로운 문제라고 생각했다.[22]

5) 현대서원제의 개선 방안

고등교육기관이 서원제의 개혁을 실행하는 방안은 다양하다. 이는 개혁의 자본에 대한 고려뿐만 아니라 더욱이 개혁이념이 "교양교육/전

---

20) 劉海燕, 「現代大學書院制的發展路徑, 現實困境與對策探討」, 『教育探索』 2018년 제1기.
21) 何毅, 「書院制改革: 本科人才培養的"良方"還是"花槍"―來自 9 所高校書院制改革的調査與思考」, 『山東高等教育』 2017년 제3기.
22) 別敦榮, 「大學書院的性質與功能」, 『高校教育管理』 2015년 제4기.

공교육", "엘리트교육/대중교육" 중에 무엇을 선택하느냐에 따라서 달라진다. 전공학부와 서원 간의 기능에 대해서 효율적 구분이 부족하기 때문에 이 둘 사이에 교과과정의 배정, 활동조직, 학생 정체성 등에서 충돌이 존재하거나 혹은 서원의 폐쇄성이 강화될 위험이 있다. 위로부터 이루어지는 조직의 재조직과 아래로부터 시작되는 조직의 생성은 서원건립 중에 빠지지 않는 신중하게 균형을 맞춰야하는 조직화의 작용이다.[23]

여동승은 "현대대학서원의 발전에 '융합'은 필수적인 추세인데, 전체적 설계를 보강하여 교육이념의 융합을 실현하고, 심화된 개혁을 추진하여 교육조직의 융합을 실현하고, 풍부한 서원의 의미를 설립하여 대학문화의 융합을 추진한다"[24]라고 했는데, 서원의 교육기능을 더욱 잘 발휘하기 위해서는 과학적 설계를 통한 서원교육의 방안이 마련되어야 하고, 서원과 학원교육의 관계를 잘 조화시키고, 서원의 문화건설이 중시되어야 한다. 현대대학서원의 지속적 발전을 위해서는 대학서원에 대한 확실한 이해를 세우고, 지지적인 서원개혁제도의 환경이 마련되어야 하며, 학교 자체의 노력을 통한 서원운영 모델을 찾아야 하고 대학서원의 자치성을 강화하고 중국고대서원의 정신적 핵심이 계승되어야 한다.[25] 하의도 역시 현대대학서원은 자신의 가치를 명확하게 하고, 중국전통서원문화의 정수를 자각적으로 흡수하여, 민족문화의 내포와 교양교육의 형식을 유기적으로 결합하고, 도덕전통과 인격교육을 결

---

23) 李會春, 「書院建設在中國: 制度與張力」, 『敎育學術月刊』 2017년 제4기.

24) 餘東升, 彭遠威, 「我國現代大學書院發展: 特征, 困境與展望」, 『深圳大學學報』 2019년 제1기(人文社會科學版).

25) 劉海燕, 「我國現代書院制改革的現狀, 問題與對策」, 『中國高敎硏究』 2017년 제11기.

합하여, "서양의 교육제도 이식"과 "중국인의 오래된 대학지도大學之道의 승계"의 사이에 최대한 균형을 유지해야 한다고 생각했다.[26] 현대대학 서원은 인재양성에 있어서 항상 인간을 근본으로 하고, '기능우선'의 목표를 버리고 사람의 발전을 가장 핵심적 위치에 두어야 한다.[27]

4. 현대서원제 사관의 건립

불과 10여 년 만에 중국 내의 대학에는 현대서원이 우후죽순처럼 번성하였고 이는 대학교육에 자기혁신의 열정과 활력을 어느 정도 북돋아 주었다. 하지만 주체성 없이 남들을 뒤따르는 현상이 존재했고, '서원'이라는 이름만 있을 뿐, 실질적 알맹이가 없는 경우도 있었다. '현대서원제'의 본질은 무엇인가? 교양교육과 전공교육이 서로 결합된 배경에서 '현대서원제'교육의 가치는 무엇인가? '현대서원제'는 어떻게 해야 교양교육의 이상을 실현할 수 있는가? 교육자들은 이와 같은 문제들을 항상 고민해야 한다. 필자는 현대서원제 사관史觀을 설립하는 것보다 더 급한 것은 없다고 생각하고, 역사적, 세계적 차원과 현대의 언어로 현대서원제의 함의를 해석하여 중국의 미래와 부합하는 현대대학서원제교육의 모델을 탐색하고자 한다.

---

26) 何毅, 「書院制改革: 本科人才培養的"良方"還是"花槍"—來自 9 所高校書院制改革的調査與思考」, 『山東高等教育』 2017년 제3기.
27) 何毅, 「現代大學實施通識教育的若干思考」, 『大學教育科學』 2017년 제5기.

1) 천년의 역사를 가진 중국서원교육전통의 활성화

서원은 중국 고대 교육발전사에서 피어난 진귀한 꽃이다. 기존 사료에 대한 연구에 의하면, '서원'의 명칭은 당唐 현종玄宗 시기 중앙관부에서 처음으로 등장했는데, 수장收藏, 정리整理 그리고 서적을 수정하는 정부기관을 지칭했다. 청나라의 유명한 학자 원매袁枚는 『수원수필隨園隨笔』에서 "書院之名, 起于唐玄宗時, 麗正書院集賢書院, 皆建于朝省. 爲修書之地, 非士子肄業之所也"라고 기록했다.[28] 당나라 때 관부의 서원이 최초로 설립되고 이어서 민간 사서재私書齋가 대량으로 만들어졌고, 오대, 송, 원, 명, 명을 거치면서 발전, 흥성, 쇠락하였다. 광서光緒 27년(1901)에 황명에 의해서 서원은 학당으로 개명하였는데, 서원교육제도는 대략 1200년의 발전과정을 거쳤다. 서원은 관학과는 별개로 일종의 도서관, 독서와 교육, 학술연구 등의 기능을 하는 민간의 교육연구조직기구였으며, 중국고대 사회학술문화의 번영과 교육사업의 발전에 서원은 중요한 역할을 하였다.[29]

서원은 천년의 발전과정 중에 불변의 정신적 핵심을 형성했다. 현대의 유명한 교육자이자 사학자인 왕병조王炳照 교수는 서원정신의 핵심은 도서소장, 독서, 강학으로 이후 서원은 공개변론, 교육과 연구의 결합, 학생과 교사의 질의, 인격의 수양교육중시 등이 새롭게 추가되어 서원문화특색은 더욱 충실하고 강화되었다라고 하였다.[30] 진곡가陳谷嘉는 인

---

28) [淸] 袁枚, 『隨園隨笔』(揚州: 江蘇古籍出版社, 1993), p.247.
29) 李曉娟, 『中國傳統書院文化及其現代價値硏究』(西安: 張安大學, 2013).
30) 王炳照, 「書院精神的傳承與創新」, 『華東師範大學學報』 2008년 제1기(敎育科學版).

간으로 근본하는 것과 덕으로서 교육하는 것을 서원정신의 핵심이념이라고 하였다.[31] 이병李兵, 주한민朱漢民은 도덕교육을 중시하여 개인의 추구와 사회정치, 일상과 인륜결합의 방면에 서원의 핵심문화가 형성되었고, 경비의 관리, 교사의 선발, 교육내용의 방면에서 독립적이고 자주적인 교육방식으로 서원문화의 핵심내용을 지탱하였다라고 했다.[32] 당아양唐亞陽과 진후봉陳厚豐은 서원의 문화에 함의가 4가지 방면으로 표현되었다고 했는데, 스스로 경비를 조달하고 관리하는 방식은 자주정신으로, 차별 없는 학생모집의 방식과 스승을 존경하고 학생을 자애하는 전통은 평등정신으로, 개방적 수업방식과 서로 다른 학파 간에 교류는 겸용병축兼容幷蓄의 정신으로, 지행합일의 도덕교육은 실천정신으로 표현되었다.[33]

천년의 서원역사를 살펴보면 중국고대서원에서 인격배양의 유가인문교육이념이 구현되었음을 쉽게 알 수 있고, 교육방면에 형성된 자유로운 강학, 토론, 교육과 학술의 결합, 배움을 근본으로 하는 교육방식과 제도는 세속의 정신추구를 초월하였고, 문화전파와 문화장조의 두 가지 기본문화기능을 가지고 있었다.[34] 서원의 교육전통은 주로 아래의 다섯 방면으로 요약된다.

첫째, '존덕성尊德性'의 도덕교육
둘째, 교학상장의 사제관계

---

31) 陳谷嘉, 「中國古代書院敎育理念及人文精神再論」, 『大學敎育科學』 2006년 제3기.
32) 李兵, 朱漢民, 「中國古代大學精神的核心─書院精神探析」, 『中國大學敎學』 2005년 제11기.
33) 唐亞陽, 陳厚豐, 「中國書院精神之探析」, 『湖南大學學報』 2005년 제6기(社會科學版).
34) 朱漢民, 『中國書院文化簡史』(北京: 中華書局, 上海古籍出版社, 2010), pp.90~91.

셋째, 백가쟁명百家争鳴의 학술분위기

넷째, '정사선의精思善疑'의 구시정신求是精神

다섯째, '천하로서 자신의 임무로 여김'(以天下爲己任)의 책임교육35)

고대서원의 다섯 방면의 교육전통은 바로 중국의 현대대학교육에서 부족한 부분들로 시급히 개선이 되어야 할 내용들이다. 현대서원제교육사관의 건립은 우선 중국고대서원의 교육재산을 계승하는 것에 있다. 진평원陳平原 교수는 중국의 현대대학들이 고대서원전통의 계승하는 것에 세 가지 방향이 포함되어야 한다고 하였다.

첫째, 교육제도의 방향: 사립대학, 연구원研究院, 민간학회의 중국학술
　　　사상 다원화에 대한 공헌
둘째, 교육이념의 방향: 전인격全人格교육, 교양교육 및 교육의 실용주
　　　의전통 타파
셋째, 교육방식의 방향: 독립적 사고, 자주적 학습을 주창하고 사제관
　　　계에서 이해와 소통을 중시한다.36)

2) 영국식 서원의 교육핵심 학습

글로벌 시대에 "세계 100년의 대변국"(世界百年之大變局)을 맞아서 중국 내에 현대서원제교육개혁은 서원전통을 살리는 것을 제외하고도, 세계적 차원에서 영국식 서원의 교육핵심을 적극적으로 받아들여야 한다.

---

35) 溫旭, 「中國書院精神對現代大學書院制建設的啓示」, 『敎育與敎學硏究』 2014년 제8기.

36) 陳平原, 『大學有精神(修訂版)(北京: 北京大學出版社, 2016), pp.90~91.

영국식 서원은 옥스퍼드대학과 케임브리지대학이 지금까지 보유하고 있는 제도 유산으로, 이성적 정신, 해박한 지식과 품위를 갖춘 신사의 육성을 목적으로 하고, 영국 국민의 정신적 추구를 구현하고, 지식발전의 역사적 책임이 담겨 있는 것을 의미하는데, 이는 영국 민족의 정신이 반영되어 있다. 『유럽대학사』(歐洲大學史)의 저자는 "중세대학을 분류하려면 대충 구분하더라도 반드시 대학을 포함해야 한다"라고 하였다.[37] 영국의 현대 역사학자인 옥스퍼드대학의 성캐서린서원의 설립자 블록은 "옥스퍼드가 그 매력을 유지할 수 있었던 것은 바로 서원조직에 그 이유가 있었다"[38]라고 하였다. 영국의 교육가이자 역사학자인 테디 테이퍼(Ted Tapper)는 "옥스퍼드와 케임브리지의 신념체계 중에 가장 오래 지속되고 영향력이 있던 것은 자아관리의 학자단체 덕분이다"[39]라고 했다. 영국식 서원은 역사적 흐름 속에서 끊임없이 집권과 자치, 인문과 과학, 상아탑과 서비스의 사이에 관계를 잘 유지하였고, 갈등과 변혁에 대해서 계속 도전했다.

결국, 기숙서원(Residential College)은 옥스퍼드와 케임브리지에서 인재양성의 매체와 본과교육의 제도적 초석이 되었다.

오늘날 영국식 서원교육은 유구한 역사를 자랑하는 교육이념과 제도체계로 역사의 흐름에서 영원히 사라지지 않는데, 새로운 형태로 북

---

37) Ridder symons, Hilde De, *A History of University in Europe* Vol.1(Cambridge: Cambridge University Press, 1992), p.213.
38) 轉引自楊甜, 『英式書院敎育傳統及其現代價値』(重慶: 重慶大學出版社, 2017), p.1.
39) Ted Tapper, Brian Salter, *Oxford, Cambridge, and the Changing Idea of the University: The Challenge to Donnish Domination*(Buckingham: Open University Press, 1992), p.40.

미와 아시아 등 여러 국가에서 근현대 대학으로 계승하고 있다. 싱가포르 국립대학과 홍콩의 중문대학의 서원제 및 복단대학, 서안교통대학, 소주대학 등 국내에도 서원제가 연구되고 있는데, 모두 영국식 서원의 교육이념을 어느 정도 반영하고 있다.

영국식 서원의 다섯 가지 특색:

① 서원은 전형적인 천주교 수도전통修道傳統과 자선의 특징을 가지고 있는데, 그 전신은 고위성직자 혹은 귀족이 가난한 학생들을 위해서 기부를 통해 만들어진 회관과 가옥이다.(House & Hall)

② 서원은 옥스퍼드와 케임브리지에서 오늘날까지 답습하고 있는 대학의 기본 구조와 관리모델로, 대학조직시스템의 중심이며, 그 특색 중 하나는 위아래의 연방구조로 권력과 책임이 명확하다.

③ 서원은 평등적 관계로 대학의 계부系部와 병존하며, 상호 보완적이다. 대학의 계부는 공공강의, 전공지식의 전파와 혁신을 책임지고 있으며, 교육의 표준과 학술규범을 제정한다. 서원은 수업 외에 학생의 학습, 생활, 사회교류의 좋은 환경을 제공하고, 학생들의 집단주의정신과 건전한 인격을 양성하는 일을 맡고 있다.

④ 서원은 다양한 사람들이 함께 거주하면서 동고동락(Peer Support)하는 특색을 지니고 있다. 케임브리지의 서원에는 학과, 출신, 정치적 입장, 종교가 다른 각각의 사람들이 혼합되어 이루어져 있는데, 서원은 케임브리지대학을 모두가 하나로 되는 용광로로 변화시켰다.40)

---

40) 梁麗娟, 『劍橋大學』(張沙: 湖南教育出版社, 1992), p.2.

⑤ 지도교수의 책임감이 강하고 학생들과 함께 성장과 학습한다. 영국의 교육자이자 역사학자인 런던대학 교수 알드리치(Richard Aldrich)는 "지도교수제도는 옥스퍼드와 케임브리지의 영원한 특색이다"[41]라고 하였다. 지도교수제도의 목표는 학생의 품격을 높이고, 취미를 배양하고, 지적인 생활습관을 기르는 것이다.

제도는 사상과 문화를 담고 있다. 영국식 서원이 가진 관념의 핵심은 고대 그리스 로마시대에 근원하는 서양교육사상의 자유교육이념이다.(Liberal Education) 자유교육의 어원은 그리스의 'eleutherion epistemon'와 고대 로마의 'artes liberales', 라틴어의 'liberaliter educatione'에서 비롯되었고, 이러한 개념들은 시간적 여유와 경제력을 가진 자유인계층(이후 신사로 표현되는 계층)의 전면적 교육을 의미한다. 프랑스어의 '양질의 교육'(une belle education), 독일어의 '교양적 수양'(allgemeine bildung) 혹은 '수양'(bildung)과도 의미가 비슷하다.[42] 아리스토텔레스는 자유교육의 초기사상을 완벽하게 기술했는데, 그의 저서 『정치학』에 "연장자(교사)들은 제자들이 비록 불필요하거나 비실용적이지만 자유롭고 미선美善을 축적하는 교육을 받도록 해야 한다"[43]라고 기록되어 있다. 시대의 변화를 따라서 자유교육은 새로운 시대의 의미를 부여받았는데, '박아교육博雅教育' 혹은 '교양교육'이라는 이름으로 존재했다. 그러나 자유교육은 사회의 변화와 상관없이 그 발단 초기부터 추구해 온 인문정신, 이성과 우아한 미美

---

41) 奧爾德里奇, 『簡明英國教育史』, 諸惠芳 譯(北京: 人民教育出版社, 1987), p.152.
42) 沈文欽, 『西方博雅教育思想的起源, 發展和現代轉型: 概念史的視角』(廣州: 廣東高等教育出版社, 2011), 前言, p.4.
43) [그리스]아리스토텔레스, 『政治學』, 吳壽彭 譯(北京: 商務印書館, 1965), p.412.

에 일관하고 그 목적은 모두 사람들이 신체적 정신적 해방을 얻고 진리의 자유를 실현하며 인간의 가치를 충분히 실현하여 변화무상한 시대에 잘 적응할 수 있도록 하는 것이다.

영국식 서원교육은 자유교육이념, 기숙서원제도, 경전교과학습, 장역場域문화정신 등이 융합된 교육모델이다. 중국의 현대서원제교육은 타산지석의 태도로 영국식 서원의 교육정수를 받아들이고, 대학 내에 존재하는 교육과 생활의 분리, 학생 관리의 경직화, 사제간의 불통, 주숙제도 기능의 단일화 등의 폐단을 개선하여, 자유교육의 가치를 진지하게 고찰하고 모든 학생들의 내적세계에 풍부한 교양을 심어 주어야 한다. 해리 루이스는 그의 저서『영혼 없는 인재: 하버드는 어떻게 교육의 취지를 잊었나?』의 중문판 서문에서 "중국의 대학은 학생들의 인문정신, 인격, 사회적 책임감에 대한 이해력을 배양해야 하는가? 중국의 대학은 학생들의 마음을 해방시켜서 그들이 어떻게 사회에 잘 살아갈지 결정할 수 있도록 해야 하는가? 중국대학의 교육과정에 교양교육이 강조된다면 학생들은 더욱 창조적이고 풍부한 상상력을 가질 수 있는가? 서양대학의 경험은 나에게 이미 모든 문제에 대한 답이 긍정적이라고 알려주었다"라고 말했다.44)

3) 현대 언어환경에 의해 생성된 서원의 새로운 의미

현대서원제교육사관의 설립은 현대의 언어환경과 밀접한 관계를 갖

---

44) 哈瑞·劉易斯,『失去靈魂的卓越: 哈佛是如何忘記敎育宗旨的』, 侯定凱 等 譯(上海: 華東師範大學出版社, 2012), p.6.

고 있다.

세계화는 현대사회의 두드러진 특징 중 하나이다. 세계화의 핵심은 문화인데, 세계화는 우리의 교육에 문화자각을 갖춘 사람을 양성할 것을 요구하고, 서로 다른 문화적 전통 속에서 성장한 사람들을 평화롭게 공존시키고, 세계문화와 공생하도록 하는데, 이때에 미래의 서원교육은 문화적 인재양성의 기능을 발휘하여 다문화를 이해하고 소통할 수 있는 능력을 가진 학생들을 배양해야 한다.

현대성의 출발점은 교제와 소통으로, 이성적 정신에 근거할 때 현대사회는 전통사회가 가졌던 '창조-번영-폐쇄-쇠락-붕괴'의 반복적인 사회체계에서 벗어날 수 있다. 니체가 현대정신의 본질을 생리학적 허무주의로 귀속시킨 이후에, 하이데거, 비트겐슈타인, 후설, 셸러, 야스퍼스, 한스 가다머, 마르쿠제, 위르겐 하버마스, 장 프랑수아 리오타르, 데리다 등은 과학위기, 도구적 이성, 기술적 이성, 글로벌 시장 등에 대해서 비판하고, 현대적 결함을 극복하는 해결책을 각기 다른 시각에서 제시했는데, 그중 하버마스의 '의사소통 이론'과 앤서니 기든스의 '재귀성'(自反性: reflexity theory)이 가장 설득력이 있는데, 이 둘의 공통점은 의사소통과 재귀에서 형성되는 각종 공통된 인식에서 벗어나는 것이다.

현대서원제교육의 중요한 목적은 대학에서 다양한 가치와 사상을 형성하는 것이다. 제들러 드란디는 지식사회학, 현대적사회이론, 세계화이론을 고등교육연구의 범위로 통합하여 현대지식사회에서 대학은 하나의 교류의 장이 되어야 하고 아울러 대학과 사회의 소통적 관계를 새롭게 하고, 각각의 학과 사이의 관계를 회복하고, 대학과 사회, 국가의 관계를 구축하는 세 가지 사명을 가진다고 하였다.[45] 따라서 현대대학서원은 문화교류와 탐구의 주요한 장소인 동시에 사고의 과정을 공유하는 장소가 되어서, 청소년들이 문화적 전통과 사회적 현실에 대해 고민하고 각기 다른 의견들이 함께 공생되어야 한다.

5. 결론

중국현대서원제 창립의 목적은 고등교육기관의 인재양성개혁을 심화하고 대학의 전공에 편향된 교육문제를 개선하고, 교양교육의 발전을 추진하고 인간의 전면적 발전을 촉진하고, 입덕수인立德樹人의 근본적 취지를 실현하는 것이다. 현대서원제교육사관을 형성하는 것은 단순히 옛것에 대한 정감과 영국식 서원을 본받는 것만으로는 불가하고, 전통을 활성화하고 모두 받아들이고, 동시에 현대 언어환경에서 생성된 서원제교육의 의미에 각별한 주의를 기울여야 한다. 중국의 현대서원제 개혁은 불과 10여 년밖에 안됐지만, 부화뇌동의 태도를 거부하고 역사적 시각과 세계적 차원 그리고 현대의 언어 배경의 각도에서 그 본질적 의미와 존재논리를 자세히 살펴야 한다. 에밀 뒤르켐(Émile Durkheim)의 말을 빌려 결론을 대신하고자 한다. "교육관념도, 도덕관념도, 종교관념도, 정치관념도 모두 새로운 관념이 처음 형성됐을 때는 모두 당시에 모든 젊은이들이 가지고 있던 자신만만한 열정과 활력으로 그들이 대처하려고 애쓰는 어떤 낡은 관념에 대해서 분노를 나타냈고…… 낡은

---

45) 傑德勒·德蘭迪, 『知識社會中的大學』, 黃建如 譯(北京: 北京大學出版社, 2010), p.15.

관념과의 전면적이고 무자비한 전쟁을 하였다. 그러나 진실은 어디든지 간에 현재는 과거가 전해 준 것이고 현재는 과거로부터 근원하며 더구나 과거의 연장으로 구성되어 있다. 새로운 역사적 상황은 과거의 역사적 상황과 별반 차이가 없고, 오히려 서로 익숙하고 밀접한 관계를 가지고 있는데, 어떻게 보면 전자는 후자의 후계자라고 말할 수 있다."46)

---

46) 愛弥兒·涂爾干, 『教育思想的演進』, 李康 譯(上海: 上海人民出版社, 2006), p.6.

8. 유제무규有制無規: 가도 이후 공부서원학록의 임사 고찰

袁雨·姜修憲

1. 문제제기

서원은 부학府學, 주학州學, 현학縣學과 함께 청대에 지방교육체계를 이루었다. 학계에서는 청대서원과 관학제도에 대해서 실천적 고찰 혹은 특정지역의 관학집단 분석, 혹은 학관學官의 편제, 직무, 출신, 인사이동 및 교학활동에 대한 토론, 혹은 관학의 행정체계, 조직편제, 교사의 임금, 비용의 출처 및 인재양성과 문화학술활동에 대한 연구를 진행하였다.[1] 그러나 이러한 연구는 모두 또 다른 학관집단인 공부서원학록孔府書院學錄에 대해서 주목하지 않았다.

니산서원尼山書院과 수사서원洙泗書院은 공부孔府에서 관리하는 가장

---

1) 彭煥勝·吳正龍,「淸代彰化縣儒學的建置與組織」,『敎育研究集刊』2003年 第3期; 彭煥勝·吳正龍,「淸代彰化縣儒學的生員敎育」,『敎育研究集刊』2005年 第3期; 祁鵬·李新,「淸代國子監行政官員選用制度述評」,『北方論叢』2008年 第2期; 楊艷華·陳慶元,「"俗化"與敎化—論閩籍學官與淸代臺灣社會」,『東南學術』2013年 第3期; 楊艷華,「淸代入台學官及其文學硏究」(福建師範大學博士學位論文, 2013); 李新芳,「淸前期儒學敎諭的探究」(內蒙古大學碩士學位論文, 2015); 裴曉雷,「湖北書院功能硏究」(華中師範大學碩士學位論文, 2015); 胡娟,「湖北書院敎學硏究」(華中師範大學碩士學位論文, 2015); 王恩波,「淸代循化廳官學人員生計狀況考察」,『甘肅廣播電視大學學報』2018年 第4期; 陳豆豆,「淸代南陽地區府州縣學硏究」(西南民族大學碩士學位論文, 2018); 竇現成,「淸代濟南府書院硏究」(山東師範大學碩士學位論文, 2018).

유명한 서원이며, 서원을 주관하는 학록은 조정에서 임명한 교육을 담당하던 관리이자 공부의 중요한 속관屬官이다. 학계의 공부속관에 대한 연구는 현재 공부속관 구성과 담당의 문제에 대한 분석에 한정되어 있고, 공부학관에 대한 논의 역시 사씨학四氏學의 연혁, 직책 및 과거시험과의 관계에 대한 탐구로 한정되어 있고, 공부서원에 대한 연구는 문장에 대한 일반적 소개를 제외하고는 대부분 공부서원의 건축규모와 형태 그리고 기능과 특징을 집중적으로 논의하는데,[2] 공부서원학관의 선발과 직무에 대한 미시적 연구는 여전히 부족한 상태이다.

공부학록을 포함하여 중앙과 지방 학관은 선발과 직무의 모든 방면에서 일관된 절차가 있는가? 만약 있다면, 적합하게 시행되었다고 할 수 있는가? 중앙과 지방의 학관과 비교해서, 공부서원학록의 선발과 직무는 어떤 차이점이 있는가? 이것이 본 논문이 집중적으로 살펴보고자 하는 부분이다. 동시에, 선발제도가 안정되고 완벽한 상태에 도달했던 가도嘉道 이후를 고찰하는 것은 연구의 필요성, 그리고 우리가 가지고 있는 자료의 완벽성과 체계성과도 밀접한 관계가 있다.[3]

---

2) 何齡修 等, 『封建貴族大地主的典型─孔府研究』(中國社會科學出版社, 1981年版); 駱承烈 · 梁方建, 「孔府書院及其特点」, 『江西敎育學院學刊』 1987年 第1期; 孔瑩 · 至敏, 「曲阜書院考略」, 『山東檔案』 2004年 第1期; 胡廣洲, 「曲阜四氏學考」(山東大學碩士學位論文, 2004); 汪維眞, 「明代孔顔曾孟四氏聖裔的敎育與科貢─以闕里孔氏廟學爲中心」, 載苗張虹 主編, 『黃河文明與可持續發展』 第3輯(河南大學出版社, 2012年版); 張良, 「曲阜尼山書院建築與歷史硏究」(北京建築大學碩士學位論文, 2014); 姜修憲, 「孔府檔案所見官中問題探硏」, 『中國社會經濟史硏究』 2019年 第2期.

3) 有關孔府書院學錄的資料主要來自于孔府檔案, 其中關于嘉慶以降洙泗書院學錄和尼山書院學錄的資料尤其完整, 系統, 分別有16卷480件和26卷900件, 占全部淸代書院學錄檔案數量的65%. 這是本文立論的基礎資料.

2. 제도를 통한 규범: 공부서원학록의 임면절차

조정에서 관리를 임명하였기에 공부서원학록의 명단은 각종 판본의 『진신록縉紳錄』에[4] 수록되어 있으며, 그 선발과 직무와 퇴직은 통상 일정한 절차에 의해서 진행되었다. 일반적으로 니산서원과 수사서원의 학록은 모두 선임의 과정에서 "여럿 가운데 가려서 검증(揀選核查)－상부로 공문으로 보내어 증명서를 청함(咨部請憑)－심사하여 교지를 청함(彙題請旨)－증빙문서를 보내어 직무를 맡김(給憑任事)"의 절차를 거쳤는데, 퇴직의 과정은 비교적 간단했다. 학록이 퇴직을 청하면 공부孔府에서 이부吏部로 사직서를 전달하고 이에 공석으로 등록된다.

1) 선발

공부서원학록의 선발과 검증절차는 각각 공부와 지방주현地方州縣으로 나뉘어 이루어졌다.

첫 번째 과정으로 연성공衍聖公이 서원학록에 임명할 후보자를 확정했다. 일반적으로 전임학록이 퇴직을 한 뒤에 연성공이 공석된 상황에 근거해서 예비 선발자의 자격, 능력, 등을 종합적으로 고려하고, 공씨의 자손 중에 선발해서 신패를 수여하여 증빙으로 삼았다.

襲封衍聖公府爲飭委事, 照得洙泗書院世襲國子監學錄一員, 遇有缺出, 例由本

---

4) 編著者不祥, 『縉紳錄』(乾隆二十二年(1757)至民國六年(1917)), 出版者不祥, "中央"研究院近代史所郭廷以圖書館藏縮微膠片.

爵府在于族人內揀選吝补. 查學錄現在員缺, 今選得署五品執事官寄居寧陵縣族
人孔廣坦堪以补授, 合行飭委. 爲此牌仰孔廣坦遵照署理學錄事務, 仍將任事日
期申報備查. 毋違. 須至牌者. 右牌仰洙泗書院學錄孔廣坦準此. 嘉慶二年二月
十一日. 聖府. 行. 限 日繳.[5]

이와 동시에 공부에서는 공문을 보내서 학록을 관할 지방주현관地方
州縣官에게 통지하여 알렸다.[6] 만약 공부가 학록선발의 도중에 대상의
부적합한 부분을 발견하면 관할 주와 현에 공부에서 교부한 신패를 추
징해 줄 것을 요청했다. 가경嘉慶 19년(1814) 12월 7일 공부에서 직례直隸
(현재 하북성) 장원현張垣縣에 보낸 공문에 다음과 같은 내용이 있다.

襲封衍聖公府爲移煩查明飭追事, 案查學錄孔憲岐前經保舉揀選委任斯職, 近查
孔憲岐有非分妄爲不法情事, 自應斥革, 未便稍事寬容, 相應移煩飭追. 爲此劄
付貴縣, 煩爲查明孔憲岐如有非理妄爲情事, 希將本爵府原給委牌追繳, 備文移
送注銷, 實爲公便. 須至劄付者.[7]

두 번째 과정으로, 지방주현관이 공부에 임관예정인 서원학록의 재
적 정황을 검증했다. 연성공이 공씨 가문에서 임용할만한 적임자를 확
정하면, 지방주현으로 공문을 보내서 대상자와 그의 집안이 청렴한지,
재적에 범죄의 여부가 있는지를 검토하였다. 그 사례로 가경 원년(1796)

---

5) 曲阜師範大學 孔子博物館, 『孔府檔案數字化資源庫』(2017年), 孔子博物館藏, 電子檔號
   01-000225-0014-0001(以下出自本資源庫者只標注電子檔號), 其中第二个6位數是本卷卷號, 第
   三个4位數是所在件號, 第四个4位數是本件頁號.
6) 01-000226-0009-0001, 01-000228-0002-0001, 等等.
7) 01-000261-0001-0001.

공부의 이문移文이 남아 있다.

襲封衍聖公府爲移查事, 照得尼山書院世襲國子監學錄一員, 遇有缺出, 例由本
爵府于堪用人員內揀選咨補. 查學錄現在員缺, 今選得孔憲邠直隸張垣縣人, 堪
以頂補, 除飭委署理外, 擬合移查. 爲此札付貴縣, 煩爲查照來文事理, 希卽查明
孔憲邠如无過犯違碍, 取其族隣甘結, 加具印結各二套移送本爵府, 以便咨部題
補給憑任事施行. 須至劄付者. 右劄付直隸張垣縣準此. 嘉慶元年十一月廿五日.
聖公府. 行.8)

가경 7년 후, 공부는 다시 주현관州縣官에게 보낸 공문에서, 예비학록
의 '연모年貌, 이력履歷, 가족이력'을 작성한 감결甘結을 추가해 줄 것을
요구하면서 검증을 맡겼다.9)

주현관은 공부의 이문移文을 받은 뒤에 즉시 예비 학록의 여러 정황
을 대신해서 검증하고 가족과 이웃의 감결을 취합하여 인장을 찍은 공
문을 다시 공부로 보냈다. 가경 2년(1797) 3월 27일, 장원현의 심금沈錦이
예비학록인 공헌빈孔憲邠의 상황을 검증하여 공부에 보고했는데, 그 문
서의 내용은 다음과 같다. "……等因到縣. 蒙此, 遵卽取其該里隣族張甘結, 加
具印結, 其文申送憲台核咨. 爲此備由具申, 伏乞照驗施行, 須至申者. 計申送印甘結
二套."10) 여기에 족린감결族隣甘結이란 본가에서 가장 높은 어른과 주변
의 이웃이 써 주는 보증서를 말하며, 그 내용은 보증인의 성명, 나이,
범죄유무와 규정에 적합성 여부 등이다. 지방주현관이 자신의 정보를

---

8) 01-000253-0001-0001.
9) 01-000254-0016-0001, 01-000228-0002-0001, 等等.
10) 01-000253-0005-0001.

취합하여 족린감결에 대해서 사실 유무를 재확인하고 현의 인감을 찍는 것이 인결印結이다. 공헌빈에 대한 이웃과 가족의 어른의 감결은 다음과 같다.

其甘結張垣縣高村里里張高宗旺隣右楊克勤匡魁族張孔廣霖今于與甘結爲移査事, 依奉同結得身里隣孔憲邪, 現年參拾參歲, 系本里民籍, 在籍業儒, 幷无過犯違碍等弊, 甘結是實.[11]

지현知縣 심금이 위의 감결에 대해서 검수한 것은 다음과 같다.

直隸大名府張垣縣今于與印結爲移査事, 依奉結, 据卑縣高村里里張高宗旺隣右楊克勤匡魁族張孔廣霖結稱, 同結得身等里隣孔憲邪, 現年參拾參歲, 系張垣縣高村里民籍, 在籍業儒, 幷无過犯違碍等弊, 甘結是實, 等情. 卑縣復査无異, 合加印結是實.[12]

지방주현관의 검증은 학록선발절차에서 하나의 중요한 과정이었다. 이는 학록의 신분과 자격에 대한 가장 주요한 일차적 심사로, 이때 수합된 학록에 대한 모든 정보들은 검증 보고의 결과의 평가 기준이 되었다. 이럼에도 불구하고 지방주현관은 이러한 검증이 형식적인 것일 뿐이며, 일반적으로 공부에서 보내온 문서의 요구에 따라서 일이 종결되어 보고됨을 알고 있었다. 하지만 가끔은 지방주현관이 착실하게 조사하기도 했다. 예를 들면, 가경 원년(1796) 12월 8일 직례 장원현의 지현 심금

---

11) 01-000253-0006-0001, 01-000253-0007-0001.
12) 01-000253-0006-0001, 01-000253-0007-0001.

이 공부로 보낸 문서 중에, 자신은 공소앙孔昭昻이 이미 니산서원학록으로 부임해 있는데, 왜 공헌빈孔憲邠으로 대체되어야 하는지 이해할 수 없다고 하였다. 가경 2년(1797) 2월 11일 공부는 문서를 내려 보내 설명했는데, 비록 원래 공소앙을 선발하여 니산학록이 되었지만 "수사서원학록이 공석이 되어 공소앙을 수사서원학록으로 다시 임용하여, 니산학록은 이미 공석이 되었으니 별도로 안건에 기록하였다"고 하여 그제야 심금은 의혹을 해소하였는데, 이러한 이유로 공부는 한참 늦은 가경 2년 4월 4일이 되어서야 지현 심금 보내온 공헌빈의 인결된 보고서를 받았다.[13] 더욱이 지방주현관이 심지어 예비학록이 적임자인지 묻는 보고서를 작성하여 공부로 보내기도 했다. 그 예시로, 가경 17년(1812) 3월 10일에 직례 장원현의 지현 하유기何維奇가 예비 수사서원학록인 공계명孔繼鳴의 상황을 검증하여 공부로 보냈는데, 공계명이 재적에는 범죄의 기록이 없지만, 공계명은 어릴 때부터 농업에 힘써서 학문이 깊지 않으니, 이러한 까닭에 지금 그를 수사서원 국자감학록의 빈자리를 채우더라도 그가 감당할 수 있을지 모르겠다고 의문을 표시하고, 인결과 감결을 보내지 않고 공부에게 해명을 요구했다.[14]

세 번째 과정으로, 공부가 이부吏部에게 보고서를 제출하고 임용의 일을 부탁했다. 예비학록은 선발과 검증의 절차를 거친 후, 바로 공부에서 이부로 공문을 보내고 이부에게 임용의 일을 처리하도록 요청했다. 이부에게 올린 공문에서 공부는 일반적으로 예비학록을 강조해서 "循例咨請題補" 또는 "品端行謹", "堪以頂補"라고 하였다. 그 예를 들면, 지현 심

---

13) 01-000253-0003-0001, 01-000253-0004-0001, 01-000253-0005-0001.
14) 01-000228-0023-0001.

금의 검증문서와 감결과 인결을 받은 뒤에 공부는 가경 2년(1797) 4월 20일 "將孔憲邪照例題补尼山學錄, 給憑任事施行"15)이라고 문서를 써서 이부로 보냈다. 일반적으로 공부에서 선발한 학록에 대해서 이부는 모두 문빙文憑(증명서)을 발급했고 그 직무를 맡도록 하였다. 그러나 도광道光 초년까지는 공부에서 학록 선발을 확정한 뒤에 이부에게 후보자를 보고했는데, 공부에서 지방주현관이 예비학록의 정황을 검증하는 문서를 보내고 자료를 가지고 있었지만 학록의 행적, 이력, 감결과 인결은 보고하지 않았다. 그러나 도광 7년(1827) 이후 "衍聖公所屬各員, 除司樂仍以生員咨部补用外, 其餘各缺取具身家淸白印甘各結咨部充补"16)라고 하였는데, 이에 따라 도광 9년(1829) 공부는 이부에게 공문을 보낼 때, 예비학록의 행적과 이력, 가족의 이력에 관한 정보를 보충하기 시작했다.17) 도광 13년(1833) 공부가 니산학록 공계황孔繼潢을 보충한 공문이 그 사례인데, 그 내용은 다음과 같다.

> 襲封衍聖公府爲咨請題补事, 査尼山書院世襲國子監學錄孔傳夔懇準給假措資, 業經咨明作缺在案. 今選得孔繼潢山西祁縣人, 品行端謹, 堪以頂补. 拟合移咨, 爲此合咨貴部請煩査照, 將孔繼潢照例題补尼山書院世襲國子監學錄, 給憑任事施行. 須至咨者, 計開孔繼潢, 年四十四歲. 曾祖父興增, 祖母馬氏, 俱歿. 祖父毓善. 祖母王氏, 俱歿. 父傳敎, 歿, 母馬氏, 存, 現年六十九歲. 右咨. 吏部. 道光十三年五月廿九日. 聖公府. 行.18)

---

15) 01-000253-0009-0001.

16) 昆崗 等, 『淸會典事例』(中華書局, 1991年版), 第956～958頁.

17) 01-000271-0012-0001.

18) 01-000272-0015-0001.

마지막으로 이부는 교지를 청하고 문빙文憑을 발급했다. 이부에서 연성공의 보고서를 접수한 뒤에, 자부제도咨部制度와 문서의 기록을 근거로 심의하여 승낙과 불허를 정하고, 협의된 것을 가지고 황제에게 보고서를 올려 임명하는 교지를 청했다. 일반적으로 이부는 서원학록선발에 대해서 심의의 책임이 있지만, 서원학록은 모두 연성공의 "循例咨补"로 인하여 이부는 연성공이 원하는 대로 허가하지 않을 수 없었고, 통상적으로 재검증 없이 관례대로 문서를 취합하여 황제에게 교지를 청했다. 가경嘉慶 12년(1807) 4월 3일, 경계慶桂 등이 니산학록 공계방 보임의 교지를 청하는 상주서에서는 다음과 같이 적혀 있다.

經筵將講官太子太傅領侍衛內大臣文淵閣大學士領閣事管理史部理藩院事務正
黃旗滿洲都統騎都尉臣慶桂等謹題爲循例咨請題补事, 準衍聖公孔慶鎔咨稱, 尼
山書院世襲國子監學錄孔廣敏告病員缺, 選得孔繼鈁品端行謹, 堪以頂补, 咨部
查照孔繼鈁照例題授尼山書院學錄等因, 到部. 該臣等議得, 衍聖公孔慶鎔咨稱,
尼山書院世襲國子監學錄孔廣敏告病員缺, 業經咨明在案. 今選得孔繼鈁曲阜人,
品端行謹, 堪以頂补尼山書院世襲國子監學錄等因前來. 定例衍聖公凡有應补所
屬官員咨送臣部題补. 今學錄孔廣敏告病員缺, 衍聖公旣稱選得孔繼鈁品端行謹,
堪以頂补等語, 應將孔繼鈁照例準其补授尼山書院世襲國子監, 俟命下之日, 臣卽
照例給憑, 令其任事. 臣等未敢擅便, 謹題請旨.19)

4월 5일에 황제는 이 상주서 표지에 "의의依議"라고 회답했다. 황제의 윤허가 있은 뒤에 이부에서는 즉시 직무를 맡기는 문빙文憑을 수여했다. 사실상 이부가 황제에게 교지를 청하는 것은 일종의 형식에 불과하

---

19) "中央"研究院歷史語言研究所內閣大庫檔案, 登錄號122261-001.

였지만, 황제가 이러한 작은 관원에 대해서도 심사를 한 것은 여러 가지 절차를 통해서 관원들이 모든 선발하여 관직을 수여하는 은혜가 모두 황권으로부터 비롯됨을 알도록 하였는데, 이는 중앙군주의 전제집권을 나타내는 한 부분이다. 요약해서 말하면, 연성공이 추려낸 서원학록에 대해서 이부는 심사의 책임이 있었고, 황제는 최종결정권을 가지고 있었다.

2) 임사任事

황제가 공부학록을 윤허하면 이부에서 문빙을 수여했고 공부에서 학록 본인에게 전달했다. 가경 2년(1797) 6월 20일, 이부가 연성공에게 주어 공헌빈에게 전달한 문빙의 교서에는 "吏部爲給發文憑事, 照得孔憲邠直隷人, 今授尼山書院學錄文憑壹道, 合行封發衍聖公府, 轉給該員, 令其欽遵任事可也"[20]라고 되어 있다. 공부는 이부의 봉인되어 온 문빙을 받아서, 바로 예비학록에게 이부의 문빙을 전달했다. 공부가 수사서원학록 공광탄孔廣坦에게 전달한 이부의 문빙의 신패信牌에는 "襲封衍聖公府爲飭發文憑事, 準吏部咨發洙泗書院世襲國子監學錄孔廣坦文憑一道, 等因到本爵府. 準此, 合行轉發. 爲此牌仰該員遵照憑限任事, 仍將任事日期申報備查, 幷將原領文憑申繳, 以憑轉繳. 毋違. 須至牌者. 計發文憑一道. 右牌仰洙泗書院學錄孔廣坦準此. 嘉慶二年十月十六日. 聖府, 行. 限 日繳"[21]이라고 되어 있다. 주의해야 할 것은 공부의 패문牌文에

---

20) 01-000253-0011-0001. 有時吏部行文中對學錄的稱呼有別, 同治五年八月十七日吏部爲給發洙泗書院學錄孔昭虔文憑事致孔府的咨文中卽稱"至聖廟國子監學錄", 參見01-000238-0007-0001.
21) 01-000225-0016-0001.

는 비록 학록에게 "遵照憑限任事"라고 요구하였지만, 초기에는 구체적 시간을 정하지 않았고, 늦어도 가경 11년(1806)에 이르러 공부에서 패문에 구체적 임사기간을 추가했지만[22] 여전히 대부분의 패문은 하나같이 옛것을 따랐다.[23]

이부의 문빙과 공부의 신패는 학록이 직무에 임하는 증빙서류인데, 특히 학록이 정식적으로 일을 시작한 뒤에는 이부의 문빙을 제출했기에 신패의 증명역할이 한층 더 중요했음을 알 수 있다. 이러한 이유로 학록이 신패를 분실하면 공부에서 재발급해 주었다. 가경 13년(1808) 니산학록 대행의 직무를 맡은 공헌기孔憲岐는 가경의 시기에 도적들의 난동으로 인해서 신패를 분실했는데, 도광 10년(1830) 공문을 공부로 보내어 재발급을 요청했다.[24]

학록에게 문빙을 전달하는 동시에 공부는 관할 관아에도 문서를 전달하여 알렸다.[25] 첫 번째로 학록이 소재되어 관리하는 주州와 현縣이다. 대부분의 경우 관내 기관에게 "飭令該學錄束裝來曲, 以憑飭令遵照憑限任事"[26]라고 요구하였다. 만약에 예비학록이 여러 사정으로 인해서 부임이 늦어져서 문빙을 수령하지 못하면, 공부는 관내의 주현관들에게 공

---

22) 01-000227-0001-0001. 不過令人疑惑的是, 孔府牌行學錄的發文日期與要求學錄任事憑限日期之間的間隔張短不一, 張則60日, 短則數日, 甚至有發文當日或次日卽需任事(01-000235-0026-0001, 01-000231-0022-0001), 或者發文之日的前一日卽需任事(01-000232-0037-0001), 而這几乎是不可能的.

23) 01-000259-0024-0001.

24) 01-000271-0027-0001.

25) 01-000235-0006-0001, 01-000239-0023-0001.

26) 01-000227-0006-0001.
이와 비슷한 사례는 다음의 문헌들을 참고하길 바란다. 01-000260-0036-0001, 01-000270-0010-0001, 01-000271-0006-0001, 01-000239-0006-0001, 01-000259-0023-0001, 01-000256-0041-0001.

문을 내려서 재촉하였다. 가경 23년(1818) 2월 19일, 공부는 직례 원성현의 현문에게 보낸 문서를 보면 "襲封衍聖公府爲移提事, 照得……玆于本年正月二十七日準吏部咨發尼山書院世襲國子監學錄孔繼貴文憑一道, 等因到本爵府. 準此, 迄今憑限已逾, 未据該學錄來曲遵照憑限任事, 拟合移提, 爲此劄付貴縣, 煩爲查照來文事理, 希卽嚴飭該學錄星束裝來曲領憑任事, 毋得仍再遲延, 有悞憑限, 致干題參未便. 望速, 切速. 須至劄付者"[27]라고 되어 있다. 두 번째로 학록의 소재지를 관할하는 순무巡撫(청대의 지방 행정 장관)의 관청이다. 현재 한 건의 기록물만 발견되었는데, 그 내용은 다음과 같다.

襲封衍聖公府爲咨會事, 本年正月二十一日準吏部咨開, 照得……孔昭煦河南寧陵人, 今授尼山書院世襲國子監學錄, 孔廣璞河南考城人, 今授洙泗書院世襲國子監學錄, 文憑三道, 合行封衍聖公府轉給該員令其欽遵任事可也, 等因到本爵府. 準此, 除飭發遵照憑限任事外, 拟合咨會, 爲此合咨貴部院請煩查照施行, 須至咨者. 右咨, 巡撫河南部院. 嘉慶六年二月初四日. 聖公府. 行.[28]

학록은 공부의 신패와 전달받은 문빙을 받은 뒤에 즉시 기한에 맞춰서 연성공부衍聖公府의 관청으로 부임했다. 학록은 인장을 수령하여 임용의 기일을 보고하고, 문빙을 제출하는 것으로 학록의 정식적인 입사 직무가 시작되었다. 학록이 직무를 맡을 시에 수령한 인장은[29] 목재로 만들어져있고 긴 막대의 형태로 "尼山書院世襲國子監學錄之鈐記"[30]라고 새

---

27) 01-000264-0004-0001. 그와 유사한 사례는 다음 문건에서도 확인된다. 01-000229-0021-0001 등.
28) 01-000254-0006-0001.
29) 01-000254-0014-0001.
30) 01-000274-0020-0001. 현재 공부의 문서 중에 발견된 15方戳記는 모두 니산학록의 것

겨져 있었다. 또한 학록은 공부에게 부임기일을 신고하고, 이부에서 받은 원본 문빙을 제출했다. 이를 다음의 사료를 통해서 확인이 된다.

尼山書院世襲國子監學錄孔傳蓉爲申報到任日期事, 切職于嘉慶七年十一月初八日蒙爵憲飭發吏部文憑一道幷鈐記一方到職, 遵卽祗領, 照依憑限于本月十一日任事訖. 所有到任日期理合申報, 幷將原領文憑申繳, 理合具申, 伏乞宗主爵憲恩準轉咨報繳施行, 須至申者. 計申繳文憑一道. 右申. 襲封衍聖公府. 嘉慶柒年拾壹月拾貳日.[31]

학록이 관청에 와서 직무를 맡은 뒤에 연성공부衍聖公府는 이부吏部에게 학록의 원본 문빙을 전달하고 학록이 직무를 맡은 날짜를 보고 했는데, 이부에서는 이 기간을 학록의 정식적 임무가 시작된 것으로 간주했다. 이는 공부가 보고한 문서를 통해서 확인이 되는데, 그 내용은 아래와 같다.

襲封衍聖公府爲咨繳文憑事, 準貴部咨發尼山書院世襲國子監學錄孔憲邠文憑一道到爵. 準此, 當卽轉發該員收執任事去后, 玆据該員申報, 于本年七月二十八日遵照憑限任事訖. 理合報明, 幷將原領文憑申繳, 伏乞轉繳等情前來, 拟合轉繳. 爲此合咨貴部, 請煩查照驗收施行. 須至咨者. 計咨繳文憑一道. 右咨, 吏部. 嘉慶二年九月二十七日, 聖公府. 行.[32]

이다. 수사서원학록에 인장이 있었다면 그 인장에 새겨진 글이 니상학록의 것과 비슷했을 것이라고 추측된다. 그러나 수사서원학록의 문서(01-000225-0001-0001~01-000240-0001-0001)를 살펴보면, 두 명의 수사서원학록의 책임으로 작성된 문서(01-000225-0026-0001, 01-000238-0006-0001)가 발견되었지만 모두 도장을 찍혀 있지 않아서 학록의 인장이 없었을 것으로 추측된다.

31) 01-000254-0013-0001.

3) 퇴직

　학록의 선임과 마찬가지로 학록의 퇴직도 일정한 절차를 따라서 이루어 졌는데, 다만 앞에서 기술한 임용의 과정보다는 절차가 비교적 간소하고 과정도 많지 않았다.

　먼저 학록 본인이 공문으로 보고를 했다. 학록이 관직을 그만두고 부모를 봉양해야 하거나 부모상을 당하는 등의 일이 생겼을 때, 바로 사직을 청했다. 사직을 해야 할 경우에 학록은 직접 공부로 공문을 보냈는데, 이유를 분명하게 밝히고 인장을 함께 제출했다. 가경 8년(1803) 2월에 니산서원학록 공전용孔傳蓉이 올린 공문에는 "具呈尼山書院學錄孔傳蓉呈爲報明丁憂事, 竊職本生親母婁氏于本年二月十一日病故, 職系出嗣降服子, 例應丁憂一年, 理合具呈報明, 伏乞宗主爵憲恩準轉報施行, 上呈. 計繳原領鈐記一方"[33] 이라고 적혀 있다.

　다음 과정으로 공부에서는 상부로 보고를 올렸다. 학록이 직접 사직을 청한 뒤에 연성공의 관청에서는 학록이 보내온 공문을 이부로 전달하고, 공석이 발생했음을 등록했다. 일반적으로 연성공의 관청에서 학록의 퇴직이유에 대한 진위를 따지지 않았고, 학록이 올려온 공문을 이문에 직접 전달만 하였다.

襲封衍聖公府爲報明丁憂事, 据尼山書院世襲國子監學錄孔傳蓉呈前事, 呈稱切職本生親母婁氏于本年二月十一日病故, 職系出嗣降服子, 例應丁憂一年, 理合

---

32) 01-000253-0013-0001.
33) 01-000255-0004-0001.

報明, 伏乞轉報, 等情到本爵. 据此, 拟合据情咨報, 爲此合咨貴部, 請煩查照注
冊作缺施行. 右咨, 吏部. 嘉慶八年閏二月十五日. 聖公府. 行.[34]

마지막 과정으로 이부에서 결원이 발생했음을 등록했다. 공부에서
보내온 공문이 북경에 도착하면 이부에서는 즉시 학록의 퇴직을 허가
하고 공부로 공문을 보내서 통보했다. 가경 3년(1798) 11월 27일, 이부에
서 니산학록 공헌빈孔憲邠이 부모의 봉양으로 사직을 청한 것을 허가하
였는데, 그 내용은 다음과 같다.

吏部爲知照事, 稽勛司案呈, 準襲封衍聖公府咨稱, 据尼山書院世襲國子監學錄
孔憲邠呈稱, 竊職父昭德現年八十歲, 入秋以來染患痰症, 朝夕需職侍奉, 懇乞
終養等情, 据此, 拟合咨部查照等因前來. 應準其終養注冊, 仍知照襲封衍聖公
府可也. 須至須[咨]者.[35]

위의 내용을 종합해서 전제적인 과정을 보면, 공부학록 임사의 과정
은 다소 복잡하지만 줄곧 제도를 따라서 진행되었고 관습에 따라서 행
해졌다. 제도의 운영으로 말하면, 학록의 선발과 퇴직은 공부, 지방주현
관, 지방의 최고장관(督撫), 이부, 황제 등의 서로 다른 주체들이 연관되
어 있으며, 모든 과정의 전후에 많은 절차들이 요구되었고, 모든 단계에
서 각각의 다른 주체의 참여가 있었는데, 특히 연성공은 모든 단계에서
중심적 역할로 참여하여, 모든 과정에 중요한 연결의 기능을 했다. 권력
의 배분으로 본다면, 표면적으로는 공부는 추천권을, 주현관은 감찰권

---

34) 01-000255-0005-0001.
35) 01-000253-0019-0001.

을, 이부와 황제는 심사와 결정권을 집행했는데, 그러나 공부가 학록을 선발할 때에 중앙과 지방의 의견을 수렴할 필요가 없었기 때문에, 지방 주현관은 다만 공부와 호응하여 예비학록의 검증을 하였고, 이부에서도 역시 관례를 따라서 교지를 청한 뒤에 부임의 문빙을 수여하였다. 이에 따라 서원학록의 선발에서 최종 결정권은 여전히 공부에게 있었다. 요 컨대 조정의 명으로 임명되는 관원인 서원학록은 마땅히 조정의 취사 선택으로 결정되어야 하지만 그러나 실제로는 그 결정권이 공부의 손 에서 쥐어져 있었다.

3. 무규칙적 선발: 공부서원학록의 임면실태

공부서원학록의 임면절차는 앞서 살펴본 것과 같다. 그러나 이러한 과정이 바로 실제 학록임면의 과정에서 이루어졌다고 볼 수는 없다. 또 한 나아가 앞의 내용만을 통해서 학록선발의 제도적 규정을 찾아내려 한다면, 기록과 현실의 거리감을 생각하지 못한, 즉 탁상공론卓上空論의 오류를 범하게 된다. 그렇다면 청대의 자료들에서 보이는 "제도화된 규 범"(經制之規)은 실제 활동에서 변형되어 나온 "운영의 실체"(運行之實)와 일 치하는가? 우리는 여전히 사료들을 이용해야 함은 물론이고, 앞서 살펴 본 임면의 절차가 실제 운용의 과정에서 어떤 다른 부분이 발생했는지 를 살펴보는 순차적 고찰이 필요하다.

첫째로 중앙과 지방에서 이루어진 검증은 유명무실하였다는 점이다. 공부학록의 선발절차에 의하면 공부에서 예비학록을 확정한 후에 주현관에게 공문을 보내어, 지방관에게 학록의 재적에 범죄유무의 사실을 명확하게 조사하고 아울러 당사자의 진술과 주변인들의 감결을 수합하여 인장을 찍어서 공문으로 만들어 공부로 보도록 요청했다. 실제로 상황도 이와 같았을까? 가경 25년(1820)에 공부에서는 하남河南 겹현郟縣의 공소상孔昭祥을 수사서원의 학록으로 채택했다. 이때 겹현의 지현인 이호신李虎臣은 6월 1일에 학록의 신분을 조사해 달라는 공부의 공문을 받아서, 7월 8일에 회답 공문을 보냈다. 불행하게도, 검증결과 및 공소상의 등기대장과 감결 그리고 인장 찍힌 이호신의 공문은 11월 10일이 되어서야 공부에 도착했다.[36] 그러나 공부에서는 이러한 점에 상관없이, 이미 공소상을 학록으로 허락해 달하는 공문을 이부로 보냈는데, 이부에서도 6월 26일에 일찍이 자료를 수합하여 교지를 청하였고, 아울러 7월 14일에 공부로 공문을 보내어 동의를 표하였다.[37] 다시 말해서, 공부는 지방관의 검증문서를 받지 않은 상태에서 이부로 바로 예비자 선발을 요청했다는 말이다. 이를 통해서 공부에서는 지방관의 검증결과에 크게 의미를 두지 않았음을 알 수 있다.

더욱이 공부에서는 다수의 임시의 학록대리를 임면했는데, 통상적으로 예비의 학록대리에게 신패를 발급하는 동시에 주현관에게 공문을 보내서 학록의 신분을 검증하게 하였다. 가경 18년(1813), 공부에서 직례 남피현南皮縣 출신 공계원孔繼元을 임시 수사서원학록으로 위임하는 패문牌文에 12월 3일에 발급하였다고 기록되어 있는데, 공계원의 재적상황에

---

36) 01-000233-0030-0001.
37) 01-000268-0017-0001.

대한 조사를 요청하는 공문을 발급 당일에 남피현으로 보냈고, 남피현 지현인 한소기韓紹基의 공문, 인장, 감결은 같은 해 2월 9일에 공부로 보내졌는데, 이 문서는 2월 18일이 되어서야 공부에 도착했다.[38] 즉, 공부에서 지방주현관의 검증문서를 받기 전에 학록의 임명은 이미 기정사실화 되었는데, 지방관의 검증결과는 예비학록에게 어떠한 영향도 주지 않았다. 요약하자면, 주현관의 검증단계는 유명무실한 관행적 절차였을 뿐이었다.

이뿐만 아니라 이부의 심사도 형식적인 것에 불과했다. 학록을 심사하는 절차에서 이부는 심사권과 결정권을 가지고 있었다. 그러나 실제 상황은 이부는 공부에서 올린 공문의 후보자를 거절할 수 없었고, 황제에게 교지를 청하여 문빙을 모두 발급해 주었는데, 공부가 추천한 인물을 거절한 사례는 하나도 없었다. 학록을 심사하는 과정에서 이부와 황제의 심사권과 결정권은 제도적으로 규정된 권리일 뿐, 사실상 결정적 역할은 없었고, 결국 공부에서 올린 공문의 예비후보자가 최종 확정된 학록선출자임을 알 수 있다.

둘째로, 공부에서 자신의 사리私利를 위하여 윗사람을 기만하고 아랫사람을 속이는 경우이다. 서원학록은 공부에 소속된 관원의 신분을 가지고 있었기 때문에, 그 선발과 퇴직의 과정에서 공부는 제일 핵심적 위치를 차지했고, 공부는 학록에게는 지방관, 이부, 황제의 사이에서 위로는 전달하고 아래로는 지시하는 역할이었다. 학록의 위임에는 공부에서 발행하는 신패가 요구되었고, 지방관의 검증자료는 공부로 수령되

---

38) 01-000229-0012-0001, 01-000229-0013-0001, 01-000229-0014-0001.

어야 했고, 이부에서 심사하여 발행하는 문빙은 공부를 통해서 전달되어야 했으며, 학록의 사직공문도 공부를 통해서 전달되었다. 그러나 공부는 정해진 규율에 따라서 상전하달의 책무를 하지 않았고, 자신의 사사로운 이익과 생각으로 결정했다.

앞서 말한 것들은 이부가 공부에게 문빙의 전달을 맡기며한 요청이든 혹은 공부가 학록에게 발급했던 문빙의 의례적 글이든 학록의 증명서에는 이부에서 "봉인하여 연성공부로 보내니 해당관원에게 전달하라"(封發衍聖公府, 轉給該員)라고 모두 확실하게 명시되어 있었다. 그렇다면 공부에서는 해당 문빙을 학록본인에게 확실하게 전달하였을까? 아니면 학록본인이 공부로 와서 수령했을까? 이것도 아니라면 또 다른 방법으로 전달이 되었을까? 공문서가 오고 갔던 시간을 유심히 보면 작은 단서를 발견할 수 있다. 가장 주의할 만한 것은 다수의 기록물을 통해서 봤을 때, 이부의 증명서가 공부에 도착한 시간과 공부가 학록에게 증명서를 전달해준 시간이 서로 어긋나있다는 점이다. 그 예로, 가경 4년(1799)에 니산학록 공계송孔繼淞의 경우인데, 이부에서 발급한 학록증명서의 교서는 같은 해 12월 18일에 보내졌고, 다음 해 1월 8일에 공부로 도착했다. 그러나 공부에서는 1월 6일에 이미 해당 학록에게 증명서를 발행했다고 하였는데, 이것은 분명히 있을 수 없는 상황이다.[39] 이와 유사한 경우로, 광서 2년(1876)에 니산학록 공광옥孔廣鈺의 경우가 있는데, 이부의 증명서가 5월 21일에야 공부에 도착했지만 공부에서는 이미 5월 2일에 이미 학록에게 증명서를 전달하였다.[40] 이러한 상황이 꽤 많아서

---

39) 01-000253-0020-0001, 01-000253-0022-0001.

40) 01-000277-0003-0001, 01-000277-0004-0001.

전부 열거하기가 어렵다. 만약 그렇다면 이부의 증명서가 공부에 도달하기도 전에 공부는 어떻게 학록 본인에게 전달할 수 있었을까? 이로인해서 우리는 연성공부에서 이부에서 발급한 증명서를 받은 후에 증명서를 학록본인에게 전달하지 않았고, 심지어 이부가 발급한 증명서를 기다리지도 않고도 이미 학록에게 신패를 발급한 것은 그를 빨리 부임지로 불러서 직무를 수행하도록 했던 것이라고 추측해 볼 수 있다. 더욱 가능성 높은 상황은 공부에서 증명서를 학록본인에게 전달해 주지 않았을 뿐만 아니라, 학록도 진짜 곡부로 와서 증명서를 수령할 필요가 없었기에, 공부는 계속해서 증명서를 보관만하고 전달하지 않다가 학록이 직무를 수행하기 시작한 뒤에 직접 증명서를 이부로 반납했을 것이다. 즉, 학록이 공부로부터 증빙서를 수령하고 다시 제출하는 절차는 실제로는 발생하지 않았다는 것이다.[41] 공부의 이러한 행태는 학록이 증명서를 분실하여 이부로 다시 반환하지 못하는 상황을 방지하기 위한 것이다.

위와 마찬가지로, 공부에서 학록의 임관날짜를 조작하여 이부에게 보고하기도 하였다. 가경 24년(1819), 공부가 이부에게 하남 낙양현洛陽縣의 공육기孔毓奇를 니산학록으로 임명해 줄 것을 청원했다. 공부에서는 공육기의 신패를 가경 25년(1820) 1월 16일에 발급했으나, 신패의 글에는

---

41) 那么, 會不會是吏部根本就没有頒發文憑, 以致孔府无憑可轉呢? 一則吏部司員漏發學錄文憑的事件, 足可否定這種推測. 嘉慶二十五年(1820)五月二十四日, 吏部接到衍聖公請补尼山學錄的咨文, 六月二十六日具題請旨, 七月十四日行文知照衍聖公, 一切"辦理, 具題, 行文均在例限以内, 并无耽延月日, 惟于封發咨文時將應給文憑未經封入", 但在年終封篆后清查當年辦理稿案時, 始行查出此件辦理行文時漏發文憑, 并在次年二月請旨后復行补發衍聖公府. 另一則孔府將洙泗書院學錄孔毓啟"奉到文憑扣繳"的案件, 也可推翻上述假設. 分別參見01-000269-0002-0001, 01-000269-0003-0001和01-000228-0013-0001, 01-000228-0021-0001.

학록에게 요구하길 "기한에 따라서 가경 25년 1월 3일에 임관"이라고 하였고, 3월 11일 공부에서 이부로 공육기의 증명서를 반환하면서 제출한 문서에는 "해당 관원은 증명서의 기한에 따라서 가경 25년 1월 3일 임사"라고 작성되어 있다.[42] 공부에서 기한에 따라 학록에게 임관 기일을 신고하도록 요구하는 신판이 발행되기 전에, 학록은 13일 전에 이미 임관했음을 알 수 있다. 이러한 일이 불가능하지만 실제로 발생했었고, 또한 이부에서도 이러한 정황에 대해 조사하거나 비판하지 않았다. 이와 유사하게 이부가 하남 기현杞縣의 공광원孔廣元에게 발급한 니산학록 증명서의 공문은 도광 원년(1821) 10월 21일에 보내졌는데, 11월 19일에 공부에 도착했고, 공부가 공광원의 증명서를 전당했다는 신패에는 11월 9일에 이미 발급했다고 되어 있는데, 신패에는 학록에게 12월 3일 임관을 요청했다. 또한 도광 2년(1822) 2월 2일 공부가 이부로 증명서를 반환하는 공문에서는 학록이 기한에 따라서 도광 원년 12월 2일에 임관했다고 하였다.[43] 그러나 실제로 공광원은 기한을 준수하지 못했고 심지어 곡부에는 아예 부임하지도 않았다. 공광원이 곡부로 오지 않고 부임을 임의로 지연시켜서 공부에서는 부득이하게 도광 원년 12월 11일에 하남 기현으로 문서를 보냈는데, 학록 공관원에게 재빨리 곡부로 와서 증명서를 받고 직무를 이행할 것을 요구하였다. 그러나 공광원은 역병으로 인해 거동이 불편하다는 핑계를 대고 휴가를 받아서 요양할 수 있도록 간절하게 요구했다. 이후 도광 2년 2월에 공광원은 73세의 부친의 병환을 돌보기는 일로 인해서 직무에 집중할 수 없다고 하면서 다시 부모를

---

42) 01-000266-0026-0001, 01-000268-0002-0001, 01-000268-0013-0001.
43) 01-000269-0012-0001, 01-000269-0013-0001, 01-000269-0014-0001, 01-000269-0017-0001.

봉양하도록 하게 해달라고 요청하였다.[44] 즉, 이부의 증명서가 공부로 도착하기도 전에 이미 공부는 학록에게 증명서를 전달하였고, 또는 공부에서 학록에게 증명서를 전달했다는 공문을 보낼 때,[45] 어떤 사람은 이미 학록의 임직의 기일을 지나쳤고, 어떤 이는 기일보다 일찍 임관하기도 했고, 심지어 어떤 사람은 곡부로 오지도 않았다. 이런 점들로 보아 공부가 이부로 보고하는 임관의 날짜는 실제로 부임한 날짜가 아니라, 상부의 지시를 맞추기 위한 절차적 문서에 불과했다. 간단히 말하자면, 공부는 상전하달上傳下達의 중개자로서 다만 절차대로 이행하면 됐는데, 실제로는 진위가 어떻든 간에 아무도 간섭하지 않았다. 공부에서 추구하는 것은 절차적 합법合法이었지 합리적 사실事實이 아니었다.

위에 말한 것을 종합하면, 공부서원학록은 일개 8품의 미미한 관직에 불과했지만[46] 그 선발과 퇴직의 매우 광범하게 관련되어 있었는데, 아래로는 작은 마을과 위로는 황제까지 포함하지 않는 것이 없어서 공문의 왕래는 매우 복잡하였다. 이러한 위아래를 관통하는 절차는 완벽하고 질서 있게 보인다. 그러나 실제 집행에서는 그리 엄격하지 않았고, 아예 생략하거나 전례와 법칙을 병행하여 처리하는 경우가 매우 많았다. 전통중국의 선관제도에서 이러한 허례허식의 폐단과 위아래가 괴리되어 있는 실상은 비판을 받을 만한 부분이다.

---

44) 01-000269-0016-0001, 01-000269-0018-0001.
45) 01-000232-0037-0001.
46) 乾隆『曲阜縣志』, 卷40, 「職官」, 載『中國地方志集成・山東府縣志輯』第73冊(鳳凰出版社, 2004
    年版), 第286頁.

4. 공부서원학록의 구성원

공부서원학록의 선발절차가 실제 실행에서 원칙에 어긋나는 부분이 많았을 뿐만이 아니라, 이들은 학관집단의 일원으로 다른 학관들과 비교했을 때도 의식과 제도에 어긋나는 특수적 모습을 보여 주었다.

첫 번째, 공부학록은 본적本籍에 임관되는 것을 피하지 않았다. 청대 학관선발에서 하나의 중요한 특징은 그 사람이 속한 성省은 상관이 없지만, 반드시 본인이 속한 부府(州)는 피하여 임관했다는 점이다. 『청회전사례淸會典事例』에 의하면 "順治十年議準, 敎職就近選补, 令在籍候憑, 仍取地方官印結, 幷親供三代履历本身年貌報部"[47]라고 기록되어 있다. 여기에 이어서 "凡儒學學官, 除江蘇安徽兩省通用外, 其餘例用本省人, 惟同府州者避不用"[48]이라고 규정했다. 간간이 예외가 있었지만[49] 실증연구에 의하면 대부분 학관임직에서 본적을 피하는 제도적 규정은 역사적 사실과 기본적으로는 일치했다.

그렇다며 공부학록의 본적이 어떻게 분포되어 있었을까? 통계분석에 따르면, 가도 이후에 역사적으로 고찰이 가능한 실제 임관을 했던 76명의 학록들 가운데[50] 산동은 35명, 하남은 21명, 직례는 8명, 강수와 안휘는 각각 3명, 산시와 호남은 각각 1명, 그 밖에 불분명한 4명으로

---

47) 昆崗 等, 『淸會典事例』(中華書局, 1991年版), 第542頁.
48) [淸] 紀昀, 永瑢 等, 『欽定歷代職官表』(臺灣商務印書館, 1986年, 文淵閣四庫全書影印本), 卷51, 「學政表」.
49) 李新芳, 「淸前期儒學敎諭的探究」(內蒙古大學碩士學位論文, 2015), 第15頁; 魏雅麗, 「淸代廣州城的學官群體及其歷史貢獻」, 廣州市文物博物館學會, 『廣州文博』2016年 第9輯, 第294頁; 陳豆豆, 「淸代南陽地區府州縣學硏究」(西南民族大學碩士學位論文, 2018), 第41~43頁.
50) 此處所謂實授學錄是指史部正式發放了文憑的人員.

구성되어 있었다. 다시 말해서, 산동성과 그 주변의 성에서 온 학록의 인원수가 대부분이다. 산동성에서 와서 부임한 35명의 학록은 기주부沂州府, 내주부萊州府, 교주膠州, 임청주臨淸州 외에도 9개의 주로 분포되어 있는데, 그중에 연주부에서 온 사람의 비율이 18명으로 절반을 차지하고 있고, 그 중 곡부에 속한 인원은 14명이다. 즉, 공부서원학록의 출생지가 본성本省인 경우는 46%이며 본부本府인 경우는 51%인데, 심지어 본적本籍인 경우는 40%였다. 한마디로 공부서원학록은 본성을 오로지 하지도 않았고 더욱이 본부, 본적도 회피하지 않았는데, 이는 다른 학관의 "본성을 전용하고, 본적을 회피"하던 상황과는 현격한 차이가 있다.

이와 같은 특징은 학록대리의 출생지 분포에 더욱 확연하게 드러난다.[51] 문서에 기록된 294명의 공부서원학록대리 중에 267명이 출신지가 정확히 기록되어 있다. 그 중에 하남河南은 93명으로 31.6%를, 산동山東은 64명으로 21.8%를, 직례直隸는 43면으로 14.6%를 차지하고 있고, 기타 지방은 강수江蘇, 안휘安徽, 호북湖北, 산시山西, 운남雲南, 사천四川, 광동廣東, 호남湖南, 길림吉林, 봉천奉天 등으로 인원수가 각각 다르다. 실제 제수된 학록과 비교했을 때, 학록대리의 분포범위는 더욱 광범위하고 다른 성에서 온 학록이 거의 전체의 80%를 차지하고 있음을 알 수 있다. 이는 청대의 "학관례용본성적관인사學官例用本省籍貫人士"의 상황과는 사뭇 다른 모습이다.[52]

두 번째로, 공부서원학록의 재임기간은 짧았다는 점이다. 공부서원이 실제로 제수한 학록의 임기는 모두 달랐는데,[53] 짧으면 한 달이 안

---

51) 署理學錄是指没有吏部文憑, 祗憑孔府信牌任職的人員.

52) 周詢, 『蜀海叢談』(巴蜀書社, 1986年版), 第147頁.

〈표 1〉 실제 부임한 학록의 재임기간 통계표(단위: 명)

	嘉慶	道光	咸豐	同治	光緒	宣統	합계	비율(%)
1년 이하	24	6	0	0	1	0	31	40.79
1~3년	14	4	0	1	4	0	23	30.26
3~5년	0	2	0	2	1	0	5	6.58
5~7년	0	2	0	1	1	0	4	5.26
7~9년	0	2	0	0	1	0	3	3.95
9년 이상	0	2	1	0	2	0	5	6.58
불확실	3	0	0	0	1	1	5	6.58
합계	41	18	1	4	11	1	76	100

참고자료: 曲阜師範大學, 孔子博物館: 『孔府檔案數字化資源庫』(2017), 공자박물관 소장

되었고, 길면 20년 가까이 되었다.[54] 상세한 내용은 〈표 1〉을 통해서 알 수 있다.

통계에서 실제 부임한 76명의 학록 가운데 대부분의 학록의 재임기간이 3년을 넘지 않는 것을 확인 할 수 있다. 그 중에 1년 이하가 전체의 40%로 가장 많고, 1~3년은 30%를 차지하여, 이 둘을 합치면 전체의 71% 가까이 된다. 재임기간이 5년 이상인 사람은 12명으로 전체의 16%를 차지한다.

물론 각 왕조 간에도 차이가 있지만, 그 중에 특히 가경 때는 주의할 만하다. 가경의 시기는 25년에 불과하지만 재임한 학록의 수가 41명이나 되어 청나라 후기 학록의 전체인원수에 절반을 차지하고 있고, 도광 때의 18명과 광서 때의 11명보다 더욱 많은 것을 확인할 수 있다. 또한 학록의 재임기간은 거의 모두 3년 이내인데, 이러한 빠른 교체 속도는

---

53) 實授學錄任期以吏部行文孔府頒發文憑的發文日期爲始, 以孔府行文吏部開缺時提及的日期爲終.
54) 01-000231-0032-0001, 01-000231-0034-0001.

사람들로 혀를 내두르게 했다. 이것은 분명히 이치에도 맞지 않는데, 그 원인은 무엇일까? 그 원인은 공부서원학록 선발 중에 있었던 여러 가지 "무규칙적 선발"(無規之擧)에 있다. 당시 사람들은 "衍聖公官屬一接剳付, 无論父母存歿, 捏告終養, 所遺之缺卽另补他員, 輾轉遞讓, 俱爲將來覬恩地步"[55]라고 하며 일침을 가했다. 공부서원학록은 "여러 세금과 부역"(一切雜派差徭)을 면할 수 있었을 뿐만 아니라, 또한 "추가시험응시자격"(出學免考, 每遇鄕科照敎職例一體準同錄遺)[56]의 특혜가 있었다. 학록은 연줄을 타고 직책을 얻었는데, 그 뜻이 임관하여 착실하게 근무하는 것에 없었고, 재물을 모으고 자신의 이익을 쫓는 것에 있었다. 이 때문에 학록이 되더라도 즉시 부임하지 않았고, 혹 부임하더라도 오래되지 않아 휴가를 내고 고향으로 돌아갔고, 심지어 부모의 봉양을 위해서 사직을 청하기도 했다.[57] 공부도 이와 다를 것이 없었는데, 권세를 이용해 뇌물을 받고 학록을 선발했는데, 이 때문에 실제로 부임한 학록의 임기가 짧고 교체의 시기가 빈번해지는 폐단이 점점 심해져서 더할 나위 없을 정도였지만,

---

55) 『淸實錄·宣宗成皇帝實錄(二)』(中華書局, 1986年版, 第34冊), 卷121, 第1027頁.

56) 曲阜師范學院歷史系, 『曲阜孔府檔案史料選編』第3編 第16冊(齊魯書社, 1982年版), 第79頁; 01-000230-0031-0001.

57) 01-000228-0016-0001. 再如, 嘉慶九年(1804)七月初六日吏部給發尼山學錄孔廣化文憑, 孔府七月二十五日轉發該文憑, 學錄孔廣化于八月二十三日遵限任事, 復于九月二十七日丁憂, 幷于十一月申請告退, 孔府于十一月十九日牌行孔廣元批準告退幷另選孔廣敏充补, 孔府復于十二月二十一日吝行吏部將原學錄孔廣元注冊作缺, 幷以孔廣敏补授, 吏部于次年五月二十三日給發新任尼山學錄孔廣敏文憑. 前後不到一年的時間, 便已完成了兩任學錄的更迭, 孔廣化自任事至開缺不過3月(參見01-000255-0018-0001~01-000255-0023-0001, 01-000255-0026-0001~01-000255-0028-0001). 更甚者, 嘉慶二十三年(1818)四月二十八日孔府吝行吏部將洙泗書院學錄孔廣經注冊作缺, 幷請吝發新补學錄孔傳孝文憑, 八月十九日孔府卽牌行學錄孔傳孝轉發吏部文憑, 幷令其于九月初三日任事, 但學錄孔傳孝于九月二十日卽以父親患病爲由, 呈文孔府懇請終養, 孔府于九月二十八日轉吝吏部將孔傳孝注冊作缺, 幷于十月初五日行文吏部吝發新授學錄孔繼先文憑(參見01-000231-0032-0001~01-000231-0035-0001). 孔傳孝获得學錄一缺費時不過百餘日, 但前後任事僅一二十日卽行開缺, 何其速也?!

도광 초기의 정비를 거친 후에 이러한 폐단이 비로소 자취를 감추었다. 이후에 학록에 임했던 인원수는 확연하게 줄어들었지만 임기가 점점 길어져서, 함동咸同시기 이후에 재임기간이 1년 이하인 학록은 매우 적었다. 이와 같음에도 불구하고 재임기간이 3년 이상인 학록은 20%에 불과했고, 이는 지방의 학관 재임기간과 일, 이십 년의 차이가 있으며 심지어 그 임기를 마치는 것에서도 차이가 크게 다르게 나타났다.[58]

마지막으로 공부서원학록은 재임자격이 낮았고, 유관流官이 아닌 세직世職에 속했다는 점이다. 청대의 학관이 비록 직분이 낮고 봉급도 적었지만, 교육직의 한 부분으로 과거를 통해서 출사했고 그 지위도 고상했다. 일반적으로 지방관학의 교수敎授, 학정學正, 교유敎諭 등의 정인관正印官은 과거시험을 통해 출사한 자들이 아니었는데, 이들은 추천이 없으면 출사할 수 없었는데, 그러나 국자감학록은 반드시 진사 혹은 향시에 합격한 사람들 중에 선발했다.[59] 청대의 관례대로라면 갑과 출신의 진사는 교수로 임용되었고, 거인舉人(향시 급제자)은 학정과 학유로 등용되었으며, 은공恩貢과 보공(拔貢) 그리고 부방副榜은 복설교유復設敎諭로 등용되고 세공歲貢은 훈도訓導가 되었다. 과거시험의 각 지방 실제 상황은 대체로 차이가 없었다.[60] 설령 지방서원의 산장이라도 학문이 풍부하고 품

58) 楊艶華, 「淸代入台學官及其文學硏究」(福建師範大學博士學位論文, 2013), 第177~198頁; 魏雅麗, 「淸代廣州城的學官群體及其歷史貢献」, 廣州市文物博物館學會, 『廣州文博』 2016年 第9輯, 第294頁.

59) 王德昭, 『淸代科擧制度硏究』(中華書局, 1984年版), 第88頁.

60) 楊艶華, 「淸代入台學官及其文學硏究」(福建師範大學博士學位論文, 2013), 第9~11頁; 李新芳, 「淸前期儒學敎諭的探究」(内蒙古大學碩士學位論文, 2015), 第12頁; 魏雅麗, 「淸代廣州城的學官群體及其歷史貢献」, 廣州市文物博物館學會, 『廣州文博』 2016年 第9輯, 第294頁; 陳豆豆, 「淸代南陽地區府州縣學硏究」(西南民族大學碩士學位論文, 2018), 第46頁.

행이 정직하여 여러 선비들의 모범이 되는 자라야(經明行修足爲多士模范者)
부임할 수 있었는데, 그 중 갑과출신인 자들도 적지 않았다.[61]

이와 달리 공부서원학록의 임직자격은 매우 광범위했다. 수사서원
학록은 공씨가문의 생원生員, 세공歲貢 및 늠생廩生, 연공捐貢 중에서 선발
했고, 니산학록의 임직자격은 이보다 더 낮았는데, 어떠한 제도적 요구
가 없었고, 다만 연성공의 형제 혹은 친척들 중에서 선발되었다.[62] 사실
상 가경嘉慶에서 선통宣統까지 역사적으로 확인되는 30명의 공부학록들
을 살펴보면, 실제로 학록으로 부임한 12명의 사람들 가운데 출신이 가
장 높았던 것은 감생監生(국자감의 학생)이고, 18명의 학록대행 중에서 동생
童生(시험을 안 봤거나 낙방한 사람)이 3분의 1을 차지하고 있다.[63]

그 밖에도 공부서원의 학록선발에는 특정의 지계와 개인의 한정이 없
었지만, 그러나 대부분 연성공이 공씨의 자손 중에 선발했는데, 이는 사
실상 세습의 의미가 있었다. 이것 또한 다른 지방학관과 다른 부분이다.

종합해서 말하면, 학관집단의 일원인 공부서원의 학록은 중앙과 지
방의 학과들과 크게 달랐다. 제도규범과 실제 운용의 중에서 확연한 차
이를 가지고 있었을 뿐만 아니라, 공부서원학록은 학관집단 중에서도
특수성을 분명하게 드러냈다.

---

61) 『淸實錄·高宗純皇帝實錄(一)』(中華書局, 1986年版, 第9冊), 卷20, 第488頁.
62) 昆崗 等, 『淸會典事例』(中華書局, 1991年版), 第956頁.
63) 曲阜師範大學, 孔子博物館, 『孔府檔案數字化資源庫』(2017, 孔子博物館藏).

5. 결론

진한秦漢 이래로 공자가 창시한 유가학설은 전통사회에서 주도적 지위의 통치사상체계로 발전했다. 명·청의 모든 황제들은 공자를 존숭하였고, 그 직계자손들에 대해서도 관직과 작위를 하사하고 극진하게 보살펴 주었는데 공부서원학록이 그 중 하나로 400여 년을 지어져 내려왔다.

청대의 공부서원학록의 임면과 퇴직은 절차상으로 보면 공부와 지방, 조정이 공통적으로 참여하는 완전한 체계를 형성하였고, 그 각각의 주체들은 확실한 분업과 역할을 수행하며 서로 다른 기능을 했는데, 연성공부衍聖公府는 모든 체계 속에서 빼놓을 수 없는 핵심적인 일환이었다. 그러나 실제 공문들을 살펴보면 이러한 체계들은 표면상에는 제도가 있어서 따르는 것 같지만, 실제 운영되는 과정에서는 규범이 없는 선발이 부지기수였다. 주현관의 검증이 유명무실했을 뿐만이 아니라. 중앙의 결정권도 역시 이름뿐이었는데, 하지만 연성공은 학록의 증명서를 전달하지 않고, 임직의 날짜를 조작하는 등 학록선발의 절차를 무시하고 자신의 권력으로 이익을 챙겼다.

공부서원학록도 학관집단에 속하는 일원이지만 일반적 학관들이 고향과 가족들을 피해서 부임하는 것과는 같지 않았는데, 공부서원학록은 대부분이 본고장의 사람들로 등용되었고, 또한 공씨의 자손으로 모두 채워졌다. 아울러 그 직급이 지방학관들과 비슷했지만, 임직자격은 낮았고 재임기간도 매우 짧아서 빈번하게 교체되었다. 이것 또한 공부서원학록만의 일반적 학관집단과는 확연하게 다른 '무규無規'의 처사를 알 수 있는 부분이다.

이와 같이, 절차상의 '유제有制'이든 아니면 운영 중에 '무규無規'이든
간에 이것들은 모두 공부학록임면의 실제상황에서 공자 및 연성공에
대한 황권의 존숭과 배려, 연성공이 가진 신권紳權의 초연한 확장을 확
인 할 수 있다. 이러한 갈등적 통일체계가 공존할 수 있었던 관건은 이
것들이 줄곧 황권이 허락하는 범위 안에서 활동했기 때문인데, 만약 황
권이 신권을 통제하려 했다면 학록선임의 실태는 위와는 또 다른 양상
으로 나타났을 것이다. 건륭시대에 학록임면은 우여곡절이 많았는데
이는 좋은 연구주제이다. 이에 대해서는 별도의 논문을 통해서 연구할
예정이다.

필진소개(게재순)

이수환

영남대학교 한국사 학사 이후 동 대학 석사·박사(조선시대사) 학위를 받았으며, 현재 영남대학교 사학과 교수로 재직 중이다. 또한 한국서원학회 회장으로 활동 중이다. 저술로는 『조선후기 서원연구』(2001), 『도동서원 道, 東에서 꽃피다』(2018) 등이 있다.

韓星

중국 서북대학에서 중문과 학사 이후 동 대학 석사·박사(역사학) 학위를 받았으며, 현재 중국 인민대학 국학원 교수로 재직 중이다. 주요 연구로 중국사상문화사, 유학, 유교 등이 있다.

이윤화

경북대학교에서 역사교육으로 학사 졸업을 하고 동 대학 석사(동양사) 졸업 후 대만중국문화대학에서 중국사로 박사학위를 받았다. 이후 안동대학교 사학과에서 약 40년간 재직 후 퇴직하였으며, 현재 안동대학교 사학과 명예교수 및 중국공자연구원 니산학자, 곡부사범대학 강좌교수이다. 저술로는 『중한근대사학비교연구』(번역, 1994), 『사통통석』(전4권, 2012) 등이 있다.

채광수

영남대학교 사학과에서 학사 졸업 후 동 대학 석사·박사(조선시대사) 학위를 받았다. 현재 영남대학교 민족문화연구소에서 연구교수로 재직 중이다. 저술로는 『옥산서원』(공저, 2018), 「18세기 영남지역 노론계 서원 연구」(2019) 등이 있다.

임근실

단국대학교 사학과에서 학사 졸업을 하고 동 대학에서 한국사(조선시대사) 석사 졸업, 박사 수료 후, 최근까지 단국대학교 일본연구소에서 연구원으로 재직하였다. 저술로는 「16세기 善山지역 서원 건립에 나타나는 道統意識」 등이 있다.

정은주

전남대학교 국어국문학과에서 학사 졸업 후 동 대학 석사(미술이론) 학위를 받았으며, 한국학중앙연구원 한국학대학원에서 박사(미술사학) 학위를 받았다. 오랜 기간 한국고지도연구학회 총무·학술이사를 역임했으며, 최근에는 성균관대학교 겸임교수를 지냈다. 현재 한국학중앙연구원 선임연구원을 맡고 있다. 저술로는『조선시대 사행기록화』,『조선지식인, 중국을 거닐다』등이 있다.

王京傳

중국 북경대학에서 考古文博學으로 학사 졸업 후 남개대학에서 석사(문화재관리학) 학위를 받았다. 현재 곡부사범대학 역사문화학원 부원장을 맡고 있다. 주요 연구방향은 '문화유산 보호와 이용'이다.

郭靜

산동성 평도제1중학교 교사로 재직 중이며, 곡부사범대학 역사문화학원 연구생이다. 연구방향은 문화자원과 문화산업 관련이다.

陳濤

산동대학에서 박사학위를 받았으며, 현재 곡부사범대학 서법학원에서 교수 및 원장으로 재직 중이다. 주요 성과로는『教育學報』,『中國書法』등 30여 편의 기고문과 서예작품이 있다.

孫學喜

중국 곡부사범대학 역사문화학원 연구생이다.

王月

중국 곡부사범대학 공자문화연구원 연구생이다. 주요 연구방향은 漢代사상과 문화 연구이다.

이병훈

영남대학교에서 국사학으로 학사 졸업 후 동 대학 석사(조선 및 근현대사)·박사 (국사학) 학위를 받았다. 현재 영남대학교 민족문화연구소에서 연구교수로 재직 중이다. 저술로는『조선의 서당에서 배우는 사회적 교육의 지혜』(2018), 「경주 옥산서원의 강학 활동과 그 성격」(2019) 등이 있다.

김민재

한국교원대학에서 윤리교육으로 학사 졸업 후 석사·박사(윤리교육) 학위를 받았다. 현재 충북대학교 윤리교육과 교수로 재직 중이다. 저술로는『학교 도덕교육의 탄생』(2014) 등이 있다.

이우진

공주교육대학교에서 초등교육으로 학사 졸업 후 한국학중앙연구원 한국학대학원에서 석사·박사(교육철학) 학위를 받았다. 현재 공주교육대학교 교수로 재직 중이다. 저술로는『동아시아 양명학의 전개』(번역, 2017), 「왕양명 공부론의 교육학적 해석」 등이 있다.

진성수

성균관대학교 유학과에서 학사 졸업 후 동 대학에서 석사·박사 학위를 받았다. 현재 전북대학교 철학과 교수로 재직 중이며, 한국양명학회 부회장, 전북대학교 전라문화연구소장직을 수행하고 있다. 저술로는『향교·서원해설―여유지기 길잡이』, 『왕부지 대학은 논하다』 등이 있다.

陳東

중국 곡부사범대학에서 역사학으로 학사 졸업 후 화동사범대학에서 석사(역사문헌학) 학위를 받았으며, 이후 산동대학에서 박사(역사학) 학위를 받았다. 현재 곡부사범대학 공자연구원 교수로 재직 중이다. 주요 연구방향은 공자, 중국 고대 및 근대 철학사 등이다.

王勇

중국 산동사범대학에서 학사 졸업 후 동북사범대학에서 석사 학위를 받았다. 현재 산동사범대학 문학원 교수로 재직 중이다. 주요 연구방향은 중국고대문학예술 및 齊魯전통문화의 교육과 연구 등이다.

盧文麗

중국 사천대학에서 석사 학위를 받았으며, 동북사범대학에서 박사(교육학) 학위를 받았다. 현재 중국 청도대학 교사로 재직 중이며, 청도대학 소재 부산서원 설립자이다.

袁雨

중국 곡부사범대학 역사문화학원 연구생이다.

姜修憲

중국 곡부사범대학 역사문화학원 연구생이다.